U0128527

安徽师范大学中国诗学研究中心学术专刊

安徽师范大学文学院高峰学科建设经费资助项目

刘學鍇文集

第五卷

李商隐传论（二）

安徽师范大学出版社
ANHUI NORMAL UNIVERSITY PRESS

·芜湖·

目 录

下 编

1

附　编

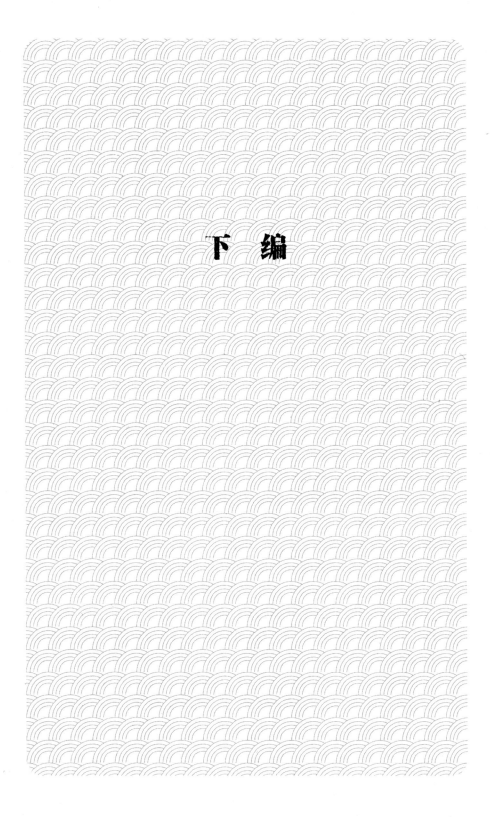

下　编

第一章　晚唐前期的政坛与诗坛

　　按照通行的唐诗分期，一般将唐文宗大和元年（827）到唐哀帝天祐三年（906）这八十年间的诗歌划为晚唐时期①。但如细加分析，则这八十年间，无论是社会政治还是诗歌发展状况，都还可以分为前后两个有明显区别的阶段。前一阶段从文宗大和初到宣宗大中末（827—859），共三十三年；后一阶段从懿宗咸通元年（860）至唐亡（906），共四十七年。李商隐的政治与文学创作活动，正好在晚唐前期这三十多年。关于文、武、宣三朝一些重大的政治事件，在上编各章中结合商隐生平与各个时期的创作已分别作了具体叙述，这一章结合对晚唐前期诗坛的鸟瞰，对这一阶段的社会政治状况作一总的叙述。

第一节　文武宣三朝政坛

　　李商隐的幼年时期是在"元和中兴"的局面下度过的，这对商隐的政治追求和文学创作都产生了深刻的影响。但由于这个"中兴"局面并没有稳固的经济、政治基础，唐王朝的各种矛盾不但没有消除，有的矛盾（像官僚集团内部的矛盾）还有了新的发展。唐宪宗本人在取得政治、军事方面一些胜利和成绩后就崇佛媚道，吃长生药，更加宠信宦官，使宦官势力进一步扩张，最后被宦官所杀，开了唐后期宦官擅自废立、杀害皇帝的先例。范文澜将宪宗死的那一年（元和十五年，820）作为唐后期开始的标志，从历史角度看，是很有道理的。唐宪宗死后的第二年（穆宗长庆元年，821），因科场请托案引发的元稹、李绅与李宗闵间的斗争，就与日后的牛李党争有人事上

383

----

① 晚唐时期的时间上限，文学史家还有一些小的差异，如有的主张起自宝历初（825）。此不烦述。傅璇琮主编的《唐五代文学编年史》，晚唐部分即起自文宗大和元年。

的联系①。穆宗、敬宗二朝，裴度与李逢吉之党斗争相当激烈。藩镇割据方面，长庆二年，河朔三镇又重新恢复割据局面，短暂的全国统一随之结束。从此，唐王朝转入以南北司之争、朝官中朋党之争为统治阶级内部主要矛盾的后期。

穆、敬二宗荒淫。在他们统治的六年中，唐王朝一度出现的"中兴"局面转瞬即逝。穆宗好击鞠，狎俳优，喜游畋，赏赐嬖幸无度，财政困难重重，河北之师不得不罢。敬宗亦好击球，惑佛老，好土木，兴作相继，群臣争以进奉希宠。杜牧的《阿房宫赋》就是针对唐敬宗"大起宫室，广声色"（杜牧《上知己文章启》）而发的。后来敬宗即因"游戏无度，狎昵群小"，被宦官杀死，年方十八岁。

继穆、敬二宗之后的文、武、宣三朝皇帝，尽管其业绩不同，且各有缺失，但平心而论，都还不是荒淫昏聩之君，而是力图挽回颓势。但他们的一切努力，最终还是未能挽回唐王朝的衰颓趋势。唐文宗是一位勤俭节约、很想有所作为的皇帝。即位后针对穆、敬两朝的弊政所采取的一些措施，使"中外翕然相贺，以为太平可冀"（《通鉴》卷二四三）。鉴于宦官势力的猖獗，他将剪除宦官势力作为主要斗争目标，先后有过两次这方面的行动。一次在大和五年，与宰相宋申锡密谋诛灭宦官，结果因申锡将此事密谕京兆尹王璠，璠泄其谋，郑注、王守澄得知后，反而利用文宗的多疑，诬告申锡谋立漳王，使申锡贬死开州。第二次在大和九年，与李训、郑注谋诛宦官，结果酿成了"横尸流血，狼藉涂地"的甘露之变。文宗最后在"受制于家奴"，连周赧王、汉献帝都不如的哀叹声中郁郁死去。这两次行动的失败，表面上看，都是因为谋事不密或所托非人造成的，但实际上，剪除根深蒂固的宦官势力，绝不是靠某一两个亲信、搞一两次突然袭击式的行动就能成功的。因为宦官势力植根于中唐以来腐朽的政治土壤，又长期掌握着禁军大权，绝非靠偶发的一两次行动所能剪除。更何况文宗依靠的是郑注、李训这样的政治野心家、投机家，文宗的暗于知人和寡断多疑正是造成其勤俭而不能图治，反而使局势变得更糟的主观原因。

①过去有的史籍将此事作为晚唐牛李党争的开始。但李德裕实与这场科场案无关，详见《李德裕年谱》第137—142页对此事的辨正。但当时在翰林院中，德裕与元稹、李绅关系较密，时称"三俊"，傅璇琮也认为"李宗闵等党徒因怨恨元稹，也一并嫉恨李德裕，这是可能的"。而且，以后李绅成为李德裕政治集团的主要成员之一，故此事与后来的牛李党争仍有一定联系。

继文宗而立的武宗，在唐后期是比较英武有为的皇帝，不像文宗那样软弱多疑，暗于知人。他专任唐后期杰出的政治家李德裕为相，在位六年期间，击退回鹘的侵扰，平定泽潞镇刘稹的反叛，打击佛教僧侣势力，抑制宦官势力，裁减冗吏，并着手准备恢复被吐蕃长期占领的河湟地区，应该说在政治和军事方面都是有成绩的。但武宗在取得一些胜利和成绩后也重蹈宪宗晚年的覆辙，崇道教，好神仙，喜畋猎，最后终因服食金丹而丧命。由于在位时间短，还没有来得及实现恢复河湟的事业。而武宗在位、李德裕执政期间所取得的一些成就很快便被继位的宣宗否定掉了。

宣宗在位期间（特别是大中前期）的政纲，就是"务反会昌之政"。他是敬、文、武三位皇帝的叔叔，为了表明他是直承宪宗大统的，故在用人施政上处处与会昌之政唱反调。会昌年间打击佛教僧侣势力，大中之政却重新修复废寺、兴建新寺，以致"僧尼之弊皆复其旧"。会昌年间毁佛像铸钱，以改变钱轻物重的局面，宣宗即位"尽黜会昌之政，新钱以字可辨，复铸为像"，重新恢复钱轻物重的积弊。会昌年间击退回鹘侵扰，是正当的防卫战争，大中年间却加以否定，说"会昌中奸臣当轴，遽加殄灭"。会昌时裁减冗吏，大中时却增复会昌所减州县官。特别是在用人方面，即位以后即重用牛党新进，不遗余力地打击陷害会昌年间政治、军事上有建树的李德裕政治集团。李德裕从首相的位置屡遭贬降，直到最后死于崖州；德裕的两个主要助手李回、郑亚也由宰相、给事中外贬，最后分别死于江州、循州贬所。这种不问是非曲直，一概反对前朝之政的做法，原因除了上面已提到的宣宗为了巩固自己的统治地位，标榜自己直承宪宗大统以外，还因为武宗在位、李德裕执政期间，在一定程度上限制了宦官的权力（如取消宦官监军之权，让最有势力的宦官头子仇士良退休，任命崔铉为相时不与宦官头子商议等），宦官对抑制自己势力的李德裕不满，更担心皇帝、宰相的有为与明断，因此想立一个他们能随意支配的皇帝。正好宣宗年轻时韬晦装痴，又受到过文宗、武宗的轻侮，对文宗、武宗素来不满，于是宦官就利用宣宗的"痴"和对文宗、武宗的不满立他为帝，以巩固自己的势力地位。而宣宗为了巩固自己的统治，不但要顺从宦官的意志，反对会昌之政，而且要依靠和李裕德对立的牛党后进白敏中、令狐绹等人来主持朝政。因此，大中时期"务反会昌之政"，正是宣宗、宦官、牛党三股反对武宗、李德裕的势力为各自的利益纠合在一起，互相利用必然出现的结果。恰恰唐宣宗又是一个"以察察为明"的皇帝，宰相白敏中、令狐绹等，又是政治才能平庸、对上庸懦、对政敌阴狠之辈，因此尽管大中前期的政局因叨会昌的余威，还相对平静（其间，大中三年原为吐蕃所占的三州七关及维州内附，大中五年张义潮率瓜、伊十一州归唐，还呈现出一片升平气象），但到了后期，就露出了一些分崩离析的迹象。标志之一是各地方镇的部将驱逐、杀害主帅的事件不断发生，且作乱地区已转移到一向相对平静的南方。如大中九年七月，浙东军乱，逐观察使李讷；大中十一年五月，容州军乱，逐经略使王球；大中十二年四到七月，岭南、湖南、江西、宣州不断发生军乱。说明唐王朝中央政权对南方广大地区的控制力已经大大削弱。标志之二是各地小规模的农民起义越来越频繁。如大中五年蓬、果二州百姓据鸡山聚众反抗，六年湖南邓裴聚众起义。到了大中十三年，即商隐死后一年，终于爆发了浙东裘甫起义，揭开了唐末农民大起义的序幕，唐王朝从此进入灭亡前的风雨飘摇阶段。《新唐书·逆臣传赞》："唐亡诸盗皆生于大中之朝，太宗之遗德余泽去民也久矣。而贤臣（按：指李德裕）斥死，庸懦（按：指白敏中、令狐绹辈）在位，厚赋深刑，天下愁苦。"这说明大中朝的政治已经发展到走向乱亡的临界点。

从上面这个粗线条的叙述中可以看出，文、武、宣三朝这三十多年，是唐王朝在各种矛盾（特别是统治阶级内部矛盾，如宦官与朝官、皇权的矛盾，藩镇与中央的矛盾，朝官内部的党争）的发展深化中，进一步削弱了统治力量，逐步走向矛盾大爆发的时期。这一时期，统治集团已经失去了政治革新的勇气与力量。尽管力图挽回颓势，在某一短时期内也曾出现过一些振兴气象，但终于无法挽回颓势。人们常用李商隐《乐游原》五绝中的诗句"夕阳无限好，只是近黄昏"来形容他所处的时代，或者借用许浑《咸阳城东楼》中的诗句"山雨欲来风满楼"来形容当时的时代氛围，应该说都是十分形象而贴切的。如果说前者显示了唐王朝无可挽回的没落趋势，那么后者则预示了一场大风暴的即将来临。

上面所描述的是李商隐生活的时代总的发展趋势。但在这个总趋势中还是有曲折起伏，历史并不是也不可能是直线式的上升或下降。其间不仅有武宗会昌年间因击退回鹘、平定泽潞而导致的朝廷声威暂时复振，而且有大中三年三州七关收复后呈现的一片表面升平气象。一千一百多年以后的今天，在唐王朝最后覆灭的历史结局早已成为常识的时候，再回过头去看那一段历史，当然可以清楚看出当时的唐王朝已经形成必然覆灭的趋势，但当时生活在那个现实中的人们，却未必对这种发展趋势有深切的感受与清醒的认识，特别是那些对唐王朝怀着深厚眷恋感情、不愿看到它覆亡的人们更往往因感情的因素而影响理智的判断。严格地说，李商隐所处的时代，尽管唐王朝衰亡之势已经形成，但大规模的农民起义尚未酝酿成熟（王仙芝、黄巢起义在商隐死后十六年，即公元874年方才爆发）；统治阶级内部各种政治势力、集团派别间的矛盾斗争尽管空前尖锐复杂，但还没有达到彻底分裂的程度；上层统治集团尽管日趋腐朽，但还有一定的统治力量。直到李商隐去世前几年，全国还大体上保持着暴风雨到来之前的暂时的表面平静。要在这样一种虽趋衰颓却还保持表面相对平静的时代，对时代趋势具有清醒的认识，是相当不容易的，需要具有一种政治上的超前敏感。这种敏感往往为关注政治而又天才善感的诗人所具有。在对时代没落趋势的敏感方面，杜牧、李商隐在当时诗人中都是很突出的，而商隐的政治敏感有时甚至超过了注意研究"治乱兴亡之迹，财赋兵甲之事"（杜牧《上李中丞书》）的杜牧。大中三年十二月四州七关收复后，杜牧写了一首《奉和白相公圣德和平致兹休运岁终功就合咏盛明呈上三相公长句四韵》，诗云："行看腊破好年光，万寿南山对未央。黠戛可汗修职贡，文思天子复河湟。应须日御西巡狩，不假星弧北射狼。吉甫裁诗歌盛业，一篇《江汉》美宣王"。俨然以周宣王中兴比拟宣宗收复四州七关的"盛业"，反映出杜牧对当时局势未免过于乐观的感受。而李商隐则是较早地就敏锐地感受到唐王朝衰颓趋势和荆棘铜驼命运的诗人，他的《曲江》、《咏史》（历览前贤）和《行次西郊作一百韵》等诗便是有力的证明。对唐王朝的全面危机和荆棘铜驼命运，他比同时代的任何诗人都有更深切的感受与认识。

如果我们进一步从宏观上来考察历史，那么从安史之乱以来的整个唐代中后期（包括李商隐生活的近半个世纪），正处在中国封建社会由前期向后期逐步过渡的时期。均田制的破坏、庄园经济的发展、租庸调法的废弛与两税法的实行，标志着封建土地所有制形式的变化。这个转折过渡时期带来政治、思想、文化的社会氛围和社会心理的一系列变化。因此，唐代中后期种种社会矛盾，不仅是这个特定时代的产物，而且是封建社会从前期向后期转变的一种标志。正如我们考察《红楼梦》的时代背景，不应只着眼于清王朝的康、雍、乾这样一个特定阶段，而应从宏观着眼，把这个特定的历史阶段放到整个封建社会行将衰朽没落的总行程、大背景下来加以考察。尽管生活在李商隐或曹雪芹时代的人们，包括李商隐、曹雪芹自己，都不可能从理性上认识到这种变化的实质，但天才而敏感的诗人、作家却可以敏锐地感受到这种时代氛围和气息，并在自己的作品中得到反映。总之，如果我们从唐代中后期这样一个具体的历史阶段和中国封建社会的历史行程的结合上来考察这个时代，就会发现李商隐不仅处在唐王朝的衰颓期，而且处在封建社会越过繁荣昌盛的顶峰逐步向后期转变的关节点。这样，我们对李商隐其世、其人、其心、其诗都会有更深一层的理解，对李商隐诗中笼罩着的那一层浓重的悲凉之雾，那种浓重的感伤情调，也会有更深一层的认识。管世铭说："李义山《乐游原》诗，消息甚大，为绝句中所未有。"（《读雪山房唐诗序例》）的确，"夕阳无限好，只是近黄昏"一类诗中透露的时代消息，是很大、很深远的。

第二节　晚唐前期诗坛的三大诗人群体

　　文、武、宣三朝三十三年的诗坛上，活跃着三大诗人群体。他们分别是：以白居易、刘禹锡为中心的前辈诗人和老一辈达官显宦组成的诗人群体；以姚合、贾岛为中心的寒士诗人群体；以李商隐、杜牧为代表的晚唐前期主流诗人群体。通过对这三个诗人群体情况的分析，可以更清楚地看出李商隐在整个晚唐前期诗坛上的地位和他在创作上所做出的突出贡献。

　　先看第一个诗人群体。这一群体中两位核心人物白居易和刘禹锡，是中唐后期诗坛上的主帅和巨擘。两人同生于大历七年（772），又都活到高龄（刘禹锡活到会昌一年，公元842年；白居易活到会昌六年，公元846年）。精湛纯熟的诗艺和晚年优裕悠闲的生活，使他们把友朋宾主之间的诗酒唱和作为生活中的一项主要内容。白居易从大和三年以太子宾客分司东都开始，就一直居住在洛阳，前后达十八年之久。刘禹锡大和元年授主客郎中分司东都，后虽历任朝官和苏、汝、同州刺史，但与白居易一直诗歌唱酬。刘禹锡至开成元年秋，改任太子宾客分司东都，以后也基本上居住洛阳。两人早年都是热心政治的人物，刘禹锡更是永贞革新的重要成员。但到文宗朝，他们都已失去了往日的从政热情和战斗精神，诗歌对于他们已不再是"歌生民病"、讽切时政的手段，而是吟咏情性、知足保和的工具，白居易在这方面表现得尤为突出而典型。大和八年，他在《序洛诗》中自叙大和三年以来的生活与创作内容时写道：

　　　　《序洛诗》，乐天自叙在洛之乐也。予历览古今歌诗……多因谗冤谴逐、征戍行旅、冻馁病老、存殁别离……故愤忧怨伤之作，通计今古，计八九焉……今寿过耳顺，幸无病苦，官至三品，免罹饥寒，此一乐也。大和二年，诏授刑部侍郎，明年病免归洛，旋授太子宾客分司东都。居二年，就领河南尹事。又三年，病免归履道里第。再授宾客分司。自三年春至八年夏，在洛凡五周岁，作诗四百三十二首，除丧朋、哭子十数篇外，其他皆寄怀于酒，或取意于琴，闲适有余，酣乐不暇，苦词无一字，忧叹无一声，岂牵强所能致耶？盖亦发中而形外耳。斯乐也，实本之于省分知足，济之以家足身闲，文之以觞咏弦歌，饰之以山水风月，此而不适，何往而适哉！兹又以重吾乐也。予尝云：治世之音安以乐，闲居之诗泰以适。苟非理世，安得闲居？故集洛诗别为序引，不独记东都履道里有闲居泰适之叟，亦欲知皇唐大和岁有理世安乐之音。

这篇《序洛诗》不仅相当集中地表现了白居易晚年的生活、思想和诗歌创作倾向，而且在一定程度上反映了他所代表的这一诗人群体共同的思想创作倾向。白居易并非不知道他所处的时代并不是什么"理世"，而是衰世。但由于自己直言被贬的坎坷经历，特别是自元和末年以来，国事朝政日非，南北司之间、官僚集团之间的争斗日剧，使他深感仕途的险恶，因而早年即已存在的知足保和、独善其身思想这时终于占了主导地位，成为他晚年立身处世的根本原则。在开始过这种诗酒宴乐的闲适生活时，未尝没有心理矛盾，也有借此远离纷争不已的政局、洁身自好、不与污浊政治现实同流合污的意愿。但这种闲适安乐的生活过久了，自然形成了一种惯性，真的以闲适为乐了。《序洛诗》与《新乐府序》《与元九书》所阐述的诗歌主张，判若出于两人。从《新乐府·采诗官》"欲开壅蔽达人情，先向诗歌求讽刺"，到《序洛诗》让采诗者"知皇唐大和岁有理世安乐之音"，清楚地显示了从元和到大和白氏诗风的转变。白居易前后期的转变，其个人经历、思想的变化固然是重要原因，但从根本上看，是由于时代的变化、中兴理想的破灭造成的。刘禹锡晚年与白居易并称"刘白"，白居易自己也说"四海齐名白与刘"。他晚年的诗虽不像白居易那样一味鼓吹知足保和，吟咏闲适安乐，而是时露人生感慨，时寓人生哲理，有时还微寓讽慨与不平。但从整体上看，他晚年的诗离政治现实比起过去显然是远多了。在白、刘二人中，刘禹锡的联系面更广，除白居易外，与令狐楚、裴度、李德裕、元稹、李逢吉、牛僧孺、卢贞、姚合等都有交往，涉及不同政治派别的重要成员，而白居易集中，却未见有与李德裕的交往唱酬。在这一诗人群体中，白、刘二人是核心，关系特别密切者，是令狐楚，此外则为裴度。白与元稹是多年知交，但元稹大和五年即已去世，在大和元年至五年这段时间里，更多的精力用于政坛上的活动与斗争。总的来说，这一诗人群体的共同创作倾向是对政治采取逃避或保持距离的态度，他们的诗主要内容是宴饮唱酬，可以说是诗歌史上一批在衰颓时世中显达之士的闲适宴乐诗。这样一种创作倾向，不仅与传统的儒家诗教、美刺比兴传统明显不合，也和"发愤抒情"的诗歌主张不合，更和自中唐以来的"苦吟"诗风不同。他们的诗歌创作，除了自得其乐、相互酬赠以作闲适生活的点缀外，在诗坛上不可能有多少实际的正面影响。他们的创作活动虽然一直延续到会昌年间，但他们创作的生命力到这时已是强弩之末了。白居易诗歌创作中最有成就与影响的讽喻诗、《长恨歌》《琵琶行》和"元和体"诗①，都已在大和之前结束，成为遥远的过去。刘禹锡诗歌创作中最有特色的怀古诗和民歌诗风的《竹枝词》等也已成为"前朝曲"。他们是上一时期诗坛的巨擘，此时却已成为诗坛的"遗老"。他们的诗这时已很少涉及政治。大和二年刘蕡对策被黜及会昌初被冤贬，宋申锡谋诛宦官失败被贬死，甘露之变，开成三年太子李永被废及暴死，会昌年间击回鹘、平泽潞等一系列震动朝野上下的重大政治军事事件，在刘、白等人的诗中竟寂无反响或无积极反响。甘露之变发生后，白居易写了《九年十一月二十一日感事而作》，其内容不是痛愤宦官肆行杀戮，而是庆幸自己有先见之明，宣扬全身远祸的人生哲学："大都早退似先知""麒麟作脯龙为醢，何似泥中曳尾龟？"又有《咏史》云："彼为菹醢机上尽，此作鸾凤天外飞。去者逍遥来者死，乃知祸福非天为。"这与李商隐乃至许浑等新生代诗人对此事的关注和痛愤形成鲜明对照。他们的诗心已经退出了现实政治这个古代诗人最关切的领域。

再看第二个诗人群体。这一群体可称之为寒士诗人群体，其核心人物是姚合和贾岛，此外，还有刘得仁、马戴、无可、雍陶、殷尧藩、顾非熊、方干、周贺、李频、喻凫等人。他们之中，除姚合仕途比较稳顺，后期担任过给事中、陕虢观察使、秘书监等较高官职外，绝大部分都是长期落拓的寒

---

①"元和体"有多重含义。元、白之元和体诗，陈寅恪据元稹自述，认为"可分为二类。其一为次韵相酬之长篇排律"，"其二为杯酒光景间之小碎篇章，此类实亦包括微之所谓艳体诗中之短篇在内"，见其所著《元白诗笺证稿》第336—337页。

士，即或登第，也多半只做过州县的小官。其政治、社会地位与上一诗人群体恰成鲜明对照。他们的诗，多写自身寒苦生活、困顿遭遇或个人身边生活琐事，境界狭小。诗的体裁多为五律，边幅亦狭。作诗则推敲锤炼，苦心经营，以争一联一句之工，是一群典型的苦吟诗人。在这群诗人中，姚合由于官位较高，自然成为群体间联系的中心，较之贾岛长期屈居遂州长江县主簿、普州司法参军这样低微的位置和僻处边远地区，更为其他诗人所经常交往酬唱。但从诗境和情调上看，贾岛更有代表性，对后世的影响也更大。这一诗人群体从人数上看，显然超过了前一诗人群体，也远远超过了以小李杜、温庭筠为代表的晚唐前期主流诗派，可以说是代表晚唐士人普遍心态和作诗风尚的一个群体。但由于他们过分注重自身的遭遇得失，以及身边琐屑的生活情事，对国家、政治、百姓和广阔的社会生活态度比较冷漠，因此他们所抒写的感情、所创造的诗境实际上很难引起更广大人群广泛的心灵共鸣。像刘得仁，身为公主之子，出入举场二十年无所成，所赋诗多写自身困顿经历，其《省试日上崔侍郎四首》（作于大和九年，礼部侍郎崔郾知贡举）云：

衣上年年旧血痕，只将怀抱诉乾坤。
如今主圣臣贤日，岂信人间一物冤。

如病如痴二十秋，求名难得又难休。
回看骨肉须堪耻，一着麻衣便白头。

戚里称儒愧子才，礼闱公道几时开。
他人何时虚相指，明主无私不是媒。

方寸终朝似火然，为求白日上青天。
自嗟辜负平生眼，不识春光二十年。

读这样的诗，让人自然联想起《儒林外史》中所塑造的范进一流人物，既让人悲悯，又让人感到其精神世界的卑琐。由于他们关注的只是自身卑琐的名利和琐屑的生活情事，因此他们那些"宵吟每达晨""二句三年得"，苦思冥想、刻意锻炼出来的诗就很难唤起人们的心灵感应，因为它们缺乏诗歌最本质的东西——对生活中美好事物的诗意感受与热情。薛能说刘得仁的诗"百首如一首，卷初如卷终"（《北梦琐言》卷六），其实扩大了看，这也是寒士诗人创作的通病。关心的事物太窄，诗料本就有限，又没有多少生活热情与诗意感受，刻意锻炼的结果就只能是内容、意象、意境的雷同。苏轼"高天厚地一诗囚"的讥评，用在这群诗人身上，是非常恰切的。这一群体的代表人物贾岛，艺术上有一定创造性，对晚唐五代乃至两宋诗坛的影响不亚于大诗人。但从整个诗歌发展上看，这毕竟是不能登大雅之堂的东西，是诗歌发展洪流中一个小的分汊。从细处当然还可分出姚、贾间的不少差别，也可分出其成就有高下，但从总的倾向看，这个诗人群体的创作境界较狭，成就不高。

第三个诗人群体是以李商隐、杜牧为代表的晚唐前期诗歌主流派。这一群体中的重要诗人，还有温庭筠、许浑。此外，杜牧与张祜、赵嘏、李郢等人有较多交往，诗风也有相近之处，也可将这三人归入这一诗人群体之中。与前两个诗人群体有明显的核心人物和较密切的交往有所不同，这一群体的各个诗人间的交往并不很密切。这一群诗人与另一些诗人之间可能有交往，如李商隐与杜牧、温庭筠、李郢，杜牧与许浑、张祜、赵嘏、李郢。但作为一个群体，却没有明显的核心和主要联系人，可以说是一个非常松散的诗人群体。之所以把他们作为一个诗人群体，是因为他们的诗风有着广泛意义上的共性，而且代表了整个晚唐时期诗歌艺术的最高成就，形成了唐诗发展过程中的第三个高潮（第一个高潮是包括李、杜在内的盛唐诗歌，第二个高潮是贞元、元和之际以元、白、韩、孟、李贺、刘、柳为代表的中唐后期诗歌，第三个高潮即晚唐前期以小李杜为代表的诗歌）。他们诗歌创作的共性，其一是其诗歌风格都具有"丽"的特点，无论是李商隐的"精密华丽"（叶梦得《石林诗话》），杜牧的豪宕清丽，温庭筠的秾丽侧艳，许浑的清丽工稳都不离乎"丽"。像李商隐、温庭筠还在一定程度上具有唯美的倾向。其二是他们中多数人对时事政治比较关注。像杜牧之留意"治乱兴亡之迹，财赋兵甲之事"，李商隐之对文、武、宣三朝政局乃至有唐开国二百年来政治、社会情况的关注自不必说，即使是温庭筠、许浑，也有不少在咏史、怀古之中融入现实政治感慨的诗作，温庭筠对庄恪太子之死、许浑对甘露之变中宦官杀戮宰相贾餗都表示过痛愤。张祜有《丁巳年仲冬月江上作》，悲慨前年发生的甘露之变，有句云："南来驱马渡江渍，消息前年此月闻。惟是贾生先恸哭，不堪天意重阴云。"可与李商隐《有感二首》"敢云堪恸哭，未必怨洪炉"后先媲美。这一点，既与第一个诗人群体有意远离政治旋涡、全身避祸的态度迥然有别，也与第二个诗人群体的诗人们主要关注自身困顿境遇、琐屑名利和身边琐事，对现实政治比较冷漠有别。其三，这一群体的诗人，其诗歌创作不同程度地具有向内心世界开拓和抒写人生感慨的倾向，李商隐的诗在表现幽隐深微的内心世界方面尤为突出。温庭筠的一部分乐府诗和近体律绝也有这个特点。杜牧和许浑的咏史、怀古之作，则颇多人生感慨和历史感慨。

第三节　李商隐在晚唐前期诗坛上的地位

大和三年（829），李商隐初谒令狐楚于东都洛阳，并与其时由刑部侍郎改授太子宾客分司东都的白居易结识。商隐《与白秀才状》云："伏思大和之初，便获通刺，升堂辱顾，前席交谈。陈、蔡及门，功称文学；江、黄预会，寻列《春秋》。虽迹有合离，时多迁易，而永怀高唱，尝托余晖。"从此，商隐正式步入社会，开始了他的坎坷仕进之路。商隐现存诗歌中，最早可以明确编年的，就是大和三年作的《隋师东》①，一首明显学习杜甫《诸将五首》，假咏史之名，托讽大和初年讨伐藩镇李同捷的战争中军政窳败现象并揭示其原因的七律。这个相当高的起点，似乎预示着这位刚步入诗坛不久的年轻诗人远大的将来。也许是巧合，正是从大和三年起，白居易步入了他在东都长达十八年的后期仕宦休闲生活和创作生活。这似乎标志着上一个诗歌时期的行将结束和一个新的诗歌时期的开端。

在晚唐前期主流派诗人群体中，杜牧、许浑、温庭筠都比李商隐年长。大和三年，杜牧二十七岁，许浑约三十五岁（据《唐才子传校笺》，许浑当生于贞元十一年，公元795年），温庭筠约二十九岁（据陈尚君《温庭筠早年事迹考辨》，庭筠生于贞元十七年，公元801年）。但他们的主要创作活动，仍在文、武、宣三朝。杜牧卒于大中六年十二月，许浑约卒于大中八年冬，张祜也约于同年卒于丹阳（顾陶《唐诗类选后序》作于大中十年丙子，已记许浑、张祜等人"身殁才二三年"），李商隐则卒于大中十二年，只有温庭筠，咸通七年方卒，在大中之后还持续了一段时间的创作活动。因此，

---

① 在此之前，像《富平少侯》《陈后宫》二首托讽敬宗奢淫不恤国事，《无愁果有愁曲北齐歌》托讽敬宗被杀，《无题》（八岁偷照镜）借少女伤春托寓才士忧虑前途，虽大体可定为少作，但确切年月不可考。

可以说李商隐的创作活动正好贯串了文、武、宣三朝。

在文、武、宣三朝的晚唐前期诗坛上，李白、杜甫的诗歌已经确立了他们在唐代诗坛上最崇高的地位。韩、柳在文坛上的地位，也大体奠定。李商隐在《漫成五章》之二中说："李杜操持事略齐，三才万象共端倪。"《樊南甲集序》中又将"杜诗"与"韩文"并提。杜牧《冬至日寄小侄阿宜》诗亦云："李杜泛浩浩，韩柳摩苍苍。"这里韩柳并提，乃指其古文而言（杜牧《读韩杜集》云："杜诗韩集愁来读，似倩麻姑痒处抓。"此处"韩集"实指韩文，因调平仄而改为集）。而中唐两大主要诗派的主将元、白、韩、孟在诗坛的地位则还没有被人们所公认。不仅如此，对元白一派，杜牧还颇有微词。在《唐故平卢军节度巡官陇西李府君（戡）墓志铭》中谓李戡"尝痛自元和已来有元、白诗者，纤艳不逞，非庄士雅人，多为其破坏。流于民间，疏于屏壁，子女父母，交口教授，淫言媟语，冬寒夏热，入人肌骨，不可除去"。实际上杜牧自己也是同意这种看法的。李商隐在《献侍郎钜鹿公启》中说："我朝以来，此道尤盛，皆陷于偏巧，罕或兼材。枕石漱流，则尚于枯槁寂寞之句；攀鳞附翼，则先于骄奢艳佚之篇。推李、杜则怨刺居多，效沈、宋则绮靡为甚。"谢思炜认为李商隐的这段话也是针对元、白而发的，他在《白居易与李商隐》一文中对此作了详细的论述①，指出"李商隐批评的两个重点（怨刺居多与绮靡为甚），即分别对应于元、白的乐府讽谕与风情感伤两类创作"。谢文还认为，《献侍郎钜鹿公启》所谓"枕石漱流""枯槁寂寞"，是指"与韩愈有密切关系的孟郊、贾岛一流诗风"，"他所要超越的对象，并非孟郊、贾岛等二流诗人，而正是声名远被、教化广大的白居易其人"。如果谢文的这些论述大体符合实际，那就说明，在晚唐主流派的两大巨擘看来，先前的唐诗除了李、杜的地位不可动摇，其成就难以超越以外，对于作为诗人的元、白、韩、柳，他们似乎都没有拜倒倾服之意，而是有所批评，甚至是相当尖锐的批评②。杜牧说他自己"苦心为诗，本求高绝，不务奇丽，不涉习俗，不今不古，处于中间"（《献诗启》），李商隐说自己"行道不系今古，直挥笔为文，不爱攘取经史，讳忌时世，百经万书，异品殊流，又岂能意分出其下哉"（《上崔华州书》），都表现出他们力求创新的精神。

---

① 谢文刊于《文学遗产》1996年第3期。

② 商隐对韩愈的诗颇多模仿学习，《韩碑》《李肱所遗画松诗书两纸得四十韵》等尤为明显。但这和效沈亚之、韩翃风格而作的《拟沈下贤》《韩翃舍人即事》等并无本质区别。

在晚唐前期诗坛的三大诗人群体中，前辈著名诗人与显宦组成的群体这时无论在诗歌的思想内容或艺术表现上都已消失了昔日锐意创新的精神和关注国运民瘼的爱国精神、人道精神。随着人生态度的转变，诗歌艺术趋于平淡甚至流于滑易，这一点在白居易身上表现得尤为突出。以姚合、贾岛为核心的诗人群体，只是在一联一句中下苦吟功夫，力求从身边琐事和日常生活的冷僻处发现一点诗美，小结裹处虽有所收获，大的方面却没有多少创造。因此，创辟诗歌新局面、新境界的任务便历史地落在小李杜、温、许这群诗人身上。

在这一诗人群体中，温庭筠的主要成就在新起的文学样式——曲子词的创制上。约在大中六年，已经写成了代令狐绹作的《菩萨蛮》词①，实际上已达到了他个人文学创作的高峰。他也有一部分格韵清拔的咏史怀古诗，其中频寓时世、身世之感，如《经五丈原》《苏武庙》《过陈琳墓》等，以及抒写旅思、闺情的律绝佳篇，如《商山早行》《瑶瑟怨》等，但其主要成就和艺术创新精神显然表现在曲子词的创作上。许浑擅长五七言律和怀古题材，对仗工稳整密，但作品意象的重复、意境的雷同，是其诗歌创作的突出弊病。在晚唐前期主流派的四家中，许浑是创新精神较弱的诗人。

杜牧的艺术才能与李商隐不相上下，李商隐对他也极为推崇，《杜司勋》诗至有"刻意伤春复伤别，人间惟有杜司勋"的赞誉。小杜诗豪宕健丽，且能于俊爽峭健中时带风华流美之致，有独特的艺术风格。就其诗歌本身的艺术水准而言，完全可以归入唐代第一流诗家的行列。但是从推动诗歌发展的角度看，杜牧诗无论思想内容或艺术表现，都未能提供较多新的东西。刘熙载《艺概·诗概》说："杜樊川雄姿英发，李樊南深情绵邈。其后李成宗派而杜不成，殆以杜之较无窠臼与？"这里的"窠臼"，如果理解为一种成功的艺术范式，那么李商隐确实因为创造了一系列成功的艺术范式而超过了杜牧。

李商隐在晚唐前期诗坛上之所以居于最突出的地位，原因在于：第一，他全面地继承了宋玉、庾信、杜甫、李贺等人的传统，而集感伤主义传统之大成，成为晚唐诗歌"伤春""伤别"特征最突出的代表，建立了感伤诗的

---

① 孙光宪《北梦琐言》卷四："宣宗爱唱《菩萨蛮》词，令狐相国假其（按：指温庭筠）新撰密进之，戒令勿他泄，而遽言于人，由是疏之。温亦有言云：'中书堂里坐将军'，讥相国无学也。"令狐绹大中四年十月至十三年十二月为相。《唐五代文学编年史》系温庭筠作《菩萨蛮》于大中六年。

最高范式。第二，在李白、杜甫所创辟的理想、现实境界之外，创辟了表现心灵境界的成功范式，《无题》《锦瑟》诸诗就是这方面的突出代表。第三，进一步发展了李贺以来的象征诗风，创辟了象征诗风和朦胧诗境的范式。这一切，不但使他在晚唐诗坛上独执牛耳，而且使他居于中国诗歌史上最具创新精神的大家的行列。

第二章 李商隐的思想与悲剧性格

第一节 李商隐的思想

和中唐时期的刘禹锡、柳宗元、韩愈甚至和同时代的杜牧等人不同，李商隐更接近于纯粹的诗人。他的思想中很少思辨色彩，很少对自然、社会现象与问题进行哲理性的思考，而是往往沉潜于感情世界、心灵世界。尽管儒、道、释三家对他都有相当深的影响，但他却缺乏系统的哲学、政治、文学思想，更不是像刘、柳那样的思想家兼文学家。但这并不是说他没有哲学、政治、文学思想，只是由于各方面的影响比较繁杂，他自己又很少对此作比较集中的论述，因而其思想面貌并不很清晰。下面，分几个主要方面作一些论析。

先谈他的哲学思想。李商隐并没有集中论述过任何一个哲学问题，但他的《重祭外舅司徒公文》一开头有一段关于人的生死问题的议论倒颇有哲理意味：

> 呜呼哀哉！人之生也，变而往耶？人之逝也，变而来耶？冥寞之间，杳忽之内，虚变而有气，气变而有形，形变而有生。今将还生于形，归形于气，漠然其不识，浩然其无端，则虽有忧喜悲欢而亦勿能措于其间矣。苟或以变而之有，变而之无，若朝昏之相交，若春夏之相易，则四时见代，尚动于情，岂百生莫追，遂可无恨！倘或去此，亦孰贵于最灵哉！

这段话本于《庄子·至乐》："察其始而本无生，非徒无生也，而本无形；非徒无形也，而本无气。杂乎芒芴之间，变而有气，气变而有形，形变而有生，今又变而之死，是相与为春秋冬夏四时行也。"撇开庄子整个哲学体系究属唯心或唯物不论，至少这段关于生死变化的议论是带有朴素唯物论色彩的，即认为生本乎形，形本乎气，气则恍惚浑沌，不可捉摸。从生到死，从死到生，乃是一个如四时相代一样自然变化的过程。值得注意的是，庄子从这里引出的结论是对死的达观："人且偃然寝于巨室，而我嗷嗷然随而哭之，自以为不通于命，故止也。"而商隐得出的结论是："四时见代，尚动于情；岂百生莫追，遂可无恨！倘或去此，亦孰贵于最灵哉！"尽管生死是一个自然的过程，但作为万物之灵的人，对生死是不能忘情的。这里正显示出商隐与庄子的同途殊归。

商隐诗中最具哲理色彩的是《井泥》。这首诗的思想内容，在上编第十六章中已有具体评述。这里只从它所体现的商隐哲学思想稍作说明。全诗的中心思想，可用"茫茫此群品，不定轮与蹄""大钧运群有，难以一理推"四句诗概括。即一方面认为宇宙间的万事万物都处于不停的运动变化之中，一方面又认为这种变化是难以用一理推断的，是不可捉摸的。前者具有朴素辩证法色彩，后者却陷入了认识论上的不可知论与偶然论。商隐诗中每用"无端"一词来表达他对各种自然、社会现象存在原因的茫然不可知和惘然之情，与《井泥》中表达的思想是一致的，既看到了自然和社会人事上种种复杂纷纭的变化，而又对种种变化感到迷惘、无法解释。这就是商隐对自然、社会总的感受。他的诗中充溢着的变幻无常感、迷惘感，正是这种感受的自然流露。

再看他的政治思想。商隐文中，很少正面论及其政治思想，但从文中提及官吏职责和施政措施时所说的一些话，可以看出基本上不出儒家仁政爱民思想的范围。如"拊循宜属于柔良"（《为安平公谢除兖海观察使表》），"方思高挂馈鱼，不然官烛，成陛下比屋可封之化，分陛下一夫不获之忧"（《代安平公遗表》），"减租退责，将以矜火耕水耨之人"（《为汝南公华州贺赦表》），"已责既恤于三农"（《为京兆公陕州贺南郊赦表》），"罢去修营，惜汉氏十家之产"（《为汝南公以妖星见贺德音表》），"资简惠而安疲瘵"（《为荥阳公桂州举人自代状》），等等，不具引。商隐诗中，较为集中地体现其政治思想的作品是开成二年十二月作的《行次西郊作一百韵》。诗中突出强调国家治乱"系人不系天"这一根本观点，而"系人不系天"的具体内涵则是君明臣贤、官清吏善。诗中回顾贞观年间京城西郊一带"伊昔称乐土，所赖牧伯仁。官清若冰玉，吏善如六亲"。而"降及开元中，奸邪

398

挠经纶"，李林甫专权，遂使安禄山势大跋扈，酿成安史之乱。通过治乱的对比，认为"例以贤牧伯，征入司陶钧"，是唐前期社会安定繁荣的根源；"奸邪挠经纶"，则是国家由盛转衰的关键。而任用贤臣或奸邪为相，则是君主明暗的标志。这表明他所说的治乱"系人不系天"的观点，实际上就是儒家仁政思想中主明臣贤、官清吏善这一套传统思想。诗中谈及各种灾祸战乱的后果时又都落到百姓遭受的困苦上来。如开头写旱灾袭击下农村荒凉残破的景象："依依过村落，十室无一存。存者皆面啼，无衣可迎宾。"叙安史乱前，奸邪专权，统治集团竟为豪奢，"因失生惠养，渐见征求频"，加重了对人民的诛求；叙安史之乱，造成"城空鸟雀死，人去豺狼喧"的景象；而沉重的军费负担又使"万国困杼轴""国蹙赋更重，人稀役弥繁"。甘露之变，更造成京西一带"乡里骇供亿，老少相扳牵。儿孙生未孩，弃之无惨颜。不复议所适，但欲死山间"的惨象。天灾人祸，迫使"穷民"起为"盗贼"。这些描叙说明其仁政思想的核心是民本思想。在特殊情况下，他也强调过法治。甘露事变时，禁军因已故岭南节度使胡证之子胡溆家富有而利其财，"称证子溆匿宰相贾𫗧，乃破其家，一日之内，家财并尽。执溆入左军，仇士良命斩之以徇"（《旧唐书·胡证传》），商隐为此作《故番禺侯以赃罪获不辜事觉母者他日过其门》诗，强调"杀人须显戮，谁举汉三章"，反对宦官为私利捏造罪名，无视法纪。但儒家的仁政民本思想无疑是他政治思想的主导方面。这一点，从他任弘农尉期间因"活狱"而触忤陕虢观察使孙简，愤而"乞假归京"一事也可看出。所谓"活狱"，当即减免对囚犯的刑罚，这是商隐在县尉的职权范围内施行"仁政"的具体表现。商隐一生中，除此次作直接临民的官吏外，再也没有这方面的经历（大中二年冬选为盩厔尉，但旋即为京兆尹调去典章奏之事）。从这惟一的临民经历看，他不但信奉儒家仁政思想，而且是身体力行的。和同时代的杜牧相比，杜牧更多政论家气质，他论列大事，指陈利病，作《罪言》《战论》《守论》等，提出过许多切中时弊的政治见解，而李商隐诗文中，却很少有提出自己系统政治见解和主张的作品。他虽关注国家的盛衰安危，但从本质看，只是一个纯粹的诗人。

再看商隐的文艺思想。其《献侍郎钜鹿公启》云：

> 况属词之工，言志为最。自鲁毛兆轨，苏、李扬声，代有遗音，世无绝响。虽古今异制，而律吕同归。我朝以来，此道尤盛，皆陷于偏巧，罕或兼材。枕石漱流，则尚于枯槁寂寞之句；攀鳞附翼，则先于骄

奢艳佚之篇。推李、杜则怨刺居多，效沈、宋则绮靡为甚。

这段话比较集中地体现了商隐文艺思想中受儒家传统诗论影响的一面。他认为"属词之工，言志为最"，这是儒家诗论的一个根本点，即《书·舜典》所谓"诗言志"，《诗大序》所谓"诗者志之所之也，在心为志，发言为诗"。在"言志"的前提下，他指出本朝诗歌创作中存在两种偏向，一种是"怨刺居多"，一种是"绮靡为甚"；一种是"枯槁寂寞"，一种是"骄奢艳佚"（以上两方面交叉而不重合）。也就是说，在他看来，言志的诗歌应该兼有"怨刺"和"绮靡"的长处，既有怨刺的内容，又有美好动人的审美特征，而不满于宫廷诗的过分华艳和隐逸诗的过分枯寂。在同一篇中，他还谦称"某比兴非工"，在《谢河东公和诗启》中则提到自己的诗作"为芳草以怨王孙，借美人以喻君子"的比兴寄托特点。结合他的诗歌创作实践来看，他对诗歌的比兴寄托是非常重视的。这些基本上是儒家诗论的传统主张。①

但商隐文艺思想并非只有继承儒家传统诗论的一面，而是在不少地方对它都有所超越与突破。他在《上崔华州书》中说："以是有行道不系今古，直挥笔为文，不爱攘取经史，讳忌时世。"这里提出的"直挥笔为文"以及不"讳忌时世"的主张，亦即《别令狐拾遗书》中所说的"直笔"。这与儒家传统诗论所主张的"主文而谲谏"（《诗大序》）、"温柔敦厚"（《礼记·经解》）是有明显区别的，强调的是诗文直接揭露现实的战斗精神。另一方面，相对于儒家诗论核心的"言志"说，商隐又提出了"咏叹以通性灵"说。《献相国京兆公启》云："人禀五行之秀，备七情之动，必有咏叹，以通性灵。"这里所说的"性灵"，本于《晋书·乐志上》："夫性灵之表，不知所以发于诗歌；感动之端，不知所以关于手足。"在此之前，钟嵘《诗品》在评阮籍诗时已说"《咏怀》之作，可以陶性灵，发幽思"。所谓"性灵"，指包括精神、思想、情感在内的内心世界。但商隐既将"性灵"与"七情之动""安乐哀思"相联系，其歌咏个人情感、性情的性质便相当明显。而言志与抒情，是有区别的。"所谓'志'，一般是指符合理性规范的思想志向，这是从政教伦理角度来要求思想的'同一'，重在表现人的社会共性；而所谓'情'，则多表现为抒发个性的要求，这是从表现人的特殊性着

①上引这段话可能有某种具体针对性，参见本编第一章第三节引谢思炜《白居易与李商隐》文中的有关论述。

眼"①。从商隐诗的创作实践看，他的诗确实绝大部分是"咏叹以通性灵"，即以抒写个人内心世界为主要内容的。而前面提到的直笔为文、不讳忌时世的主张，在他的诗歌创作中却未能得到充分的实践。他的诗中，像《行次西郊作一百韵》这种直接反映唐朝二百余年兴衰治乱，直笔抒写自己忧愤国事感情的诗为数不多。即使反映甘露之变的《有感二首》《重有感》《曲江》《故番禺侯以赃罪致不辜事觉母者他日过其门》诸诗，由于当时政局的动乱昏暗和宦官势力的嚣张，不能不隐约其辞，用了许多典故来曲折表达对现实政治的感愤，甚至连制题也相当隐晦，正如沈德潜所说，"遭时之变，不得不隐"（《说诗晬语》）。

商隐在《元结文集后序》中说："次山之作，其绵远长大，以自然为祖，元气为根，变化移易之。"这里提出的"以自然为祖，元气为根"的观点，和儒家的传统文艺观也是不同的。元结自己在《二风诗论》中明确表示，他写《二风诗》是"欲极帝王理乱之道，系古人规讽之流"；在《箧中集序》中更明确提出用《诗经》的风雅为标准来衡量诗歌，其诗论的复古崇儒倾向非常明显，商隐却认为元结的文章以自然为祖，以元气为根。这与其说是对元结文章的准确评论，不如说是借评元结来宣扬自己的主张。"以自然为祖，元气为根"的主张多少反映了道家的文艺思想，与老、庄崇尚自然之道、崇尚朴质自然的思想有一致之处。商隐自己的诗文创作未必实践了这种主张，但"以自然为祖，元气为根"的提法与儒家主张文艺应宗经征圣却拉开了距离。

儒家诗论明确要求诗歌必须"发乎情，止乎礼义"（《诗大序》），但商隐在《祭小侄女寄寄文》中却说："明知过礼之文，何忍深情所属！"按照礼制规定，"不满八岁以下，皆为无服之殇"（《仪礼·丧服》），小侄女寄寄夭折时年方四岁，撰文刻石、书写铭旌是违反礼制规定的，但由于深情必有所托，还是要刻石撰文。这说明，商隐认为，由于感情深挚强烈，不得不冲破"礼"的约束规定。商隐诗文的主情乃至惟情的倾向非常明显。许多作品所抒写的情都不大符合"乐而不淫，哀而不伤"的儒家美学规范，一任感情的流溢冲决，溺而不反。像"春蚕到死丝方尽，蜡炬成灰泪始干""春心莫共花争发，一寸相思一寸灰""深知身在情长在""人世死前惟有别""远别长于死"一类竭情的诗句，从儒家诗教的观点看，都是违背"哀而不伤"

401

---

① 参见复旦大学《中国文学批评通史·先秦两汉文学批评史》第402页。

原则的"过礼"之文。可见，他对自己的诗文不大遵守封建礼教约束的情感内容是意识到了的，只是为情所驱，不得不尔。

以上分几方面对李商隐的哲学、政治、文艺思想作了简略的论述。总的来看，和封建社会绝大部分知识分子一样，儒家思想仍然是其思想的主导方面。他从小受的是儒家的传统教育，"五年读经书，七年弄笔砚"。父亲逝世后，归居郑州，担负起对他进行思想文化教育任务的是他的处士叔。这位堂叔年十八即通五经，是一位具有明显复古倾向的醇儒。商隐在《上崔华州书》中所说的"始闻长老言，学道必求古，为文必有师法"，这"长老"当中很可能就包括这位"鼓吹经实，根本化源，味醇道正，词古义奥"（《请卢尚书撰故处士姑臧李某志文状》）的堂叔。因此商隐在人生的起始阶段，受到儒家思想的深刻影响是必然的，特别是在基本的政治思想和人生观方面更是如此。他在《赠送前刘五经映三十四韵》这首长诗一开头就开宗明义，郑重其事地表明他对儒学的基本态度："建国宜师古，兴邦属上庠。从来以儒戏，安得振朝纲？"把儒学的作用提到建国兴邦、振兴朝纲的高度。尽管此诗的真正主旨是借阐述儒学兴废关乎国运兴衰以反跌刘映和自己之不见重于时，但以崇儒为建国兴邦之根本确是商隐的思想。总之，从以儒学为治国兴邦、立身处世的根本这一点上，商隐和封建社会的绝大多数知识分子并没有多少不同。但可贵的是商隐虽崇儒却不惟儒，更不惟孔，而是强调人人都应对儒道有自己独立的发明与体现，其《上崔华州书》云：

> 愚生二十五年矣。五年读经书，七年弄笔砚。始闻长老言，学道必求古，为文必有师法，常悒悒不快。退自思曰：夫所谓道，岂古所谓周公、孔子者独能邪？盖愚与周、孔俱身之耳。以是有行道不系今古，直挥笔为文，不爱攘取经史，讳忌时世。百经万书，异品殊流，又岂能意分出其下哉！

其《元结文集后序》则云：

> 而论者徒曰：次山不师孔氏，为非。呜呼！孔氏于道德仁义外有何物！百千万年，圣贤相随于途中耳……孔氏固圣矣，次山安在其必师之邪！

他认为：所谓"道"（从上下文看，这个"道"当指儒道）并不是古代的圣贤周公、孔子所独能的，而是人人都在实践、体现、发明着的。因此学道不一定要向古圣先贤去求取，写文章更无须师法古人，攘取经史，而应根据自身体验与发现，直接挥笔为文，发挥思想的独创性。古往今来，百经万书，对儒道都各有自己的体现与发明，又岂能认定自己的思想与文章就出于古人之下呢？正因为这样，他对有些论者责备元结"不师孔氏为非"非常不满。在他看来，被尊为圣人的孔子，除了宣扬仁义道德之外又有什么东西呢？千百年来所谓的圣贤，不过是一个接着一个，跟在孔子后面跑罢了，根本没有自己的思想与发明。孔子固然是圣人，元结又何必非要师法他呢！这两段话的核心思想是强调对待儒学应有正确态度，不能盲目地追随古圣先贤，重复他们的言论，而应有自己的发明创造。从表面看，《上崔华州书》与《元结文集后序》强调学道为文不必求古师孔，而《赠送前刘五经映三十四韵》则极言建国兴邦必须重儒师古，二者似乎矛盾，实则它们之间并无冲突。前者意在强调不能泥古，不能迷信孔氏，"相随于途中"，而应与时俱进，有新的创造体现，并无否定儒学、否定孔子之意。谓不师孔氏不为非，并非以孔氏为非，而是反对步趋相随的师古，即泥古。而诗中所谓"师古"，是指师法古代的重儒术。作者之意，盖谓儒学为建国兴邦之根本，而儒道非周、孔所独能。故重儒一事必须师古，而行道则须与时推移，不能泥古，因为后代的人对儒道都各有自己新的发明与体现。这种思想，实际上是唐代中叶以来儒学内部产生的一种新思潮的表现。啖助、陆淳、赵匡等人弃传求经的学风，重在独立发抒见解，与商隐的上述思想是相合的。不过，啖、陆、赵等虽舍传求经，对孔子和经书本身还是非常尊崇的，起码是标榜自己要直揭孔子笔削《春秋》的本意。而商隐则走得更远，并不以孔子之是非为是非，把重儒与尊孔分开，公开表明了不惟孔的思想倾向。这种强调道非周公、孔子所独能，对儒道要有自己的发明与体现，不盲目追随古圣先贤的思想，在当时是相当进步的。

李商隐与道家思想、道教的关系，是一个值得深入研究的课题。除了前面已经提到的《庄子》关于生死的哲学思想对商隐的影响外，《庄子·齐物论》中宣扬的"物化"思想对商隐的人生如梦的思想也有明显影响。但正如参透生死是自然的变化过程却仍然不能不动情一样，他虽参透人生如梦却仍然执著于人生，甚至坚持幻灭中的追求，"浮生尽恋人间乐，只有襄王忆梦中"（《过楚宫》），这是和庄子不同的。在人生观方面，老子的"功成名遂身退，天之道也"的思想，也是商隐人生观的基本准则和追求目标。"永忆江湖归白发，欲回天地入扁舟"（《安定城楼》），就是对这种人生观的诗意表述。但"归白发""入扁舟"的前提必须是"回天地"，即"功成"方能"身退"。功如不成，身必不退。可见他虽受道家思想影响，但在出处问题上仍以儒家的"达则兼善天下"、实现积极用世之志为根本前提。大中二年桂幕罢归，处境极为艰困，但在《陆发荆南始至商洛》诗中仍说：

> 四海秋风阔，千岩暮景迟。
> 向来忧际会，犹有五湖期。

这里的"五湖期"即功成归五湖的同义语。商隐一生，托身幕府，屈居下僚，连基本的参政条件都没有，但这种功成方能身退的思想始终未变。

道教对商隐生活、思想与创作的影响很大。《李肱所遗画松诗书两纸得四十韵》说："忆昔谢驷骑，学仙玉阳东。"约在宝历末或大和初，即在王屋山分支的东玉阳山学道。其《送从翁从东川弘农尚书幕》述及学仙玉阳的情况说："早忝诸孙末，俱从小隐招。心悬紫云阁，梦断赤城标。素女悲清瑟，秦娥弄碧箫。山连玄圃近，水接绛河遥。""山连"二句，谓学仙之所高与天接，山既近连玄圃，水亦遥接银河。此山即所谓"旧山万仞""故山巍巍"之玉阳山。学仙玉阳的时间究竟有多长，无从详考，但从诗中描述的情况及学道期间结识道侣之多来看，为期必不甚短。唐时士子居道观学道与温习举业自可并行不悖，商隐玉阳学道期间，除习举业外，还读了很多道教的重要典籍，同时与女冠亦有接触交往，《送从翁从东川弘农尚书幕》所谓"素女悲清瑟，秦娥弄碧箫"，素女、秦娥即指道观中的女冠。至于商隐是否与她们中的某一位有过恋情，则难以确考，大和元年、二年，商隐已十六七岁，产生恋情的可能是存在的。但不管如何，这一段学道的生活经历对他以后诗歌创作的内容与艺术风貌是产生了深刻影响的。玉阳学道期间，他对女冠因慕道学仙而寂处道观、不耐孤孑的生活与感情当有相当体察，对女冠与男道士之间的爱情亦当有所闻见。这一切，成为他以后许多女冠诗的生活基础和素材来源。值得注意的是，商隐虽然求仙学道，并像道教徒那样"会静"（正月七日、七月七日、十月五日为三会日，三官考核功过，宜受符箓，斋戒上章，并须入静朝礼。商隐有《戊辰会静中贻同志三十韵》），对道教典籍《真诰》《登真隐诀》《黄庭经》《洞仙传》《三洞珠囊》等非常熟悉，但他的思想实质却是反道教的。这主要体现在两个方面。一是反对皇帝求仙、迷信方术。他把帝王迷信神仙当作政治腐败的重要一端加以揭露讽刺。他的

《汉宫词》《汉宫》《昭肃皇帝挽歌辞三首》《茂陵》《华岳下题西王母庙》《华山题王母庙》《过景陵》《瑶池》《海上》《海上谣》《贾生》诸诗，对帝王求仙的嘲讽极为尖锐辛辣，实际上是把迷信神仙、妄图长生的皇帝都视为傻子，把为皇帝所尊崇的道士视为骗子。这无疑是对道教的极大不信与不敬。二是揭露道教的宗教清规对正常人性、爱情的压抑，造成女冠爱情上的强烈苦闷。商隐所有写女冠的诗，对她们孤子无侣的寂寞苦闷，都流露出深切的同情。这就从两个主要方面对道教作了尖锐抨击，既揭露其误君误国，又揭露其违反人性。因此，不能因为商隐有较长时间的求仙学道生活和类似道教徒的行为而认为他在思想感情上与道教教义合拍，而应看到在思想本质上他是反道教迷信、反道教清规的。

商隐的学道生活还给他的诗歌在语言、意象、意境、情调氛围、所用典故等方面以巨大影响。商隐诗集中，与学道生活直接、间接有关的诗达五十首左右，占其现存诗总数的十二分之一。据黄世中先生统计，《玉谿生诗集》中摄入仙道事象九百个左右，"几乎用尽道藏故事，摄取全部神天仙道形象"（《唐诗与道教》第116页）。在他诗中，诸如霓旌、醮坛、玉艳、采华芝、仙才、嵩阳旧师、阊阖、桂宫、星妃、太君、云輧、女龙、月娥、瑞凤、灵气、清都、仙人、琼瑶宫、玄云歌、金芙蓉、天坛、玉阳、紫鸾、扶桑翁、紫云阁、赤城标、素女、秦娥、清瑟、碧箫、悬圃、绛河、松乔、云台洞穴、仙人掌、三霄露、玉女窗、萧洞、羲和、三素云、青女、华胥梦、玉山、阆风、玉水、日驭、天梯、赤箫、萼绿华、秦楼客（以上仅据《李商隐诗歌集解》第一册摘出，涉及诗仅八十一首）等词语意象，占了其诗歌意象相当大的部分。这一系列充满仙风道韵的意象摄入诗中，构成了神奇瑰丽、极具缥缈朦胧之致的意境，像"一春梦雨常飘瓦，尽日灵风不满旗""无质易迷三里雾，不寒长著五铢衣"等名联，都是典型的例证。商隐诗朦胧意境的形成，道教意象的密集是一个重要原因。其诗中的神奇想象、瑰丽色彩、浪漫气息，也无不与道教的影响息息相关，像《无题》：

> 紫府仙人号宝灯，云浆未饮结成冰。
> 如何雪月交光夜，更在瑶台十二层？

诗中"紫府仙人""宝灯""云浆""瑶台十二层"，都是与道教有关的人物、事象，诗人将它们组合在一起，着意表现一种恍惚迷离、变幻不定、可望难即的意境，极具缥缈迷茫之致。其中"云浆未饮结成冰"的奇想、瑶台十二

405

层邈不可攀的幻境，都与道教的思维对他的影响密切相关。董乃斌说："道教之于李商隐，严格说来，不过是为其思想增添了一种色彩，而并未成为其世界观的一个组成部分，更未改变其世界观的根本性质。李商隐毕竟不是李白、施肩吾那样的诗人道教徒或道教徒诗人。"（《李商隐的心灵世界》第245页）这个论断是符合实际的。

李商隐与佛教的关系也是一个有待深入研究的问题。商隐现存文章中，与佛教有关的共三篇，即《唐梓州慧义精舍南禅院四证堂碑铭并序》及《上河东公启》两篇，均作于大中七年在梓幕期间。与佛教有关的诗作较多，计有《奉寄安国大师兼简子蒙》《五月十五夜忆往岁秋与澈师同宿》《同崔八诣药山访融禅师》《酬崔八早梅有赠兼示之作》《题白石莲花寄楚公》《题僧壁》《明禅师院酬从兄见寄》《北青萝》《忆匡一师》《华师》《别智玄法师》《送臻师二首》，计十三首。他在《上河东公启》中自称："兼之早岁，志在玄门（按：此指佛教）。"《上河东公第二启》中又说："伏以《妙法莲花经》者，诸经中王，最尊最胜，始自童幼，常所护持。"可见他早岁即已诵习佛经。《五月十五夜忆往岁与澈师同宿》云："万里飘流远，三年问讯迟。"说明他与知玄法师的弟子僧彻（澈）在长安时早有交往，《奉寄安国大师兼简子蒙》之安国大师即僧彻（澈），宋《高僧传》卷六有《唐京兆大安国寺僧彻传》。大中元年到桂林后，自称"佞佛将成缚"，说明此时信佛程度已有发展。但真正在思想上受佛教较大影响的，是在东川幕期间，上编第十五章第三节"克意事佛"已对此作了较为具体的叙述，不赘。由于"丧失家道，平居忽忽不乐"，梓幕期间的李商隐为了解脱内心的苦闷，佞佛程度确实比以前任何时候都更深，其态度之虔诚从自出财俸，创石壁五间，金字勒《妙法莲花经》七卷的举动可以明显看出。他所刻的《妙法莲花经》，又称《法华经》，是天台宗的主要经典。称释迦成佛以来，寿命无限，现各种化身，"以种种方便，说微妙法"。重点弘扬"三乘"（指声闻、缘觉、菩萨）归一（指佛乘），调和大小乘各种说法，强调一切众生，都能成佛。商隐在蜀及长安所师事的知玄，即属于天台宗。天台宗在它发展的过程中，吸收了道教的神仙方术，这可能是原先就求仙学道的商隐对它感兴趣的原因之一。天台宗的湛然大师提出"无情有性"的宗教世界观，宣扬草木砖石均有佛性（见其所著《金刚錍》）。这和商隐早年在《上崔华州书》中所说的"夫所谓道，岂古所谓周公、孔子者独能耶？盖愚与周、孔俱身之耳"在精神上一脉相通。钱锺书指出商隐此论与竺道生"一阐提人皆得成佛"、孟子"人皆可以为尧舜"、荀子"途之人可以为禹"之论共贯（见《管锥编》第四册第1331—1333页）。看来，商隐思想上受到佛教天台宗思想的影响，可能在早年就有所表现。

商隐在东川幕期间，对佛教信仰弥笃、浸染日深，这主要是藉以消解苦闷和忧愁，但商隐的本性是极端重情甚至惟情的。尽管他在《北青萝》诗中曾说："世界微尘里，吾宁爱与憎？"并声言要正式出家做清凉山行者。但他对这个微尘似的世界却十分执著，实际上他根本做不到泯灭爱憎。由于痴情，为情所困，内心充满伤感苦闷，所以渴求从佛教教义中求得解脱；也正因为过于痴情，终于无法解脱。我们试看他在东川幕期间写的一系列诗篇，像《武侯庙古柏》《筹笔驿》之缅怀诸葛亮的品德功业，深慨志士才人遭逢末世，无力挽回颓运；《井络》之斥责奸雄恃险割据；《无题》（万里风波）之怀古思贤；《七夕》《李夫人三首》之悼念亡妻；《二月二日》《初起》《写意》《夜雨寄北》之思念故乡；《杨本胜说于长安见小男阿衮》之思念儿女；《柳》（曾逐东风）、《忆梅》之慨叹昔荣今悴、开不逢时；《天涯》、《即日》（一岁林花）之抒写"伤春"意绪；《闻著明凶问哭寄飞卿》之痛愤友人遭诬而死……无论于国于身、于家于友，可以说没有一样是能够抛得开、放得下，能够忘却爱憎的。毋宁说，他的"克意事佛"，正说明在东川期间他的痛苦悲恨之深。从根本上说，李商隐的感情世界中并没有给佛教的空无寂灭思想留下真正的地盘，他到头来是一个虽想皈依佛教却始终为情所缚的世俗之人。

第二节　李商隐的悲剧性格与悲剧心态

李商隐的性格与心态都具有明显的悲剧性质。这种悲剧性格与心态的突出表现，自然是贯串渗透在他的诗文创作中那种浓重的难以排遣的感伤情绪，那种对时代、对人生、对个人身世命运的悲慨。但要真正了解他性格的悲剧性，却不能不先对他性格中历来为人们所忽视的另一面有真正的了解。这就是他的性格中刚直不阿、有正义感、愤世嫉俗、狂傲不羁的一面，尖刻而富于幽默风趣的一面。由于他的大部分代表性诗文不是表现上述性格侧面的，而那些哀感顽艳、缠绵悱恻的诗篇又给历代读者留下极深的印象，因此人们对其性格的另一面往往容易忽略。而实际上，上述性格特点不仅有助于我们了解其性格的多侧面与丰富性，而且对我们深刻理解其性格的悲剧性有重要意义。因为像刚直不阿、有正义感、愤世嫉俗、狂傲不羁等性格特点，在某种意义上可以说是其性格的本色与底色。

商隐性格中刚直不阿、有正义感的一面突出地表现在下列诗文和言行中。开成四年，他从秘书省校书郎调补弘农尉，从清职降为俗吏，在弘农尉任上，因为"活狱"而触忤陕虢观察使孙简，他愤而罢职离去，作《任弘农尉献州刺史乞假归京》诗云：

> 黄昏封印点刑徒，愧负荆山入座隅。
> 却羡卞和双刖足，一生无复没阶趋。

联系《行次西郊作一百韵》中诗人对"穷民"被迫为"盗"的态度（诗有云"盗贼亭午起，问谁多穷民。节使杀亭吏，捕之恐无因"），可以推知"活狱"之举当是因同情穷民处境遭遇而减轻对他们的刑罚。职主捕"盗贼"的县尉而有"活狱"之举，自然触怒了孙简一流苛虐的上司。在这种情况下，商隐愤而罢去，本身就是对酷虐政治的一种抗议。诗中写他对"封印点刑徒"的职司的愧负心情和对"没阶趋"的卑屈处境的强烈不满，表现了他对县尉这种既要镇压百姓、又要趋奉上司的风尘小吏的厌恶。感愤之强烈，甚至说出"却羡卞和双刖足"这样充满愤激的话。这件事充分表现了他的正义感、同情心和强项不屈的性格。这种性格，也体现在《听鼓》诗中：

> 城头叠鼓声，城下暮江清。
> 欲问《渔阳掺》，时无祢正平。

祢衡是著名的狂士。曹操想见他，衡称狂病不赴。曹操怀恨，故意召衡为鼓手，想借此折辱他。祢衡在操前裸身击鼓，鼓《渔阳掺》，反使曹操受到羞辱。诗人性格中刚直不屈、狂傲不羁的一面借城头鼓声触动世无祢衡之慨得到充分表露。

商隐政治上的正义感主要体现在他的一系列政治诗中，主要有三组。一组是甘露之变以后写的《有感二首》《重有感》《曲江》《故番禺侯以赃罪致不辜事觉母者他日过其门》和稍后的《行次西郊作一百韵》。这些诗是在宦官气焰极为嚣张、绝大多数诗人对此噤口不言的情势下写的，不仅表现了对国家前途命运的深沉忧患感，而且对宦官挟制皇帝、把持权柄、肆行杀戮的罪行表现了强烈义愤。第二组是有关刘蕡冤贬的诗，即赠、哭刘蕡的五首诗。这组诗的矛头不但指向迫害刘蕡的宦官黑暗势力，而且指向了高天"上帝"（实即文、武、宣三朝皇帝），其感情的激愤、沉痛，充分表现了商隐的正义感和刚直性格。当时诗人中，也没有第二人对刘蕡的冤贬公开表示过同情和义愤。第三组是有关李德裕政治集团被冤贬的系列诗篇及为郑亚代撰的辩诬书启。这是在李德裕政治集团面临全军覆没、牛党独揽朝政的形势下写的，因此其政治上的正义感便表现得尤为突出。像《漫成五章》之四、之五，或赞颂李德裕任人唯贤，拔寒素于草莱，或为其对回鹘、吐蕃的正确政策举措辩诬，就是在李德裕已贬居崖州、生还无望的情况下写的，这在当时需要有强烈的正义感和很高的胆识。纵观同时的诗人，也再无别人对李德裕等人的遭遇表示过同情。

　　正由于有强烈的正义感和刚直不阿的性格，商隐对现实社会中许多丑恶腐朽的现象往往表现出极大的愤慨，形成一种愤世嫉俗的情绪。这在《别令狐拾遗书》和《与陶进士书》中表现得尤为强烈。《别令狐拾遗书》针对当时社会上以利相交，"今日赤肝脑相怜，明日众相唾辱"的丑恶现象作了尖锐的抨击，最后甚至说到"真令人不爱此世而欲狂走远飏"，表现出对唯利是图的世风愤惋决绝、痛心疾首的感情。《与陶进士书》中对当时的贵官显宦漠视压抑贤才的行径表示了极大的愤慨，"出其书，乃复有置之而不暇读者，又有默而视之，不暇朗读者，又有始朗读而中有失字坏句不见本义者"，说自己未中博学宏辞科是"生获忠肃之谥"，希望人们认为"此物不识字，此物不知书"。这种喷薄而出的一肚子愤世嫉俗之情固然与他的切身遭遇有关，但也和他素有的刚直嫉恶性格分不开。他的短赋《虱赋》《蝎赋》《虎赋》《恶马赋》[①]，也同样充满了愤世嫉俗之情。

　　商隐幼而聪慧，才名早著。青少年时代，尽管家境艰困，却相当自负。从《上崔华州书》中可以看出这种高度的自信与自负。"夫所谓道，岂古所谓周公、孔子者独能邪？盖愚与周、孔俱身之耳"，一种无视偶像权威，与古圣先贤平起平坐的创造精神与狂傲精神融为一体。书中又说自己"居五年间，未曾衣袖文章，谒人求知。必待其恐不得识其面，恐不得读其书，然后乃出"，这种傲视王侯的精神在盛唐诗人中并不罕见，但在晚唐却是凤毛麟

────────────

　　①《虎赋》《恶马赋》《文苑英华》《唐文粹》《全唐文》《樊南文集详注》《樊南文集补编》均未收，见刘克庄《后村诗话》续集卷二。

角。类似的表白在其他诗文中也时见，如《上李尚书状》云："自顷升名贡籍，厕足人流，未尝辄慕权豪，切求绍介，用胁肩谄笑，以竞媚取容……每虞三揖之轻，略以千钧自重。"《偶成转韵七十二句赠四同舍》也说："顷之失职辞南风，破帆坏桨荆江中。斩蛟破璧不无意，平生自许非匆匆……我生粗疏不足数，《梁父》哀吟鸲鹆舞。横行阔视倚公怜，狂来笔力如牛弩。"其高自标置的狂态和高自称许的豪情鲜明可触。《读任彦升碑》甚至借用任昉对萧衍的戏言，表达对现实中权贵的轻视："梁台初建应惆怅，不得萧公作骑兵。"姚培谦说："文人倔强如此，岂帝王所能夺耶？"这种自负自信和狂傲精神，也成为他一生的精神支柱之一，使他始终未被生活中的苦难所压倒。大中五年暮春，他的妻子王氏去世，这对他是极沉重的打击，但他在这年新秋作的《崇让宅东亭醉后沔然有作》中说：

> 俗态虽多累，仙标发近狂。
>
> 声名佳句在，身世玉琴张。
>
> 万古山空碧，无人鬶免黄。
>
> 骅骝忧老大，鸊鹈妒芬芳。

尽管身世沉沦困顿，交亲又多亡故，但对自己的才能声名，却仍充满自负，神仙标格亦发而近狂。

商隐的正义感和刚直狂傲，一方面导致他对社会上种种丑恶和不公正的现象感到愤慨，表现为愤世嫉俗；另一方面，又表现为对丑恶腐朽现象的尖锐嘲讽。商隐的诗品，每被一些封建卫道气息较浓的评家讥为"大尖无品"，"刻薄尖酸，全无诗品"（纪昀评《富平少侯》《华清宫》），"太轻薄"（毛奇龄评《马嵬》）。实际上，这种对最高封建统治者荒淫昏聩的尖锐嘲讽，正是商隐思想性格中较少封建卫道观念的表现，是一种可贵的精神品格。值得注意的是，商隐这种尖锐的嘲讽往往跟他特有的幽默风趣结合，像"如何四纪为天子，不及卢家有莫愁""谁言琼树朝朝见，不及金莲步步来""玉玺不缘归日角，锦帆应是到天涯""地下若逢陈后主，岂宜重问《后庭花》"这些名联，就都表现出商隐既尖刻又幽默的个性。张戒《岁寒堂诗话》说："义山多奇趣。"这"奇趣"中就包含有上面所说的幽默风趣。商隐的有些文章，也常表现出其幽默风趣的个性，如《齐鲁二生》程骧一则写程少良的妻子设宴款待党中少年的场面，刘叉一则写刘叉持韩愈撰墓志铭所得酬金而去时说的话，就表现出一种耐人寻味的幽默。他所撰的《杂纂》，可以说是用滑稽风趣的语言表现世风民俗的二部俗语类编，充分展现出商隐幽默风趣的个性。文学史上不少大作家，像陶潜、杜甫、韩愈、李商隐、苏轼都具有这种幽默风趣的个性。这既可使他们的内心苦闷郁愤得到一定程度的宣泄与化解，也构成了其诗美的一个方面。

但是，商隐性格中的上述侧面，在他所处的实际环境中却得不到充分的发展与展示，相反地，经常处于受压抑的地位。如果说在前期的一些文章中还得到较多展示的话，越到后来，就越少有表露的机会与条件，只是在某些特殊情况下才有激而发，如电光石火之闪现。这充分说明了客观环境对商隐性格中刚直一面的摧抑。这本身就是一种悲剧。

正如一开头就已指出的，商隐性格中给人留下印象最深刻的，还是与上述性格特征迥然不同的方面，这就是多愁善感，或者说感伤。在他人，多愁善感或感伤，可能只是在一定时间地点条件下的情绪；在商隐，却是一种贯穿弥漫性的情绪，一种深入骨髓的个性，是他悲剧性格与心态的突出表征。这种性格心态的形成，当然跟晚唐那样一个从辉煌的盛世跌落到衰颓没落境地的时代密切相关，但这是生活在那个时代的士人都同样面对的。商隐之所以对时代的悲凉之雾，呼吸领会得特别强烈深刻，更与他几代孤寡，带有悲剧色彩的家世，特别是他本人困顿坎坷、漂泊寄幕的身世密切相关。在中国文学史上，有一系列具有悲剧命运的作家，从屈原到曹雪芹，可以开列一串长长的名单。用李商隐的诗句来概括，那就是"古来才命两相妨"（《有感》）。但是，并不是所有遭遇悲剧命运的作家都具有悲剧性格与心态。比如说，陶渊明的命运可以说是带有悲剧性的（理想与现实的矛盾，质性自然与大伪斯兴的浊世的矛盾），但他用达观知命、委运任化的人生哲学排解了自己的苦闷，在大自然和真淳的农村生活中找到了心灵的归宿，达到了物我一体、心与道冥的人生境界。李白的命运当然更是悲剧性的，但终其一生，都没有形成悲剧性格与心态，那种飞扬跋扈之气和高度的自信自负至死未消。苏轼的命运也是悲剧性的，但他却用旷达的超然物外的人生哲学来求得解脱。遭到悲剧性命运，而又形成悲剧性格与心态，并且经常陷溺在悲剧心态中不能自拔，从而深刻地影响其文学创作的，在古代作家中，李商隐是最突出、最典型的一个。

如果我们对他的一些有代表性的编年诗作一番大致的巡礼，就可以发现李商隐的悲剧性格与心态萌芽得特别早，持续的时间特别长，而且处在个不断深化的过程中。《无题》（八岁偷照镜）大约作于十五六岁的青少年过渡期，诗中所描绘的带有自况意味的少女形象，早熟、聪慧、勤奋，却又带着一种对前途命运莫名的忧伤："十五泣春风，背面秋千下。"当别的少女都在春风中无忧无虑地玩耍时，她却背对秋千，独自为难以自主、难以预料的命运暗自哭泣。《初食笋呈座中》也作于刚踏入社会的青少年时代，当时他正如初出林的嫩笋，志在凌云，但即席赋诗言志抒怀时，想到的却首先是作为盘中餐的嫩笋惨遭剪伐的命运。这两首诗都表现了对将来的前途命运不祥的预感。《宿骆氏亭寄怀崔雍崔衮》也是早期未第时作，在水亭秋夜对朋友的悠长思念中所发现与欣赏的竟是"秋阴不散霜飞晚，留得枯荷听雨声"这样一种衰飒、凋残的诗意美，连感伤入骨的曹雪芹都不由得借林黛玉之口说它"太颓丧了"。作于大和九年（835，时商隐年二十四）的《夕阳楼》说：

> 花明柳暗绕天愁，上尽重城更上楼。
> 欲问孤鸿向何处，不知身世自悠悠。

三四两句抒发的是一个同情别人的人忽然醒悟到自己同样是需要别人同情的人，却又根本无人同情自己的悲剧心理。这是一般年轻人很少有的心态。在爱情题材领域，大约作于同一年的《燕台诗四首》，词采虽极秾艳，感情却极凄惋、悲怨，充满了"幽忆怨断"的悲剧音调。总之，青少年时代的李商隐，在诗里已经弹奏出了浓重的人生悲音。"内无强近，外乏因依"（《祭徐氏姊文》）的家世、"沦贱艰虞多"（《安平公诗》）的身世和"夕阳无限好，只是近黄昏"的时世，正是形成他青少年时期感伤个性和悲剧性心态的重要原因。这种悲剧性的性格、心态，从少年、青年一直持续到他晚年。从《无题》（八岁偷照镜）到大体上可以推断作于晚年的《锦瑟》，李商隐在他的诗文中弹奏出了一曲曲持续不断的人生悲歌。在这个过程中，他的悲剧性格、心理不断深化。如对现实政治的看法，他十八岁时写的《隋师东》说："但须鸑鷟巢阿阁，岂假鸱鸮在泮林？"认为只要有贤相主政，就不会让藩镇长期割据州郡。《行次西郊作一百韵》也说："又闻理与乱，系人不系天。"并举出"昔闻举一会，群盗为之奔"作为典型的例证。但到开成五年文宗去世后写的《咏史》中，已经慨叹"运去不逢青海马"，而到晚年所作的《武侯庙古柏》和《筹笔驿》中，又进而发出"玉垒经纶远，金刀历数终""徒令上将挥神笔，终见降王走传车"的悲慨。从主明臣贤就能拯救危局到纵有求治之主和贤才也无法挽救气运已尽的王朝，反映出他对现实政治和时代悲剧感受的深化。对人生的感受也是如此。前期写的《无题》（昨夜星辰），尽管也有相爱而不能会合的怅惘和身世飘蓬的叹息，但毕竟有"昨夜星辰昨夜风，画楼西畔桂堂东"的温馨回忆和宴席上酒暖灯红、心通目成的热烈场景，但到晚年写的《锦瑟》，却一切都成了梦幻泡影，回忆华年往事，只剩下了失落的迷惘、无穷的哀怨、无边的寂寥和缥缈如烟的感受。

除了感伤这一最突出的表征以外，李商隐的悲剧性格与心态还表现为以下两个主要特点：

一是特别敏感又特别执著。李商隐大约是古代作家中最多愁善感者之一。而且他对时代悲剧、人生悲剧命运的敏感具有明显的超前性。比如对时世的感受，他就比许多同时代的诗人（甚至包括杜牧这样杰出的诗人）要敏感得多。开成元年春写成的《曲江》，在对那场刚过去不久的"流血千门，僵尸万计"的甘露之变进行反思时，他已经像西晋的索靖一样预感到了大唐王朝荆棘铜驼的命运。作这首诗时，离唐王朝的覆灭还有七十多年。这种超常的敏感正是由于诗人透过甘露之变这一标志性的政治事件，看到了唐王朝不可避免的衰亡命运。对人生遭遇，也是如此。开成三年，他参加博学宏辞考试落选，在泾原幕作《回中牡丹为雨所败二首》，用为雨所败的牡丹象征自己遭受摧抑、"先期零落"的悲剧命运，悲慨自己"一年生意属流尘"。甚至说"前溪舞罢君回顾，并觉今朝粉态新"，透过一层，设想将来的命运当比现在更为可悲。和将来化为尘泥、随水流逝的结局相比，今天为雨所败的"粉态"还算有几分新艳。一个青年人，仕途上刚遇上一点挫折，竟发出如此不祥的悲音，实在是过于敏感了。这种特别敏感的性格使他超前地感受到一般人还来不及感受到的悲剧性命运和趋势。但特别敏感的人如果是个清醒而洒脱的智者、达者，他可以想办法求得解脱，像前面提到的陶潜、苏轼那样。而商隐却缺乏这种清醒而洒脱的智者达人气质。他生性特别执著，尽管敏锐地感受到了时代的、人生的悲剧命运，却总是摆不开，放不下，化不掉。尽管早就预感到了唐王朝的没落，但仍然对它的没落深情地加以哀挽。对没落的美、美的没落有一种化解不开的情结："夕阳无限好，只是近黄昏。"对爱情，尽管间阻不通，会合无期，但"春蚕到死丝方尽，蜡炬成灰泪始干"，纵使无望，也要作苦苦不已的追求。这种既极端敏感又极端执著的性格，使他一生经常处在悲剧心态的旋涡之中，如春蚕作茧自缚，无法解脱，在感情的缠绕中走向生命的终结。

二是特别内向又特别缠绵甚至软弱。如上所述，商隐性格中本有刚直不阿、富于正义感、愤世嫉俗、狂傲不羁的一面，但由于时代、家世、身世的多重不幸，却造成了商隐非常内向的性格。他出身比较寒微，仕途上要找到出路，势必要有所依托。他一生历事戎幕，主要是为了解决仕进之路和生活出路。尽管他所事的幕主对他都相当器重、关顾，有些还对他有很深的知遇之恩，但从他自己这方面说，却时时需要注意自己的言行，小心侍奉，谨慎从事。这种特殊的长期依人作幕的处境，也使他的性格变得特别内向。他不能像出身高门的杜牧那样，可以狂言惊四座，可以在作幕期间出入倡楼，"以宴游为事"①，而只能小心翼翼。而他的本性，却对这种趋奉上司、没有多少个人意志与自由的幕僚生活很不习惯。从"却羡卞和双刖足，一生无复没阶趋""天官补吏府中趋，玉骨瘦来无一把"这些诗句中可以看出他对这种趋奉生活的厌恶。但为了仕途与生活，又常常只能忍受。这种内向的性格本身就是被环境压抑、扭曲的结果，是畸形的，带有悲剧性的：扭曲之后还不能随意发泄，就更加痛苦。他只能将这种心灵的痛苦寄之于诗。因此他的诗往往是痛苦心灵的自诉。以郑亚和商隐这样的幕主、幕僚关系，应当说是相当亲密的，但大中元年十月，商隐在李德裕政治集团面临十分不利的形势下奉郑亚之命出使江陵，与德裕当政时做过宰相的荆南节度使郑肃联络，尚且要在《奉使江陵途中感怀寄献尚书》这首寄献郑亚的诗中表示对郑亚知遇之恩的感激和"枫丹欲照心"的一片赤诚。在东川幕，柳仲郢出于对商隐丧妻后孤寂处境的同情，准备把乐营中的歌伎张懿仙赠给他，商隐得知后，写了一封情哀词恳的《上河东公启》加以婉辞，信中特意声明自己诗歌中虽有男女之情方面的内容，但自己跟"南国妖姬，丛台妙妓"们"实不接于风流"，恳请柳仲郢收回成命，"使国人尽保展禽，酒肆不疑阮籍"。可见他即使在妻子去世后接受妾侍之赐这种合情合理的问题上，也总是小心翼翼，惟恐人们对他的人品有议论。在幕府中，还免不了有些人事关系上的摩擦，特别是商隐因为才高而受到幕主器重，更易招致同僚的嫉忌。在天平幕时，因为令狐楚对商隐的青睐，而有"人潛公骂"之事（见《奠相国令狐公文》）；在泾原幕期间，也有"不知腐鼠成滋味，猜意鹓雏竟未休"的感慨；在徐州幕，作《越燕二首》托物寓慨，有"来莫害王孙"的告诫；在东川幕，《北禽》有忧谗畏讥之意，《夜出西溪》有"松高莫出群"的自我告诫，都反映出幕府中人事关系上的摩擦。这种处境，自然也加深了他内心的苦闷与孤

① 杜牧在淮南节度使府为掌书记时，常出没驰逐倡楼间，节度使牛僧孺密教卒三十人，易服随后，潜护之。事见《太平广记》卷二七三引《阙史》。

寂。一个性格内向的人，如果比较果决刚强，则虽内向也未必会形成悲剧性格。但商隐又偏偏十分重情，十分缠绵，甚至相当软弱。他和令狐绹之间，通过长期交往，应该说对绹为人的势利、狭隘、猜忌是有较深了解的，但由于令狐楚对他的恩遇和令狐绹在他考进士时帮过忙，再加上在仕途上对绹有所希求，因此总是不能割舍、决裂，甚至不得不向令狐绹写诗陈情告哀、表白解释。这对一个本质正直的人是最痛苦的折磨。从他的本性说，他憎恶胁肩谄笑、竞媚取容，但为了仕进却不得不多次向显贵者写信请求援手，希望他们垂怜，诗文集中一系列这方面的篇章，便是他的正直品格受到扭曲，不得不强颜低意的证明。

　　总之，李商隐所处的时代、家世、身世境遇，造成了他的悲剧性格与心态。他对时代、人生、个人命运的悲剧包括爱情方面的悲剧都有极深的感受，但又无法摆脱，无法解脱。政治上明明连最起码的参政条件都没有（一生中只在朝做过九品的秘书省校书郎、正字和六品的冷官太学博士，都无缘参政，而且都为时极短），却死死抱定回转天地的匡国宏愿："永忆江湖归白发，欲回天地入扁舟""如何匡国分，不与夙心期""人生岂得长无谓，怀古思乡共白头"。从青年、中年直到晚年，匡国之志不移。明明感到周围环境一片冰冷，却仍然怀着一片赤诚，一往情深："五更疏欲断，一树碧无情""黄叶仍风雨，青楼自管弦"。对美好的事物十分挚爱、流连，却又只能眼睁睁地看着它沦没消逝："夕阳无限好，只是近黄昏""肠断未忍扫，眼穿仍欲稀。芳心向春尽，所得是沾衣"。在他一生中，迷惘、失落、变幻不定、缥缈难即、无边的永恒的寂寞、绝望和幻灭的悲哀，这种种心理状态总是时时萦绕在心头。但尽管如此，他却还是要在近乎绝望中抱着微茫的希望（"蓬山此去无多路，青鸟殷勤为探看"），在仿佛无可慰藉的情况下寻求一丝慰藉（"何当共剪西窗烛，却话巴山夜雨时"），甚至在绝望的悲哀中仍作执著的追求（"春蚕到死丝方尽，蜡炬成灰泪始干"），在屡经幻灭后仍作幻灭后的追求（"春心莫共花争发，一寸相思一寸灰""浮生尽恋人间乐，只有襄王忆梦中"），在彻骨、弥漫的悲哀中咀嚼悲哀中的美（"红楼隔雨相望冷，珠箔飘灯独自归"）。这一切，构成了李商隐最有特色的诗歌中最常见的感情内容，也构成了其诗歌特有的美感、特有的魅力。

第三章　李商隐与牛李党争

第一节　有关这一问题的各种不同观点概述

李商隐和晚唐长达数十年的牛李党争的关系，一直是李商隐研究中有争论的问题，也是李商隐研究中的难点和焦点之一。在上编有关章节中，已结合商隐生平的某些阶段分别作过一些叙述和分析，这里列专章作一综合讨论。

这个问题的提出，首先要溯源于两《唐书》商隐本传的有关记载。《旧唐书·文苑传·李商隐》载：

> 商隐幼能为文。令狐楚镇河阳（按：此误，当为东都洛阳，时在大和三年），以所业文干之，年才及弱冠。楚以其少俊，深礼之，令与诸子游。楚镇天平、汴州（按：此误，楚镇汴早在长庆四年至大和二年），从为巡官，岁给资装，令随计上都。开成二年，方登进士第……王茂元镇河阳（按：此误，当为泾原），辟为掌书记……茂元爱其才，以子妻之。茂元虽读书为儒，然本将家子，李德裕素厚遇之。时德裕秉政，用为河阳帅。德裕与李宗闵、杨嗣复、令狐楚大相仇怨。商隐既为茂元从事，宗闵党大薄之。时令狐楚已卒，子绹为员外郎，以商隐背恩，尤恶其无行。俄而茂元卒，来游京师，久之不调。会给事中郑亚廉察桂州，请为观察判官、检校水部员外郎（按：据《樊南甲集序》及《为荥阳公上荆南李相公状》，当是观察支使、当表记）。大中初，白敏中执政，令狐绹在内署，共排李德裕，逐之。亚坐德裕党，亦贬循州刺史。商隐随亚在岭表累载。三年入朝，京兆尹卢弘正（止）（按：时京兆尹非卢，可能是郑涓）奏署掾曹，令典笺奏。明年，令狐绹作相，商

隐屡启陈情，绚不之省。弘正（止）镇徐州，又从为掌书记（按：当为节度判官）。府罢入朝，复以文章干绚，乃补太学博士。

《新唐书·文艺传·李商隐》载：

> 令狐楚帅河阳（按：当为东都洛阳），奇其文，使与诸子游。楚徙天平、宣武（按：此误，见前），皆表署巡官，岁具资装使随计。开成二年，高锴知贡举，令狐绹雅善锴，奖誉甚力，故擢进士第……王茂元镇河阳（按：当是泾原），爱其才，表掌书记，以子妻之……茂元善李德裕，而牛李（按：指牛僧孺、李宗闵）党人蚩摘商隐，以为诡薄无行，共排笮之。茂元死，来游京师，久不调。更依桂管观察使郑亚府为判官（按：当为观察支使当表记）……亚亦德裕所善。绹以为忘家恩，放利偷合，谢不通……绹当国，商隐归穷自解，绹憾不置。（卢）弘止镇徐州，表为掌书记（按：当为节度判官）。久之，还朝，复干绹，乃补太学博士。

除了少数仕历及时间先后记载的错误外，两《唐书》本传的基本内容是一致的。即李商隐先受到令狐楚的赏爱与厚遇，楚卒后入为李德裕所善的王茂元幕，并娶茂元女为妻，由此受到李宗闵党的"蚩摘""大薄"，令狐绹尤恶其"背恩"与"无行"。大中年间，商隐又随李德裕所善的郑亚去桂管为幕僚，更遭到令狐绹的忌恨，认为他"放利偷合"。绹作相，商隐屡启陈情，绹不省。徐幕罢归，复以文章干绹，乃补太学博士。两《唐书》本传用了一半以上的篇幅来叙述李商隐与牛李两党的关系，把它看作商隐"名宦不进，坎壈终身"（《旧唐书·李商隐传》）的重要原因，可见两书编著者都认为这是商隐一生仕历交游的大事。

但是，清代以来，随着对李商隐及其诗文研究的逐步深入，许多学者对两《唐书》的这些记载和议论提出了不同看法。归纳起来，主要有以下三说：

党李说——这一说为朱鹤龄所主张。他在《笺注李义山诗集序》中说："夫令狐绹之恶义山，以其就王茂元、郑亚之辟也；其恶茂元、郑亚，以其为赞皇（按：即李德裕）所善也。赞皇入朝，荐自晋公，功流社稷，史家之论，每曲牛而直李。茂元诸人，皆一时翘楚。绹安得以私恩之故，牢笼义山，使终身不为之用乎？绹特以仇怨赞皇，恶及其党，因并恶其党赞皇之党者，非真有憾于义山也。太牢（按：即牛僧孺）与正士为仇，绹父楚比太牢而深结李宗闵、杨嗣复。绹之继父，深险尤甚。会昌中，赞皇擢绹台阁，一旦失势，绹与不逞之徒竭力排陷之，此其人可附离为死党乎？义山之就王、郑，未必非择木之智、涣丘之公。此而目为放利偷合、诡薄无行，则必将朋比奸邪、擅朝乱政，如'八关十六子'之所为，而后谓之非偷合、非无行乎？"总之，认为李商隐后来追随王茂元、郑亚是"择木之智"，而非"放利偷合"，因为李德裕是"功流社稷"的贤臣。这种观点建立在两个前提下：其一，王茂元、郑亚都是李德裕党；其二，李商隐追随王、郑，是自觉的政治选择，而非偶然的行动。这两个前提实际上都存在一些问题，特别是王茂元是否李党，李商隐入王茂元幕是否意味着"去牛就李"。这一说的合理部分为岑仲勉、傅璇琮所发挥，并对其有所修正。岑仲勉认为李德裕无党，傅璇琮认为商隐后期倾向李党，分见岑氏所著《隋唐史》、傅氏论文《关于李商隐研究中的一些问题》（载《文学评论》1982年第3期）。

党牛说——这一说为徐逢源所主张（据冯浩《玉谿生年谱》所引。徐氏曾笺注义山诗，今佚。冯浩在《玉谿生诗笺注》中曾引用徐氏稿本中之笺解）。徐氏谓："唐之朋党，二李（按：即德裕、宗闵）为大。牛僧孺为李宗闵之党魁，故又曰'牛李'。杨嗣复、李宗闵与李德裕大相仇怨。义山为楚门下士，是始乎党牛之党者也。适从郑亚辟，令狐绹以为忘家恩，憾之不置。义山归穷自解，绹不之省。徐州归后，复以文章干绹，乃补太学博士，则终乎党牛之党矣。论者以为王茂元婿，又从事桂林，遂谓党赞皇之党。不知茂元自有王涯为之道地，又得中人之助，所恃不独一卫公也。惟郑亚始终为卫公所引。然从亚非义山本怀，又不过一年。观其《酬令狐郎中》诗云：'补羸贪紫桂，负气托青萍'。则心事和盘托出，不过为贫而仕耳，非有心负绹者，《传》所云'放利偷合'，则不诬也。他如杨虞卿、萧浣、杜悰、卢钧，无一非牛党。虽柳仲郢，史亦称其与僧孺善。而谓党赞皇之党者，吾不信也。集中刺卫公诗，不一而足，若《李卫公》一绝，尤其显然者。"总之，认为李商隐"始乎党牛之党""终乎党牛之党"，从郑亚只是"为贫而仕"。这一说由于三个主要论断都过于表面化，不能推求商隐行动的实质，存在显然的漏洞，因此几乎没有学者赞同这一主张。

无与党局说——这一说为冯浩所主张，纪昀的观点亦与之接近。冯浩《玉谿生年谱》云："朱长孺序，过褒义山；徐氏尽翻朱说，尤偏执矣。夫李、牛之党，实繁有徒。然岂人人必入党中，不此即彼，无可解免者哉！既同时矣，同仕矣，势不能不与之款接。要惟为党魁者，方足以持局而树帜，下此小臣文士，绝无与于轻重之数者也……义山少为令狐楚所赏，此适然之遇，原非为入党局而然。惟是开成时既以绹力得第，而乃心怀躁进，遽托泾原，此《旧·传》所云绹以背恩，尤恶其无行也。绹之恶义山实始于此……其后以郑亚为李卫公所善，逐李并及郑，而绹之恶义山，尤不能释矣。然则赴郑幕者，所以重绹之怒。其实早怒其得第而背恩，固非从卫国而迁及之也。最后在卢幕，在柳幕，皆属卫公所赏识。夫义山之历就诸幕，皆聊谋禄仕，既并非党李之党，更乌得以补太学博士之一节，而谓终于党牛之党也哉！（补博士乃绹之情不可却，非美迁也，岂可以论党局？）集中叹卫公诗，吾详味之矣，刺卫公诗绝鲜。其《李卫公》一绝，伤之，非幸之也。惟上杜惊诗'恶草虽当路'，乃实斥卫公者。以投赠之故，冀耸尊听，不惜违心而弄舌耳。要而论之，义山不幸而生于朋党倾轧之日，所遇皆此辈，未免为其波染，若其踪迹名位，绝无与于党局。即绹之恶其背恩，仅一家之私事耳，安得过信史书，各徇偏见，而必谓其党李之党，或谓其党牛之党也哉……义山既不足与论党局矣，而统观全集，其无行诚不能解免：当得第而未仕，则遽背恩而赴泾原；茂元卒，又欲修好于令狐；令狐出刺吴兴，又即膺桂管之辟，泰然有'不惮牵牛妒'之句。桂府遽罢，卫公叠贬，令狐入居禁近，则又哀词祈请，如醉如迷。迨至令狐宿憾终不可释，乃始真绝望而以《漫成五章》揭生平之大略，窃隐附于卫公，以冀取重于千载后也。一人之笔，矛盾互持，植品论交，两无定夺。"纪昀则云："'诡薄无行'，固当时已甚之词；而以为'择木之智，涣丘之公'，亦后人张大其事而涉于袒护者。义山盖自行其志而于朝廷党派无所容心于其间。感王茂元一时知己，故从而依之；不幸值绹之谿刻，遂成莫解之怨，固迫于势之不得不然耳。倘以为有意于去就，则后之屡启陈情又何说以处之。"（《笺注李义山诗集序》纪批）严格地说，冯氏是"小臣文士无与于党局"说，纪氏才是真正的无党（"于朝廷党派无所容心于其间"）说。但他们的说法都会碰到同样的对立面：李商隐是否在主观上始终不偏向牛、李两党中的任何一方？因为小臣文士客观地位无与于党局不等于小臣文士在主观上没有偏向某一党的倾向，这是两个不同的概念。而一旦事实证明在某一阶段李商隐有偏向某一党的倾向，冯、纪之说都难以成立。至于冯氏对商隐人品的批评，有的近于苛责，如说商隐作《漫成五章》是"窃隐附于卫公，以冀取重于千载后"，可谓莫须有的加罪。

自朱、徐、冯三说发表后，近人有关这一问题的论述，又有一些新的变化发展。

主观上无党，客观上受害或卷入论——吴调公认为：李商隐决无意于参加任何一党。正因为他能超越党争之外，所以他的政治态度比较公正，政治诗的观点也能超出集团私利之争。他在青少年时代为令狐楚所赏识，固然谈不上党局；他的择婚王氏，也还是无可非议的。值得提出的是，王茂元的政治派系似不应列为李党。义山对牛党和李党，都不曾有过狼狈结纳的现象，对党人的态度也无偏袒。出入牛、李之间是事实，不过恐怕不全是为了仕进。在政治上同情李德裕（但也不必说是"择木之智"）和为了解决生活问题等种种因素都可能存在。从义山主观方面说，无关乎牛李党局；就客观方面说，他先后追随的幕主，确是包括两党人物，无怪乎他徘徊两党之间而饱受白眼了。周建国的看法与之相近而稍异，他认为："李商隐主观上虽无意于投入某党从党争中渔利，但在客观上是卷入党争的。就婚王氏支持泽潞之役是其涉足党争的开始，而从郑桂管后参与吴湘讼案更使其卷入党争的旋涡中心。这些过程正是他始受党争之害进而到深受党争之害的历史。李商隐在就婚王氏与从郑桂管两个时期中支持和同情较为进步的李党，表现了他的进步性和正义感。但同时又屡屡向令狐绹告哀乞怜，也暴露出他思想中庸俗的一面。"周说不同于吴说之处在于将商隐入王茂元幕和支持泽潞之役也看成支持李党。

主观上倾向李党——这种主张提得最明确而且论证得很充分的，主要是傅璇琮。他认为："王茂元既不是李党（按：岑仲勉已提出此说），也不是牛党……李商隐入王茂元幕，也根本不存在卷入党争的问题……李德裕一派在中晚唐是一个要求改革、要求有所作为的政治集团……李商隐正是在李党面临失败的无可挽回的情况下同情于李党，并用自己的一支笔为李党辩诬申冤，因而受到牛党的打击。"（《李商隐研究中的一些问题》）他在《李德裕年谱》中对牛李党争始末及两党主要人物的评价有更充分的论述。

牛李党争并非李商隐悲剧的真正根源——董乃斌在《李商隐悲剧初探》中说："义山悲剧与牛李党争有关，但牛李党争并非义山悲剧的真正根源。真正的根源是晚唐时代统治阶级内部矛盾的激化和官僚制度的极端腐朽。""晚唐时代有一大批下层知识分子在政治上找不到出路，其中绝大多数与牛李党争毫无关系……论义山悲剧，自然不能不谈牛李党争。但如果仅停留在他与牛李两党个别人物的关系上，势必有碍于对悲剧实质的深入探讨。"

通过长时期的讨论，对有些问题的看法逐渐趋于一致（如认为李商隐并非牛党，认为李商隐最初依托令狐楚，与党局无关；认为李商隐大中年间对李德裕一派有所同情），但还存在不少需要进一步探讨的问题。我认为，要弄清李商隐与牛李党争的关系，必须解决以下几个问题。兹分节论述。

第二节　牛李党争的性质问题

这个问题之所以首先要明确，是因为如果李商隐至少在客观上卷入了党争，甚至在主观上对其中的某一党有同情、支持的倾向，那么就必须弄清牛李两党的斗争究竟属于什么性质。是统治集团内部纯粹为了争权夺利而进行的毫无是非可言的矛盾斗争呢？还是虽属统治阶级内部矛盾，但就总体而言，仍有是非或进步保守之分的呢？陈寅恪在《唐代政治史述论稿》中主张，牛党代表新兴进士集团势力，李党代表士族门阀势力，认为"牛、李两党的对立，其根本在两晋南北朝以来山东士族与唐高宗武后之后由进士词科进用之新兴阶级，两者互不相容"。岑仲勉在《隋唐史》中则认为"牛僧孺、李宗闵结党蠹国，贿赂公行"，而"李德裕攘外安内，政绩彰彰""无党"，"牛党对德裕，只是同一士族阶级内结党营私者与较为持正者之相互间斗争，并非'科举'与'门第'之斗争，因为争取科第出身，旧族与寒族并无二致"。傅璇琮赞成并发挥岑说，在《李德裕年谱》中指出李德裕的"一些在重大政治问题上的主张和行动，在历史上是属于进步的，他是一个要求改革，要求有所作为的政治家"，"如果我们把他的政见放在历史的联系上来看，可以说，会昌政治是永贞革新的继续"，并指出了中晚唐时期党争的不同发展阶段，认为穆宗、敬宗时，主要是裴度与李逢吉的斗争，文宗大和后则主要是李德裕和牛僧孺、李宗闵之间的斗争。认为牛党政治上"因循保守，反对一切改革，依附于腐朽势力"，"牛李两党，对当时一些重大的政治问题，都是针锋相对的"。

我们判断一个政治集团、派别，一个政治人物究竟是进步或保守，最根本的标准只能是看其政治主张、措施对生产的发展、社会的进步是否有利，而不应根据别的什么原则（比如政治集团成员的出身、门第）。如果用这个根本标准来考察，那么在文、武、宣三朝的政坛上，以李德裕为首的政治集团显然比以李宗闵为首的政治集团要进步，至少是一个政治上有作为、有业绩的集团；而以李宗闵为首的政治集团则或者政治上趋向保守、无所作为，或者结党营私、争权夺利。具体地可以从以下五个方面来比较。

第一，在对待藩镇割据叛乱的问题上，李德裕政治集团坚决主张讨伐，牛党则主张姑息牵就。会昌三年四月，泽潞节度使刘从谏卒，其侄刘稹擅自立为留后，企图迫使朝廷承认既成事实，抗拒护送从谏灵柩回洛的朝旨。李德裕坚决主张讨伐。五月初二，德裕上《论昭义三军请刘稹勾当军务状》云："（从谏）及寝疾弥留，罔思臣节。又令纪纲旧校，诱动军情，树置骇童，再图兵柄……此而可容，孰不可忍！"而《新唐书·李德裕传》载："始议用兵，中外交章固争，皆曰：'（刘）悟功高，不可绝其嗣。又从谏蓄兵十万，粟支十年，未可以破也。'它宰相亦婥婀趋和。"《旧唐书·武宗纪》会昌三年五月载集议情况云："宰臣百僚进议状，以'昆戎未殄，塞上用兵，不宜中原生事，潞府请以亲王遥领，令稹权知兵马事，以俟边上罢兵'。独李德裕以为泽潞内地，前时从谏许袭，已是失断，自后跋扈难制，规胁朝廷。以稹竖小，不可复践前车，讨之必殄。武宗性雄俊，曰：'吾与德裕同之，保无后悔。'自是谏官上疏言不可用兵者相继。"其时宰相有李德裕、李绅、李让夷。其中李让夷非李党，见岑仲勉《隋唐史》417页注④。《通鉴·会昌三年》："五月，李德裕言太子宾客、分司李宗闵与刘从谏交通，不宜置之东都，戊戌，以宗闵为湖州刺史。"《新唐书·李宗闵传》亦云："会昌中，刘稹以泽潞叛，德裕建言宗闵素厚从谏，会上党近东都，乃拜宗闵湖州刺史。稹败，得交通状，贬漳州长史。"其时牛党首领牛僧孺、李宗闵均已失势投闲置散，未必有直接反对讨伐刘稹的言论行为。但牛僧孺在对待藩镇割据叛乱问题上的姑息妥协态度是有案可查的。《通鉴·大和五年》载，正月，卢龙副兵马使杨志诚作乱，节度使李载义奔易州；志诚又杀莫州刺史。"上召宰相谋之，牛僧孺曰：'范阳自安史以来，非国所有……今日志诚得之，犹前日载义得之也。因而抚之，使捍北狄，不必计其逆顺。'……以杨志诚为卢龙留后。"连政治上保守的司马光也认为牛僧孺的这套理论和所采取的措施是"姑息偷安之术"。

第二，在对待回鹘、吐蕃的政策上。李德裕会昌朝任宰相期间，对回鹘残部嗢没斯逼近边塞，先是遣使镇抚，运粮食以赐之，不使边将邀功生事；回鹘乌介可汗向唐朝求粮食，并提出欲借振武城居住，李德裕则答应借粮，而不允借城；及至乌介可汗侵扰不已，乃集中力量一举击溃之。会昌二年八月二十七日，德裕奏请召开公卿会议，商讨对付乌介入侵事宜，以牛僧孺为首的一部分朝臣畏敌避战，德裕于奏论中一一加以辩驳（详《李德裕年谱》第429—431页）。《旧唐书·武宗纪》会昌二年八月载："诏以回鹘犯边，渐侵内地，或攻或守，于理何要？令少师牛僧孺、陈夷行与公卿集议可否以闻。僧孺曰：'今百僚议状，以固守关防，伺其可击则用兵。'宰相李德裕议：'以回鹘所恃者嗢没斯、赤心耳，今已离散，其强弱之势可见。戎人犷悍，不顾成败，以失二将，乘忿入侵，出师急击，破之必矣。守隘示弱，虏无由退。击之为便。'天子以为然。"会昌三年正月，石雄奇袭乌介可汗牙帐，大败之，迎太和公主以归。可见李德裕在对待回鹘侵扰的问题上，措置得当，态度坚决。在对待吐蕃的问题上，更可看出牛、李二人完全对立的态度。《通鉴·大和五年》："九月，吐蕃维州副使悉怛谋请降，尽帅其众奔成都。（西川节度使）李德裕遣行维州刺史虞藏俭将其兵入据其城。庚申，具奏其状，且言'欲遣生羌三千，烧十三桥，捣西戎腹心，可洗久耻，是韦皋没身不能致者也！'事下尚书省，集百官议，皆请如德裕策。牛僧孺曰：'吐蕃之境，四面各万里，失一维州，未能损其势。比来修好，约罢戍兵。中国御戎，守信为上……徒弃诚信，有害无利，此匹夫所不为，况天子乎？'上以为然。诏德裕以其城归吐蕃，执悉怛谋及所与偕来者悉归之。吐蕃悉戮之于境上，极其惨酷。德裕于是怨僧孺益深。"维州是战略要地，牛僧孺的沮议及归还维州、遣还悉怛谋之举使唐王朝坐失收复没蕃土地的良机。对此事的是非，胡寅、陆游、王夫之及岑仲勉均有详明的论析，见《李德裕年谱》第235—238页所引。对李德裕抗击回鹘侵扰一事，大中十年宣宗下诏加以否定，谓"会昌中奸臣当轴，遽加殄灭"；对李德裕接受悉怛谋之降一事，宣宗在大中元年改元大赦制文中即予否定，称"国家与吐蕃甥舅之好，自今后边上不得受纳降人"（但宣宗自己却在大中三年接纳三州七关及维州之降），而整个大中时期，正是牛党专政之时。

第三，在对待宦官专权的问题上，李德裕会昌年间当政时，在抗击回鹘、讨伐刘稹的战争中奏请取消沿袭已久的宦官监军的权力，以保证朝廷及将帅对军队的统一指挥权。《通鉴·会昌四年八月》叙李德裕加太尉时论云："初，李德裕以韩全义以来（胡注：德宗遣韩全义讨吴少诚，败于溠水）将帅出征屡败，其弊有三……二者，监军各以意见指挥军事，将帅不得专进退；三者，每军各有宦者为监使，悉选军中骁勇者数百为牙队，其在阵战斗者，皆怯弱之士。每战，监使自有信旗，乘高立马，以牙队自卫，视军势少却，辄引旗先走，阵从而溃。德裕乃与枢密使杨钦义、刘行深议，约敕监军不得预军政，每兵千人听监军取十人自卫，有功随例沾赏。二枢密皆以为然，自上行之。自御回鹘至泽潞罢兵，皆守此制。自非中书进诏意，更无他诏自中出者，号令既简，将帅得以施其谋略，故所向有功。”这虽是对宦官权力在有限时间与范围内有所抑制，但收到的成效很大。此外，对宦官头子仇士良阳示尊宠，阴削其权力，且进一步使其致仕。士良死后，又藉没其家赀。任命崔铉为相时，宦官头子没有参与，“时枢密使刘行深、杨钦义皆愿悫，不敢预事”（《通鉴·会昌三年五月》），这正是因为李德裕执政，提高了南司（朝廷）威望的结果。王夫之说：“唐自肃宗以来，内竖之不得专政者，仅见于会昌。德裕之翼赞密勿，曲施衔勒，不为无力。”（《读通鉴论》卷十六）而牛党的李宗闵，则是以交结宦官而臭名昭著的。《旧唐书·李宗闵传》：“（大和）三年八月，以本官同平章事。时裴度荐李德裕，将大用。德裕自浙西入朝，为中人助宗闵者所阻，复出镇。”“宗闵为吏部侍郎时，因驸马都尉沈𥙿结托女学士宋若宪及知枢密杨承和，一人数称于上前，故获征用。”《新唐书·李宗闵传》亦载李训、郑注“劾宗闵异时阴结驸马都尉沈𥙿、内人宋若宪、宦者韦元素、王践言等求宰相”。

第四，在对待佛教僧侣势力的问题上。佛教势力膨胀，是中唐以来最大的弊政和社会问题之一。李德裕反佛甚力。会昌五年七八月间，敕并省佛寺，令僧尼还俗，计拆公私大小寺院四万六千余所。李德裕《贺废毁诸寺德音表》云：“土木兴妖，山林增构。一岩之秀，必极雕镌；一川之腴，已布高刹。鬼功不可，人力宁堪。”指出佛寺豪华，广占良田，耗费大量人力物力。僧尼还俗四十一万人，收良田数千万顷，足证德裕此言不虚。晚唐古文家孙樵以会昌时禁佛、讨回鹘、平泽潞、定杨弁之乱并提，作为武宗业绩，实际上这一系列业绩都是李德裕当政期间取得的。而牛党白敏中等当政的宣宗朝，却重新修复佛寺，兴复佛教，致使“僧尼之弊皆复其旧”（《通鉴·大中元年闰月》），“三年之间，斤斧之声不绝”（孙樵《与李谏议行方书》）。

第五，在对待冗官冗吏的问题上。《通鉴·会昌四年》：“李德裕以州县佐吏太冗，奏令吏部郎中柳仲郢裁减。六月，仲郢裁减一千二百一十四员。”《旧唐书·柳仲郢传》：“会昌中，三迁吏部郎中，李德裕颇知之。武宗有诏减冗官，吏部条疏，欲牒天下州府取额外官员。仲郢曰：‘州县每冬申阙，何烦牒耶？’幸门顿塞。仲郢条理旬日，减一千二百员，时议称惬。”《新唐书·李德裕传》：“又尝谓：‘省事不如省官，省官不如省吏。能简冗官，诚治本也。’乃请罢郡吏凡二千余员。”而大中初，牛党执政，又增设冗员，

《通鉴·大中元年》，十二月，"吏部奏：会昌四年所减州县官内复增三百八十三员。"

第六，在用人政策上。牛党表现出强烈的排他性，凡是本党的，多加重用；凡属李党的，尽力排斥，结党营私的现象十分突出。如大和三年八月，征浙西观察使李德裕为兵部侍郎，裴度欲荐以为相，李宗闵依靠宦官的帮助，得以为相，将德裕排挤出朝，任义成节度使。大和四年正月，牛僧孺因李宗闵荐引，由武昌军节度使入朝为相。牛、李相结，共同排挤裴度、元稹及与李德裕相知者，同时又引进杨虞卿等人。大和六年七月，李、牛以其党杨汉公充史馆修撰、李汉为御史中丞，分据要职。而李德裕在会昌朝当政时，用牛党崔铉为相、白敏中为翰林学士、周墀为江西观察使、柳仲郢为京兆尹。仲郢素与牛僧孺友善，僧孺镇鄂岳时，曾辟仲郢为从事。因谢德裕曰："不意太尉恩奖及此，仰报恩德，敢不如奇章公（按：即牛僧孺）门馆！"德裕不以为嫌。可见其任人非党，胸怀坦荡。尤能说明问题的是，武宗初立，恶牛党的两个宰相杨嗣复、李珏欲立安王、陈王，贬杨为湖南观察使、李为桂管观察使（时李德裕尚未入朝为相）。后来又要派宦官去杀掉二人。德裕与其他几位宰相（崔珙、崔郸、陈夷行）联名三次上奏，劝阻武宗，说："陛下宜重慎此举，毋致后悔！"最后武宗终于免二人死罪。如果从狭隘党派私利出发，这正是落井下石的大好时机。相比之下，大中初年牛党白敏中、崔铉、令狐绹等人当政时，利用所谓吴湘冤案（事已详上编第十一章）兴起大狱，罗织罪名，来打击整个李德裕政治集团，且必欲致之死地而后快，其手段之卑劣、凶狠可谓无以复加。晚唐人对李德裕有比较公正的评价。裴庭裕《东观奏记》云："武宗朝任宰相李德裕，虽丞相子，文学过人，性孤峭，疾朋党如仇雠。"无名氏《玉泉子》云："李德裕抑退浮薄，奖拔孤寒。于时朝贵朋党，德裕破之，由是结怨，而绝于附会，门无宾客。"宋孙甫《唐史论断》云："德裕所与者多才德之人，几于不党。"

从以上六个方面看，在一系列重大政治问题上，牛、李两党的言论、主张和实际政治活动是有是非曲直之分的。应该实事求是地承认，李德裕政治集团是一个在政治上比较有作为、有业绩的政治集团。就两党主要首领看，李党的首领李德裕无论品质、才能、业绩，在古代政治家中，都是佼佼者。叶梦得《避暑录话》卷二云："李德裕是唐中世第一等人物，其才远过裴晋公。错综万务，应变开阖，可与姚崇比并。"其主要助手李回、郑亚也都是一时能吏。反观牛党，牛僧孺为政惟务苟且，不思进取，但还算只是一个庸人，李宗闵则完全是个佞人，且毫无政绩可言。其主要党羽，也多为"八关十六子"一类招权纳贿之徒。两相对照，正邪之分显然。即使是把李党看成士族代表的陈寅恪，也对李德裕有很高评价，而对牛党颇多批评（详陈氏《李德裕贬死年月及归葬传说辨证》）。总之，从政治主张与实践看，牛、李两党的是非曲直是不难判别的。

第三节　李商隐在牛李党争中的倾向性①

可能有的研究者从根本上反对这样提出问题，因为他们认为李商隐主观上并不想介入党争，因此也就谈不上倾向哪一党的问题。但在这个问题上，我们同样应当尊重事实。而事实就是李商隐本人的言论（主要是诗文）和行动。同时应该注意到，李商隐在这个问题上，其言论行动有一个发展的过程。

从现有材料考察，李商隐在文宗、武宗两朝，对牛、李两党在政治上并没有表现出明显的倾向。他最初受到牛党令狐楚的赏识，先后依楚于天平、太原、山南幕，从在楚指导下写作骈文章奏，到岁给资装赴京应进士试，再到开成二年因令狐绹之荐而登进士第，近十年中一直得到令狐父子的提携和帮助。但这只是幕主与幕僚、长辈显贵与后辈寒士间的深厚情谊，双方都未必有超出这种关系之外的党派利益的考虑。就令狐楚方面说，他在元和、长庆、宝历间与李逢吉关系密切，与裴度等人主张对藩镇用兵者意见相左，可视为李逢吉的党羽。但在大和年间，除短期在朝担任户部尚书（大和二年十月至三年三月）、吏部尚书、太常卿、尚书右仆射（大和七年六月至开成元年四月）外，大部分时间在外任宣武、天平、河东、山南节度使和东都留守，基本上已退出朝廷权力中枢，与李德裕之间并无直接冲突。从李商隐方面说，父亲死后，家境贫寒，多年苦读后步入社会，正迫切需要找一个能够依托的显宦。令狐楚的知遇与提携，自然使他感激不尽，这从他上令狐楚的七篇状及《奠相国令狐公文》中可以明显看出。但这只是对前辈显贵知遇之恩的感激，和他大和年间对崔戎、萧浣等人的感激在性质上是类似

---

① 这里只是在习惯上沿用"牛李党争"这一提法。实际上，孙甫的"德裕几于不党"、岑仲勉的"李德裕无党"说并不是没有道理。因为德裕周围，并没有形成一个固定的政治团体，即便会昌年间提拔李回，也非长期以来一直追随李德裕者。

的，只是在程度上更深一些，但并没有包含党派倾向。从大和三年初谒令狐楚于洛阳开始，到开成二年令狐楚去世为止，在长达九年的时间里，他所结识、依托的虽多为牛党中人（令狐楚、萧浣、杨虞卿、崔戎），但并不意味着他在政治上倾向牛党。萧浣远贬遂州后，他在《夕阳楼》诗中对这位"所知者"的远贬表示过同情，开成二年写的《哭遂州萧侍郎二十四韵》《哭虔州杨侍郎》及《代李玄为崔京兆祭萧侍郎文》更淋漓尽致地抒发了对萧、杨被冤贬至死的深切同情，但这主要是出于对萧、杨知遇之恩的感激和对李训、郑注排斥异己的愤慨，并非从牛、李党争的立场出发，因为当时李德裕同样也被训、注之党王璠等诬告其曾阴结漳王、图为不轨，先改为太子宾客分司，大和九年四月又贬为袁州刺史。当时的政局是牛、李两党都遭贬逐。

开成三年春，李商隐在参加宏博试落选后入泾原节度使王茂元幕，后来又做了茂元的女婿。两《唐书》本传都说王茂元是李党，岑仲勉反对此说，其《玉谿生年谱会笺平质·导言》云："抑开成前王茂元四领方镇（邕、容、岭南及泾原），均非德裕当国时所除。《会昌一品集·请授王宰攻讨状》云：'王茂元虽是将家，久习吏事，深入攻讨，非其所长。'德裕又非曲护茂元如党人所为者。若曰德裕厚遇，则白敏中与令狐绹何尝不为德裕所厚，是不特商隐非党，茂元亦非党。"傅璇琮《李商隐研究中的一些问题》对岑说加以论证发挥，认为："王茂元从他父亲起，王家两代都长期担任地方节镇，并没有与中央政局的变动有什么牵涉，说王茂元是李党，从这方面是找不到什么证据的。"，岑、傅关于茂元非李党的分析，确实有相当依据。两《唐书》本传说茂元是李党，实际上正建立在"德裕秉政，用为河阳帅"这件事上；两书又都将商隐为茂元从事、娶其女之事误系于茂元镇河阳时，故谓商隐因此遭"宗闵党大薄之"。既然在任用王茂元为河阳帅的问题上德裕没有什么偏私，则王茂元是李党的说法便失去主要依据。即使退一步说，在任用王茂元为河阳帅的问题上表现了德裕对茂元的倚重，那也是会昌三年的事，而李商隐入茂元泾原幕、娶其女早在开成三年，这时的茂元无论如何不能说是李党。因此商隐因入泾原幕娶茂元女而遭到牛党忌恨的说法是不能成立的。冯浩因商隐应宏博试为吏部取中后铨曹注拟官职上之中书，被某"中书长者"抹去一事而推断"中书长者，必令狐辈相厚之人"（《玉谿生年谱》），张氏《会笺》从其说，谓"义山以婚于王氏，致触朋党之忌……当时党人中必有以诡薄无行，排笮于中书者"。按：冯、张的推断乃是建立在商隐先入泾原幕、娶王氏女，再应宏博试这一考证和茂元乃李党的基础上的，但事实是商隐先于开成三年春应宏博试，落选后于暮春入泾原王茂元幕，娶其女更在其后①。可见，宏博之落选与"朋党之忌""党人之排笮"无关，更与发生在此后的入泾幕娶王氏女无关。

商隐入王茂元幕，主要是由于宏博试落选后选官不成，必须寻求一个新的依托和仕进途径（通过幕官而获得官职），同时也可能有婚姻上某种实际考虑乃至爱情上的某种追求。商隐本有元配，但开成元年冬所作《令狐八拾遗绹见招送裴十四归华州》已有"嗟余久抱临邛渴，便欲因君问钓矶"之语，说明其时鳏居已久。开成二年登进士第后，同年韩瞻先娶茂元女，商隐有《寄恼韩同年时韩住萧洞二首》（其二）云："龙山晴雪凤楼霞，洞里迷人有几家？我为伤春心自醉，不劳君劝石榴花。"同年秋所作《韩同年新居饯韩西迎家室戏赠》又云："一名我漫居先甲，千骑君翻在上头……南朝禁脔无人近，瘦尽琼枝咏《四愁》。"以及《病中早访招国李十将军遇挈家游曲江》②："家近红蕖曲水滨，全家罗袜起秋尘。莫将越客千丝网，网得西施别赠人。"都透露出商隐对茂元的这位爱女有所属意。因此，商隐入王茂元幕及后来娶其女，无论是主观上或客观上，都不存在"去牛就李"的问题。但商隐的这一举动，却存在一个"去令狐而就王氏"的问题。因为从大和三年到开成二年，在长达九年的时间里，商隐一直是令狐家的幕下士、门下客，与令狐家两代人的关系非常密切，又确实受过令狐父子的恩遇与帮助。在令狐楚去世不到半年时，商隐又入王茂元幕，不久又成了茂元之婿，这在器量狭小、恩门观念很重的令狐绹看来，不能不是一种更换门庭、投靠别家的"忘家恩"行动，因此，令狐绹"恶其无行"以为"诡薄无行"，原是非常自然的事。两《唐书》的编撰者认为王茂元是李党，说商隐因入茂元幕、就婚王氏而使"宗闵党大薄之"固然乏据，但此举引起令狐绹对商隐的不满恐是事实。这从开成五年秋商隐写的《酬别令狐补阙》诗和《与陶进士书》中可以看出。《酬别令狐补阙》云："锦段知无报，青萍肯见疑……弹冠如不问，又到扫门时。""青萍"句用邹阳《狱中上书自明》："明月之珠，夜光之璧，以暗投人于道，众莫不按剑相眄者，何则？无因而至前也。"青萍，古宝剑名。《文选·陈琳〈答东阿王笺〉》："君侯体高世之才，秉青萍、干

---

① 详拙文《李商隐生平若干问题考辨》"入泾幕与成婚"一节，刊《安徽师大学报》1983年第4期，《李商隐诗歌集解》初版第五册附录。

② 此首原题《寄成都高苗二从事》，诗与题脱节，且集中已另有《寄成都高苗二从事》（红莲幕下），此从冯浩校勘考证改题。

将之器。"此以"青萍"指令狐绹。"锦段"二句意为：令狐补阙对自己的恩惠情意，自己是无法报答的（字面意思是说令狐有诗赠行，自己的酬别诗不能相称），难道您会对我按剑相疑吗？"弹冠"二句是说，彼此相知，如王吉、贡禹，如果令狐不相顾怜，那自己只好效魏勃之扫门了。说"青萍肯见疑"，正透露出此时令狐绹对商隐已有所疑忌。冯浩说："缠绵之中，半含剖白，与令狐交谊之乖，大可见矣。"对诗意的体会是符合实际的。《与陶进士书》中叙及开成二年进士登第事有云："时独令狐补阙最相厚，岁岁为写出旧文纳贡院。既得引试，会故人夏口主举人，时素重令狐贤明，一日见之于朝，揖曰：'八郎之友谁最善？'绹直进曰'李商隐'者三道而退，亦不为荐托之辞，故夏口与及第。然此时实于文章懈退，不复细意经营述作，乃命合为夏口门之一数耳！"冯浩说"味此数句，其感令狐浅矣，时必已渐乖也。"用如此不经意的口吻和漠视登第的态度来谈论此事，不仅透露他对科举考试标榜以文章取士的怀疑，而且透露出他与令狐绹之间的关系已经比较冷淡，感情上产生了隔阂。但这时令狐绹对商隐的猜疑，主要还是出于狭隘的恩门观念，虽有隔阂不满，但彼此间仍有较多交往，只要商隐有所请求，也仍会帮忙。开成五年九十月间，令狐绹曾分别替商隐与中书舍人柳璟、刘某联系，商隐文集中有《献舍人河东公启》《献舍人彭城公启》，其中分别提到："前月十日，辄以旧文一轴上献，即日补阙令狐子直至，伏知猥赐披阅。今日重于令狐君处伏奉二十三日荣示，特迁尊严，曲加褒饰"，"即日补阙令狐子直顾及，伏话恩怜，猥加庸陋。"其时商隐正辞弘农尉从调，令狐绹当是为从调事帮忙。总之，既要看到商隐入王茂元幕、娶王氏女一事引起恩门观念很深的令狐绹对商隐的疑忌不满，又要看到这种隔阂并不很深，两人旧谊仍在，还有较正常的往来。开成四年商隐刚任秘书省校书郎不久，便调补弘农尉，由清职降为俗吏，可能另有原因，未必与令狐绹有关（详上编第七章第二节"出尉弘农"）。

武宗在位期间，李德裕始终当政，牛党失势。这段时间，李商隐对李德裕主持的伐叛战争（包括击回鹘、讨泽潞、平杨弁）都公开表示支持，写过《灞岸》《赠别前蔚州契苾使君》《行次昭应县道上送户部李郎中充昭义攻讨》《登霍山驿楼》《为李怀州祭太行山神文》《为怀州李使君祭城隍神文》等诗文，旗帜鲜明地表达对回鹘侵扰、泽潞反叛的态度。而且在会昌三年五月，替王茂元草拟过敦促刘稹束身归朝的书信。这一切，当然都表现了李商隐进步的政治倾向和反对外族侵扰、维护国家统一的立场。但这还不能算是政治上倾向李党，更不等于介入党争，因为这是两党之外的进步人士都可以做到的。即以政治上、人事关系上比较倾向牛党的杜牧来说，他也曾作《早雁》诗反映在回鹘侵扰下边地人民流离失所的情况，并上书李德裕论泽潞用兵方略，但我们不能据此说杜牧在这段时间政治上倾向于李党。有的研究者认为因商隐支持泽潞伐叛之役而导致令狐绹对商隐的不满，这实际上是将支持泽潞伐叛作为依附李党的主要依据，可能把问题简单化了。总的来说，武宗在位期间，商隐与令狐绹之间的关系仍然维持着较为正常的交往，并未出现较以前更深的隔阂。当时牛党失势，令狐绹的官位虽有升迁，但未跻显贵（会昌末仍为右司郎中），他的党派意识无形中有所抑制。从商隐方面说，这段时间，他先是为调官事奔忙，会昌二年试拔萃中选后，重入秘省为正字，同年冬即因母丧守制闲居，往来于京郊樊南、永乐、郑州、洛阳等地，过了四年闲居生活，其处境与行为都不足以引起人们认为他依附李党的怀疑。作为旧交，他和令狐绹之间不仅有交游和书信往来，如前所述，商隐求调期间还得到过令狐绹的一些帮助；直到会昌六年初春，令狐绹还曾替商隐捎信给中书舍人韦琮①。会昌二年，商隐任秘省正字，令狐绹任户部员外郎，商隐有《赠子直花下》云："官书推小吏，侍史从清郎。并马更吟去，寻思有底忙。"张采田云："言外颇有平视意。"甚是。会昌五年秋，商隐卧病闲居东洛，有《寄令狐郎中》诗云："嵩云秦树久离居，双鲤迢迢一纸书。休问梁园旧宾客，茂陵秋雨病相如。"诗有感念故交旧谊之意，而无卑屈趋奉之态；有感慨身世落寞之情，而无乞援望荐之念。纪昀谓"一唱三叹，格韵俱高"（《玉谿生诗说》）。二诗反映出这段时间两人关系大体上比较平等、正常。但过去因商隐转依茂元幕、娶王氏女引起的感情隔阂和疑忌并没有消除，这在一首托闺怨以寓怀的《独居有怀》诗中有所透露：

> 麝重愁风逼，罗疏畏月侵。
> 怨魂迷恐断，娇喘细疑沉。
> 数急芙蓉带，频抽翡翠簪。
> 柔情终不远，遥妒已先深。
> 浦冷鸳鸯去，园空蛱蝶寻。
> 蜡花长递泪，筝柱镇移心。

---

① 商隐《上韦舍人状》作于会昌六年三月宣宗即位以后，状内称："去冬专使家僮起居，今春亦凭令狐郎中附状。"

觅使嵩云暮，回头灞岸阴。

只闻凉叶院，露井近寒砧。

此诗借独居女子的怨怀抒写对令狐绹的复杂感情。"柔情"二句、"觅使"二句暗露寓托消息。与《寄令狐郎中》合参，寄意尤明。"嵩云秦树久离居"一句，即可概括"独居有怀"之背景，且与本篇"嵩云""灞岸"之语正合，谓己居嵩洛，彼在长安。"柔情"二句，寓言己虽系心令狐，柔情脉脉，而彼则心存隔阂而遥妒已深。"已先深"，正暗透此种遥妒早已深潜对方内心，由来已非一日。将此二诗合观，则其时双方关系虽较正常，而往日造成的隔阂终难消弭。如果整个政治局势不起大的变化，他们之间的交谊虽不大可能恢复到大和三年至开成二年期间那样亲密，但也许比较平稳。但随着武宗去世，宣宗即位，牛党执政，情况却起了明显的变化。

变化的一个方面，是李德裕政治集团遭到宣宗和牛党有预谋、有计划的罢斥打击。会昌六年三月，武宗去世，宣宗即位。四月，李德裕罢相，出为荆南节度使，贬属于李德裕政治集团的工部尚书判盐铁转运使薛元赏为忠州刺史、其弟京兆少尹权知府事薛元龟为崖州司户。五月，牛党白敏中任宰相。八月，武宗朝所贬牛党旧相牛僧孺、李宗闵、崔珙、杨嗣复同日北迁（另一牛党旧相李珏会昌五年已内迁郴州刺史）。九月，以李德裕为东都留守，解平章事，从方镇降为无实权的职位。这一连串事件，清楚地显示了宣宗即位后的政治走势是全面起用牛党和对李德裕政治集团实行有计划、有步骤的罢斥打击。李党面临的厄运已经相当明显了。

变化的另一方面，是李商隐在牛党正紧锣密鼓地准备并实施对李德裕政治集团作进一步罢斥打击的时候反而在行动上靠拢了已经失势的李德裕政治集团。大中元年二月，白敏中指使其党羽李咸讼李德裕的"阴事"（无具体罪状），李德裕又由东都留守进一步降为太子少保分司①。这时，德裕已是一个待罪的闲官。与此同时，李德裕当政时最得力的助手之一郑亚从给事中的要职外调为桂管观察使，虽然名义上是调任坐镇一方的大员，实际上是将他从机要的位置上调开，带有明显的明升暗降性质。而李商隐恰恰就在牛党愈益得势、李德裕连遭罢斥贬降的情况下毅然应郑亚之辟，赴桂管幕任观

①《通鉴·大中元年二月》记其事云："初，李德裕执政，引白敏中为翰林学士（事在会昌二年）。及武宗崩，德裕失势，敏中乘上下之怒，竭力排之，使其党李咸讼德裕罪，德裕由是自东都留守以太子少保分司。"

察支使，担当起草幕中章表书启的重任。如果说，商隐在开成三年入茂元泾原幕、娶王氏女时并没有预料到这一行动将会招致什么样的后果（令狐绹认为此举"背家恩"），那么，这一次，在牛李党争如此激烈、李党明显面临厄运的政治形势下，他作出这样的举动，它的政治含义，它所会招致的严重后果，是完全可以料想得到的。《海客》一诗，程梦星、冯浩都认为是赴桂管辟时表明心迹的寓言，是很有眼力的，诗云：

> 海客乘槎上紫氛，星娥罢织一相闻。
> 只应不惮牵牛妒，聊用支机石赠君。

诗中把奉命出使桂管的郑亚比作乘槎出使的海客，把自己比作感激相知的星娥（织女），表明要不畏"牵牛"（暗喻令狐绹及其一党）之妒，而以"支机石"（暗喻自己的文采）相赠，为郑亚效力，以报答其知遇。联系前举《独居有怀》诗"遥妒已先深"之句，可证这里的"牵牛"首先当指令狐绹。商隐原为令狐楚门下客，屡佐楚幕，即所谓"梁园旧宾客"，少与令狐绹同游，又得绹之助而登进士第，因此把自己与令狐绹分别比作织女与牵牛，以示原为亲密的旧侣。现在却要像织女以支机石赠海客那样"罢织一相闻"了，自必引起"牵牛妒"。当然，他是否真能做到"不惮牵牛妒"，那是另一回事。但这首诗可以说明，他丢下秘省正字的京职，追随郑亚远赴桂林，虽不排除在京郁郁不得志，久不得迁，以及生活困难、为贫而赴幕（幕府僚属待遇较京官要高）等因素，但主要是一种政治上、人事上的选择，是在意识到这一行为可能招致的后果的情况下作出的决定，是一种自觉的行动。而导致商隐作出这种决定的原因，则是他在会昌年间目睹了李德裕政治集团的政绩，对李德裕政治集团（特别是李德裕本人）有了比较全面的认识。会昌四年五月，当讨伐刘稹的战争行将胜利结束时，他为李赟孙写了一封上李德裕的书启（《为李赟孙上李相公启》），启中对李德裕会昌当政以来的"庙战之功"作了全面的赞颂。冯浩说此启是商隐"全力以赴之作"，确乎如此。"孤寇行静，万方率同。将荡海腾区，夷山拓宇，高待泥金之礼，雄专瘗玉之辞。烟阁传形，革车就国。尽人臣之极分，焕今古之高名"，对于为人臣者的赞颂，可谓臻于极至。这封书启是商隐对李德裕全面认识的里程碑。大中元年随郑亚赴桂林以及其后的一系列行动，正是这种认识的自然结果。郑亚赴桂林前，商隐代其拟《上李太尉状》，中有"伏惟慎保起居，俯镇风俗，俟金滕之有见，俾玉铉之重光"之语，把德裕比作为流言中伤的周公，可见商隐完全知道德裕当时的处境。

此后，政治局势朝着已经形成的方向继续发展。大中元年八月，李德裕政治集团在朝的最后一个重要人物李回罢相出为西川节度使，从此李党完全被赶出了政治中枢。九月，吴汝纳讼其弟吴湘罪不至死，谓李绅与李德裕相表里，欺罔武宗，枉杀其弟。敕御史台鞫实以闻。十二月戊午，贬李德裕为潮州司马。白敏中一伙本年初让党羽李咸讼德裕罪没有抓到把柄，这时以所谓"吴湘冤案"为借口兴起了大狱，终于把李德裕贬到了蛮荒之地。紧接着，大中二年正月，右补阙丁柔立上书讼德裕之冤，贬南阳尉。西川节度使李回、桂管观察使郑亚坐前不能直吴湘冤，李回左迁湖南观察使，郑亚贬循州刺史，李绅追夺三任告身（李绅会昌六年已卒），中书舍人崔嘏坐草李德裕制不尽言其罪，贬端州刺史。与此同时，二月，令狐绹从湖州刺史内召为考功郎中，旋知制诰、充翰林学士，直线迁升，成为牛党新贵的重要成员。九月，再贬李德裕为崖州司户，李回为贺州刺史。大中三年十二月，德裕卒于贬所。郑亚、李回亦相继卒于贬所。李德裕政治集团三位主要人物在牛党和宣宗的一再阴谋打击下，终于全军覆没。而另一方面，令狐绹则继续升迁，先后任中书舍人、御史中丞、充翰林学士承旨。大中四年十一月拜相。牛党势力登峰造极。

就在李德裕贬潮前几个月，大中元年八九月间，时任太子少保分司的李德裕从东都将自己在会昌年间所撰的重要朝廷文件和奏章编为一集，共十五卷，寄给桂管观察使郑亚，并请郑亚作序。郑亚把作序的任务交给了李商隐。李德裕的这个举动，其政治含义是很明显的。因为当时他已经清楚地意识到了即将降临的厄运，故将足以反映他在会昌一朝相业的重要文件汇辑起来，编为一集，以便保存流传，以作日后天下人公论的凭借。郑亚作为他的主要助手，自然完全领会这一意图。他把撰拟序文的任务交给李商隐，不仅因为商隐职掌表记，又擅长这类文章的写作，更主要的是他认为商隐在政治倾向上和自己是一致的（从他修改商隐撰拟的序中赞颂李德裕过于显眼的地方可以看出这一点）。如果他对商隐政治上不信任，完全可以由自己来撰序，而不会把这种政治上很敏感的任务交给他不放心的人。而李商隐也确实没有辜负郑亚的信任。他接受撰序的任务后，精心构思，先立大纲，再正式撰序。在序中他把李德裕自淮南奉诏入相称为"六合快望"，颂德裕为"九流之华盖""百度之司南"，借武宗之口，称扬其"居第一功"。对德裕在击回鹘、平杨弁、讨泽潞之役中决策运筹之功作了热情赞颂。最后，用"万古之良相，一代之高士"对其功业人品作总结性的评赞。这篇序可以说是一篇李德裕的会昌功德颂。这样的赞颂，连郑亚都格于当时的政治局势，而不得不作了一些修改，注意分寸，以免遭忌①。但这正说明李商隐对李德裕的政治、道德、文章的评价已经达到了登峰造极的程度。如果说，在应郑亚之辟入桂幕这件事上还不排斥可能含有为贫而仕的动机，那么，这一次，在面临这样明显的政治形势下写这样的文章（特别是在此稍前，令狐绹从湖州写信给他，对他从郑亚表示震怒，他在酬诗中不得不以"补羸贪紫桂"自解），可以说，是一种明显的政治表态。不仅如此，这年十月，他还奉郑亚之命出使江陵，去跟郑亚的同宗荆南节度使郑肃联络。郑肃在会昌五年七月由山南西道节度使入相，其时李德裕正处于政治上的巅峰期。会昌六年九月，李德裕由荆南节度使改东都留守，郑肃亦罢相，充荆南节度使。故郑肃是被牛党看成与李德裕一党的，其进退亦与德裕相关。商隐这次奉使江陵，当与李德裕政治集团的命运有关，带有郑亚私人特使的身份。在奉使江陵途次寄献郑亚的诗中除一再对郑亚的知遇之恩表示感激外，还向郑亚表示自己的一片赤诚之心。奉使归桂林后不久，贬郑亚为循州刺史的制书到达桂林。因属严谴，奉制后数日即须启程赴循州贬所。在这种危殆而紧急的情况下，商隐又为郑亚草拟了《为荥阳公上马侍郎启》《为荥阳公与三司使大理卢卿启》，向直接审理吴湘案件的当权人物刑部侍郎马植、大理寺卿卢言申辩郑亚无罪，说崔元藻是"不知何怨，乃尔相穷，容易操心，加诬唱首"，是"背惠加诬""文致"。这不仅是为郑亚辩白申冤，而且是为已贬为潮州司马的李德裕翻案。这两封启等于公开表明郑亚对牛党制造所谓吴湘冤案的不服罪态度，而且间接表明了李商隐自己的政治态度。这样的启送到马植、卢言手中，包括令狐绹在内的整个牛党新贵对郑亚和商隐感到震怒是不言而喻的。

大中元年十二月李德裕贬潮州司马，在牛李党争的过程中是一个分界标志。如果说，在此之前，李德裕虽已失势，但还不是完全没有重新起用的可能，那么，在这以后，李党的全军覆没已成定局，李德裕及其主要助手郑亚、李回再也没有卷土重来的可能了。因此，在这以后李商隐对李德裕等人的态度，更足以证明其真实的政治倾向。上面讲到的商隐为郑亚撰写的给马植、卢言的信件，清楚不过地说明在李党贬逐退荒、面临全军覆没厄运之

---

① 郑亚修改后的序保留在流传至今的《会昌一品集》卷首，又见于《唐文粹》及清编《全唐文》，可与商隐所撰原序对照。

际，商隐所持的政治态度。这种政治态度所引起的直接后果，就是罢幕北归长安后，参加官吏的调选，结果只给了他一个卑微的盩厔尉职位。开成四年商隐释褐为秘书省校书郎（正九品上阶），旋调补弘农尉（从九品上阶），十年以后，仍然是一个县尉（京县尉从八品下），其中显然包含着当权的牛党势力对他的压制排挤。但李商隐对李德裕政治集团的态度却一如既往。大中二年五六月间北归途经潭州时写的《潭州》诗，于"今古无端"的感慨中，融入对李德裕等会昌有功将相流落迁贬遭遇的同情。《旧将军》诗则借汉代名将李广投闲置散的境遇表达对会昌有功将相遭遇的不平。特别是大中三年春写的《李卫公》诗，慨叹李德裕贬弃遐荒，与昔日政治上关系密切的人物音书断绝，重会无期，于今昔之感中深致伤怜之意。《唐大诏令集》卷五十八载《李德裕崖州司户制》（大中二年九月）①，称德裕"深苞祸心，盗弄国柄""惟以奸倾为业""专权生事，妒贤害忠，动多诡异之谋，潜怀僭越之志""诬贞良造朋党之名，肆谗构生加诸之衅，计有逾于指鹿，罪实见于欺天"，甚至说"擢尔之发，数罪未穷"，简直是十恶不赦的权奸。而商隐却在诗题中尊称之为"李卫公"，并在《漫成五章》中为其辩诬，为其评功（说他拔石雄于草莱，任人惟贤；说他对回鹘、吐蕃采取的政策"素心非黩武""本意在和戎"），简直是公然与制书唱反调。商隐集中，有一首题为《丹丘》的诗，更借对丹山凤的思念表达他对远贬朱崖的李德裕的思念：

青女丁宁结夜霜，羲和辛苦送朝阳。
丹丘万里无消息，几对梧桐忆凤凰。

冯浩说："上二句，夜复夜日复日也；下二句，远无消息，徒劳忆念。"日夜思念远隔万里杳无消息的丹山凤，即此诗意。丹丘，即朱崖之异称；凤凰即指李德裕，《昭肃皇帝挽歌辞三首》之二已称李德裕为"阿阁凤"，此诗曰"几对梧桐忆凤凰"，凤凰显指贤臣才士。此诗当作于大中三年秋。此时商隐在长安，李德裕在崖州贬所，"物情所弃，无复音书。平生旧知，无复吊问"（《与姚谏议勖书》），与外界几乎断绝了联系，故有"丹丘万里无消息"之句。如果这个解释可以成立，则商隐对远贬朱崖的李德裕的同情和思念更显得深挚。不但对李德裕是如此，于郑亚，也一再写诗对其蒙冤遭贬表示同

①《南部新书》丁载："大中中，李太尉三贬至朱崖，时在两制者皆为拟制，用者乃令狐绹之词。"按：令狐绹本年自湖州内召，先以考功郎中知制诰，旋充翰林学士。

情，如大中四年写的《献寄旧府开封公》：

> 幕府三年远，《春秋》一字褒。书论秦《逐客》，赋续楚《离骚》。
> 地里南溟阔，天文北极高。酬恩抚身世，未觉胜鸿毛。

既伤郑亚之无罪冤贬，又抒己之酬恩知遇之感，而怨愤朝廷之意亦寓其中。诗中所流露的，实为同命运之感，不特幕主僚属之谊而已。大中五年，郑亚卒于循州贬所。这年秋天，其灵柩运回京师，商隐有《故驿迎吊故桂府常侍有感》：

> 饥乌翻树晚鸡啼，泣过秋原没马泥。
> 二纪征南恩与旧，此时丹旐玉山西。

"二纪"句指李德裕与郑亚的旧谊。亚因与德裕有恩与之谊而贬死遐方绝域，自己又因从亚桂林而如饥乌失栖无托。党局辗转相牵，致使寒士抑塞穷途，沉沦困顿，这正是商隐因迎吊故府郑亚而深有感慨的缘故。在这里，他把自己的命运和李德裕、郑亚的命运连到了一起。

李商隐在大中年间所追随的三位幕主，除郑亚是李德裕的主要助手外，卢弘止和柳仲郢也都是李德裕会昌当政时期所倚重的人物。卢弘止曾被李德裕奏请任命为邢、洺、磁三州留后，以防刘稹平后河北藩镇王元逵、何弘敬乘机请占三州之地。柳仲郢曾在任吏部郎中期间，根据德裕奏请之令，裁减州县冗吏一千二百十四员，后又被任命为京兆尹。卢、柳辟奏商隐为幕僚和商隐追随卢、柳，都包含有卢、柳与李德裕的关系的因素。在东川幕期间，商隐所作的《武侯庙古柏》、《筹笔驿》、《无题》（万里风波）等诗，仍借咏物、咏史、怀古曲折地表达自己对李德裕业绩的赞颂和对其遭逢末世、功业不成的惋惜与感慨。可以说，整个大中时期，他对李德裕政治集团的真实态度始终是一贯的。

因此，可以肯定地说，在大中期间，特别是大中前期（元年至五年）李德裕政治集团从遭受罢黜直至贬窜遐荒的时期，李商隐不但在政治上表现出对李党领袖业绩的赞颂和遭遇的同情，而且表现出对李党主要成员行动上的追随，不但有政治倾向的一致，而且有密切的人事联系。简言之，这一时期李商隐是李德裕政治集团的同情者和追随者。

李商隐在大中时期的这种政治倾向势必会引起以白敏中、令狐绹为代表的牛党首领人物的强烈不满乃至愤怒。如果说，先前在商隐入王茂元幕、娶王氏女这件事上，还主要是引起令狐绹个人对他"忘家恩"的不满，社会上即或对他的人品有议论，也是由"忘家恩"而产生的，并未涉及党争（因为王茂元很难说是李党）；那么，李商隐在大中时期的这些表现，就不再局限于他与令狐一家两代人之间的亲疏恩怨，而是涉及了党争的焦点（对待已经失势的李党首领及主要人物的态度），从而必然招致当权的牛党首领白敏中、令狐绹对他政治上的不满和愤怒。在他们眼里，李商隐已不仅仅是"忘家恩"的小人，而且是政治上的异己分子。牛党对他的不满和愤怒，主要是通过令狐绹这位新贵体现出来的。李商隐与令狐绹之间矛盾的性质，这时已由个人间的恩怨发展成为具有党派斗争性质的矛盾。这既与令狐绹从一般的牛党成员上升为牛党主要头目之一的地位变化有关，更与这一时期李商隐政治上的明显倾向、人事上追随李德裕政治集团有关。大中元年六月商隐的《酬令狐郎中见寄》诗，有"土宜悲坎井，天怒识雷霆"之句，表面上是写岭南的土宜气候，实际上是暗寓令狐绹对他追随郑亚于桂管感到震怒，曾在来信中加以切责；而"补羸贪紫桂"之句，明显是用"为贫而仕"来解释从亚桂管的原因。其实，为贫而仕是无法解释为什么不追随别人而一定要追随郑亚的。特别是他到桂林后，既为李德裕的《会昌一品集》撰序，又奉郑亚之命出使江陵与郑肃联络，郑亚贬循时又为其代撰辩诬申枉的书启，更不能不使令狐绹感到愤怒。因此，尽管李商隐在大中二、三两年中写了一系列给令狐绹的诗（按时间先后，有《寄令狐学士》《离思》《梦令狐学士》《子直晋昌李花》《令狐舍人说昨夜西掖玩月因戏赠》《九日》），但令狐绹对他的屡次陈情均不加理睬，"憾不置"。由于陈情干求无效，《九日》诗在追怀令狐楚恩遇的同时，对令狐绹的冷遇颇露怨望之情。葛立方《韵语阳秋》说："绹之忘商隐，是不能念亲；商隐之望绹，是不能揆己也。"这"不能揆己"的评论，从商隐大中时期的政治倾向看，不无道理。商隐归京后只选为盩厔尉，如上所说，不能排斥有牛党当权人物排抑的因素。当然，即使在这种情况下，商隐还是有书启呈献令狐绹；令狐方面，也依然保持着与商隐的交往。特别是大中五年商隐汴幕罢归后，妻子王氏已故，可能是为了免遭物议，还给了商隐一个太学博士的冷官。但这并不能改变牛党对商隐政治上排抑的基本事实。

第四节　李商隐在与牛李两党的关系上暴露出来的人品缺陷

　　李商隐有正直、坚持正义的一面，也有软弱、卑微、庸俗的一面。他对牛、李两党的某些首领人物，尽管内心有自己的看法，但有时由于自身处境的艰困，对牛党的某些显贵有所干求，又不得不违心地说一些与内心真实想法完全相反的话。这突出地表现在他对李德裕、令狐绹两人的看法和态度表里不一、相互矛盾上。

　　李商隐和令狐绹从青年时代就已结识同游，在较长时间（大和三年至开成二年）内关系亲密。商隐入王茂元幕、娶王氏女以后，两人关系虽已产生隔阂，但一直还保持着联系和往来。会昌年间，两人关系虽较正常，但令狐对他的疑忌并未消除。大中元年商隐入郑亚幕，政治上表现出同情李德裕政治集团的倾向，遭到令狐绹及牛党其他首领人物的忌恨，仕途上遭受排抑。应当说，在长期交往中，商隐对令狐绹为人的量狭多疑、忌刻势利和平庸无能是有深切了解的。《九日》诗"郎君官贵施行马，东阁无因得再窥"一联，就含有对令狐绹势利的不满。《钧天》一诗，更以寓言的方式，对令狐绹的庸才贵仕、排抑才士进行讥讽：

> 上帝钧天会众灵，昔人因梦到青冥。
>
> 伶伦吹裂孤生竹，却为知音不得听。

诗以不知音的赵简子病中梦至天帝之所，平步青云，得听钧天广乐，而真正知音的伶伦反倒因为知音（精通音律）而不得听天上之乐作鲜明对照，揭示了庸才贵仕、才士沦弃的不合理现实。"却为知音不得听"一句，熔铸了"才命两相妨"的痛切感受。诗作于大中二年由桂林返长安后。这年二月，令狐绹自湖州刺史内召，拜考功郎中、知制诰，旋充翰林学士，骤居内职，正像是"因梦到青冥"的赵简子。而商隐自己，虽然"平生自许非匆匆"，却是"归来寂寞灵台下，著破蓝衫出无马"，沉沦困顿，有如欲闻钧天广乐而不得的知音者伶伦。诗明说"昔人"，实则所指正是今日的"因梦到青冥"者。裴庭裕《东观奏记》的一段记载，正可见令狐绹"因梦到青冥"的情形：

上（按：指唐宣宗）延英听政，问宰相白敏中曰："宪宗迁座景陵，龙辕行次，忽值风雨，六宫、百官尽避去。惟有一山陵使，胡而长，攀灵驾不动。其人姓氏为谁，为我言之。"敏中奏："景陵山陵使令狐楚。"上曰："有儿否？"敏中奏："长子绪见任随州刺史。"上曰："可任宰相否？"敏中曰："绪小患风痹，不任大用，次子绹见任湖州刺史，有台辅之器。"上曰："追来。"翌日，授考功郎中、知制诰，到阙，诏充翰林学士。间岁遂立为相。

可见，商隐不仅对令狐绹仅因君相一言即平步青云心存讥讽，而且清楚地意识到自己正是因为"知音"（即有才）反而遭到排斥。而在同年稍早所作的《寄令狐学士》却又是另一副口吻：

> 秘殿崔嵬拂彩霓，曹司今在殿东西。
> 赓歌太液翻黄鹄，从猎陈仓获碧鸡。
> 晓饮岂知金掌迥，夜吟应讶玉绳低。
> 钧天虽许人间听，闾阖门多梦自迷。

前六句极写令狐绹之贵显得宠，颇露称美之情。尾联与前引《钧天》诗同用赵简子梦至帝所典，却明显流露出希求令狐绹汲引的意图。一则讽绹庸才贵仕，梦到青冥，慨己才而不遇，反遭排抑；一则美绹之贵显得宠，希其汲引垂怜。两相对照，直似两种人格。两首诗都作于令狐绹充翰林学士时，对绹的态度却截然相反，其表里不一的表现至为明显。这也许还可作如下解释：《寄令狐学士》之作在前，乍闻绹充翰学，欣羡之余而希其汲引；《钧天》作于归京选尉之后，既遭排抑而生怨望，故讥绹之庸才贵仕，慨己之才而遭斥。但在《钧天》之后，商隐又有《令狐舍人说昨夜西掖玩月因戏赠》：

> 昨夜玉轮明，传闻近太清。凉波冲碧瓦，晓晕落金茎。露索秦宫井，风弦汉殿筝。几时《绵竹颂》，拟荐《子虚》名？

诗作于大中三年令狐绹任中书舍人时。秦宫汉殿、碧瓦金茎，均极形容宫殿之高华，以衬托令狐地位的贵显。尾联以"戏"语露骨地企求令狐绹的荐引。在这里，连一丝一毫讥讽庸才贵仕的意思也没有了，有的只是赞颂、称美和企求。除诗以外，大中五年暮春有《上时相启》，也是上令狐绹的书启，中有"繁阴初合，则傅说为霖；媚景将开，则赵衰呈日。获依恩养，定见升平"等语，对令狐绹为相亦极尽赞颂之能事。稍后又有《上兵部相公启》，中云："况惟菲陋，早预生徒，仰夫子之文章，曾无具体（按：谓令狐楚之文章，己虽仰之而未得其具体而微）；辱郎君之谦下，尚遣濡翰。"说绹"谦下"，也显属违心之言。总之，在对令狐绹的态度上，一方面，内心对其庸才贵仕、势利猜忌很看不起或心存怨望，但另一方面为了求得他的汲引，又不得不在表面上与其敷衍交往，甚至陈情告哀，解释表白，两方面形成很大反差。这种表里不一的矛盾现象显示出商隐性格中庸俗卑微的一面。

在对待李德裕的看法与态度上，一方面，内心里一直认为李德裕有功于国，是"万古之良相""一代之高士"，对其遭贬深表同情，对其遭逢衰世而功业难成深致悲慨；但另一方面，有时为了希求李德裕对立面人物的帮助，却不惜违心弄舌，诋毁李德裕。大中六年正月初，他两次献诗给西川节度使杜悰（牛党）。为了求得杜悰的汲引，在《五言述德抒情诗一首四十韵》一诗中竟违心地将李德裕说成是"当路"的"恶草"：

> 率身期济世，叩额虑兴兵。
>
> 感念殽尸露，咨嗟赵卒坑。
>
> 傥令安隐忍，何以赞贞明？
>
> 恶草虽当路，寒松实挺生。
>
> 人言真可畏，公意本无争。

冯浩笺曰："此段暗伏（杜悰）罢相之由。按《唐书》《通鉴》：昭义叛时，破科斗寨，焚掠小寨一十七。明年正月，杨弁又乱，朝议鼎沸，言宜罢兵。七月悰为相，八月郭谊杀刘稹。李德裕言宜并诛谊等，悰以馈运不继，谊等可赦。帝专倚德裕，故不听。既斩谊等，又悉斩昭义将士之同恶者，死者甚众。卢钧疑其枉滥，奏请宽之，亦不听。王元逵杀昭义属城二十余人，众惧，复闭城自守。盖当时皆以杀降为非。潞之役，惟李卫公一心佐理，此外皆异议之人也。'叩额虑兴兵'，正指馈运不继，惧更激乱。'殽尸'句指官军之被焚杀者（按：此解非，当与下句同意），'赵卒坑'指杀诸降人，皆实切晋地。'恶草'指李卫公。《旧书·毕诚传》云：'武宗朝，李德裕专政，出杜悰节度东蜀……'固已明书其事，可与本传互参矣。"又曰："'恶草虽当路'，乃实斥卫公者。以投赠之故，冀耸尊听，不惜违心而弄舌耳。"按：杀郭谊一事，应该说李德裕当时的处置还是正确的。因为郭谊不是一般的胁从者，而是昭义大将、刘稹的谋主。他是在邢、洺、磁三州已降、潞州即将攻破的情况下不得已卖主求荣的，正如李德裕所说："刘稹呆孺子耳，阻兵拒命，皆谊为之谋主；及势孤力屈，又卖稹以求赏。此而不诛，何以惩恶！宜及诸军在境，并谊等诛之。"这是符合首恶必诛的原则的。杜悰以"馈运不继"为由，谓郭谊可赦，必然会养虎贻患，给垂成之功留下莫大隐患，特别是给后来类似郭谊的野心家以鼓励。至于入潞州后杀戮过滥，是李德裕与昭义节度使卢钧在宽严处置上的矛盾，与杜悰无关。李商隐为了讨好杜悰，违心地将他一直尊崇的李德裕说成是恶草，充分暴露了他在品格上的缺陷。

总体来看，从李商隐与牛李党争的关系中可以得出如下结论：

其一，在文宗、武宗两朝，李商隐在政治上并未表露出明显地倾向于某一党的意向。他先依令狐楚，得到令狐父子的恩遇或帮助，并不意味着在政治上依附牛党；后来入王茂元泾原幕、娶其女，也不意味着去牛就李。令狐绹对他有不满和疑忌，是出于狭隘的恩门观念，是个人之间的恩怨，不涉及党派斗争，不包含政治意义。

其二，从宣宗继位，牛党得势、李党失势以后，李商隐在政治上、人事关系上都明显地倾向于连续遭到罢黜贬斥的李德裕、郑亚等人，因此遭到令狐绹等牛党首领人物的忌恨与排抑。在牛李党争的这一阶段，李商隐表现了政治上的正义感与进步倾向。但在与令狐绹的关系上，仍表现出他的软弱、庸俗和卑微的一面。

因此，不应笼统地说李商隐受牛李党争之害，而应该说，前期遭到有狭隘恩门观念的令狐绹的疑忌，后期则由于倾向政治上有作为、有业绩的李德裕政治集团而遭到当权的牛党势力的排抑。这当然都是悲剧。

与牛李党争及与令狐绹个人之间的这种关系，在相当长的时间中造成了李商隐在新故去就之间的矛盾和心理上的苦闷、压抑，加深了他的内心与表面的矛盾，从而使他陷于长时间的精神痛苦之中。他的悲剧性格、心理的形成与此有很深的关系。

第四章　李商隐创作的分期

　　研究作家创作的分期，是为了更细致、准确地反映其创作的变化发展过程，揭示其不同阶段创作风貌的具体特征。时代、生平遭际、思想感情、性格心态的发展变化与作家创作的发展变化既密切相关，又未必完全同步。因此，研究创作分期，既要充分注意时代、生平遭际、思想感情等变化对其创作的重大影响，又要从其创作本身实际出发。具体到研究李商隐的创作分期，还遇到一个比较特殊的困难。这就是他的诗歌创作中最能体现其艺术个性、代表其艺术成就的几大类诗，包括绝大多数咏史诗、咏物诗、无题诗、爱情诗，都无法准确编年①。要在这种情况下探讨其创作的分期，其全面性和准确性就要受到很大的影响。但创作分期又是作家研究无法回避的问题。我们只能以现有能够系年或可大致推定为某一时期所作的这部分作品为主要依据，结合时代、生平遭际等方面的情况作初步的探讨。

　　吴调公先生在其所著《李商隐研究》中，将李商隐诗歌风格的形成与发展分为"创作《嫩笋》时代的早期风格""创作《流莺》时代的中期风格""创作《锦瑟》时代的晚期风格"三期，时间断限分别为文宗大和二年至开成二年（828—837）、文宗开成三年至武宗会昌六年（838—846）、宣宗大中元年至十二年（847—858）。这种三阶段的分期及时间断限，与我们在《李商隐诗选》（人民文学出版社1986年增订再版）前言中对商隐诗的分期大体相当。董乃斌先生在《李商隐诗风格论纲》（载《西北大学学报》1982年第4期）及《李商隐的心灵世界·玉谿生诗歌风格演变轨迹》中则将商隐诗风演变分为四期：一是模拟期或习作期（时间断限为大和九年以前）。二是悲

---

　　① 冯浩将绝大部分无题诗都系了年。但所谓寓意令狐说，缺乏可靠的证据，难以征信。无题诗中大体写作年代可考的只有"八岁偷照镜""昨夜星辰""闻道阊门"等数首。张采田将许多咏史诗系于晚年游江东时，不少学者亦认为无确证。其他咏物诗、爱情诗的情况与上述类似。

愤期或青春期（大和九年至会昌元、二年）。三是成熟期或感伤期（会昌三年至大中十二年前）。四是颓废期或衰老期（大中十二年病废居郑州时）。其中最后一期时间极短，因此可以说也是三期。这里面据以划分悲愤期下限的商隐代表作《赠刘司户蕡》及哭吊刘蕡四诗在系年上存在问题，不免影响到分期及时间断限的准确性。将最后不足一年的时间划为一个时期，而可以定编的诗却很少，是否有必要，似亦可以商酌。

探讨李商隐创作的分期，我认为应该注意一个基本点，这就是商隐的独特风格究竟是什么，这种风格是什么时候开始萌芽，又经历了哪些发展变化最后臻于稳定成熟的。从一定意义上说，研究一个作家的创作分期，实际上也是研究其主导的独特的艺术风格形成和发展变化的历史。从这一点出发，我认为探讨李商隐的创作分期，应牢牢把握其感伤诗风的形成与发展这条主线。李商隐一生的各个不同时期，诗风有不少发展变化，但万变不离其宗，这就是贯串其整个诗歌创作历程的基调、主调——感伤情调。把握住了这个基本点，对许多问题便比较容易处理。比如关于学习和模仿前人，这是任何一个诗人在其创作的起始阶段都必然会存在的，不管他是自觉还是不自觉、承认还是不承认。拿李商隐来说，他学杜甫，学李贺，学宋玉，学徐陵、庾信，学韩愈，都是显而易见的事实，特别是学杜甫、学李贺、学宋玉，更贯串其整个创作历程，而不局限于某一特定阶段。问题的关键在于他如何在学习前人的基础上有自己的创造，形成自己独特的诗风。是单纯的模仿，还是在学习的基础上融会贯通形成自己独特的诗风，这是划分创作不同时期的一个重要依据。又如创作历程中某个特定阶段，由于多方面的原因，可能出现与基调、主调不同的变调，这并不影响我们对其主导风格的把握与认识，因为在变调之中往往会出现基调、主调，且因此更丰富了我们对其诗歌主调的认识。

研究李商隐创作的分期，还应该注意到构成其整个创作重要组成部分的文（包括骈文、散文和赋）。现存的三百五十二篇商隐文，除了艺术成就最高的哀吊祭奠之文和一部分与生平悲剧遭遇密切相关的启状同样贯串着商隐特有的感伤情调外，其他的不少作品（尤其是古文和赋）在风格上往往有更丰富的表现。这种风格上的多样性同样有助于我们更全面深入地把握李商隐的创作风貌，认识到李商隐性格气质中的不同侧面。例如他的一部分散文和赋中对世态人情的尖锐嘲讽和深刻揭露，以及所抒发的愤世嫉俗之情和不同流俗的见解，就有助于我们深入了解其全人，进一步理解其感伤情调的内涵与实质。有的时期，其文与诗的创作风貌可能很不相同，如居母丧及永乐闲居时期，其诗呈现出一种前所未有、后亦无继的闲适情调，而在此期间所作的一系列哀祭之文却渗透了极为浓重的感伤情调。从这种鲜明的反差中正可把握其创作的真正基调和其创作的长处与短处。

根据上述原则，商隐一生的创作大体上可以划分为以下三期。

第一节　于学习模仿中初露风格个性的时期

这一时期大体上始于敬宗宝历年间而终于文宗开成二年末（825—837）。

商隐《上崔华州书》说："五年读经书，七年弄笔砚。"其开蒙读书及试笔的时间很早，但未必有正式的诗文创作。父丧回郑州后，开始接受其从叔李某的正式教育。这位堂叔善为古诗、古文，"自弱冠至于梦奠，未尝一为今体诗"，他教给商隐的，主要是"味醇道正，词古义奥"的儒家经典和古文。《上令狐相公状一》说："攻文当就傅之岁。"说明他正式开始为文在从堂叔求学时。在堂叔的悉心指教下，商隐的古文进步很快。《樊南甲集序》说："樊南生十六能著《才论》《圣论》，以古文出诸公间。"大和元年，商隐十六岁，其时他的古文已崭露头角。《才论》《圣论》今佚，但现存的《断非圣人事》《让非贤人事》这两篇短论很可能就是与《才论》《圣论》大体同时的少作，从中已可窥见少年商隐喜欢发表不同流俗见解的独立个性。尽管商隐的古文创作活动后来被骈文表状启牒所代替，未能成为其文章写作的主要方面，但这种敢于标新立异的独立思考精神对他整个诗文创作的潜在影响却不能低估。

文宗大和三年，商隐初谒令狐楚于东都洛阳，并向楚献上自己作的文章（《上令狐相公状一》"献赋近加冠之年"）。"商隐能为古文，不喜偶对。从事令狐楚幕，楚能章奏，遂以其道授商隐，自是始为今体章奏"（《旧唐书·李商隐传》），从此开始了长达数十年的骈文写作生涯，与其历佐戎幕相终始。商隐在天平幕期间写的骈文，可能属于习作，今天没有流传下来。但骈文写作却对他的诗歌创作产生了深远影响，尤其是在属对的精切、用典的繁富和辞采的华美等方面，影响更为显著。

这一时期保存下来的编年诗约五十首，编年文二十八篇。有些可以大体推断为登第之前所作但不能确考为何年所作的诗文，实际上也应包括在这一时期的创作中。在五十首编年诗中，按体裁分，计五古三首，七古六首，五律八首，七律十二首，五排五首，五绝五首，七绝十一首，以七律最多，七绝次之。可以说，一开始就显示出了李商隐对这两种诗歌体裁的偏爱与擅长。特别是七律中的《富平少侯》《隋师东》《重有感》《曲江》，无论在思想性或艺术性方面都相当突出，七绝中的《初食笋呈座中》《东还》《夕阳楼》《宿骆氏亭寄怀崔雍崔衮》，也是艺术上的佳作。这说明李商隐在这两种诗体的创作上，一开始就显示出了相当强的实力和相当高的水准，起点很高。此外，七古中的《燕台诗四首》，五排中的《有感二首》《哭遂州萧侍郎二十四韵》，五古中的《无题》（八岁偷照镜）、《行次西郊作一百韵》，也都是可以传世之作。诸体中稍弱的只有五绝、五律两种。以上这个粗略的体裁分类统计，说明一个基本事实：青少年时代的李商隐在登第前后，对各种诗歌体裁的掌握与运用，已经显示出了相当突出的实绩和兼擅众体的才能，同时又显示出对七律、七绝二体的偏好。

从题材领域看，五十首编年诗中，政治诗和咏史诗共十四首，其中反映甘露之变前后政治局势的占了九首，包含了《有感二首》《重有感》《曲江》《行次西郊作一百韵》等政治诗中的名篇乃至长篇巨制，足见这时期他在政治诗创作方面的用力。爱情诗或与爱情有关的诗十七首，占总数的三分之一，其中有《燕台诗四首》《柳枝五首》这样的组诗，也可以看出这位极重情的年轻诗人对这一题材领域的偏重。以上两类诗占了总数的五分之三。无题诗、咏物诗各有一首，数量虽少，但起点不低。特别是无题诗的创制，无论是在诗人自己的创作历程上或是中国古代抒情诗体制的发展历程上都是一件有深远意义的事。此外，在登临、酬寄之作中也出现了《夕阳楼》《宿骆氏亭寄怀崔雍崔衮》这样的艺术精品。从以上这个粗略分析中可以看出，这一时期李商隐诗歌创作的题材领域相当广泛，而政治诗（包括有现实指向的咏史诗）、爱情诗则是其用力的重点。而且各种题材的诗作中都出现了艺术水平相当高的作品，说明他步入诗坛不久，就已居于领先地位。

再从这一时期学习继承的对象来看，五十首诗中，明显学杜甫的诗有《隋师东》《赠赵协律晳》[①]《过故崔兖海宅与崔明秀才话旧因寄杜赵李三

445

---

① 姚培谦《李义山诗集笺注》评此诗云："章法一片，无迹可寻，而情事表里本末俱透，此妙惟杜公有之。"

掾》①《有感二首》《重有感》《曲江》《故番禺侯以赃罪致不辜事觉母者他日过其门》《送从翁从东川弘农尚书幕》《哭遂州萧侍郎二十四韵》《哭虔州杨侍郎》《自南山北归经分水岭》《行次西郊作一百韵》，体裁遍及七律、五律、五排、五古诸体，可见义山学杜是全面的。既继承其忧国伤时的精神，又学习其沉郁顿挫的风格乃至句格、用字和某些具体的艺术手法，成绩亦极可观。学杜之外，又以李贺为主要学习对象，《无愁果有愁曲北齐歌》《柳枝五首》《燕台诗四首》，均为学长吉体。值得注意的是，商隐学长吉，一出手便身手不凡。《燕台诗四首》应被视为学李贺七古最成功的作品，即使李商隐本人，以后也没有超出于此的长吉体佳作。此外，学韩愈的有《安平公诗》《李肱所遗画松诗书两纸得四十韵》②，学汉魏乐府古诗的有《无题》（八岁偷照镜）③。

将以上从不同角度所作的分析综合起来，对这一时期商隐的诗歌创作可以得出以下几点结论：

一是这一时期商隐诗歌题材相当广泛，而政治诗与爱情诗则是其主要题材领域。这一点，跟这一时期李商隐刚踏入社会，求仕从政热情很高有关，也跟政局的变化有关。特别是大和九年到开成二年这几年中，朝廷政局的变化很大。李训、郑注的专权，李宗闵、杨虞卿、萧浣及李德裕等大臣的被贬逐，甘露之变的发生，以及此后相当长一段时间内宦官气焰嚣张、皇帝失去权力等状况，给他思想感情上以强烈的震撼，使他对唐王朝面临的深重危机有了相当深切的体验。强烈的忧患感、危机感促成了他的政治诗创作的高潮。而作于开成二年末的《行次西郊作一百韵》则是这一时期政治诗创作的高峰，也是对这一时期政治诗创作的全面总结。爱情诗的创作在这一时期也显示出了夺目的光彩，其巅峰之作就是《燕台诗四首》。这组诗的本事虽不能确考，但可以看出是建立在铭心刻骨的悲剧性爱情体验基础之上的。

---

① 程梦星《重订李义山诗集笺注》评此诗云："诗八句皆对，老杜多有此格，义山效之耳。"

② 田兰芳评《安平公诗》："诗在韩、苏之间。"（冯浩笺引）王鸣盛云："毕竟到古诗学杜、韩处，便如木兰从军，虽着兜鍪，非其本色。"（冯注初刊本王氏手批）纪昀评《李肱所遗画松诗书两纸得四十韵》云："前一段规仿昌黎，斧痕不化。"（《玉谿生诗说》）

③ 冯班评此诗云："只学得《焦仲卿妻》一段，然此道已非他人所解。"（何焯引）何焯云："高题摩空，如古乐府。"（见《李义山诗集辑评》）张谦宜《茧斋诗谈》："乐府高手，直作起结，更无枝语，所以为妙。"

二是李商隐诗特有的浓重感伤情调在这一时期已经显露。本编第二章在论及其悲剧性心理形成得特别早时，曾列举其前期创作从《无题》（八岁偷照镜）、《初食笋呈座中》《宿骆氏亭寄怀崔雍崔衮》到《夕阳楼》《燕台诗四首》等一系列诗作，说明这些作品中所贯串的伤感情调为一般年轻人所少有。而开成元年春所作的《曲江》，则在追慨刚过去不久的"天荒地变"式的劫难——甘露之变时，对唐王朝的衰亡命运表现了深沉的"伤春"意绪。《燕台诗四首》与《曲江》，一写爱情，一写政治；一学李贺，一学杜甫，但又都特具商隐诗的浓重感伤情调，说明商隐的诗歌创作已经越出了单纯模仿学习前人的范围而有了新的创造，开始形成了自己的艺术个性。杜甫诗阔大沉雄、沉郁顿挫；李贺诗奇诡冷艳，充满强烈苦闷，虽均含有感伤质素，但并不突出。商隐在学杜甫、李贺的同时将自己特有的感伤气质、个性、情调渗入诗中，化阔大沉雄为深沉的忧伤，化奇诡冷艳为朦胧哀艳，遂形成自己特有的风格。《燕台诗四首》和《曲江》，正是其独特风格形成的标志性作品，也是我们划分商隐前期诗时间下限的依据。不过，总的来说，这一时期像这种在学习前人基础上变化出之，建立了自己独特风格的诗毕竟不多（除《燕台诗四首》和《曲江》外，《夕阳楼》《宿骆氏亭寄怀崔雍崔衮》虽非学习前人，却是有义山艺术个性之作），像学杜的《隋师东》《有感二首》《重有感》《行次西郊作一百韵》，虽然在思想内容上继承了杜甫的忧国伤时精神，艺术上却无明显的创造，未出杜甫《诸将五首》及《北征》的范围。因此，既要看到这一时期的最后几年，商隐在学习前人的基础上已经显露出自己的艺术个性和风格，又要看到从整体上说，其独特诗风并未完全形成，达到稳定成熟。

这一时期二十八篇编年文中，表七篇、状十五篇、牒一篇、祭文二篇、箴一篇、书二篇。除书二篇为散体外，其余均为应用性的骈体文。骈文中的《代安平公遗表》《代彭阳公遗表》是代崔戎、令狐楚在临终前上皇帝的遗表，写得既郑重而又富于感情与文采，可见当时他写这类文章已相当得心应手。《代李玄为崔京兆祭萧侍郎文》也写得很有情采，可与《哭遂州萧侍郎二十四韵》并读。从遗表与祭文可以看出，商隐擅长抒写悲情和哀祭之文的特点在这一时期已开始显露。《上令狐相公状》七篇不但对研究义山生平以及他和令狐楚之间的关系有重要价值，其中一些篇章（如状一、状六）的文辞也清丽可诵。特别值得注意的是两封散体书信《别令狐拾遗书》和《上崔华州书》。前者集中抒发了他对当时社会上人与人之间关系的看法，充满了愤世嫉俗之情,使我们看到了商隐在诗中较少流露的感情,是他真性情的重要侧面。后者则突出表现了他不受儒家传统思想拘束的独特立行的思想观念,文章本身也写得气横力健。从这里可以看出,商隐虽然在模仿前人风格方面可以达到乱真的程度,但他的思想本质是重独创、重抒发真性情的。

将李商隐的前期创作时间下限划到开成二年末,除了充分考虑其创作从学习模仿到初步建立起具有浓重感伤情调的独特风格这个主要因素外,还由于发生在大和九年十一月的甘露之变对商隐诗歌创作的重大影响。甘露之变是唐代后期重大的政治历史事件,它对当时文人行为心态及诗歌创作的影响非常巨大而深远。这种影响对多数文人来说,主要是负面的,即因此而对政治局势的改善感到绝望,对政治斗争的残酷感到恐惧,从而由关注现实转为关注个人命运和内心世界,由锐意改革转为全身避害①。但对李商隐来说,却有其积极的一面,即由此而更激起了对宦官势力的义愤和对国家命运的忧虑与思考,从而创作出了一批质量很高的超越同时代诗人的政治诗。这个政治诗的创作高潮止于开成二年末的《行次西郊作一百韵》。尽管甘露之变对商隐诗歌创作的积极影响只是近期的,但就李商隐创作的发展来看,甘露之变正是使其前期创作达到高峰的社会政治原因。

第二节　由关注现实政治向着重抒写
个人身世和人生感慨转变的时期

从开成三年到会昌六年(838—846),是李商隐政治上不断谋求在朝廷中立足,又不断遭到种种挫折的时期,也是他的诗歌创作由前期着重抒写对现实政治的感受,逐步向着重抒写个人身世和人生感慨的转变期。这九年中,他先是在开成三年初参加博学宏辞科考试落选。由于这次落选是在初审合格,送中书复审时被某"中书长者"说"此人不堪"而抹去名字的,其中包含着对他道德品质和才能的评价,因而必然对他的声誉产生较大影响。这从他事隔两年后写的《与陶进士书》提及此事仍然十分愤激不平可以看出。这是商隐在进士登第后政治道路上遇到的第一次挫折。紧接着,又因入王茂

---

① 胡可先《中唐政治与文学——以永贞革新为研究中心》说:"甘露之变后的晚唐文人,对于变幻莫测的政治风云深感忧虑,中唐时期那种积极用世改革社会的革新精神,被全身远祸、冷眼旁观的漠然心态所代替。甘露之变是中晚唐政治与文学的交会点。"即认为甘露之变的影响主要是负面的。

元幕、娶其女而遭到恩门观念很重的令狐绹的疑忌，认为他"忘家恩"。开成四年，商隐应吏部拔萃科考试入选，授秘书省校书郎，但不久即被调补为弘农尉，由清职降为俗吏，这中间不能排除中书长者"此人不堪"的评价所起的作用。这是商隐在仕途上遭受的第二次挫折。在弘农尉任上，又因活狱忤陕虢观察使孙简，差一点罢去尉职，这是第三次挫折。会昌二年，商隐再次参加吏部拔萃科考试入选，重入秘书省任正字，但不久又因母丧而离职闲居，其间还发生了会昌三年九月岳父王茂元病卒于河阳前线军中的变故。等到服丧期满，再回到秘省，已是会昌六年春，不久武宗就去世了，整个政局和诗人的处境又一次发生变化。这可以说是第四次挫折。这样一种再试吏部、两人秘省、屡遭挫折的境遇对李商隐这一时期的诗歌创作产生了深刻影响，最明显的就是他的诗歌题材和内容，由先前的较多关注现实政治逐步转向关注个人身世遭遇，抒写人生感慨。

这一时期的编年诗共九十二首。其中抒写个人身世遭遇、个人生活情怀和人生感慨的占了五十五首，为总数的一半以上。而有关政治的篇章（包括有现实指向的咏史诗）为二十四首，不及前者的一半，其中直接涉及时事的诗仅《灞岸》《赠别前蔚州契苾使君》《行次昭应县道上送户部李郎中充昭义攻讨》《登霍山驿楼》等有限的几首，像《赠别前蔚州契苾使君》的主要内容还不在直接写契苾通征讨回鹘。这和前一时期，围绕甘露之变，连续写《有感二首》《重有感》《曲江》《故番禺侯以赃罪致不辜事觉母者他日过其门》《哭遂州萧侍郎二十四韵》《哭虔州杨侍郎》《行次西郊作一百韵》等诗相比，对现实政治关注的程度显然有所衰减。而在抒写个人生活境遇、身世遭逢、人生感慨方面，则出现了一系列名篇佳作，如《安定城楼》、《回中牡丹为雨所败二首》、《十一月中旬至扶风界见梅花》、《出关宿盘豆馆对丛芦有感》、《戏赠张书记》、《任弘农尉献州刺史乞假归京》、《无题二首》（其一"昨夜星辰"）、《大卤平后移家到永乐县居书怀十韵寄刘韦二前辈二公尝于此县寄居》、《春宵自遣》、《幽居冬暮》、《落花》、《寒食行次冷泉驿》、《寄令狐郎中》等。这两方面的消长变化，清楚地显示出这一时期诗人关注的重点已经由外而内，由社会现实而个人境遇、内心世界。特别是从会昌三年到六年这几年中，由于母丧离职闲居，先在京郊樊南，后又移家永乐，在闲居期间所写的表现闲适生活的诗和酬赠之作，多数在思想内容、艺术表现上都显得比较浅薄平庸，成为商隐诗歌创作历程中一个低谷。张采田说："玉谿诗境，盘郁沉着，长于哀艳，短于闲适。摹山范水，皆非所擅场。集中永乐诸诗，一无出色处。盖其时母丧未久，闲居自遣，别无感触故耳。其后屡经失意，嘉篇始多，此盖境遇使然，阅者宜分别观之。"（《李义山诗辨正》在《喜雪》诗后所下评语）这个分析是符合实际的。闲适诗本不一定浅薄平庸，陶渊明、孟浩然、王维、韦应物都写过许多闲适诗佳篇甚至精品。但义山的气质个性天然地与闲适异趣。居永乐期间，他虽被迫一种表面上闲适的生活，但内心对此并不习惯，并不惬意，而是时时想到"平生有游旧，一一在烟霄"（《秋日晚思》），想到"愿泛金鹦鹉，升君白玉堂"（《菊》），慨叹"如何匡国分，不与夙心期"（《幽居冬暮》）。因此，即使在《春宵自遣》这种表面上看来完全沉浸在闲情野趣的诗中，仍然透露出内心深处不安于闲适生活的感情，冯浩评此诗说："'念岁华'，是不能忘也。'陶然'、'忘却'，是自遣耳。"可谓善探诗人心曲。正因为这样，他的写闲适生活的诗就缺乏一种真正的闲适情趣，不能与陶、孟、王、韦的同类诗相比。

这一时期商隐写了一系列讽慨帝王求仙好色的诗，创作时间集中在会昌五年至六年间，体裁多为七绝，计有《汉宫词》《汉宫》《华岳下题西王母庙》《华山题王母祠》《过景陵》《瑶池》《海上》《北齐二首》等，七律《茂陵》、五律《昭肃皇帝挽歌辞三首》也有这方面的内容。以《茂陵》《昭肃皇帝挽歌辞三首》与前举九首七绝对照，联系武宗好神仙、宠王才人等情事，可以推断这些咏史七绝多为讽慨武宗而作。这成为本期商隐诗歌创作的一个亮点。这些诗在运用讽刺艺术方面相当出色。七绝这种短小的体裁，在商隐手里充分发挥了匕首投枪式的尖锐批判作用。《马嵬二首》讽玄宗之色荒祸国，也可能作于这一时期。

从诗歌体裁上看，这一时期九十二首编年诗中计有五律二十六首、七律二十一首、五排十五首、五绝一首、七绝二十九首。以七绝最多，五律、七律次之。五排虽只十五首，但绝对量超过前期有十来首之多。古体诗则一首也没有。这样一种体裁分布可以看出以下几点：其一，这一时期商隐的诗歌体裁已完全移到了近体律绝。其二，五古、七古在前期诗中多用来反映现实政治或表现比较强烈的个人情感（如五古中的《行次西郊作一百韵》、七古中的《燕台诗四首》）。这两种体裁退出这一时期的创作与他这期间政治诗、爱情诗较少是相应的。其三，五律、七绝中相当大的部分是用来抒写个人闲适生活情感的。这与这两种体裁篇幅比较短小，适宜于抒写触景即事而发的日常情感也是相应的。其四，七律在这一时期不但数量增多，而且出现了《安定城楼》、《回中牡丹为雨所败二首》、《马嵬》、《出关宿盘豆馆对丛芦有感》、《无题》(昨夜星辰)、《茂陵》等艺术精品,量与质较之前期有了明显进展。在上举这些艺术精品中,有的被誉为"虽老杜无以过"(王安石评《安定城楼》腹联),有的"纯乎唱叹""有神无迹"(纪昀评《回中牡丹》),有的"讽意至深,用笔至细"(黄侃评《马嵬》),有的"用笔甚轻,而情思殊深"(纪昀评《出关宿盘豆馆对丛芦有感》),有的"衬贴流丽圆美,西昆一世所效"(冯舒评"昨夜星辰"),有的"一气鼓荡,神力完足"(纪昀评《茂陵》),都称得上是七律中的上乘甚至传世之作。它们与前期七律多为学杜而得其仿佛者不同,已经明显具有义山的独特情采个性和艺术风貌。可以说,到这一时期,商隐七律在艺术上已经完全成熟。至于这一时期七律中也有一些酬应的平庸之作,那是诗人在熟练地掌握了这一体裁的写作技巧后容易出现的情况,不必以此否定其艺术上的成熟。这和这一时期七绝既有许多佳作,又有不少率而成咏的篇章情况类似。其五,五言排律在这一时期不仅数量增加了三倍,而且在短篇五排的创作上有了显著进展,出现了像《戏赠张书记》《大卤平后移家到永乐县居书怀十韵》这种写得非常清丽流美的佳篇。前篇纯用白描,情韵悠长;后篇虽用了一些典故,但通体妍丽流转。这种五排是义山的独擅。长篇五排如《送千牛李将军赴阙五十韵》"跳动激发,笔驱风云"(冯笺引田兰芳评),"气格高壮""起伏转折有力"(纪昀评),也是上乘之作。

由于这一时期生活境遇等方面的原因,商隐诗歌中的感伤情调,如果单纯从诗作数量上看,似乎并不很突出,特别是居母丧的三四年间写的诗,感伤情调更显得比较淡薄,但如果从典型诗例看,那么这一时期所作的《回中牡丹为雨所败二首》、《出关宿盘豆馆对丛芦有感》、《咏史》(历览前贤)、《落花》、《寄令狐郎中》等篇,无论是感情的涵量、深度都较前期有所加强,表现感伤情绪的艺术技巧也比前期更为纯熟。另外,还应注意到这一时期表现感伤情调最突出的主要不是诗而是文,可以说他把表现自己感伤气质和情绪的载体从诗大部分移到了文里。因此,就整个诗文创作而言,其感伤情调不但没有减弱,反而是大大加重了。

这一时期商隐的编年文共一百三十九篇,其中表十四篇,状七十五篇,启十四篇,牒六篇,祭文十九篇,行状三篇,书二篇,祷雨文、赛城隍文、黄箓斋文共六篇。泾幕所作各体文三十一篇,数量仅次于此后之桂幕。这一时期商隐文中的重要作品有《奠相国令狐公文》《为张周封上杨相公启》《为濮阳公陈情表》《为濮阳公上淮南李相公状三》《与陶进士书》《上河阳李大夫状一》《上李尚书状》《祭张书记文》《为濮阳公与刘稹书》《为李怀州祭太行山神文》《祭处士房叔父文》《祭裴氏姊文》《祭小侄女寄寄文》《为李贻孙上李相公启》《祭外舅赠司徒公文》《重祭外舅司徒公文》等。可以明显看出，这一时期写得最多且好的主要是祭奠亲故的哀吊之文，特别是开成三年写的祭令狐楚的文章和会昌四年写的祭从叔、小侄女、裴氏姊和岳父王茂元的文章尤为出色。其次是上亲故的书启，其中自叙身世遭遇，感激对方恩顾，感情真挚哀惋，与哀祭之文的情调风格有近似之处。两封书信，一封用散体（《与陶进士书》），一封用骈体（《为濮阳公与刘稹书》），前者见商隐的思想个性、人生体验和愤世嫉俗之情，后者见商隐反对藩镇世袭割据的政治立场和分析事理的细密，是两篇很见功力的文章。为王茂元、李贻孙代撰的两篇上李德裕的启状，表现出对李德裕担任地方长官和宰相时政绩的由衷赞颂，对研究李商隐后期的政治倾向有重要参考价值。总的来看，这一时期商隐文的数量与质量较前期都有较明显的提高，尤其是哀祭之文更达到艺术的高峰，在古代哀祭文的发展史上占有重要地位。

第三节　感伤诗风的成熟期

从宣宗大中元年到大中十二年商隐在郑州去世，是诗人在政治上穷途抑塞、生活上漂泊天涯的时期，也是他深婉精丽、富于感伤情调和象征暗示色彩的诗风最后成熟的时期。

唐宣宗统治时期，先后任用迎合己意、恃宠保位的白敏中、令狐绹为相，对武宗朝抗击回鹘、打击佛教、裁汰冗吏等有积极意义的措施概加否定，对李德裕、李回、郑亚等会昌有功旧臣，从狭隘党派私利出发，一再加以贬抑迫害，政治上的弊端较前朝更多。前期因叨会昌余威及吐蕃衰弱、三州七关归附，政局尚较稳定；大中五年以后，各地小规模的起义此起彼伏，镇将逐帅事件时有发生，史称"唐亡诸盗皆生于大中之朝……贤臣斥死，庸懦在位，厚赋深刑，天下愁苦"（《新唐书·逆臣传》），说明会昌时声威稍振的唐王朝到大中后期已显现出某些分崩离析迹象。这种每况愈下的政治环境，对于心怀"欲回天地"之志而匡国无分的商隐来说，本来就是沉重的压抑。再加上这一时期他因追随李党主要成员郑亚赴桂管作幕僚，在为李德裕的《会昌一品集》作序、为郑亚撰写辩诬申枉的书启等事情上表现出明显同情李党的政治倾向，致使本就与他有隔阂的令狐绹对他更加恼怒。随着令狐绹在朝中日益得势，商隐的处境变得更加困窘。从大中元年到九年，他除短期暂代京兆府参军、任太学博士的冷官外，绝大部分时间远幕桂州、徐州、汴州、梓州。大中五年，他追随的两位幕主郑亚、卢弘止先后去世。妻子王氏又不幸于同年亡故，更给他精神上极沉重的打击。梓幕期间，经常卧病，心情抑郁不舒。梓幕罢归，虽因柳仲郢之辟担任过短期的盐铁推官，但不久即病废还郑州，在郁郁中去世。这种时代政治环境和个人遭遇，大大加深了他作品中的感伤情调，其感伤诗风在这一时期达到完全成熟的境地。

这一时期，商隐的编年诗共有二百三十八首，是各个时期留存下来可以编年的诗最多的一期。尽管时间较上一时期只多了三年（四分之一），但诗的数量却是上一期的两倍半。因此可以说这是商隐诗歌创作的丰收期。在二百三十八首编年诗中，五古七首、七古六首、五律六十三首、七律五十一首、五排二十首、五绝十三首、七绝七十八首。在诸体中，仍以七绝居首，这自然与七绝比较灵便易于掌握有关，也可看出商隐对此体的偏爱是一贯的。其中有不少精品，如《梦泽》、《端居》、《过楚宫》、《楚吟》、《杜司勋》、《李卫公》、《柳》（曾逐东风）、《柳》（为有桥边）、《板桥晓别》、《西南行却寄相送者》、《望喜驿别嘉陵江水二绝》、《初起》、《夜雨寄北》、《柳》（柳映江潭）、《韩冬郎即席为诗相送一座尽惊他日余方追吟连宵侍坐徘徊久之句有老成之风因成二绝寄酬兼呈畏之员外》、《齐宫词》、《咏史》（北湖南埭）、《吴宫》等。这些佳作，或以构思立意胜，或以风调胜，或以情韵胜，各有所至，或兼而有之。而咏史、咏物七绝的成功创作，则成为本期七绝创作的一个特点。商隐的五律在桂幕期间掀起了一个创作高潮。从大中元年三月赴桂到二年九月返抵长安，一年半中创作了三十二首，光是在桂林，就写了近二十首，其中有一系列艺术上很成功的作品，如《桂林》、《晚晴》、《寓目》、《城上》、《高松》、《访秋》、《桂林道中作》、《即日》（桂林闻旧说）、《北楼》、《异俗二首》、《昭州》等。值得注意的是，他用五律这种形式将思乡念亲的感情与南中异俗风物的描绘融为一体，取得了成功，艺术上也越出了老杜的樊篱而形成了自己的特色，像《晚晴》《高松》《访秋》等诗都能在清词丽句中寓含深挚浓郁的情思，有的还深寓人生感慨。桂幕以后的五律，虽仍有《哭刘司户蕡》《蝉》《夜饮》《杜马上念汉书》等佳作，但可以明显看出，五律的写作已比较零星分散。因此，桂幕是商隐五律创作的高峰期，越过这个高峰后，这一体的创作遂相对沉寂。比较起来，商隐的七律

453

在这一时期则始终处于旺盛的高峰期，其中流传后世的名篇佳作颇多，如《宋玉》、《哭刘司户蒉》、《潭州》、《水天闲话旧事》、《流莺》、《九日》、《野菊》、《过伊仆射旧宅》、《哭刘蒉》、《辛未七夕》、《七月二十九日崇让宅宴作》、《临发崇让宅紫薇》、《王十二兄与畏之员外相访见招小饮时余以悼亡日近不去因寄》、《赴职梓潼留别畏之员外同年》、《利州江潭作》、《井络》、《杜工部蜀中离席》、《二月二日》、《写意》、《即日》（一岁林花）、《无题》（万里风波）、《梓州罢吟寄同舍》、《筹笔驿》、《重过圣女祠》、《正月崇让宅》、《过故府武威公交城旧庄感事》、《南朝》（玄武湖中）、《隋宫》（紫泉宫殿）、《锦瑟》等。这些优秀之作占了此期七律的一半以上。从时间分布上看，是各时段都有名篇而大中五年以后无论数量、质量都较前更增多提高，说明越到晚年，其七律艺术愈臻于运掉自如、炉火纯青的化境。这一时期的某些七律，虽仍有学杜的痕迹，但都已融入商隐特有的感伤情调和秾艳色彩，变化出之。像《重过圣女祠》《锦瑟》《七月二十九日崇让宅宴作》这类作品，更纯然是商隐的独特风貌，根本找不到学杜的痕迹了。

五言排律，本期创作的数量，如考虑时间较长的因素，与上期大体持平。其中上杜棕、卢钧的三首长篇排律，虽极力铺排，但内容庸俗，殊不足取。倒是短篇如《念远》、《摇落》、《西溪》（怅望西溪水）等作，清词丽句，情韵深长，颇堪讽咏。《武侯庙古柏》颇有寄寓，亦为佳构。五绝在这一时期也较前增多，尤其是赴蜀途中及梓幕期间，颇有佳咏，如《饯席重送从叔余之梓州》《悼伤后赴东蜀辟至散关遇雪》《忆梅》《天涯》诸篇，均能用白描手法抒写曲折层深的情感，而又一气浑成，最为五绝胜境，可以说是商隐五绝的高峰期。七古则出现了《韩碑》和《偶成转韵七十二句赠四同舍》这两首带有很强叙事性的长诗，堪称商隐七古之双璧，亦为晚唐七古之冠冕。前诗学韩，"生硬中饶有古意，甚似昌黎，而清新过之"（屈复《玉谿生诗意》）；后诗既豪放健举又鲜妍明丽，挥洒自如，艺术上均臻成熟境界。有此二诗，商隐七古自可立于作者之林。诸体中五古稍弱，但《骄儿诗》学左思、杜甫而能自出机杼，抒写人生感慨；《井泥》学《天问》及杜牧《杜秋娘》而别具一格。总体上看，此期商隐各体都已达到成熟境界而又具有鲜明艺术个性。

从诗歌题材及内容看，这一时期直接反映现实政治的诗显著减少，但有两类诗是别的诗人很少涉及的，这就是赠、哭刘蒉的系列诗和同情赞颂李德裕、郑亚的诗①。赠、哭刘蕡的诗共五首，分别作于大中二年、三年，感情沉痛愤激，风格沉郁顿挫，而又一气鼓荡，篇篇均为佳作，当属商隐政治诗中最优秀的作品。有关李德裕政治集团的诗，有《海客》《五松驿》《四皓庙》（羽翼殊勋）、《旧将军》《韩碑》《李卫公》《丹丘》《漫成五章》之四之五、《献寄旧府开封公》《故驿迎吊故桂府常侍有感》《武侯庙古柏》《无题》（万里风波）、《筹笔驿》等，数量相当可观，可见他对这一问题的关注。但除《李卫公》明标德裕封号，《故驿迎吊故桂府常侍有感》明标郑亚赠官外，其他均为借题托寓、借端寄慨之作，写得比较隐晦。这是因为，在当时的政治局势下，在诗文中明显表露对李德裕政治集团的同情，是犯忌的。这也反过来说明这类政治诗表现了商隐的正义感。这类诗中，有的还和诗人对唐王朝衰亡趋势的忧伤融合在一起，如《武侯庙古柏》和《筹笔驿》。

从总体上看，这一时期诗人歌咏的重心显然已经转移到了抒写个人困顿遭遇、沉沦漂泊身世和人生悲慨方面。写景、纪行、酬赠、咏物、怀古，都贯串或渗透了上述内容。本期内一些最成功的作品，大都属于此类。据初步统计，共有这类作品一百二十多首，占本期编年诗总数的一半以上。特别是像下列诸篇《荆门西下》、《晚晴》、《高松》、《寓目》、《城上》、《席上作》、《念远》、《宋玉》、《北楼》、《思归》、《木兰》、《灯》、《乱石》、《木兰花》、《离思》、《摇落》、《过楚宫》、《楚吟》、《听鼓》、《陆发荆南始至商洛》、《肠》、《钧天》、《骄儿诗》、《杜司勋》、《流莺》、《蝉》、《柳》（为有桥边）、《漫成五章》（之一、之二、之三）、《九日》、《野菊》、《白云夫旧居》、《偶成转韵七十二句赠四同舍》、《戏题枢言草阁三十二韵》、《读任彦升碑》、《青陵台》、《咏怀寄秘阁旧僚二十六韵》、《七月二十八日夜与王郑二秀才听雨后梦作》、《七月二十九日崇让宅宴作》、《崇让宅东亭醉后沔然有作》、《临发崇让宅紫薇》、《宿晋昌亭闻惊禽》、《赴职梓潼留别畏之员外同年》、《西溪》（怅望西溪水）、《北禽》、《二月二日》、《初起》、《夜饮》、《写意》、《杨本胜说于长安见小男阿衮》、《夜雨寄北》、《属疾》、《即日》（一岁林花）、《柳》（曾逐东风）、《柳》（柳映江潭）、《忆梅》、《天涯》、《无题》（万里风波）、《梓州罢吟寄同舍》、《重过圣女祠》、《风雨》、《井泥》、《锦瑟》，几乎每一篇都与商隐的悲剧性身世遭遇有或显或隐的联系，成为他后期诗歌创作中最富感染力的篇章。李商隐诗歌的独特风貌，至此才真正稳定地形成，其感伤情调作为一种艺术化了

———————

① 参看本编第五章《李商隐的政治诗》第四节。

的诗美也达到了最高境界。另外，本期中表现其个人生活、感情的诗中，忆内诗和悼亡诗占有相当重要的地位。关于他的这两类诗，在《李商隐的爱情诗》一章中将作专门论述。

李商隐本期的编年文共一百六十八篇，其中表六篇，状六十二篇，启六十篇，牒四篇，祝文二十二篇，祭文二篇，碑铭五篇，书一篇，序三篇，黄箓斋文三篇。按所居幕府计，以桂州幕期间最多，共一百零八篇，几占现存商隐文的近三分之一，徐州幕仅七篇，梓州幕首尾五年，亦仅三十八篇。之所以有这样大的数量差别，原因很明显：在桂幕时，他任观察支使，当表记，故所为亦多；在徐幕时任判官，掌书记另有其人，故所为特少；在梓幕期间，除大中六年因掌书记张黯至京师，商隐曾兼代其职外，其他时间均任判官，故除大中六年所作书启较多外，五年中所作应用之文亦较少。

整个桂幕期间，从大中元年二月任命郑亚为桂管观察使，辟商隐入幕，到大中二年二月郑亚贬循，时间不过一年整，而保留下来的各体文竟如此之多。从这些文章的文题推断，桂幕期间的文章可能基本上都保存下来了，从中可见担任记室的幕僚工作之繁剧。在这样繁忙的本职工作之余，还写了五十首诗（如果加上自桂返京的归途诗，则达七十六首），整个桂幕期间创作力之旺盛可见。从文的写作看，桂幕所作固然多为表状启牒一类公私应用文翰，但也有非常重要的文章，如大中元年九月为郑亚撰拟的《太尉卫公会昌一品集序》就是一篇皇皇大文。《樊南甲集序》自述从写作古文到写作骈文的经过、编定《甲集》的情况以及"十年京师寒且饿"的穷困潦倒生活，为后世了解商隐的文章写作历程提供了重要的第一手资料。《为荥阳公上马侍郎启》《为荥阳公上三司使大理卢卿启》《为荥阳公上前浙东杨大夫启》，在郑亚因吴湘案受到严谴之际，敢于在启中讼冤辩诬，表现出强烈的正义感。而《为荥阳公上宣州裴尚书启》《为荥阳公与浙东杨大夫启》则宛如六朝人骈文小品，写得洒脱自如，富于诗情。此外，徐幕、梓幕所作文中，也有较有价值者。如《上尚书范阳公谢辟启》《谢河东公和诗启》《上河东公启》《樊南乙集序》等。碑铭中如《刑部尚书致仕赠尚书右仆射太原白公墓碑铭》《梓州道兴观碑铭并序》《唐梓州慧义精舍南禅院四证堂碑铭并序》《道士胡君新井碣铭并序》等长篇，都是全力以赴的作品，显示了作者散体、骈体碑铭的深厚功力。但梓幕后期所作的《为举人献翰林萧侍郎启》《为某先辈献集贤相公启》，不仅内容空洞，文章本身也显得非常浅陋平庸，这可能与所呈献的对象无善可陈可赞有关，也在一定程度上透露了他对这类纯粹酬应之文的厌倦。

第五章　李商隐的政治诗

　　这一章论述的对象，是李商隐那些反映时事政治的诗（不论其表现方式或显或隐），而不包括他那些以古鉴今、借古喻今的咏史诗。就其现实指向来说，李商隐的绝大部分咏史诗也不妨说是一种政治诗，但它在反映现实政治时，无论是题材内容或表现手段都有其特殊性，其艺术成就又高于他的一般政治诗，因此将政治诗与咏史诗各列专章加以论述。李商隐有极少数题为《咏史》，或题目像咏史，而实际反映的内容全为时事政治者，如《咏史》（历览前贤）、《隋师东》、《无愁果有愁曲北齐歌》，从内容着眼，这一章也将论及。①

　　在释道源、朱鹤龄之前，绝大多数评家都没有充分注意李商隐的政治诗，只是把他作为艺术上有特色、有成就的诗人看待，与同时代的温庭筠并提，而且多半只注意到他的一部分咏物、抒怀之作和一部分无题诗、爱情诗。直到明末清初，释道源和朱鹤龄相继为义山诗集作注撰序，朱注并吸收了钱龙惕《玉谿生诗笺》的有关成果，大力宣扬其诗关注国运、感时伤事的精神，这才引起人们对李商隐的进步政治倾向及其反映时事的政治诗的重视。一种传统的偏见（比如单纯以"才人""浪子"看待李商隐，甚至认为他"放利偷合""诡薄无行"）往往会埋没一个诗人和他一大批有思想艺术价值的诗；反过来，一种学术上的新见解（比如释道源论义山，认为"推原其志义，可以鼓吹少陵"；朱鹤龄进一步发挥其说，认为其"指事怀忠，郁纡激切，直可与曲江老人相视而笑"），则往往可以发现一大批有价值的诗。道源和朱鹤龄的新见解，正是在发现了李商隐一大批政治诗价值的同时，揭示了李商隐作为一个大诗人的本质性方面。从朱注以来，李商隐大量政治诗的内容与价值不断地为研究者所瞩目，并不断得到更深刻的阐论，对李商隐

457

---

　　①这类作品,在第六章《李商隐的咏史诗》中亦有所涉及,但论述角度不同,是将它们作为咏史诗的一种类型提出来讨论。

的认识与评价也越来越全面、深刻。从这一点看，朱氏确是义山的功臣。

李商隐反映时事政治的诗约五十首（加上有现实政治指向的咏史诗则达一百一十首）。这个数字告诉我们一个基本事实：李商隐是一个关心现实政治与国家命运的诗人。中国古代绝大部分作家都属于"士"这个社会阶层，而士的一个主要特征就是关心政治，其中的优秀者更以天下为己任。一个诗人，写了大量政治诗，当然不一定就能成为伟大的或杰出的诗人，但是，真正称得上是伟大的或杰出的诗人，却几乎没有例外，都写过不少出色的政治诗，包括像陶渊明这样的千古隐逸诗人之宗在内①。一个诗人，胸中有没有现实政治、国家命运、民生疾苦，他的襟怀、气质，他的诗歌境界、气象是大不相同的。温庭筠与李商隐，同属晚唐绮艳诗风的代表，他们的分界与区别，正在于一个是比较典型的封建文人中的才人浪子，而另一个则密切关注时事政治、国家命运（温庭筠也不是没有反映时事政治的诗，但数量较少，有的诗虽被研究者解为隐指时事，却并不一定可靠）。商隐自称"深怀殷浩当世之心机"，从他的全部诗作看，那种关注现实政治、国家命运的精神和渴望为国建功立业的抱负确实是一贯的。从他刚步入社会时所写的《隋师东》中所表现的对军政窳败现象的思考，到甘露之变前后对唐王朝整体危机的焦虑，从《安定城楼》诗中所抒发的"欲回天地入扁舟"的功成身退抱负，到闲居永乐期间深慨"如何匡国分，不与夙心期"，再到徐幕从军时高唱"爱君忧国"的昂扬之音，可以看出，即使历经坎坷，其忧国之情始终不渝。直到晚年所作的《无题》（万里风波）、《筹笔驿》等诗中，仍然坚持"人生岂得长无谓，怀古思乡共白头"的信念，并深为遭逢衰世、难展抱负而感到遗憾。这种对现实政治、国家命运执著的关注，不仅使他在各个不同时期创作了一批有相当高质量的政治诗，而且还深刻影响到他的整个诗歌创作风貌。李商隐在咏史诗、咏物诗、无题诗等领域所取得的成就，特别是这些诗中所蕴涵的诗人对历史人物事件、对个人命运、对人生的思考与感慨，可以说都离不开他这种执著关注现实政治、国家命运，渴望有所作为的精神。

从思想内容方面看，李商隐的政治诗有以下几个显著特点。

---

①见其《饮酒》《拟古》等组诗及《述酒》诗。

第一节　广泛性

　　李商隐政治诗对现实政治的反映相当广泛全面，具有同时代其他诗人所不及的广度。从纵的方面看，唐代开国以来一系列重大的政治历史事件，诸如唐玄宗的荒淫失政和安史之乱；唐德宗时期的朱泚之乱和李晟、浑瑊平定叛乱的战争；唐宪宗时期讨伐强藩吴元济的淮西之战；唐敬宗的荒淫奢侈及为宦官所杀的事件；唐文宗大和初年讨伐叛镇李同捷的战争，大和二年刘蕡对策指斥宦官专权被黜直至贬死的事件，大和九年的甘露之变；武宗会昌年间回鹘的侵扰及讨伐回鹘的战争，平定泽潞叛镇刘稹的战争；宣宗大中前期李德裕政治集团被贬黜迫害的事件，讨伐党项的战争等，在李商隐的政治诗中都有不同程度的反映，有的还是相当集中的反映（如玄宗荒淫失政与甘露之变）。从横的方面看，举凡藩镇的割据叛乱，宦官的擅权乱政，皇帝的荒淫奢侈、求仙媚道，官僚集团内部的矛盾斗争，异族的侵扰，人民的困苦流离，都在他的诗中有所反映。其中藩镇的割据叛乱和皇帝的荒淫腐朽尤其是他注意的中心和焦点。在整个晚唐时期，对现实政治反映得如此广泛全面的，还没有第二人。杜牧在晚唐诗人中，以注意研究"治乱兴亡之迹，财赋兵甲之事，地形之险易远近，古人之长短得失"著称，但他的政治诗反映社会政治问题的广泛性和对重大政治历史事件的反映都逊于李商隐。例如，对宦官擅权乱政这一唐代后期政治生活中的毒瘤，杜牧诗中根本没有涉及。对甘露之变，杜牧由于过分注重主事者李训、郑注个人的政治品质和他们排斥异己的行为，而不去考虑谋诛宦官之举本身反映了当时朝野上下的普遍愿望，因此对甘露之变这一重大政治事件竟毫无反映，而是把笔墨用在反对皇帝重用李、郑而遭贬的李甘、李中敏等人身上。而李商隐则在一系列政治诗中对这场"天荒地变"式的政治变乱作了集中的反映。刘蕡因对策指斥宦官遭黜不取的事件，在朝野上下引起强烈反响；其后宦官诬以罪，冤贬柳州，也是"路有论冤谪"。但对此事，在杜牧及同时代其他诗人诗中，亦寂无反响，而李商隐则写了一系列感情沉痛愤激的诗篇，对包括皇帝、宦官在内的统治集团进行抨击。对大中前期李德裕政治集团遭受打击直至贬死的事件，杜牧由于对李德裕抱有成见，在人事关系上接近李德裕的对立面牛僧孺、周墀，因此在诗中对这一事件也毫无反映，在为周墀所写的墓志铭中甚至对李德裕进行攻击。而李商隐则写了一系列同情乃至赞颂李德裕的诗，成为其后期政治诗的重要组成部分。

李商隐政治诗对现实政治反映的广泛性，显示出作为一个有政治抱负的诗人，他所关注的现象与问题相当广泛，政治视野相当广阔，既不为个人的见闻所拘限，更不因狭隘的人事关系而影响到他对政治事件、人物的看法。这一点，在晚唐诗人中是相当突出的。

第二节　深刻性

政治诗的价值，在更大程度上还取决于对现实政治反映的深刻性。单纯描述政治现象和事件过程，当然也有一定价值与意义，但只有透过现象揭示本质，才能具有较高的认识价值和思想意义。李商隐的不少政治诗，反映出他对现实政治问题的认识相当深刻。例如对于藩镇割据叛乱的长期延续，他往往能从政治方面对这一现象进行思考，揭示出朝政的腐败，特别是中枢不得其人乃是藩镇跋扈叛乱的政治根源，正像一个毒瘤，植根于腐朽的肌体之上。"巍巍政事堂，宰相厌八珍。敢问下执事，今谁掌其权？疮疽几十载，不敢抉其根"（《行次西郊作一百韵》），这正是他对藩镇割据叛乱这个"疮疽"长期不能抉除的原因所作的思考。这种认识，早在他刚踏入社会所作的《隋师东》诗中已露端倪[1]，到长诗《行次西郊作一百韵》中更明确揭示出藩镇割据叛乱长期延续的根源是掌权宰相的无能与腐朽。如果说，《隋师东》和《行次西郊作一百韵》是用反面的事例和现象揭示问题的症结，那么长诗《韩碑》则是通过正面事例，说明君相贤明善断，齐心协力，坚持伐叛，必能战胜凶悍的藩镇。安史乱后，淮西藩镇割据叛乱近五十年，成为唐王朝的心腹之患。宪宗元和十年，宰相裴度坚决主张讨伐，得到宪宗的信任支持，于元和十二年亲往前线督师，讨平了淮西镇，活捉了吴元济，使其他藩镇受到极大震慑，裴度也因平叛首功受到封赏。韩愈在平叛战争中担任裴度的行军司马，乱平后奉先宗之命撰写《平淮西碑》，歌颂淮西之战的辉煌胜利和裴度的决策统帅之功。当时有人为雪夜袭破蔡州的大将李愬鸣不平，认为韩愈的碑文未突出李愬之功，结果宪宗听信谗言，下令推倒韩碑，另让翰林学士段文昌重撰碑文刻石。李商隐针对此事，写了《韩碑》这首着意经营的长

460

———————

[1]参看上编第四章第二节对此诗的评述。

诗。诗中极力推崇韩碑的不朽价值，实际上是借此推重裴度在平叛战争中的首功，强调朝廷中枢的战略决策与坚定方针对平叛战争的胜利所起的决定作用，以及君相协力、坚持伐叛的极端重要性。这种见解，比起那些单纯从战术上、军事上看问题的人显然要高出一筹。强调这一点，在李商隐所处的时代有直接的现实政治意义。会昌三至四年间，宰相李德裕在武宗的专任与支持下，力排众议，终于取得了讨伐泽潞叛镇的胜利。这几乎是元和年间淮西之战的重演①。从这种认识出发，他在《寿安公主出降》中，对怀着妥协苟安心理极力笼络讨好强藩的皇帝也深致讽慨：

> 妫水闻贞媛，常山索锐师。
> 昔忧迷帝力，今分送王姬。
> 事等和强虏，恩殊睦本枝。
> 四郊多垒在，此礼恐无时。

唐文宗大和八年，成德节度使王庭凑卒，子元逵继任。王庭凑是一个凶悍阴狡的割据者，曾多次用武力对抗朝廷。王元逵虽仍世袭割据，但对朝廷的态度比较恭谨，岁时贡献，维持表面的臣属关系。文宗深感满意，遂于开成二年六月以绛王李悟女嫁元逵。商隐此诗，透过藩镇恭谨、皇帝施恩的表象，一针见血地揭穿了此举的本质——"事等和强虏"。名为"出降"公主，实际上不过是古代屈辱性质的"和亲"政策的重演。而朝廷之所以采取这种笼络讨好强藩的做法，骨子里是出于对强藩的畏惧："昔忧迷帝力，今分送王姬。"过去王庭凑骄横跋扈，根本不把朝廷放在眼里，朝廷也只能心存忧惧而无可奈何；今天王元逵稍稍改变态度，理所当然要把王姬奉送给他了。"分"字、"送"字，既沉痛愤激，又尖刻辛辣，可以说是对朝廷畏惧强藩的诛心之笔。诗人之所以这样毫不留情面地加以揭露，正由于他思深虑远："四郊多垒在，此礼恐无时。"当前藩镇林立，四郊多垒，这种讨好笼络强藩的"礼"恐怕不合时宜吧。在《淮阳路》中，他甚至尖锐地指出唐德宗的猜忌，是激成藩镇叛乱的一个原因。这虽非藩镇割据叛乱的根本原因，但就某一君主的性格对某一藩镇叛乱的影响而言，却有其特有的洞察力和具体的针

461

---

①《韩碑》作年难以确考。从诗末对"圣皇圣相"作追思口吻看，诗当作于开成四年裴度卒后。而据诗中表露的思想，联系会昌、大中时事，此诗很可能有某种现实针对性，即李德裕受到宣宗、白敏中罢黜、贬抑以后所作，详《李商隐诗歌集解》对此诗作年的推断。

对性。

李商隐对政治事件认识的深刻，还突出地表现在他对甘露之变这一重大事件的看法上。他的一系列有关事变的诗篇，不仅表现了他的政治义愤和可贵的"诗胆"，而且表现了他的政治识见。《有感二首》既愤恨宦官的大事株连，肆行杀戮，又痛愤文宗的暗于知人，误任李训、郑注。对李、郑，既指斥他们抱有个人政治野心，谋事不周，反而贻误国家，又对诛灭宦官这一行动本身仍持肯定态度："素心虽未易，此举太无名！"对主谋者的个人政治品质、才能和谋诛宦官行动本身的正义性采取区别对待的态度。对照一下刘禹锡和李商隐为甘露之变而作的表章，当能更清楚地看出他们在认识上的区别。甘露之变发生时，禹锡正任同州刺史，李、郑被诛后，他上《贺枭斩郑注表》，后又上《贺德音表》，称"李训、郑注等，敢有逆心，兼连凶党……重臣毕力，禁旅竭忠"。将宦官头子仇士良称为"重臣"，将杀戮大批朝臣由宦官统率的禁军称为"尽忠"的禁旅。而大和九年冬商隐为郑州刺史权璩所作的《为郑州天水公言甘露事表》则称："宰臣王涯等，或久服显荣，或超蒙委任，徒思改作，未可与权。敷奏之时，已彰虚伪；伏藏之际，又涉震惊。"①虽对谋宦官的手段、方式加以否定，却肯定谋诛宦官之事本身是一种"改作"。这在当时，不但需要勇气，也需要明确坚定的识见。

李商隐政治诗的深刻性，还突出地表现在对现实政治形势感受的深刻上。如本编第一章所概括的，李商隐所处的时代，是唐王朝的衰亡之势已经形成，但大规模的农民起义尚未酝酿成熟；地主阶级内部各种政治集团和各派政治力量的矛盾斗争空前尖锐复杂，但还没有达到彻底分裂的程度；上层统治集团日趋腐朽，但还有一定的统治力量。一直到李商隐逝世之前，全国还大体上保持着暴风雨到来之前的表面平静（宣宗后期，一向比较平静的南方地区时有地方军将叛乱，但规模较小）。在这样一种时代氛围下，一些政治感受力比较迟钝的诗人，很可能对现实的危机很少察觉，甚至有时会被某些表面现象所迷惑，陶醉在表面的承平气象当中。但在李商隐的政治诗中，却始终充满了一种深重的危机感。《曲江》诗作于甘露之变后几个月的开成元年春，诗中不仅透露出这场流血事变中大臣惨遭宦官杀戮，"空闻子夜鬼悲歌"的阴暗恐怖的时代气氛，而且透过这一事变深刻感受到大唐王朝升平

---

① 此据邵博《邵氏闻见后录》所引。邵氏云："当北司愤怒不平，至诬杀宰相，势犹未已，文宗但为涯等流涕而不敢辩。义山之表，谓'徒思改作，未可与权'，独明其无反状，亦难矣。"

不返、荆棘铜驼的没落趋势："死忆华亭闻唳鹤，老忧王室泣铜驼。天荒地变心虽折，若比伤春意未多。"这种敏锐而深刻的感受充分显示出其超前性、预见性。在他的感受中，唐王朝的衰亡之势已成，无法逆转，"运去不逢青海马，力穷难拔蜀山蛇"（《咏史》），像藩镇、宦官这类盘结的势力已经不可能根除。发展到后来，他甚至说："玉垒经纶远，金刀历数终"（《武侯庙古柏》），即使有雄才大略如诸葛亮这样的杰出人物，也难以挽救历数已终的衰颓王朝。正像鲁迅在谈到《红楼梦》里的贾宝玉时所说的那样，"悲凉之雾，遍被华林，然呼吸而领会之者，独宝玉而已"（《中国小说史略》第二十四篇），我们也不妨说，晚唐时代的悲凉之雾，是被具有敏锐而深刻的政治感受力的李商隐最充分地"呼吸而领会"到了，而且是非常出色地表现出来了。他的诗歌中弥漫着的那一层浓重的悲凉之雾，那种深入骨髓的感伤情调，那种涵容深广的"伤春"意绪，正是晚唐那个衰颓时代的投影和深刻反映。从《曲江》、《咏史》（历览前贤）这类诗中可以看出，诗人在感受现实政治形势时，是带着一种历史感的，是从整个发展趋势上着眼的。因此他的感受与认识往往带有一种深远的宏观色彩，而不局限于眼前的一时一事。这就自然涉及其政治诗的另一特点。

李商隐的政治诗对现实政治的各种问题和矛盾，对唐王朝各个不同阶段的重大政治事件都分别有所反映。但除了这些局部性的、阶段性的反映外，他还有意识地对唐王朝开国以来二百余年的历史与社会矛盾的各个方面作综合性的、整体性的反映，或者说是全景式的、全方位的反映。尽管这样的作品在其全部诗作中只有一首——开成二年十二月所作的《行次西郊作一百韵》。但仅此一首，就足以使李商隐在唐代政治诗的发展史上占有突出地位。长诗从诗人目击的长安西部郊畿地区农村荒凉残破的景象着笔，借与村民的问答引出对唐王朝由盛而乱而衰的历史过程和诸方面矛盾的展示。诗中反映的历史时代，上起唐初开国和贞观盛世，下迄开成二年末，包括二百二十年的历史过程。其中如贞观之治、玄宗失政、安史之乱、藩镇割据和朱泚之乱、甘露之变等都有或简或详的叙写，重点放在玄宗失政、安史乱起以来的这八十余年。所反映的社会政治问题，如藩镇的跋扈叛乱、宦官的擅权乱政、统治者的骄奢淫逸、赋役剥削的苛重、败政危机的深化、边防力量的削弱和边境民族的侵扰、人民的困苦流离等，都在诗人的视野之中，而藩镇的长期割据叛乱和百姓生活的穷困尤为诗人注意的中心。

长诗不仅揭示出历史过程及事件的前因后果即纵向联系，而且注意揭示各种社会问题之间的相互影响和横向联系，以突出问题的症结。如因藩镇的长期割据与叛乱，导致财政的严重困难和赋税的加重，导致边防的削弱和边境民族的入侵，最后又导致人民生活的穷困。通过昔盛今衰的对照，诗人推求盛衰治乱之本，认为中央与地方官吏的贤否，是国家治乱的根本，而中枢是否得人，尤为问题的关键。由此又进一步对信用奸邪、酿成变乱的最高统治者进行指责：叙安史之乱，深咎玄宗酿乱之责；叙甘露之变，婉讽文宗的暗于知人。最后归结到"又闻理与乱，系人不系天"这个根本观点上来。全诗纲举目张，纵横交织，反映了唐王朝两百多年的政治历史和它在由盛而乱而衰的过程中出现的各种矛盾和不可避免地走向衰亡的历史趋势。其视野之广阔、内容之丰富、格局之宏大、政治色彩之浓厚，都超过了杜甫的《自京赴奉先县咏怀五百字》与《北征》，是名副其实的一代史诗。

诗中充满了强烈的危机感，鲜明地体现出诗人的政治敏感和长诗的时代特征。诗一开始就展现出京西农村"高田长槲枥，下田长荆榛。农具弃道旁，饥牛死空墩。依依过村落，十室无一存。存者皆面啼，无衣可迎宾"这种宛如劫后的残破景象，一下子就造成了一种充满危机感的氛围。以下一大段借村民之口对唐王朝衰乱历史的回顾，危机感随着国势的衰颓而不断加深。从李林甫专权、安禄山跋扈，到天宝末年的"因失生惠养，渐见征求频"，显示出一场巨大的变乱即将爆发。安史之乱，不但造成战乱地区"城空鸟雀死，人去豺狼喧"这种悲惨恐怖景象，而且形成了"逆者问鼎大，存者要高官""中司遂作梗，狼藉用戈铤"这种藩镇长期跋扈叛乱的局面。乱后的唐王朝，"筋体半痿痹，肘腋生臊膻""国蹙赋更重，人稀役弥繁"，已经半身不遂，陷于恶性循环，难以自救。而近年来发生的甘露之变和天灾兵祸，更使京西一带的"穷民"濒于绝境，不得不起而为"盗贼"，官兵又借机趁火打劫。讲到"郿坞抵陈仓，此地忌黄昏"，一种末世的阴暗恐怖氛围笼罩了一切，大唐王朝的没落命运已经昭然可见。诗人这种强烈的危机感，不仅渗透在上述的叙述描写中，而且贯注于痛心疾首的抒情和议论中，像"诚知开辟久，遘此云雷屯（按：指巨大的祸乱）""巍巍政事堂，宰相厌八珍。敢问下执事，今谁掌其权？疮痍几十载，不敢抉其根""我愿为此事，君前剖心肝。叩头出鲜血，滂沱污紫宸。九重黯已隔，涕泗空沾唇"这些诗句，或沉痛愤激，或忧心如焚，都透露出危机的极端深重。总之，对唐王朝整体危机的全面揭示和强烈的危机感，是这首长诗所给予人的最突出的感受。在离唐王朝的覆亡还有近七十年的时候，就能如此鲜明尖锐地将唐王朝的深重危机揭示出来，足见诗人的政治敏感与胆识。在唐代政治诗中，还没有第二篇这样的一代史诗。郑嵎的《津阳门诗》长达一千四百字，但局限于叙写玄宗、杨妃之事，且兴趣集中在记叙一代掌故，政治内容贫乏，识见更属平平；韦庄的《秦妇吟》长达一千六百六十六字，但所反映的仅为一个时期（黄巢起义）的史事，与商隐此诗作整体性、全景式的反映有明显区别。

全篇叙议相兼，具有史诗与政论的特色。叙事既有细致的描写，更有宏观的概括。议论既时见卓识，更挟带强烈感情。语言朴质苍劲，自然生动。纪昀说："亦是长庆体，而气体苍劲则胎息少陵。"（《玉谿生诗说》）其实不仅是气格，其基本构思亦规模《自京赴奉先县咏怀五百字》和《北征》。尽管它在艺术上不如《咏怀》《北征》那样沉郁顿挫、波澜起伏、有高度的艺术概括力和强烈的感染力。归根结底，是因为作者主要出于政治责任感和忧患感，而不是像杜甫那样对百姓苦难有感同身受的切肤之痛。但作为从整体上反映一个朝代兴衰的史诗，它确实具有不可替代的成就与价值，是碧海掣鲸之作。

这首诗反映出自大和九年甘露之变以来，诗人在一系列忧国伤时的政治诗创作的基础上，进一步深入思考唐王朝衰乱的原因，总结历史的经验教训。它是诗人创作历程尤其是政治诗创作历程中带有里程碑性质的作品。

第四节　独特性

李商隐的政治诗中，有三个方面的内容是其他诗人很少触及或没有触及的，这就是刘蕡因对策指斥宦官被黜不取、后又遭诬冤贬、终致客死异乡的事件，以及大中前期李德裕政治集团被罢黜、远贬直至死于贬所的事件①。这两件事在文、武、宣三朝是震动朝野的大事。但现存唐诗中，反映这两件事的却很少。另外，还应特别指出的是李商隐政治诗对甘露之变的反

---

①对后一事件的反映，第一节在与杜牧作比较时已有所涉及，但主要是从反映面之广泛着眼。这一节角度不同，论述的详略也有别。

映和对宦官势力的抨击，也是同时代诗人的诗作中很少涉及的。关于这三方面内容的有关诗作，已分别在上编第十二章第三节"哭吊刘蕡"、本编第三章第三节"李商隐在牛李党争中的倾向性"、上编第五章第三节"感时伤乱和诗歌创作的第一个高潮"中作过论析，这里只从李商隐政治诗的独特性这一角度作一些分析。

宦官擅权、藩镇割据、牛李党争，是晚唐政治的三大痼疾。当时的诗人，对藩镇割据叛乱的态度相当鲜明坚定，表现出高度的一致。但对宦官擅权，尽管绝大多数士人在实际上也是持反对态度的，但在诗歌中正面反映并予以有力抨击的却极为罕见。原因可能是多方面的。其中的一个重要原因，是割据一方的藩镇虽对唐王朝的统一和财赋收入构成很大威胁，但一般对朝廷政治的影响并不直接，更少直接影响到士人的政治前途，因此士人从《春秋》大一统的思想出发，对割据叛乱的藩镇予以谴责是比较少所忌讳的。而宦官擅权，往往直接控制影响朝廷政局，甚至直接影响到士人的科第与仕途[①]，宦官与朝官之间又有千丝万缕的联系，因此士人在反对宦官擅权乱政的问题上往往多所顾忌。李商隐反对宦官擅权的政治诗，主要是甘露之变后写的《有感二首》《重有感》《曲江》《故番禺侯以赃罪致不辜事觉母者他日过其门》及大中二至三年写的赠、哭刘蕡的五首诗这两个系列。在这两组诗中，不仅直接揭露宦官劫持皇帝、杀戮朝臣、大事株连、劫夺财货的行径和打击冤贬正直士人的罪行，表现出强烈的政治义愤和可贵的诗胆，而且显示出他对宦官的揭露抨击，乃是出于对国家命运的关切，是出于公愤而主要不是出于私谊，从而和许浑伤悼贾餗的诗《甘露寺感事贻同志》主要出于座主门生的私谊有明显的区别，而这些诗所体现的直面现实的批判精神更与白居易《九年十一月二十一日感事而作》《咏史》所表现的全身远祸的思想有本质的不同。

对李德裕政治集团被罢黜、冤贬的同情，对李德裕功绩的肯定与赞颂，表现了商隐大中年间进步的政治倾向，有关这一主题的诗篇，因而也具有政治内涵和政治诗的性质。由于宣宗、白敏中、令狐绹等人对李德裕政治集团的排斥打击不遗余力，采取的手段又十分卑劣（利用所谓吴湘冤案行一网打尽之计），当时朝官中尽管也有个别正直之士如丁柔立者为李德裕之贬讼冤

466

---

①《唐摭言》九："高锴侍郎第一榜，裴思谦以仇中尉（按：指宦官头目仇士良）关节取状头，锴庭谴之……明年……思谦自怀士良一缄入贡院……白锴曰：'军容有状，荐裴思谦秀才。'锴不得已，遂接之。"

（事见《通鉴·宣宗大中二年》），但多数人则噤若寒蝉，当时诗人的诗作中也少有涉及此事者①。而李商隐则围绕这一事件，先后写《海客》、《五松驿》、《潭州》、《旧将军》、《韩碑》、《李卫公》、《漫成五章》（之四、之五）、《丹丘》、《献寄旧府开封公》、《武侯庙古柏》、《无题》（万里风波）、《筹笔驿》等诗，或显或隐地抒发对李德裕被贬的同情、思念，表达对李德裕政绩的赞颂，成为他后期政治诗的重要内容和组成部分。对这类诗，必须摒弃传统的对朋党倾轧的成见，实事求是地分析牛、李两党的所作所为和实际业绩，才能看清其进步的政治倾向和思想艺术价值。

以上四个方面，充分显示出李商隐政治诗反映现实政治的广度、深度、整体性和独特性。这一切，使他在唐代政治诗的发展史上占有突出的地位。从艺术上看，除《韩碑》明显学韩外，其他古近体政治诗，主要是学习杜甫。《隋师东》《重有感》固然明显可见学习杜甫《诸将五首》的痕迹，《行次西郊作一百韵》也有意模仿《北征》《自京赴奉先县咏怀五百字》，甚至连《漫成五章》也可以看出杜甫七绝的影响②。从每一首具体的作品看，它们中的多数在艺术上都达到了相当高的水平，特别是赠、哭刘贲诸作及《筹笔驿》等，更完全称得上是第一流的作品。从总体上看，这类诗虽可谓学杜而得其神情格调，但除少数作品如《曲江》外，并没有明显的创新。从为诗歌艺术提供新的东西这个角度来衡量，对它们的评价不能过高。李商隐诗歌中最富独创性的，主要还是他的咏史诗、咏物诗、无题诗、爱情诗，特别是像《锦瑟》《重过圣女祠》《春雨》一类诗，这正是以下各章要分别加以论述的。

①温庭筠诗集中有《题李相公敕赐锦屏风》云："丰沛曾为社稷臣，赐书名画墨犹新。几人同保山河誓，独自栖栖九陌尘。"对德裕有大功而被新朝皇帝所贬流露出同情与感慨。此外竟寂无反响。

②冯浩谓"其体格全仿老杜"，纪昀则谓"较少陵诸绝仍多婉态"，二评都承认杜甫七绝对他的影响，可以合参。

第六章　李商隐的咏史诗

咏史诗在李商隐的诗歌创作中占有重要地位。朱鹤龄阐发释道源对商隐诗"推原其志义，可以鼓吹少陵"（钱谦益《牧斋有学集》卷十五《李义山诗集序》引道源语）的评价，这样写道：

> 且吾观其活狱弘农，则忤廉察；题诗九日，则忤政府；于刘黄之斥，则抱痛巫咸；于乙卯之变，则衔冤晋石；太和东讨，怀积骸成莽之悲；党项兴师，有穷兵祸胎之戒。以至《汉宫》《瑶池》《华清》《马嵬》诸作，无非讽方士为不经，警色荒之覆国。此其指事怀忠，郁纡激切，直可与曲江老人相视而笑，断不得以放利偷合、诡薄无行嗤摘之也。（《李义山诗集笺注》卷首朱鹤龄《序》）

朱氏用来论证其观点、驳斥传统偏见的诗例，咏史诗竟占半数，可见它对评价商隐诗品与人品的重要性。本章不准备对李商隐咏史诗思想与艺术的诸方面作具体论列，只着重从总体上揭示其主要特征，说明它对古代咏史诗有哪些重要发展。而要说明这一点，先要对李商隐之前的咏史诗作一简要回顾。

第一节　李商隐以前咏史诗的发展

中国是一个历史悠久的国家，又是一个诗的国度。人们在缅怀历史、追慕前贤、评论前代的成败得失、褒贬前人的善恶美丑、总结历史的经验教训时，都会很自然地运用诗歌加以表现，咏史诗因而在古代诗歌史上有悠长传统。《诗·大雅》中关于周部族的系列史诗《生民》《公刘》《绵》等篇，不妨视为赞颂先民业绩的咏史诗，而《荡》诗假托周文王指斥殷纣，以寓讽周厉王之无道，则开托古讽今一类咏史诗之先声。荀况《成相篇》引述古帝王贤愚明暗之事为鉴，不妨视为以古鉴今一类咏史诗之滥觞。正式以"咏史"命题，始于班固赞颂缇萦救父的五言诗。此后，历魏晋南北朝，咏史诗代有制作，大体上有三种类型。一类以歌咏历史人物的品行事迹为主，其中又有偏于抒情议论的与偏于叙述的两种。前者如王粲、阮瑀咏三良殉死的《咏史诗》及颜延之的《五君咏》，后者如左延年、傅玄的《秦女休行》和陶渊明的《咏荆轲》。一类以歌咏历史事件为主，如阮籍《咏怀·驾言发魏都》、卢谌《览古诗》（叙蔺相如完璧归赵事）、虞羲《咏霍将军北伐》等。一类系借咏史以抒怀，左思《咏史八首》是其代表。以上三类，也不妨简括为咏人、咏事、咏怀。这种划分自然是相对的，各类之间常有交叉乃至交融。

从先秦到南北朝，咏史一体经长期发展虽已确立（萧统编《文选》列"咏史"诗为一类，即反映了这一事实），但作品数量很少，题材较窄（咏三良、二疏、荆轲、秦女休、秋胡等人的占很大比重），像陶渊明的《咏荆轲》这种艺术上高水平之作更属凤毛麟角，无论量与质都不能跟其他主要题材的诗作相提并论。

入唐以后，制作渐多，佳篇间出。陈子昂、王维、李白、杜甫、柳宗元、刘禹锡、吕温、白居易等，是初、盛、中唐时期写作咏史诗较多的诗人。子昂《感遇》、太白《古风》，均多借史寓讽现实之作。而陈作每有对宇宙人生历史的哲理思索，李诗则常借赞颂古人以寄托人格理想，体制虽同，个性有别。王维咏史诸诗，多为前期所作，《夷门歌》颂侯嬴、朱亥之侠义，诗人的慷慨意气溢于言表。杜甫《蜀相》《八阵图》等咏史名篇，则将对历史上英雄人物的悲慨与忧时、自慨融为一体，沉郁悲凉，为咏史一体别开生面。刘、柳咏史，每多隐射现实之意，吕温则好作翻案之语。白居易咏史，好发议论，常陷理障。总的看来，纵向比较，成就自高于唐以前；横向比较，成就显然不能与其他热门题材（如边塞、山水田园）、传统题材（行旅、送别）、重要题材（政治、社会）相比，甚至不能与咏物、怀古相比。在初、盛、中唐诗坛上，咏史诗所占的地位并不突出。有的研究者认为咏史诗在中唐已呈繁荣，并把刘禹锡作为工于此体的杰出代表，这恐怕是没有注意到咏史与怀古的区别，把怀古诗也划入咏史诗范畴的缘故。尽管它们都以"古"为吟咏对象，在发展过程中时有交叉，甚至有题为"怀古"实系咏史的情形，如陈子昂《蓟丘览古七首》、李德裕《东郡怀古二首》，李涉《怀古》（尼父未适鲁），贾岛《易水怀古》，皮日休《馆娃宫怀古五绝》《汴河怀古二首》等均属其例，但毕竟是两类诗。一般地说，怀古诗多因景生情，抚迹寄慨，所抒者多为今昔盛衰、人事沧桑之慨；而咏史诗多因事兴感，抚事寄慨，所寓者多为对历史人事的见解态度或历史鉴戒。如李益的《汴河曲》与李商隐的《隋宫》七绝，都咏隋亡与隋堤，而一咏春色常在而隋宫成尘以抒今昔盛衰之感慨，一写南游之靡费以寓奢淫覆国之教训，着眼点显然有别。刘禹锡《金陵五题》《西塞山怀古》《金陵怀古》诸诗中"淮水东边旧时月，夜深还过女墙来""人世几回伤往事，山形依旧枕寒流"，正是典型的怀古诗音调。以歌咏历史人事为内容的咏史诗，其繁荣期是在晚唐。小李杜和温庭筠都是咏史名家，李商隐的咏史诗更达到这一体的艺术高峰，而且是后人从总体上未能逾越的高度。

从班固正式创体到中唐，咏史诗的创作尽管代不乏人，而且出现了一些优秀之作，但并未在某一时期形成创作风尚，艺术上也没有全面的突破性进展。这是因为，咏史诗的繁荣，既需要特定的时代和社会心理背景，又需要杰出的诗人在大量创作咏史诗的艺术实践中比较妥善地处理和解决咏史诗发展过程中所遇到的一系列关键问题，诸如歌咏史事与面对现实、历史真实与艺术真实、议论讽刺与情韵意境等关系。晚唐时代统治者的荒淫腐败和深重的政治危机，以及由此引起的对统治者极端失望的情绪与强烈的危机感，促使诗人们观古知今，在历史与现实对照中触发诗思与感慨，引出鉴戒与教训，一种讽慨衰世末世的咏史诗遂应运而生。李商隐适逢其会，以其对现实政治的关注和高超的诗艺大力创作咏史诗，在实践中较好地解决了上述关键问题，遂有力地推进了咏史诗的发展。

第二节 李商隐咏史诗的讽时性

李商隐的咏史诗有六十余首，无论数量或比重均超过同时代以咏史诗著称的杜牧。小李杜的咏史诗艺术上各有千秋，但论总体成就，李商隐的咏史诗显然高于杜牧。

李商隐咏史诗的显著特征之一，是强烈的讽时性。咏史诗所歌咏的历史人事，并不一定都与政治有关；即使有关，诗人也完全可以泛泛咏古，不涉时政。但商隐的咏史诗却绝大部分都是借咏史以讽时的政治诗。前引朱鹤龄的一段话就明白揭示出《隋师东》《汉宫》《瑶池》《华清宫》《马嵬》等均属寓讽时政之作，他的六十来首咏史诗，按其与现实政治联系的方式来划分，约有三类：

一类是以古鉴今之作，重在借历史上荒淫奢侈而招致祸乱败亡之君昭示历史教训，寓含对当代封建统治者的警戒讽慨，像《齐宫词》、《隋宫》二首、《马嵬二首》等均为显例。

一类是借古喻今之作。诗面虽咏古人古事，实则借喻具体的今人今事。《陈后宫》二首、《北齐二首》，表面上讽陈后主、北齐后主，实为寓讽唐敬宗、唐武宗。《瑶池》《汉宫词》《汉宫》《茂陵》等，虽咏周穆王、汉武帝，实亦对武宗之好神仙、宠女色有所讽慨。这一类与上一类的区别，在于一为间接的鉴戒，一为直接的借喻；前者并不针对具体人事，后者则意有专属。

一类是借题托讽之作。第二类诗面所咏确系古人古事，这一类则仅在题目中假托古人古事，实际所咏与古人毫不相干，完全是今人今事。如《无愁果有愁曲北齐歌》，看题目像是要讽刺号称"无愁天子"的北齐后主高纬，但诗的内容与高纬生平行事及北齐时事全然无涉，仅借"北齐歌"这个题目作掩饰，用很隐晦的笔法暗讽当代的"无愁天子"唐敬宗之被杀（见拙著《李商隐诗歌集解》第一册第20—21页关于此诗的笺语）。《隋师东》题面是隋师东征高丽，实际写的是唐廷东征李同捷的战争。有的注家不明此类诗借题托讽的特点，用北齐、隋朝史事去注解，结果越注越糊涂。如果说借古喻今之作还给今人以全副古人装扮，那么借题托讽之作便只给今人戴上一顶古人的帽子。

以上三类，或鉴戒，或借喻，或托讽，方式不同，指向均在于"今"。因此可以认为都是政治诗，或者说是在晚唐特定时代条件下以咏史形式出现的政治讽刺诗。值得注意的是，就内容与表现形式的鲜明性来看，一、二、三类，依次递减，第三类最为隐晦；但就它们与现实政治的关系看，则第三类最直接，第二类次之，第一类最间接。这说明，越是跟现实政治关系密切的假托影射之作，就越趋隐晦，正如沈德潜所说："义山近体，襞绩重重，长于讽喻。中多借题摅抱，遭时之变，不得不隐也。"（《说诗晬语》卷上）不过，从艺术上看，最成功的往往是第一类和第二类中所咏人事本身具有一定典型性者。因为以古鉴今之作与现实政治的联系着眼于以史为鉴。这种鉴戒意义是从历史现象的相似重复中感悟抽绎出来的，体现了一定的历史规律性，因而它的现实指向相当宽泛。诗人在构思时有较大自由，不必为了搞古与今之间的人事对应比附而使诗思受到拘牵。读者在阅读鉴赏时也可以有较大的联想空间。作者不求跟现实中某人某事对号，读者反而可以跟过去当前一系列类似的人事对号。历史鉴戒所包含的规律性是跟诗歌内容的典型性、普遍性相联系的。另一方面，以古鉴今之作所咏之古既是真正的古人古事，它的表层内容便与现实拉开了一定的距离，诗人在创作时便不致单纯从功利着眼，只注意政治目的，而能较多地从审美角度去感受、审视对象，力图艺术地再现历史人事的场景或片断，因而它的审美价值也往往比较高。不仅以古鉴今之作是这样，实际上借古喻今之作中审美价值较高的也主要是凭借它所描写的古人古事本身的典型性与生动性。以《北齐二首》为例，它虽可能有某种现实针对性，但它的主要价值却在于入木三分地表现了北齐后主和冯小怜这一对末代帝妃不顾一切地荒淫享乐的行为、性格与心态。一个对唐代历史缺乏具体知识的读者可能根本想不到诗中的高纬与冯小怜跟喜畋猎、宠女色的唐武宗与"袍而骑"的王才人有什么联系，但却可从高纬与冯小怜联想起许多淫昏之极的"无愁天子"与宠妃。相比之下，那首句句影射唐敬宗被杀的《无愁果有愁曲北齐歌》反倒缺乏典型性而难以引发联想了。

但不论显明隐晦、直接间接、成功与否，李商隐的咏史诗大都具有强烈的讽慨现实政治的色彩，则是很明显的。这一突出特征使他的咏史诗具有鲜明的现实感、时代感。咏史诗所歌咏的是已经逝去的历史人事，如果诗人在创作过程中没有注入当代人对历史人事的感受与认识，没有渗透诗人对自己所处时代政治风云、社会生活或自身遭际的感受，历史人事便是冰凉的躯壳，引不起人们对它的兴趣。因此，如何使咏史诗具有现实感、时代感，乃是咏史诗艺术生命与魅力的重要保证，也是咏史诗发展过程中必须解决的关键问题。在李商隐之前，诗人们在这方面已作过一些有益的尝试，像左思借咏史以抒己怀，便反映出当时寒门庶族与门阀世族的对立，具有强烈的时代感。但这种咏怀之变体从另一方面说也是咏史之变体；它可以成为咏史之一体，却不能成为咏史的主体。此外，借咏史以讽时，亦由来已久，但在李商隐之前，还比较零星，形不成一种自觉的创作倾向。另一方面，在咏史诗的创作中，历来就存在单纯咏古的倾向，题材的蹈袭、命意的相因屡见不鲜。如果让这种倾向发展下去，咏史诗势必失去鲜活的时代气息而逐渐停滞、死亡。从这个意义上说，李商隐大量创作具有强烈讽时色彩的咏史诗，确实标志着加强咏史诗现实性与时代感的一种自觉努力。特别是他把讽刺的矛头集中指向当代荒淫昏聩的封建统治者，更触及时代政治的焦点和热点，其成功实践为咏史诗的发展注入了强大的生命活力。像贾谊、商山四皓这类题材，咏史诗中屡见歌咏，如泛泛咏古，便毫无新意。李商隐的《贾生》却借歌咏宣室夜召、前席问鬼之事翻出新意，将讽刺的矛头指向"不问苍生问鬼神"的唐代统治者；《四皓庙》（本为留侯）则借对"萧何功第一"的异议，表达了对武宗、李德裕君臣未能定储的遗憾。陈旧的题材由于注入了现实政治内涵而获得了新鲜感与时代气息。对比之下，胡曾《咏史诗》中的《四皓庙》便显得非常浮泛，可以不作了。

咏史诗一向以正面赞颂、评论与抒发感慨为主，很少与讽刺结缘；即使咏荒淫之主，也常出之以严肃的指摘批判。商隐咏史诗除极少数带有自况意味之作（如《宋玉》《王昭君》）以外，大都具有强烈的讽刺性。对于他笔下的荒淫昏顽之君，诗人的基本感情倾向是辛辣尖刻而冷峻的讽刺和揶揄挖苦，而不是充满感情的劝诫讽喻或惋惜遗憾。像"莫恨名姬中夜没，君王犹自不长生""休夸此地分天下，只得徐妃半面妆"这类尖刻的讥嘲固不必说，就是"谁言琼树朝朝见，不及金莲步步来""玉玺不缘归日角，锦帆应是到天涯"这类极圆转流美的诗句，也同样渗透了对荒淫亡国之君的揶揄鄙视之情，反映出身处末世怀着深重危机感的诗人特有的感情倾向。这同样构成了李商隐咏史诗鲜明的时代风貌和艺术个性。

第三节　李商隐咏史诗的典型性

李商隐咏史诗另一重要特征，是具有较高的概括性与典型性。

咏史诗所歌咏的题材，多为历史上著名的人物与事件，史实为读者所熟知，自不能离开基本史实任意增添虚构，否则就会失去咏史诗的基本品格。但如全按史实的原样写作，又势必成为韵语的历史实录，达不到更高、更集中、更强烈、更典型、更具普遍性的境界。咏史诗要成为真正的艺术，必须正确处理历史真实与艺术真实的关系。围绕这个关键问题，李商隐作了多方面的成功尝试。他不是简单地"隐括本传"，撮述史事，而是根据主题表达的需要进行提炼加工（包括一定程度的想象虚构），使诗中的人物、事件、场景既不脱离历史的基本面貌，又不拘限于历史事实，熔铸成具有典型性的诗歌境界。下面择要举例阐说。

一是用假想推设之辞突破史实拘限，更深刻地揭示讽刺对象的本质与灵魂。《隋宫》七律颔、尾两联分别用"不缘……应是"，"若逢……岂宜"

473

这种推设之辞，深一层地揭示了炀帝这个淫侈昏顽之君肆意纵欲、死不悔悟的本性。尽管他生前并未乘舟游至天涯，死后重逢陈后主更属虚幻，但根据他已经充分暴露的无穷享乐欲和生前已打通八百里江南运河，准备南游会稽的事实，上述推想便完全符合人物的思想性格与行为逻辑。何焯说此诗"前半展拓得开，后半发挥得足，真大手笔"（《义门读书记·李商隐诗集》卷上），实际上已触及它运用典型化手段进行"展拓""发挥"的问题。这颇有些类似小说创作根据人物性格逻辑来写人物行动，从已然推想未然，事属虚拟，情出必然，是更高的艺术真实。

二是将两件本不相接之事，略去时间距离，将其紧相组接，以突出历史现象的前因后果。《北齐二首》之一："小怜玉体横陈夜，已报周师入晋阳。"冯小怜的进御与北周攻占北齐军事重镇晋阳，时间上本有相当长距离，这里将它们说成同夕发生之事，虽与史实有出入，却更有力地表达了"一笑相倾国便亡"的主旨。如解为进御之夕已预告亡兆，反失诗味与诗人用心。这很像电影中的蒙太奇。现象间的因果联系借此集中体现，获得明快警动的效果。

三是抓住具有典型意义的细节或微物来表达深刻的政治主题。《齐宫词》通过九子铃这一微物，不但讽慨南齐后主荒淫昏聩，自取灭亡，而且串连齐、梁两代统治者荒淫相继的情景，深寓无视前代亡国教训，必将重蹈覆辙的意旨，诚如屈复所评："荒淫亡国，安能一一写尽，只就微物点出，令人思而得之。"（见《玉谿生诗意》）小中见大，故微物不微，成为齐亡之见证、梁亡之预兆和亡国败君相继的象征。《隋宫》七绝不去铺写炀帝南游江都的巨大靡费，仅就制作锦帆一事作突出描写，"得水陆绎骚，民不堪命之状如在目前"（《义门读书记·李商隐诗集》卷上）。这种举一端以概其余的写法也是一种典型化的手段。

四是在史实或传说的基础上加以生发，创造出带有虚构色彩的场景。如《龙池》根据玄宗、杨妃、寿王间的乱伦关系构想出龙池宴罢归寝，"薛王沉醉寿王醒"的情景；《瑶池》根据《穆天子传》中西王母宴穆王于瑶池及临别相约重见的情节，构想出西王母在瑶池等候穆王重来而徒闻哀歌动地的情景，都颇具小说中虚构之场景的意味。

五是深入开掘历史现象的某一本质方面，熔铸多方面的生活内容，使之具有更高的概括性与典型性。楚灵王好细腰，而宫人多饿死，这一历史现象，如泛泛叙写，不过揭露统治者之荒淫与宫女命运之可悲，其意义局限于宫廷。诗人在《梦泽》中以其独特的视角，将讽慨的重点放在为邀宠而"虚减宫厨为细腰"的宫女身上，深刻揭示了为某种世风所左右、迎合趋时者的悲剧，从而使这首诗具有超越广远时空的典型意义。

　　归结到一点，上述典型化手段都是为了解决历史真实与艺术真实、史与诗的关系问题。在中国古代史官文化与崇实思想特别发达的文化思想背景下，咏史诗天然地与"史"有着密不可分的联系。它的开创者班固就是大史学家，他的《咏史诗》实际上就是对缇萦救父这一史实的撮述加上作者的论赞。此后很长时期，咏史诗的写作基本上不离这一固定模式，即对史实的叙述和对历史人物、事件的议论褒贬。只是由于写作时有所侧重，从而形成以叙述为主的"传体"和以议论为主的"论体"，（《艺概·诗概》）。这两种写法和体制，究其实质都未脱离传统的"史学"范围。有些作者为了避免将咏史诗写成人物本传的隐括和论赞的模仿，曾从以下几方面努力。一是根据诗的主旨剪裁史实，安排叙述的主次详略，避免雷同本传；二是加强文采，避免班固《咏史诗》式的"质木无文"（钟嵘《诗品序》）；三是在立意上出新，力求表达对历史人事的独特见解，甚至作翻案文章，避免与正史论赞及传统看法雷同。这些努力，应该说都收到了效果，特别是"在作史者不到处别生眼目"（《唐音癸签》卷三），反传统，翻旧案，在中晚唐咏史诗创作中形成一种风气，产生了一批像李益的《过马嵬》，吕温的《刘郎浦口号》《题石勒城二首》，杜牧的《赤壁》《题乌江亭》《题商山四皓庙》，皮日休的《汴河怀古二首》（其二），陆龟蒙的《吴宫怀古》，章碣的《焚书坑》等颇有新意之作，有的还表现了卓越的政治识见。但从根本上说，这种独出己意之作除了在构思立意不落熟套方面有一定创造性外，对咏史诗艺术上的提高发展意义不大。因为它仍属于"史识"范畴。《题乌江亭》《汴河怀古》《焚书坑》给人的新鲜感，主要是由于对历史人事的独特见解，而不是艺术上有多少创新。沈德潜讥评《焚书坑》是"品不高"的"粗派"（《说诗晬语》卷上），确实说中了这类诗艺术上粗糙鄙陋的病痛。如果咏史诗一味在翻案上找出路，是很难从根本上提高艺术品位的，弄得不好还会陷于"好异而畔于理"。至于对史实的剪裁安排，也基本上属于"史才"的范畴。只有加强文采这个方面，对咏史诗的艺术多少有些促进作用，但这主要是量的提高，而非质的变化发展。要从根本上提高其艺术品位，必须进行艺术的典型化，使历史真实上升为艺术真实，变对历史人事的单纯逻辑思考为艺术思维和审美的感受与表现。实现这种变化的关键，就是要将艺术的想象和一定程度范围内的虚构引入咏史诗的创作，使它不再是述论史事加诗的形式，而是包含了想象虚构的咏史的诗。李商隐一系列优秀的咏史诗正是在这个根本点上取得了突破性成就。上举典型化手段诸例，便无一不包含着想象与虚构，而非传统的史才、史识、史笔所能奏效，正像唐代传奇因富于文采与想象而跨入真正的小说领域，咏史诗也是借助于文采与想象虚构才由"史"跨入"诗"的领域。

"史"是崇实征信的，"诗"却是最重想象虚构的，二者似乎天然对立。要想让咏史诗既保持其"咏史"的基本性质，又是包含了想象虚构的"诗"，则想象和虚构便必须有一定范围与量度。这就是不能脱离基本史实和主要情节。像李贺的《还自会稽歌》《金铜仙人辞汉歌》《秦王饮酒》一类只有一点历史事实影子，绝大部分内容是凭空结撰之作，人们一般便不把它们看成咏史诗。《秦王饮酒》中的秦王，由于诗中对其生平行事缺乏必要的叙写交待，连所指究竟是秦始皇或秦王李世民或唐德宗也众说纷纭。说明这种一实九虚式的写法已经超越了咏史诗所能允许的想象虚构的量度。商隐咏史诗中的想象虚构，则多属"七实三虚"式的。以《齐宫词》为例，诗中涉及的永寿殿、步步生莲、玉九子铃、萧衍兵至宫门未闭等均属史实，但"梁台歌管三更罢，犹自风摇九子铃"这一点睛之笔，却出自诗人的想象，它对全诗意境的典型化与意蕴的深刻化有重要作用。

中晚唐以前，咏史诗多为五七言古体，篇幅较长，便于展开叙事、议论，相对而言，对情节、意蕴的提炼熔铸和对典型化的要求不很突出。中晚唐的咏史诗，体裁由古体转为以近体为主，尤以七绝居多（李商隐咏史诗中，七绝占三分之二）。由于篇幅短小，难以展衍叙写，淋漓抒慨。但咏史诗因事兴感、抚事寄慨的特点又使它不能离开必要的叙事描写和抒情议论。为克服这一矛盾，集中概括和典型化便成为咏史短章艺术上成败的关键。上面提到的"夜半宴归宫漏永，薛王沉醉寿王醒""梁台歌管三更罢，犹自风摇九子铃""晋阳已陷休回顾，更请君王猎一围""可怜夜半虚前席，不问苍生问鬼神""春风举国裁宫锦，半作障泥半作帆"等，都是经过集中提炼而成的最富包蕴的情节场景。这也是他的许多咏史诗篇幅虽短而内涵深永丰厚的重要原因。

第四节　李商隐咏史诗的抒情性

浓郁的抒情色彩和深长的情韵，是李商隐咏史诗的又一重要特征。咏史诗要表达对历史人事的见解，容易向议论方向倾斜，"论体"咏史诗固然以议论为主，即使是"传体"，议论也常常是不可或缺的部分。特别是中、晚唐的七绝咏史诗，由于篇幅短小，难以展开叙事，不少作者更以议论为主要表现手段，以之贯串全篇，这就极易流入论宗，缺乏情韵。另一方面，晚唐以来，随着国运的衰颓、统治者的腐败，咏史诗中讽刺之风渐盛。而这类作品常犯的毛病之一，就是因强烈感情的驱使，只图讽刺得尖刻痛快，淋漓尽致，而忽视艺术的含蕴，往往意尽言内，经不起咀嚼回味。李商隐优秀的咏史诗则既能避免单纯议论造成的质木无文、缺乏情韵，又能避免刻露的讽刺所造成的缺乏余蕴，达到深刻的思致、尖锐的讽刺与含蕴微婉的抒情唱叹完美结合。主要有两种类型。

一种是寓议论讽刺于经过精心提炼熔铸的典型场景、情节之中，不着议论，不下针砭，有案无断，具文见意。这是李商隐运用得最得心应手的一种手段。其少作《富平少侯》即已显露出这方面的才能。诗假托富平少侯暗讽少帝唐敬宗，结联"当关不报侵晨客，新得佳人字莫愁"，用"莫愁"巧妙地关合荒唐天子之"无愁"，刺其明有"七国三边"之内忧外患而早朝不起，淫乐无愁，势必招致更大祸患。妙在只摆事实，不加议论，轻点即止，讽意弥深。《龙池》后幅一"醉"一"醒"的对照包蕴极丰，寿王复杂的内心痛苦固可意会，诗人的鄙夷谴责亦隐见言外，无一语正面议论，而讽刺却力透纸背。《齐宫词》在"金莲无复印中庭"与"犹自风摇九子铃"的映照中透出对荒淫相继、覆辙重寻的深长讽慨，使读者仿佛在夜半风铃声中品味出亡国的苍凉与历史的深沉回声。《吴宫》在"吴王宴罢满宫醉"之后拈出"日暮水漂花出城"的细节，不仅使"荒淫之状，言外见之"，而且微寓"流水落花春去也"的讽慨。以上诸例，都极饶情韵。胡震亨说："诗人咏史最难，妙在不增一语，而情感自深，若在作史者不到处别生眼目，固自好，然尚是第二义也。"（《唐音癸签》卷三）王夫之也说："咏史诗以史为咏，正当于唱叹写神理，听闻者之生其哀乐，一加论赞则不复有诗用。"（《唐诗评选》卷二）吴乔以商隐《龙池》为例，强调诗"贵有含蓄不尽之意，尤以不着声色故事议论者为上"（《围炉诗话》）。他们一概排斥咏史诗中的议论，可能过于绝对化，但强调抒情唱叹和含蕴不尽，确实抓住了咏史诗所必具的诗的抒情性这一基本品格。它是"咏"史，而不是单纯"论"史；诗人对他所歌咏的历史人事不是纯理性的评判，而是充满诗情的咏叹。李商隐是一位"深情绵邈"的主情型诗人，这种特质也同时表现在他对历史人事的感受体验上。他那些优秀的咏史诗，无不在辛辣严冷的讽刺中透露出深刻的"伤春"之情，即对唐王朝衰亡命运的哀伤和感慨。像《马嵬》《隋宫》两首七律，对玄宗、炀帝的讽刺固极尖锐，但在"空闻虎旅传宵柝，无复鸡人报晓筹""于今腐草无萤火，终古垂杨有暮鸦"这类诗句中，却又流露了无穷的盛衰兴亡之感。后一联将聚萤作乐、开河巡游二事与隋朝的衰亡联系起来，让读者透过饱含历史沧桑感的物象与图景去品味其内在意蕴，深刻的讽刺与深沉的感慨融合无迹，极沉郁苍凉之致。冯班说："腹联慷慨。专以巧句为义山，非知义山者也。"（《李义山诗集辑评》卷上《隋宫》诗引）一个曾经是昌盛富强的大一统王朝，因为君主的荒淫无度而迅速倾覆，面对荒宫腐草、垂杨暮鸦，对照历史与现实，诗人心中充溢着的不正是"天荒地变心虽折，若比伤春意未多"式的悲慨吗？

但丝毫不着议论的写法在义山咏史诗中毕竟只是一部分，在比较多的情况下，他还是将议论和抒情融合起来，即所谓"议论……而以唱叹出之"（《玉谿生诗说》卷上）。《贾生》在这方面表现得最为典型。诗借讽汉文帝以刺时主之不能识贤任贤，不顾苍生，但信鬼神；借悯贾生而慨才士之被视同巫祝，虽貌似尊重，实不能发挥其治国安民之才。如此超卓的大议论，却以抑扬有致、唱叹有情之笔出之。前两句似叙似议似赞，欲抑先扬；第三句以"可怜""虚"轻点蓄势，末句方以"问"与"不问"作强烈对照，引满而发，直中鹄的。鞭辟入里的议论、犀利辛辣的讽刺、深沉强烈的感慨在贯串全诗的抒情唱叹中融为一体。宋人严有翼赞赏其"识学素高，超越寻常拘挛之见"（《苕溪渔隐丛话》后集卷十九引《艺苑雌黄》），明代许学夷则说它"全入议论"（《诗源辩体》卷三十），或褒或贬，均从议论着眼，其实都未领会到它那种"于唱叹写神理"的艺术妙谛。实际上，被评家经常并提的《贾生》和杜牧《赤壁》，其艺术魅力都主要不在做翻案文章，发表不同流俗的议论，而在于融会在议论中的深沉的政治感慨与人生感慨，在于它的深长情韵。如果只看到表层的诗意，而体味不到深层的诗心诗情诗韵，无异买椟还珠。叶燮说："宋人七绝，大概学杜者什六七，学李商隐者什三四。"《原

478

诗·外编下》）所谓学李商隐者，首先包括学其七绝咏史诗中新警的议论。其实被清人认为"多用翻案法，深得玉谿生笔意"的"王半山咏史绝句"（顾嗣立《寒厅诗话》）只学得了李商隐的"翻案法"，却丢掉了它的深长情韵。这正是喜言理而不善言情的宋人对李商隐这位主情的诗人在学习继承上的重大失落。

为了加强咏史诗的咏叹情调，李商隐还往往借助抒慨、设问、反问等方式在篇末将全诗意蕴凝聚起来，显得既奇警遒劲而又韵味深长，如："未知歌舞能多少，虚减宫厨为细腰"（《梦泽》）；"三百年间同晓梦，钟山何处有龙盘"（《咏史》）；"八骏日行三万里，穆王何事不重来"（《瑶池》）；"地下若逢陈后主，岂宜重问《后庭花》"（《隋宫》）；"如何四纪为天子，不及卢家有莫愁"（《马嵬》）。议论以感慨语、疑问语出之，不仅增摇曳之致、跌宕之姿，而且正意内含，藏锋不露，平添了耐人涵泳的情韵。《梦泽》后联，以感慨语写趋时者的悲剧命运，似慨似讽，亦悲亦悯，讽刺入骨，亦悲凉彻骨。《马嵬》结联，尖锐的讽刺借问语表达，引而不发，启人深思，不仅是诗意的凝聚，而且是诗意的深化。

咏史诗要从"史"进入"诗"的领域，加强抒情性决非锦上添花，而是涉及其是否具有诗的基本特质的关键。一首理正意足而缺乏情韵的咏史诗未必能讨人喜欢；相反，一首意虽平常而唱叹有情的咏史诗却能引起读者的浓厚兴味。即使同属见解卓异之作，杜牧的《赤壁》与《题乌江亭》，李商隐的《贾生》与《四皓庙》（本为留侯），其艺术成就相距却不能以道里计。原因之一，就在于后者诗的气质、情韵的缺乏。

讽时性、典型性、抒情性，是义山咏史诗的三个主要特征。如果说，讽时性赋予咏史诗以鲜活的生命灵魂，典型性赋予它丰满充实的血肉肌体，则抒情性便赋予它动人的情韵风神。这三者，对于咏史诗的思想艺术价值，都是至关重要的。尽管其他诗人也有过某一方面的成功实践，但最全面集中地体现上述特征的无疑是李商隐的咏史诗。这也正是他对古代咏史诗的发展作出的重要贡献。

第七章　李商隐的咏物诗

　　李商隐是唐代写作咏物诗数量达百首以上的少数几位诗人之一①。在他的整个诗歌创作中，咏物诗是和咏史诗、无题诗鼎足而三，最富艺术独创性的一大类作品。这百余首咏物诗类型多样，成就各异，其中尤以托物寓怀之作最具个性特色，且对古代咏物诗的传统有明显发展。

第一节　李商隐以前咏物诗的发展

　　在李商隐之前，咏物诗大体上经历了以下几个发展阶段。

　　从先秦到南朝初期，是古代咏物诗的第一个发展阶段。《诗经》中虽无完整的咏物诗，但其描摹物态、托物起兴、借物喻人等艺术手段，实已孕育着后世各种不同类型的咏物诗的萌芽。屈原的《橘颂》，是古代第一篇完整而臻于成熟的咏物诗，它所开创的托物寓志的传统，历汉魏晋宋，一直不绝如缕地得到继承，成为这一阶段咏物诗的主要体式，其中如班婕妤的《怨歌行》、刘桢的《赠从弟三首》、曹植的《吁嗟篇》、陶潜的《饮酒》（青松在东园）、鲍照的《梅花落》等，都是艺术上相当成功之作。这一阶段，咏物诗的数量不多（现存约五十首），但大多有所托寓，诗人咏物只是手段，目的在于言志、喻人、讽世。对物本身，一般不作具体细致的描绘刻画，仅就所要寓托的内容对物的相应特征作大体勾画与形容。可以说，它们是一种略貌取神、因物喻志的比体咏物诗。

　　从齐梁到唐初，是古代咏物诗的第一个发展阶段。咏物诗数量猛增，成为诗歌中占重要地位的题材品种，其性质与特点也起了明显变化。尽管仍有少量借物托寓之作，但绝大部分都是单纯体物，别无寄寓。其共同特点是

_____

　　①咏物诗达百首以上的，唐代有李峤、白居易、李商隐、陆龟蒙四人。杜甫亦近百首。

对所咏之物的外在形貌作比较具体细致的描绘刻画，而不注重传达物的精神气韵，表现诗人的情志。这种单纯体物之风的兴盛与长期延续，与宫廷贵族、上层文人狭隘空虚的生活及追求雕饰华靡的审美趣向有密切联系。他们所咏之物，多为宫廷日常生活中习见的事物，而且往往君臣上下多人同赋一物，甚至有咏领边绣、脚下履、柏複（女人贴身小衣的）。这种咏物诗实际上是宫体诗的一个重要组成部分。南齐贵族文人谢朓，首开大力写作此类作品的风气。梁代诸帝，更以宫廷文学集团首领的身份倡导咏物诗的写作，其中简文帝萧纲，现存咏物诗五十余首，成为南朝写咏物诗最多的诗人。此外，南朝的许多著名诗人，如王融、范云、沈约、何逊、吴均、庾肩吾、阴铿以及王褒、庾信等无不染指于此，甚至为咏物之大家。历隋代初唐，此风不衰。李峤写了一百二十首杂咏诗，犹如一组规模巨大的咏物诗谜，可谓齐、梁以来这类咏物诗的回光返照。从总体上说，这一阶段的咏物诗思想与艺术价值都不高，但在体物的工细方面较上一阶段却有进展。可以说，它们是一种以图形写貌为主要特征的赋体咏物诗。

从初唐后期开始，咏物诗进入一个新的发展阶段。陈子昂对"彩丽竞繁，而兴寄都绝"（《与东方左史虬修竹篇序》）的齐、梁以来绮靡诗风的批评，就是首先针对咏物诗而发的。在新的时代条件和这种理论批评的推动下，咏物诗又向第一阶段重比兴托寓的传统回归，而且出现了一批优秀之作，像骆宾王的《在狱咏蝉》、陈子昂的《感遇》（兰若生春夏）、郭震的《古剑篇》以及稍后的张九龄《感遇》（兰叶春葳蕤）等。它们不但有兴寄，有风骨，蕴涵着慷慨贞刚的情思，艺术上也较前人更加成熟。同时，还出现了像贺知章的《柳》这种虽无寄寓却具巧思与诗情的佳作。这意味着咏物并不一定都要有寓托，单纯咏物，甚至巧为形似之言照样可以极富艺术魅力，关键在于诗人对所咏之物是否有新鲜独特的诗意感受。但紧接着到来的盛唐诗人，或醉心于雄奇的塞漠风光，或流连于幽静明秀的山水田园景色，似乎对身边显得琐细平常的"物"缺乏浓厚兴趣，因此咏物诗数量不多。迄至杜甫，咏物诗的创作方掀起一个高潮。杜甫咏物诗近百首，颇多寄托遥深之作。除早期所作《房兵曹胡马》《画鹰》《高都护骢马行》等表现盛唐人慷慨壮大的情思外，大都取材于病残枯萎或弱小细微事物，如病柏、病橘、枯棕、枯楠、病马、苦竹、孤雁、萤火、鸂鶒、花鸭、白小、丁香、栀子等，藉以寄托他对那个苦难社会中许多受摧残的、病态的、微弱的人物的悲悯怜惜或劝喻嘲讽，"皆以自己意思，体贴出物理情态，故题小而神全，局大而味长"(张谦宜《茧斋诗谈》卷四)。只是由于杜甫其他题材的诗作艺术成就更高,咏物诗的成就不免为其所掩。杜甫以后,中唐咏物诗呈多样化发展态势:刘、柳的寓言讽政,元、白的托物寓理,韩愈之极态穷形,李贺之借物抒慨,都各有所至。但总的来说,并没有突破性进展。

从上面对李商隐之前历代咏物诗发展的简单描述中可以看出,尽管已经出现了不少优秀的咏物诗,并形成了借物托寓和单纯体物这两种传统,但在内容和艺术表现方面都还存在相当大的发展余地,留待后起者作进一步的探索创造。

第二节　从类型化向个性化的转变

李商隐的咏物诗,在继承前人传统的基础上兼具多种类型,其中既有托物寓志、喻人、讽世之作,也有单纯咏物之作,其艺术质量亦精粗高下杂陈。但最能体现其咏物诗艺术特征、代表其艺术成就的,则是托物寓怀之作。从发展传统的角度来考察,他的这类诗最主要的特色与贡献,是实现了从类型化到个性化的转变。

从题材上看,他的这类作品所咏之物多属自然界与日常生活中一些细小纤柔的事物,如动物中的蝉、蜂、蝶、莺、燕、鸳鸯,植物中的柳、樱桃、槿花、杏花、李花等弱质易凋之花,自然现象中的细雨、微雨,日常生活中的泪、肠、灯等,其中咏柳诗多达十五首。很少咏及巨大而具有壮美崇高感的事物,诗集中咏松、柏的仅三首,其中一首还是小松。即使是高松这种在传统的咏物诗中多象征崇高贞刚品性的事物,在他笔下也显得闲静幽雅:"客散初晴后,僧来不语时。有风传雅韵,无雪试幽姿。"(《高松》)这相当典型地表现了其审美个性。

如果进一步对他这类咏物诗所寄寓的内容作一番考察,就能更清楚地看出其个性化特征。

借咏物寄慨个人身世境遇,是李商隐咏物诗内容的主要方面。这类作品约占其全部咏物诗的一半,可见他是有意识地大量创作而非偶有所感而涉笔。他少年时期写的《初食笋呈座中》,把自己比作初出林的嫩笋,在表露凌云壮心的同时,着意抒写了遭受剪伐的忧虑。开成三年因遭忌毁致使宏博不中选,他在《回中牡丹为雨所败二首》中借牡丹遭雨凋败象征自己受摧抑而"先期零落"的命运。中年时期所作的《蝉》，则寓托着自身贫困梗泛的境遇和对冷漠无情的环境的感受。晚年所写的《锦瑟》，更借锦瑟弦弦柱柱所奏出的悲声象征一生的悲剧境遇，曲传悲剧心声。可见借咏物寄慨身世，贯串着他的整个创作历程，在嫩笋、牡丹、秋蝉、锦瑟等"物"身上，不但映现出诗人不同人生阶段的面影，而且凝聚着诗人这样一个"内无强近，外乏因依"（《祭徐氏姊文》），"沦贱艰虞多"（《安平公诗》）的寒士特有的感情、心态与气质。此外，如"已带斜阳又带蝉"的衰柳，"可怜荣落在朝昏"的秋槿，"不待作年芳"的早梅，"自明无月夜，强笑欲风天"的李花，"援少风多力""失路入烟村"的杏花，"为恋巴江暖，无辞瘴雾蒸"的北禽，"只知防浩露，不觉逆尖风"的蝶，"红壁寂寥崖蜜尽，碧檐迢递雾巢空"的蜂，"皎洁终无倦，煎熬亦自求"的灯等一系列物象身上，无不寄寓着诗人种种不幸境遇和对环境的独特感受。清人吴乔说："诗中亦有人也。人之境遇有穷通，而心之哀乐生焉……诗而有境有情，则自有人在其中。"（《围炉诗话》）陈仅更强调咏物诗"必因物以见我，方有佳咏"（《竹林答问》）。李商隐这类借物寄慨身世之作正是诗中有人、因物见我的典型。

借咏物寄寓人生感慨，是李商隐咏物诗内容的又一重要方面。这跟寄慨个人身世境遇既有联系，又有区别。因为诗人所寄寓的已不限于一己之遭际，而是在此基础上延伸和深化了的内涵更为深广的人生体验和带有某种普遍性的人生感慨。下举三首咏柳诗，就寓含着内容不同的人生感慨。先看《柳》：

> 曾逐东风拂舞筵，乐游春苑断肠天。
>
> 如何肯到清秋日，已带斜阳又带蝉！

曾在融怡明媚的春天随春风轻拂舞筵，而今映带斜阳暮蝉的秋柳身上，固有诗人短暂的春风得意的往昔与憔悴困顿的当前的面影，但又寓含着"先荣者不堪后悴"这种更广泛的人生体验与感慨。柳的形象甚至可以使人联想起白居易笔下的琵琶女、杜牧笔下的杜秋娘一类人物。而《关门柳》：

> 永定河边一行柳，依依长发故年春。
>
> 东来西去人情薄，不为清阴减路尘。

则又在感慨"人情薄"之中透出生活之无情。因为生活总是迫使人们离乡背井，仆仆道途，扬尘蒙柳。这里自然也含有诗人平生驱驰东西南北的生活体验，但又不局限于自身的奔波漂荡之苦。他的《离亭赋得折杨柳二首》，借歌咏离亭杨柳，抒发了"人世死前惟有别"这种深沉的感慨；在这里，个人的别离之悲已经完全融入普遍的人生感慨之中，不见痕迹了。此外，如《题鹅》有慨于"眠沙卧水"的鹅不懂得同情孔雀"羁雌长共故雄分"的处境，《鸳鸯》因"雌去雄飞""云罗满眼"而发出"锁向金笼始两全"的感慨，《泪》强调"青袍送玉珂"之泪比人世间许多悲痛之泪更为伤心彻骨，都在融和着个人身世之感的同时寄寓着更深一层的人生感慨。他的《乐游原》五绝和《晚晴》虽非咏物之作，但其中的警句"夕阳无限好，只是近黄昏""天意怜幽草，人间重晚晴"，所蕴涵的带有人生哲理意味的感慨，却是由"夕阳""幽草"等物触发的，从中正可见其触物兴怀又托物寓怀的创作特征。管世铭谓"夕阳"二句"消息甚大"（《读雪山房唐诗序例》）田兰芳谓"天意"一联"于闲处用大笔"（冯浩《玉谿生诗笺注·晚晴》笺引），都道出其托寓内容之深广。这与其咏物诗因物兴感、借物寄慨的特点是声息相通的。

借咏物寄寓某种深微的精神意绪，表现某种感情境界，是李商隐这类托物寓怀之作更深层的内容。较之人生感慨，它的内涵更为虚泛，是一种在切身境遇和人生体验基础上进一步升华了的"高情远意"。如《霜月》：

> 初闻征雁已无蝉，百尺楼南水接天。
>
> 青女素娥俱耐冷，月中霜里斗婵娟。

诗人将秋夜霜月交辉之景想象成霜、月之神在清冷高寒的环境中"斗婵娟"，从而象征性地表现了一种"耐冷"的精神。这是一种与清冷而高远的环境相称的超凡脱俗的风神意态之美，一种环境越清冷就越富有神采的精神之美。诗人虽身或未能至，而心向往之。在对霜、月的歌咏中，寄寓的正是这样一种高远的精神追求。又如《落花》：

> 高阁客竟去，小园花乱飞。
>
> 参差连曲陌，迢递送斜晖。
>
> 肠断未忍扫，眼穿仍欲稀。
>
> 芳心向春尽，所得是沾衣。

在花的飘零与人之肠断中所蕴涵的，不仅有诗人的身世飘零之感和年华消逝之慨，更有内涵深广得多的"伤春"意绪。落花，不妨看作"伤春"的诗魂之象征。试参较"莺啼如有泪，为湿最高花"（《天涯》）、"夕阳无限好，只是近黄昏"（《乐游原》）等诗句，更不难体味出"芳心"二句所集中抒写的正是由时代、人生悲剧酿就的"伤春"之情。

　　正像一石击水漾起的三个同心波纹一样，以上揭示的三个方面尽管内容越来越虚化泛化，但都或显或隐地与诗人特殊的身世境遇、独特的人生体验及精神意绪分不开。即使是"伤春"这种包蕴深广的抽象意绪，也完全是义山式的，其内容是个性化的。

　　李商隐托物寓怀诗内容的个性化，与他常常用特有的悲剧眼光、心态去体察、感受事物，从而赋予物以浓郁的悲剧色彩密切相关。在他以前的托物寓志之作，大都侧重于正面歌咏"物"的品性，藉以象喻志士才人的人格节操之美，前举屈原、刘桢、陶潜、鲍照、郭震、张九龄诸作，大率如此。像班婕妤《怨歌行》、曹植《吁嗟篇》一类寓托悲剧境遇的为数不多。而义山托物寓怀之作，则每专注于物的悲剧命运。颜色鲜艳而朝开暮萎的槿花，因其适与诗人的才情命运相似而成为他经常赋咏之物，或写其"荣落在朝昏"的命运，或状其殷鲜相杂、啼笑难分的神情（《槿花二首》），或传其"回头问残照，残照更空虚"（《槿花二首》）的神态，可以说诗人在槿花身上发现了自己，也可以说是诗人将自己的悲剧气质、心态赋予了槿花，从而使它成为最具义山个性色彩之花，成为诗人的化身。更能说明问题的是，许多在一般人印象中并不具悲剧色彩的事物，在义山笔下，也染上了浓重的悲剧色调。菊花，常常是高士节操品格的象征，诗人笔下的野菊，却身处辛苦之地，"微香冉冉泪涓涓"；牡丹，本是国色天香、极为富艳之花，诗人却倾注感情于为雨所败的牡丹"一年生意属流尘"的悲剧命运；春风杨柳，原是美好春光的标志，诗人却用它来反衬清秋衰柳之可悲；乃至文采艳丽的孔雀，旧思新愁牵绕（《和孙朴韦蟾孔雀咏》）；鸣声圆转的流莺，漂荡无枝可栖。正如王国维所说："以我观物，故物皆着我之色彩。"（《人间词话》）

　　这类诗中所表现的诗人个性，当然不可能像叙事性文学如小说、戏剧中具有鲜明突出个性的人物形象那样丰富、生动、细致，但在表现诗人特有的气质心态方面，却也可以达到传神阿堵的程度。清人施补华在比较虞世南、骆宾王、李商隐三首内容各异的咏蝉诗时分别指出其为"清华人语""患难人语""牢骚人语"（《岘佣说诗》），已初步接触到不同境遇、个性、气质的诗人，即使同咏一物，也会各具个性的问题。这里不妨将义山的《蝉》与《流莺》作一简要比较，以进一步说明同一诗人在吟咏相近事物、表达类似思想内容时所显示的诗人境遇、情感、气质的不同侧面。二诗都分别写到"梗泛""漂荡"的境遇，和它们的"费声""巧啭"，但《蝉》诗突出"高"与"饱"、"费声"与"无情"的矛盾，《流莺》突出的却是"巧啭"之"本意"不被理解的苦闷，和希冀"佳期"却无枝可栖的哀伤。《蝉》所描绘的形象更多清高无助的寒士特征，《流莺》描绘的形象则更多苦闷伤感的诗人气质。义山性格气质中不同的侧面，通过蝉与流莺这两个各具个性特征的形象，被成功地表现出来了。

传统的托物寓志之作，所寄托的"志"往往是类型化的。无论是"独立不迁""深固难徙"（屈原《橘颂》）的橘树，"冰霜正惨凄，终岁常端正"（刘桢《赠从弟三首》之二）的松树，还是"草木有本心，何求美人折"（张九龄《感遇》（兰叶春葳蕤））的幽兰芳桂，象喻的都是类型品格，其中很难看到诗人的独特个性。而李商隐的咏物诗，所托寓的主要是诗人独特的境遇命运、人生感受和精神意绪，也就是说，寄寓的不是"这一群"而是"这一个"的心志情怀。这一从类型化到个性化的转变，是李商隐对古代咏物诗托物寓志传统的重要发展。中国古代知识分子具有较强的群体意识，而较少个性的觉醒与追求。他们往往以"士君子"的代表身份赋诗言志、托物寓志，而这种"志"又大多以儒家的政治伦理观念为准则，因而托物寓志诗所寓之"志"便常是合乎儒家政治伦理观念的一般志向品格，而主要不是由个人独特境遇、气质、个性所形成的特殊感情与心态。杜甫的咏物诗对物理人情世态虽有独特感受，但所谓"有赞美者，有悲悯者，有痛惜者，有怀思者，有慰藉者，有嗔怪者，有嘲笑者，有赏玩者，有劝戒者，有指点者，有计议者"（钟惺《唐诗归》卷二十一），明显侧重于以"物"象喻他人而非重在表现自我，故在体现诗人个性方面终隔一层。李商隐思想性格中本就具有不受儒家传统局限的一面，他公然宣称"道"非周、孔所独能，反对"学道必求古，为文必有师法"，主张"直挥笔为文"（《上崔华州书》），"咏叹以通性灵"（《献相国京兆公启》），抒写真思想、真感情。这些带有离经叛道色彩的言论，显示出他对文学作品表现真实个性的重视。这正是他的托物寓怀诗能表现鲜明个性，实现从类型化到个性化转变的内在原因。

第三节　李商隐托物寓怀诗的艺术特征

　　与题材、内容的个性化相联系，李商隐的托物寓怀诗在艺术上也具有鲜明的特色。咏物诗（特别是托物寓志之作）的创作离不开对物与人、形与神、情与理等关系的处理，李商隐托物寓怀诗在上述诸方面对传统都有明显发展。

　　从物与人的关系看，义山的托物寓怀诗从先前二者比较简单的比附发展为注重整体神合的较高层次的象征。《诗经》中的《硕鼠》《鸱鸮》《螽斯》诸篇，以物喻人，是单纯的比。屈原的《橘颂》，以"精色内白""绿叶素荣"等象征诗人自己的内质外美，第一次将象征手法引入咏物诗。但这种象征还带有比较明显的物我比附痕迹，过分注重象征对象和象征物之间每一局部的一一对应，显得比较着实拘泥，是象征手法在发展的初期与比喻尚未完全区分时一种比较简单的形式。它的优点（明朗）与缺点（过于显露）往往共生。但这个传统一经形成，即表现出一种惰性，此后长时期中，这种带有简单比附痕迹的象征便常成为托物寓志的程式化表现手段。义山的托物寓怀之作尽管也有少量被评家讥为比附捏凑、苦乏姿媚，但体现其艺术个性的则是那种注重物与人的整体神合而不斤斤计较局部比附的更加空灵超脱的象征。这是和他此类作品所寄寓的内容本身比较抽象，多为悲剧命运、人生感慨乃至更虚泛的精神意绪分不开的。它们虽往往以触物兴感发端，物我并提，但随即情随物化，物我浑然一体。《回中牡丹为雨所败二首》不拘滞于从牡丹的花、叶、香、色等局部进行牵合比附，而是从整体着眼，抒写雨败的牡丹种种感觉、联想、追忆，在展现当前心伤泪迸，不胜暮雨清寒、重阴笼罩的环境之同时，追溯往昔下苑"罗荐春香"之繁华，预想将来零落成尘的凄凉，构成了牡丹命运的三部曲，从而使诗人遭受摧抑后的情绪、心理得到层深而完整的表现，牡丹与诗人浑融神合。《高松》一反传统咏松诗之着意描写枝干苍劲端正、岁寒青翠不凋的特质，于轻描淡写中显示其幽雅的气韵风神，象征手法运用得洒脱自如，不黏不滞。《霜月》与《落花》，更是通体超忽缥缈的象征。前篇既不着力刻画霜月，更不分别生硬比附，而是在展现霜月交辉的空明澄澈之境的基础上，象征性地表现一种高远的精神追求，着眼于物境与心境的整体神合。后篇则着眼于落花与惜花的诗人"芳心"的感应契合，以曲传"伤春"意绪。这种物我浑融神合、妙绝言诠的象征，正是李商隐对咏物诗运用比兴象征手法的一种发展。

从形与神的关系看，义山托物寓怀诗的显著特征是离形取神，传神空际。齐梁至初唐的单纯体物之作，往往"裁剪整齐而生意索然"（王夫之《姜斋诗话》），属有形无神一类；传统的托物寓志之作，属略貌取神一类；杜甫的借物托寓之作和唐代其他诗人一些优秀的咏物诗，则往往形神兼备。义山的托物寓怀诗与上述三类都不相同。它不是不写物的特征，而是往往撇开其外在形貌特征，从虚处着笔，直接传出内在的精神气韵；而诗人对物的内在特质的感受，又总是带着自己特殊的印记，因而在传物之神的同时也传出了诗人自己的精神气质。他的咏柳名句"堤远意相随"，虽从《诗经》"杨柳依依"化出，但"依依"写柳之情态，形神俱出；而"堤远"句则离形得似，直取其神，故被袁枚誉为"真写柳之魂魄"（《随园诗话》卷一）。"秋池不自冷，风叶共成喧"（《雨》〈械械度瓜园〉），传出了秋雨的凄其寒意，同样是离形入神的化工之笔。《蝉》在这方面尤为典型。起手即撇开蝉的外在形貌特征，将它人格化，赋予它"高难饱"的清高寒士气质，直传其悲鸣寄恨而"徒劳"的悲慨。颔联更将蝉鸣稀疏欲断的神韵与所栖之树油然自碧相对照，把人格化的蝉对冷漠无情的环境悲苦无告之感传神地表现出来。这种描写，纯然是把蝉当作有知觉、有感情的人来写，而且表达的是义山这样一个有着清高品质、梗泛身世而又承受着冷漠环境压抑的士人的心态。评家谓此诗"取题之神"（沈德潜《重订唐诗别裁集》卷十二），"意在笔先"（纪昀《玉谿生诗说》卷上），正道出其离形取神、传神空际的特点。在这方面，它比虞世南的《蝉》、骆宾王的《在狱咏蝉》更加脱略形迹，因为虞、骆二作都分别写到了"垂缕""玄鬓影"等外在特征。商隐的《十一月中旬至扶风界见梅花》同样不对梅的外在形貌作具体描绘刻画，而是取题之神，从"早"字生意，专写它非时早秀、不与年芳的悲剧命运，"素娥、青女一联……用意稍深，着色稍丽，然下联即放缓一步，以淡语空际写情"（朱庭珍《筱园诗话》卷四）。试比较张谓、许浑、齐己等人的早梅诗，或写其"一树寒梅白玉条"，或状其"素艳雪凝树""禽窥素艳来"，都离不开对其颜色的形容刻画，与义山之作空际写情、离形取神有别。《柳》（曾逐东风）对柳枝、柳叶等概不作正面描写，只将"拂舞筵"的春风杨柳与映带斜阳暮蝉的清秋衰柳作对照，于虚处烘染，而无限昔荣今悴之慨皆寓其中。这种传神空际的咏物诗，正像写意画一样，是咏物诗在形神关系处理上的一种新发展。《槿花二首》写斜阳映照下的槿花：

回头问残照，残照更空虚。

槿花暮萎，适与一抹残照的命运相类。诗人由此生出槿花"回头问残照"的
奇想，又进而幻设出槿花感觉中"残照更空虚"的神情。单看此联，几疑所
写的不是槿花，而是满怀生命枯萎之空虚失落感的诗人自己。诗人盖非以目
接而以神遇，方能直摄暮萎的槿花之神，写出如此空灵缥缈的咏物警句来。

　　从物与情或理的关系看，义山托物寓怀诗的显著特征是不涉理路，极
饶情韵。齐梁至初唐的单纯体物之作，"虽极镂绘之工，皆匠气也"（王夫之
《姜斋诗话》），全乏情韵。传统的托物寓志之作，固不乏抒情唱叹之致的优
秀作品，但由于儒家诗教所谓"言志"，多指抒写诗人的政治抱负和政治伦
理观念，理性的成分往往超过感情的成分；加以托物寓志诗所寓者又多为某
一类人共同的志向品格，缺乏诗人的独特个性和感情血肉，因此这类诗创作
时常有从理念出发，寻找某种现成的象喻物来加以说明甚至图解的倾向。而
某些偏于理性的诗人又往往习惯于从对"物"的观察中领悟人生哲理，并在
诗中托物寓理，这也加重了它的理性色彩，末流甚至流于论宗。义山的个性
气质本属溺于情的缠绵型，因此他对"物"，较少理性的憬悟，而更多感情
的兴发。他的托物寓怀诗，所寓者也主要不是偏于理性的"志"，而是由悲
剧境遇酿就的"情"。他的《回中牡丹为雨所败二首》，不是"细推物理"，
而是细体物情，被评家誉为"纯乎唱叹，无一滞笔"（纪昀《玉谿生诗说》
卷上），"悲凉婉转，无限愁酸"（王鸣盛批语，见冯浩《玉谿生诗笺注》初
刊本国图藏本）。《离亭赋得折杨柳二首》也极富情韵：

暂凭尊酒送无憀，莫损愁眉与细腰。
人世死前惟有别，春风争拟惜长条？

含烟惹雾每依依，万绪千条拂落晖。
为报行人休尽折，半留相送半迎归。

两首为联章体，均从"折"字生意。先因柳的眉愁腰瘦而嘱以"莫损"，"人
世"句突作转折，评家赞为"惊心动魄，一字千金"（何焯《义门读书
记》），正着眼于这饱含深刻痛苦的人生体验的抒情性议论所造成的强烈美

感效应。末句就势翻转，从"莫损"转为"争惜"，体验的深化带来结构的转折和境界的提高，抒情的深度、强度也更增加了。次首又由柳在斜阳暮霭中轻轻飘拂的多情形象进一步生出"休尽折"，由依依惜别转出"迎归"。这一新的转折，不仅突破了折柳送别的传统构思，而且将"柳"的多情更深一层地表现出来了。这样的咏物诗，实际上也是最深刻而纯粹的抒情诗。同样是咏柳，"曾逐东风"一首则"只用三四虚字转折，冷呼热唤，悠然弦外之音，不必更著一语也"（纪昀《玉谿生诗说》卷上）。而另一首《柳》诗：

柳映江潭底有情，望中频遣客心惊。
巴雷隐隐千山外，更作章台走马声。

联想曲折，感情诚挚。三四由"望"而"闻"，由柳而联及章台，遂忽觉巴山之雷，偏类章台走马之声。身世摇落之感、怀想京华之意，均寓言外。诚如纪昀所评"深情忽触，不复在迹象之间"（《玉谿生诗说》卷上）。诗人咏槿花、李花、杏花、野菊、紫薇、木兰、梅花，咏蝉、蜂、蝶、莺，无不渗透一片感同身受的深情，可以明显感受到诗人对所咏之物的全力感情投注。

　　最后，要特别提到那首著名的《锦瑟》。无论从题目或内容看，它都不妨看作一首咏物诗，一首借歌咏锦瑟所奏的音乐境界象喻诗人华年所历的种种人生境界、人生感受，曲传诗人悲剧心声的托物寓怀诗。如果说，它是诗人晚年对一生悲剧身世境遇所作的一个总结，那么，作为一首托物寓怀诗，它又是其内容与艺术特征的集中体现。从内容方面看，它通过颔、腹两联所描绘的迷惘、哀怨、凄寥、虚缈诸境对诗人的悲剧性身世境遇和人生感受作了象征性的表现。这是一片"惘然"的心绪和感情境界，似极抽象，却又完全是独特的、义山式的。从艺术方面看，它绝去比附黏著之痕，象征性图景的寓意特别朦胧而多义，只要不离"思华年"与"惘然"这一主意，可以任人自领；它不去具体描绘锦瑟的形状，独取锦瑟之神魂——弦弦柱柱所发的悲声，而诗人之心灵境界亦曲曲传出；它不涉理路，不对人生作哲理性的反思，而是在惘然的追忆中一任哀怨凄迷的感情流注。它是一曲借锦瑟奏出的人生哀歌。

　　无论是从感情的产生（触物起情）或感情的表达（多用有神无迹的象征）来看，李商隐的托物寓怀诗都更接近于"兴"体，而与传统的因物喻志的比体咏物诗，齐梁到唐初以图形写貌为主要特征的赋体咏物诗有明显区别。从简单的比附到注重整体神合的高层次象征，从有形无神或略貌取神到

李商隐传论（二）

离形入神、传神空际，从有景（物）无情或理胜乎情到深刻抒情，正是这种"兴"体咏物诗对古代咏物诗在艺术上的重要发展。这些发展，连同内容方面由类型化向个性化的发展，都标志着咏物诗向更新阶段的进展。这正是李商隐在咏物一体中作出的重要贡献。尽管表现类型化之"志"的咏物诗，有不少思想、艺术价值很高的佳作，但内容的个性化从总体上看毕竟是一种进展。按照咏物诗的正宗理论和美学原则——"不即不离""不黏不脱"来衡量，李商隐的一部分托物寓怀诗可能过于脱略形迹，虽然"不黏"，却未必"不脱"；象征手法的运用也间或使寓意过于朦胧。但毕竟应该承认，它们在物与我、形与神、情与理等关系的处理上有新的发展，尽管这种发展多少带有一些旁枝侧出的性质。

第八章　李商隐的无题诗

第一节　无题诗界说

　　无题诗是李商隐的艺术独创。在咏史诗、咏物诗的领域，李商隐的主要贡献是在前人的基础上有重大突破与超越，而无题诗这一领域，则前无古人，一空依傍，完全是他个人的创辟。现存唐诗中，在李商隐之前，以"无题"为题的，只有卢纶的一首七律：

> 耻将名利托交亲，只向尊前乐此身。
> 才大不应成滞客，时危且喜是闲人。
> 高歌犹爱思归引，醉语惟夸漉酒巾。
> □□□□□□□，岂能偏遗老风尘！

诗写才士留滞赋闲的牢骚，辞意显豁。究竟是原题如此，还是因佚去题目后编录者署以"无题"，似难定论。与商隐大体同时而年辈稍早的李德裕也有一首五绝《无题》：

> 松倚苍崖老，兰临碧涧衰。
> 不劳邻舍笛，吹起旧时悲。

492　　诗用山阳闻笛典抒伤旧之情，作年不详。考商隐无题诸诗，"八岁偷照镜"篇一般以为少作，《无题二首》（昨夜星辰；闻道阊门）作于任职秘省期间。则德裕此诗创作时间未必早于商隐无题。

　　商隐集中以"无题"为题的诗，可以认定的有十四首。它们是《无题》（八岁偷照镜）、《无题》（照梁初有情）、《无题二首》（昨夜星辰；闻道阊门)、《无题四首》（来是空言；飒飒东南；含情春睕晚；何处哀筝）、《无题》（相见时难）、《无题》（紫府仙人）、《无题二首》（凤尾香罗；重帏深下）、《无题》（近知名阿侯）、《无题》（白道萦回）。另有六首，虽亦题为"无题"，但都不可靠，研究者对它们亦有辨析。如原与五古"八岁偷照镜"合题为《无题二首》的五律"幽人不倦赏"，冯浩谓"必有题而失之"，纪昀亦谓其系与《无题》诗相连，失去本题，误合为一，此说可从。与五律《蝶》（初来小苑中）合题为《蝶三首》的另两首七绝（长眉画了；寿阳公主），内容与蝶无涉，《唐音统签》将此二首七绝改题《无题》，但并无任何版本依据。此二首当是如集中《赠歌妓》一类冶游赠伎之作，失去原题后与《蝶》（初来小苑中）相连，遂统题为《蝶三首》，当改题为"失题"。《留赠畏之》今本共三首（席本即题《留赠畏之三首》），后二首七绝（待得郎来；户外重阴）与留赠畏之题意毫不相干，冯浩云"赵氏刊《万首绝句》作《无题二首》"（按：指明赵宦光、黄习远删正订补《宋洪魏公进万首绝句》四十卷）。实则此二首亦当为原有题而失之，遂与前题《留赠畏之》合为三首。这种因失题而与前题误合为一的情况，在商隐诗集中屡见。如《咏史二首》之第二首（十二楼前）原题当为《赠白道者》，失去原题后与前题《咏史》（历览前贤）相连，遂误合为《咏史二首》；《楚宫二首》之第二首（月姊曾逢）原题当为《水天闲话旧事》，失去原题后遂与前题《楚宫》（十二峰前）误合为《楚宫二首》。均可作为旁证，证明以上四首均为失题诗而非无题诗。此外，《无题》（万里风波），内容为怀古思乡之情，与其他十四首无题写男女之情者迥然有别，又置于集外诗，纪昀认为此篇系"佚去本题而编录者署曰无题"，说亦有理。

　　可以认定的十四首《无题》，从诗体上看，五古、七古、五言六句小律各一首，五律二首，七律六首，七绝三首，覆盖了除五绝、五排以外的古近诸体。这一情况似乎透露出，作者在进行试验，看哪种形式最适合他所要表现的思想感情内涵。其中七律占了将近一半。从艺术上看，写得最好而且历代传诵的也正是这六首七律。可以认为，通过艺术实践，他为其所要表现的内容找到了最适合的形式。

　　从表现的内容上看，十四首无题诗多写离别相思，而且多数是抒写爱情的失意、幽怨、感伤、幻灭等带有悲剧性的情感内容。而引起这种种情感的原因则是爱情的间阻。不但像"刘郎已恨蓬山远，更隔蓬山一万重""曾是寂寥金烬暗，断无消息石榴红""春心莫共花争发，一寸相思一寸灰""直道相思了无益，未妨惆怅是清狂""如何雪月交光夜，更在瑶台十二层""锦长书郑重，眉细恨分明""蓬山此去无多路，青鸟殷勤为探看"，是直接或司接写阻隔；就是像"十五泣春风"式的少女伤春，也是青春萌动的天性受到"藏六亲"的阻隔而引起的；甚至连无题诸诗中色调最为明朗欢快的"昨夜星辰昨夜风"，也充满了"身无彩凤双飞翼，心有灵犀一点通"这种阻隔引起的怅惘。因此，可以说表现因爱情间阻而引起的种种情绪，是十四首无题诗的总主题，至少其表层内容是这样。

除十四首以"无题"为题的诗以外，还有相当数量的诗，被不少研究者称为类似无题、准无题或广义无题。但究竟哪些诗可称之为类似无题，研究者的看法并不一致。有一种说法，把所有"以开始二字（或三四字）为题者""取诗篇中间或结尾数字为题者"，乃至像《漫成五首》《偶题二首》以及《鸾凤》等诗，都归入无题诗的范畴，总计达九十九首之多（见杨柳《李商隐评传》第411—415页），显然是过于宽泛了。因为这里面绝大部分是有题诗。即使清代以来就被一些注家与《无题》相提并论的《锦瑟》《玉山》《碧城三首》，实际上也都是有题诗。玉山、碧城固各有其象喻对象（前者喻秘书省，后者喻女道士观），即便是锦瑟，无论取何种解释，也都有其象征寓意，至少是诗人抒写心灵境界的一种缘由或触发物。真正称得上是类似无题的诗，只有极少数取诗中数字为题，但题目与诗的内容毫无关涉，或题目本身毫无意义者，如《一片》（一片琼英）、《一片》（一片非烟）、《为有》、《如有》、《日射》、《银河吹笙》、《人欲》、《池边》、《相思》（一作《相思树上》），一共不过九首。但这些诗虽实际上等于没有题目，但其内容与写法与《无题》诸诗并不相类。它们本身的内容也多种多样，与《无题》之均以爱情为题材有别。把这两类性质不同的诗放在一起讨论，反而会掩盖问题的实质，因此，这里讨论的仅限十四首可以认定的标题为《无题》的诗。

第二节　李商隐无题诗寄托问题辨析

李商隐的无题诗，在表现爱情间阻的总主题下，有没有更深层的内涵呢？这就涉及长期以来无题诗研究的争论焦点，即无题诗有无寄托和寄托什么的问题。由于李商隐本人对其无题诗的创作背景、意图、动机并无具体说明交代，《有感》诗之"一自《高唐》赋成后，楚天云雨尽堪疑"，究竟是

"为无题作解"（冯浩笺引杨守智语），还是"为似有寓托而实不然者作解，非解无题"（纪昀《玉谿生诗说》），甚至与无题诗的写作根本无关，也很难定论。因此，无题诗有无寄托的问题，从创作动机上可能永远找不到有力的实证来证明其有或无。但这并不意味着无题诗有无寄托的问题无须或无法再进行探讨。这是因为它是无数读者、研究者在长期的阅读、诠释过程中反复提出并要求作出回答的客观存在的问题。至少从明初开始，许多注家和评家就一直认为无题诗的全体或部分是有寓托的，其中主要有以杨基为代表的君臣遇合寄托说和以吴乔为代表的朋友遇合寄托说，后说在寄托说中犹占优势，为许多对商隐生平与创作下过很深研究工夫的注家所坚持。尽管他们对具体诗篇的诠释往往流于穿凿附会、索隐猜谜，但他们之所以坚持这种看法，除了受传统的以比兴寄托论诗解诗的理论、方法影响以外，主要还是由于李商隐的诗歌创作中确实存在大量具有比兴寄托的诗，特别是他的托物寓怀之作。同时也因为无题诗中确有一部分作品存在较为明显的寓托痕迹。而且，无题诗的整体阅读感受，又往往容易令人产生似乎不仅仅是写爱情体验的联想。这里面，不仅有深谙商隐生平交游、身世遭遇和诗歌创作的研究者，而且有从研究方法来说并不赞成索隐比附，但艺术感觉非常敏锐的作家、诗人。如王蒙就认为李商隐"无益无效的政治关注与政治进取愿望，拓宽了、加深了、熔铸了他的诗的精神，甚至连他的爱情诗里似乎也充满了与政治相通的体验"（《对李商隐及其诗作的一些理解》，载《文学遗产》1991年第1期，着重号为原文所有），并提出"通境与通情"说《通境与通情——也谈李商隐的〈无题〉七律》，载《中外文学》1990年第4期）。这说明，从读者的感受与理解这个角度看，无题诗有无寄托问题的提出，自有其客观依据，而且迟早要求得到比较合理的解决和比较符合实际的解释。

从文本阅读的实际感受看，十四首无题诗中至少有两首，是几乎所有研究者（包括主张无题诗是单纯爱情诗的研究者）都认为有寄托的。首先是五古《无题》：

八岁偷照镜，长眉已能画。
十岁去踏青，芙蓉作裙衩。
十二学弹筝，银甲不曾卸。
十四藏六亲，悬知犹未嫁。
十五泣春风，背面秋千下。

以带程式化意味的年龄序数法，作大跨度的概略叙述，使笔下的人物带有虚拟假托色彩。"芙蓉作裙衩""银甲不曾卸"的描写，又和"制芰荷以为衣兮，集芙蓉以为裳"的传统象喻、"悬头曾苦学"的勤奋容易产生由此及彼的联想。联系作者"五年读经书，七年弄笔砚"（《上崔华州书》），"十六能著《才论》《圣论》，以古文出诸公间"（《樊南甲集序》）的自述，不难看出诗中这位伤春的少女身上有诗人自己的影子。清代许多注家都认为它有寓托，包括像屈复这样反对强解、主张就诗论义的注家也明确地说："'十五'二句写聪明女郎省事太早，而幽怨随之。才士之少年不遇亦可叹也。"（《玉谿生诗意》）结尾或关键处点醒一篇寓意，正是商隐有寓托的无题诗惯用的手法。另一首是《无题四首》其四：

> 何处哀筝随急管，樱花永巷垂杨岸。
> 东家老女嫁不售，白日当天三月半。
> 溧阳公主年十四，清明暖后同墙看。
> 归来展转到五更，梁间燕子闻长叹。

用美女的无媒难售、婚嫁后时托寓才士不遇，屡见于历代诗家篇什。这首无题从内容到写法都让人容易联想起曹植《美女篇》的后段：

> 容华耀朝日，谁不希令颜。
> 媒氏何所营，玉帛不时安。
> 佳人慕高义，求贤良独难。
> 众人徒嗷嗷，安知彼所观。
> 盛年处房室，中夜起长叹。

李诗"东家老女"二句对曹诗"媒氏"二句，"归来展转"二句对曹诗"盛年"二句，更有明显模仿痕迹。所不同的是，曹诗中的美女，生长于贵显之家，而这首《无题》中的"东家老女"与"溧阳公主"对映，是一位贫家女子。这是因为曹植与李商隐的出身不同的缘故。诗中的"溧阳公主"用历史上曾有过的梁公主封号而丝毫不及其行事，显然是一个虚拟假托的人物，反映出与之对映的"东家老女"同样是个寓托人物。如与商隐《戏题枢言草阁三十二韵》末段对照，其寓托痕迹更显：

> 榆荚乱不整，杨花飞相随。

上有白日照，下有东风吹。

青楼有美人，颜色如玫瑰。

歌声入青云，所痛无良媒。

少年苦不久，顾慕良难哉！

"无良媒"的美人和这首无题中"嫁不售"的"东家老女"，正是同一类型的假托人物。薛雪《一瓢诗话》说："此是一副不遇血泪，双手掬出，何尝是艳作！"

另一首五律《无题》可视为"八岁偷照镜"的续篇：

照梁初有情，出水旧知名。

裙衩芙蓉小，钗茸翡翠轻。

锦长书郑重，眉细恨分明。

莫近弹棋局，中心最不平。

冯浩因何逊《看伏郎新婚诗》有"雾夕莲出水，霞朝日照梁"之句而谓"此寄内诗。盖初婚后应鸿（按：当作宏）博不中选，闺中人为之不平，有书寄慰也"。按："照梁""出水"，出《神女》《洛神》二赋，不过状女子之光艳，与新婚本无关涉。此篇女主人公与"八岁"篇实属同一形象系列。前两联与"八岁"篇前四句不仅内容相近，用语亦相似，都是用美好的容饰托喻品格才能，"旧知名"谓才名早著。腹联以爱情失意之幽怨寓政治上失意之怅恨。"八岁"篇犹是预忧将来命运，此篇则伤已然失意之遭遇。末句"中心最不平"尤为全篇寄寓点睛。冯浩将比兴寓言体误认为赋体，虽非，但将诗的写作背景定为宏博不中选，则大致不差。《无题二首》其二寓托之迹亦较明显：

重帏深下莫愁堂，卧后清宵细细长。

神女生涯元是梦，小姑居处本无郎。

风波不信菱枝弱，月露谁教桂叶香？

直道相思了无益，未妨惆怅是清狂。

497

写女子静夜自思身世境遇和无望的相思，笔意虚涵浑括。首联颇似"归来展转到五更，梁间燕子闻长叹"。颔联概述身世，生涯如梦，居处无郎，尤为点睛之笔。诗人先依令狐楚、崔戎，而二人相继去世；转依王茂元，茂元又不幸病故；再依郑亚、卢弘止，而郑贬卢卒。辗转相依，到头来仍无依托。清宵追思，遇合浑如一梦。"风波"一联，与显有托寓的《深宫》对照，寓意益显：

> 金殿销香闭绮栊，玉壶传点咽铜龙。
> 狂飙不惜萝阴薄，清露偏知桂叶浓。
> 斑竹岭边无限泪，景阳宫里及时钟。
> 岂知为雨为云处，只有高唐十二峰。

此诗以深宫怨旷托寓政治失意，颔腹二联以一枯一腴两两相形。"狂飙"一联，用来设喻的事物与《无题》"风波"一联相似，仅前者以枯腴对照，后者专喻自身而已。诗人地位寒微，"内无强近，外乏因依"（《祭徐氏姊文》），屡遭朋党势力摧抑，而未遇有力援助，故以菱枝弱质，偏遭风波摧折；桂叶美质，终乏月露滋润为喻。何焯说"义山《无题》，不过自伤不遇，无聊怨题，此篇乃直露本意"（《义门读书记》），亦切合此篇实际。

下面这首七绝《无题》亦为有托之作：

> 白道萦回入暮霞，斑骓嘶断七香车。
> 春风自共何人笑？枉破阳城十万家。

诗从宋玉《登徒子好色赋》谓东家女"嫣然一笑，惑阳城，迷下蔡"生发，点睛处在一"枉"字。这位在薄暮时分乘七香车沿萦回的道路驰去的女子，于春风中嫣然含笑，容华绝世，却不知笑向何人。不管是诗人虚拟了这样一个场景，还是真的在路上遇到这样一位女子而心有所触，其中都寓含着枉生颜色、世无知音的感慨，才而不遇之意自寓其中。

以上五首，尽管体裁、具体内容不同，但都有一些共同特点：一是诗中主人公全为女性，且虚拟假托意味比较明显；二是关键处往往逗漏别有寓托的痕迹；三是这些逗漏痕迹处往往与诗人身世境遇神合，有些还能从作者其他诗文中找到旁证。

另一类无题，是明显的别无寄寓之作。《无题二首》：

> 昨夜星辰昨夜风，画楼西畔桂堂东。
> 身无彩凤双飞翼，心有灵犀一点通。
> 隔座送钩春酒暖，分曹射覆蜡灯红。

　　　　　嗟余听鼓应官去，走马兰台类转蓬。

　　　　　闻道阊门萼绿华，昔年相望抵天涯。
　　　　　岂知一夜秦楼客，偷看吴王苑内花。

两诗同编，内容有明显联系，第二首"明道破矣"（冯浩语）。第二首中的
"秦楼客"即第一首中的"余"，亦即诗人自己；第二首中的"吴王苑内花"
即第一首中"余"所怀想的女子，其身份当为贵家姬妾或歌伎（商隐《南山
赵行军新诗盛称游宴之洽因寄一绝》《和郑愚赠汝阳王孙家筝妓二十韵》均将
贵家歌伎喻为吴宫美人、西施。此处"吴王苑内花"即指西施一类歌舞伎人
或姬妾）。两首明为"席上有所遇追忆之作"（胡以梅《唐诗贯珠串释》）。前
首写爱情心理与体验，艺术成就之高，历代交誉。但既有"走马兰台"（羁官
秘阁）的"余"直接出场，所写情事自为赋实而非寓言。尽管尾联也流露一
点"类转蓬"的感慨，但那是在赋实中直接抒慨，而非比兴寄托。又《无题》
（近知名阿侯）三韵小律，纪昀认为是"戏作艳体"，说可从。

　　第三类是寄托痕迹似有若无，处于疑似之间的无题诗。包括《无题四
首》的前三首、《无题二首》其一（凤尾香罗）、《无题》（相见时难）、《无
题》（紫府仙人），共六首。除五律"含情春晼晚"艺术平平以外，其他五首
都是艺术精品，尤其是四首七律。这类无题的突出特点是对爱情生活的场景
或心理的描写非常生动传神，如写邂逅，未通言语：

　　　　　扇裁月魄羞难掩，车走雷声语未通。

写梦醒后迷离恍惚，疑幻疑真：

　　　　　蜡照半笼金翡翠，麝熏微度绣芙蓉。

写前去会见所爱时胆怯而举步趑趄：

　　　　　　楼响将登怯，帘烘欲过难。

都宛如生活中实有的情境而无虚拟假托之作那种概略浮泛的叙写，很难让人
从这些描写中产生另有寓托的联想。如果一定要从中去钩沉索隐，只能流于
穿凿附会。但如果不是抓住片言只语作生硬比附，而是着眼于整体感受，则
这些诗由于其抒情的集中、深刻与概括，又往往使人感到，除了抒写爱情体

验以外，似乎还包蕴着更广泛的人生感受与体验。它们所写的都是爱情的间阻以及由此引起的种种带有浓厚悲剧色彩的情绪、心理，像间阻中的沉重叹息：

> 刘郎已恨蓬山远，更隔蓬山一万重！

寂寞中的深情期待：

> 曾是寂寥金烬暗，断无消息石榴红。

无望中的执著追求：

> 春蚕到死丝方尽，蜡炬成灰泪始干。

屡次追求终归幻灭的悲愤：

> 春心莫共花争发，一寸相思一寸灰！

可望而不可即的怅惘：

> 如何雪月交光夜，更在瑶台十二层？

这些都不止是李商隐在爱情生活中的特殊体验，而且贯串在其生活的各个方面（详本编第十一章《古代诗歌中的人生感慨和李商隐诗的基本特征》第三节）。因此，在这类无题诗的写作过程中，尽管诗人主观上未必有意识地要另有寓托，但郁积于胸的涵容深广的普泛性人生体验，却使他在抒写爱情体验时也不由自主地触类旁通，将广泛的人生体验渗透融合在上述诗句中。况周颐《蕙风词话》关于"身世之感，通于性灵，即性灵，即寄托，非二物相比附也"的一段论述，最能揭示商隐此类无题诗"流露于不自知"的特点（详附编第四章《纷歧与融通》第二节）。以间阻感为例：政治上、友谊上、爱情上乃至一切自然的、社会的间阻，使诗人胸中弥漫、郁积了深广的间阻之慨，因而时时事事处处都会引发触动："人间路有潼江险，天外山惟玉垒深。"（《写意》）面对具体的潼江险阻，引发的却是普泛的人间充满险阻的感慨。同样，面对的是爱情的间阻，引发的也完全可以是内涵更深广的间阻之慨："刘郎已恨蓬山远，更隔蓬山一万重。"当诗人胸中充满间阻感，以至成为其性灵的一部分时，特殊的情事就往往通向普泛的感慨，或者说普泛的感慨就自然融入特殊的情事。正因为是一种不自觉的旁通和融入，诗人就不会在作品中有意识地透露寄托的意图与痕迹，读者也就无迹可寻；但也正因为是不自觉的自然流露，往往更真实深刻，更耐咀味。这种"身世之感，通于性灵，即性灵，即寄托"的特殊类型的寄托，在读者方面说，往往会出现"指事类情，仁者见仁，智者见智"的情况（周济《介存斋论词杂著》）。这类无题诠释之纷纭，原因正在于此。

如果对十四首无题诗三种类型的划分大体接近实际（具体到某首诗归于哪一类，可能会因研究者感受的差异而有不同的归类），那么它们除了都以爱情为题材，都以爱情间阻为总主题这一点是统一的以外，其他方面都是不统一的。不但从总体上看，有寄托、无寄托、寄托在疑似之间的性质不统一、体裁不统一；而且一组诗的内部也存在性质、体裁不统一的现象（《无题四首》最典型）。这种错综复杂的现象，比较合理的一种解释是作者在创作无题诗的过程中，除题材和基本内容外，并无统一的策划和表现模式，而是进行一种艺术创作试验。试验的结果，六首七律成为艺术精品，并获得历代公众的承认。但这六首七律，在上述分类中，却分属有寄托、无寄托、寄托在疑似之间三种不同类型。这又说明，不管有无寄托，首先它们必须是一首高艺术品位的爱情诗。如果作为爱情诗艺术上很成功，即使别无寓托，也丝毫无损于其价值，如"昨夜星辰"；反之，如果作为爱情诗艺术上不见特别出色，即使寄托意图明显，也并不能因寄托而提高其价值，如"照梁初有情"和"何处哀筝"。因此，通过对无题诗三种类型的分析，问题转了一个圈，最后仍回到它的起点：无题诗作为爱情诗，其中的优秀者究竟有什么样的思想和艺术价值。

第三节　李商隐无题诗的特征

李商隐的无题诗，就其所表现的爱情思想内容、感情内容来看，是具有一定民主性的。唐成玄英疏《庄子·德充符》"与为人妻宁为夫子妾"云："妻者，齐也，言其位齐于夫也。"这反映出唐代妇女有较高的社会地位，男女较为平等。受这种时代风气影响，李商隐的爱情婚姻观念比较开放和进步。在《别令狐拾遗书》中，他旗帜鲜明地反对父母包办的买卖婚姻：

生女子，贮之幽房密寝，四邻不得识，兄弟以时见，欲其好不顾性命，即一日可嫁去，是宜择何如男子属之邪？今山东大姓家，非能违摘天性而不如此。至其羔骛在门，有不问贤不肖健病，而但论财货、恣求取为事。当其为女子时，谁不恨？及为母妇，则亦然。

反对父母"不问贤不肖健病，而但论财货、恣求取为事"的呼声多少透露出能由女子自己决定命运、选择合意男子的思想。从这种思想来看他的《无题》（八岁偷照镜）中"十四藏六亲，悬知犹未嫁。十五泣春风，背面秋千下"的描写，就会感到这里所表现的并不仅仅是少女的怀春伤春心理，而且透露了对自主爱情婚姻的朦胧希望。无题诗写爱情，特别强调双方心灵的契合与感通：

身无彩凤双飞翼，心有灵犀一点通。

即使身受阻隔，心却能超越一切自然的、人事的间阻而相感相通。情之为物，是根本无法抑制的，《无题四首》其二：

飒飒东南细雨来，芙蓉塘外有轻雷。
金蟾啮锁烧香入，玉虎牵丝汲井回。
贾氏窥帘韩掾少，宓妃留枕魏王才。
春心莫共花争发，一寸相思一寸灰！

在细雨春雷中萌发的强烈春心，既不能深闭固藏，也无法阻止摧抑。无论是像韩寿贾女生遂眷属，还是如曹植甄女死荐枕席，相思之情总如春花争发。即使屡经灰灭，也不能自已。无题诗中的主人公，无论为男为女（有时因读者感受角度的不同，对诗中主人公的性别可能有不同理解），其感情总是深挚痴顽，炽热缠绵。即使在因离别间阻引起的苦闷、怅惘、伤感、痛苦乃至幻灭中，也总是有温馨的追忆，深情的期待，坚韧的追求，像"春蚕到死丝方尽，蜡炬成灰泪始干"，甚至带有一点爱情至上的意味和强烈的殉情色彩。诗中的男女主人公在爱情上地位是平等的，不是单方面的施爱或施恩，更不是一方对另一方的乞求（因此把这些诗解释为向令狐绹陈情就未必符合诗的实际情况）。特别可贵的是，这些诗中经常流露出对女性处境和命运的同情，对女性心情的细意体贴，对女性青春的珍惜。像"十五泣春风，背面秋千下""神女生涯元是梦，小姑居处本无郎""风波不信菱枝弱，月露谁教桂叶

502

香"，像"曾是寂寥金烬暗，断无消息石榴红""晓镜但愁云鬓改，夜吟应觉月光寒"等诗句，都以一种感同身受的细意体贴与关切，表露出对女性的挚爱与尊重。这是一种在以男性为中心的封建社会中一般男性作家（甚至连女性作家）也少有的女性意识。正是在这一点上，集中表现了它的民主性。中国古代诗歌中，除民歌和学习民歌而得其神的作品外，真正具有爱情诗品位的情诗很少。封建婚姻，义务往往多于爱情。婚前的爱情既被视为非礼，婚后的爱情又很少诉诸笔端，因此文人诗中写夫妇爱情的很少，如果写到爱情，多半是夫妇之外的所谓韵事。这类情诗，流品颇杂。齐、梁、陈、隋、初唐的宫廷艳诗，由于帝王、贵族文人生活与思想感情的影响，往往流于对女性外在姿容体态的赏玩乃至不时流露出对女性的狎亵。初盛中唐文人的爱情诗中，艺术品位较高的，主要还是那些胎息于乐府民歌并在此基础上加工提高的作品，如张若虚、崔国辅、崔颢、王维、李白、刘禹锡等人之作。但中唐元、白（特别是元稹）的艳诗，则带有比较明显的封建文人夸示艳遇的感情，甚至有时流露出某些市井庸俗气。他们对爱情的描写，往往更津津乐道于女子的容貌、体态、衣着，甚至男女的调情欢会，像元稹的《会真诗》就有大段比宫体诗要露骨得多的描写，甚至连白居易的《长恨歌》这种从整体说艺术品位很高的杰作也有"春寒赐浴华清池，温泉水滑洗凝脂。侍儿扶起娇无力，始是新承恩泽时"一类描写。与李商隐同时的温庭筠，后于李商隐的韩偓、吴融，其艳诗（包括《无题》）也往往流于轻艳甚至冶荡。李商隐的其他赋艳之作中，也不是没有这种轻艳的倾向，如《拟意》《碧瓦》《镜槛》诸作。但在他的无题诗中，却将这一切非爱情的杂质淘洗干净。十四首无题诗中，不仅没有任何艳亵的描写，甚至连女性的姿容体态也很少涉笔。它所注重的是灵而不是肉，是真挚的爱情而不是单纯的欲念，是双方心灵的契合而不是对外在形貌体态的欣赏。在无题诗中，李商隐把古代文人的爱情诗真正提升到纯粹感情的领域，实现了由欲到情的升华超越。无题诗作为爱情诗，是一种严格意义上的高品位的纯情诗。这种纯情化的特征，在他的无题诗以外的爱情诗中也有出色的表观，像《春雨》、《代赠二首》（其一"楼上黄昏欲望休"）、《暮秋独游曲江》、《离亭赋得折杨柳二首》等，但表现得最集中的则是他的无题诗。

与内容的纯情化特征相联系，李商隐的无题诗还有另一个突出特点，即它的主观性与抒情性。这一点，如和元稹的爱情诗略加对照，便看得更加清楚。元稹的爱情诗，无论是长篇如《梦游春》七十韵、《会真诗》三十韵，还是短篇如《离思》六首、《杂忆》五首、《春晓》、《白衣裳》二首，或叙写一次完整的爱情经历，或回忆爱情生活的某一片断，都有明显突出的叙事性与写实性。它们注重对爱情具体过程、情事的线型叙述描写，有比较完整的情节或情节片断，对爱情生活中一些具体场景、细节常有细致的描绘，甚至不避猥亵。它们也都有具体的本事。尽管在叙事描绘中也融入抒情成分，但作者的着重点显然在事件、情节本身。李商隐的无题诗写爱情，则主要是写对爱情的深刻感受与体验，写爱情主人公的种种复杂微妙心理，写心灵的沉思叹息。总之是写主观的心灵境界，基本上没有叙事成分。即使偶尔出现某些场景或片断，也是主人公在追思回忆中浮现的，缺乏事件的连贯性，像"扇裁月魄羞难掩，车走雷声语未通""隔座送钩春酒暖，分曹射覆蜡灯红"，与其说是写事，不如说是抒情，抒写对上述场景的感受。即使有些完全可以写成叙事诗的生活素材，在无题诗中也被抽掉了一切事的成分，提炼为最纯粹的抒情诗。像《无题》（昨夜星辰）的背后，便显然有一个昨夜席上相值、两情暗通而旋成间隔的爱情故事，但诗人所注意的并不是事件本身，而是在昨夜星辰好风的温馨氛围和酒暖灯红的热闹宴席上心灵契合的欣喜和心通身隔的怅惘，是对这样一次难忘的爱情遇合的深切体验。又如《无题》（相见时难），把双方历经磨难曲折的一连串悲剧性爱情经历全部隐到幕后，提炼出来的只是高浓度的感情琼浆，一种在历经艰难间阻的情况下愈益深挚忠贞的感情，一种殉情精神。劈头一句"相见时难别亦难"，仿佛一声沉重的心灵叹息，什么具体的事也没有说，也可以说什么事都包含在里面了。无题诗所写的爱情，可能也有它的本事，但经过诗人的提炼，已成为高纯度的感情结晶体，它的本事已不可逆向考索。这样的诗，不仅是纯情化的，而且是纯诗的，即排除了一切叙事的散文成分，即非诗因素的"纯诗"。这也是李商隐在爱情诗领域的一种创造。无题诗以外的某些爱情诗，也有这种纯情、纯诗的特点。如《燕台诗四首》的生活素材，如果在元、白手里，当会敷演出比《长恨歌》还要哀惋动人的生离永别的爱情悲剧故事诗，但一到李商隐手中，一切相见相爱相离的事件情节全部隐去，只在抒写刻骨铭心的思念中偶露"双珰丁丁联尺素，内记湘川相识处"这种一鳞半爪，而整个爱情悲剧事件则不见身首。可见把爱情诗写成主观性、抒情性极强的纯诗，是他的一种独特的美学追求。

李商隐的无题诗在抒写爱情心理、爱情体验方面有一个突出特点，即将相互对立的感情的交融与渗透表现得非常深刻细致，善于表达非常复杂微妙的心理状态。他的一些流传众口的写情名联大都属于这种类型。人们不一定记得全篇，但对这些名联却几乎是过目成诵，历久难忘，原因就在于它们"包蕴密致，演绎平畅，味有穷而炙愈出，钻弥坚而酌不竭"（宋江少虞《宋朝事实类苑》卷三十四）。《无题》（昨夜星辰）"身无彩凤双飞翼，心有灵犀一点通"一联，"身无"与"心有"相互映照、生发，组成一个富于包孕的矛盾统一体。相爱的双方不能会合，本是极大的痛苦，但身虽不能相接，心却可以相通，又是莫大的慰藉。诗人所表现的并不是单纯的爱情间隔的苦闷和单纯的心灵契合的欣喜的相加，而是间隔中的契合、苦闷中的欣喜、寂寞中的慰藉，尽管这种契合的欣喜与慰藉中又不免带一点苦涩，却因为身受阻隔而弥感珍贵。由身隔与心通这一矛盾派生出如此丰富复杂深刻微妙的感情，却又表现得如此明畅而隽永，如此主次分明而富典型性，确实可见诗人抒写心灵感受的才力，也充分利用了律诗对仗的形式所造成的艺术空间。又如《无题》（相见时难）的颔联："春蚕到死丝方尽，蜡炬成灰泪始干。"到死、成灰、丝尽、泪干，充满了悲剧情调，甚至带有悲观绝望的色彩，但正是在这种仿佛是绝望的悲哀痛苦中透露出感情的坚韧执著，既悲观又坚定，既痛苦又缠绵。明知思念之徒劳与追求之无望，却仍然要作无穷无尽的无望追求；明知思念与追求只能使自己终生与痛苦为伴，却心甘情愿背负终生的痛苦去作无望的追求。把殉情主义精神表现得如此深刻而富于悲剧美，在诗歌史上亦不多见。《无题》（飒飒东南）的尾联："春心莫共花争发，一寸相思一寸灰。"一方面，是爱情幻灭的强烈悲愤，是屡经挫折后近乎绝望的叹息，但在幻灭、绝望中透露的却是任何阻抑也无法泯灭的春心。"一寸相思一寸灰"的结果不是心如冷却的死灰，而是导致新一轮的春心萌发和更强烈的追求。"春心莫共花争发"的自我告诫所透露的正是"春心又共花争发"的现实心境。

由于抒写深刻细致复杂微妙的心理，在表现方式上多用有神无迹的象征。它们的共同特点有二：语言明白如话，没有任何奥涩难解之弊；象征与比喻、写实结合，往往让人感觉不到其中含有象征。象征与比喻结合，如"春蚕"一联中的春蚕、蜡炬，都是喻意显明的比喻，但绵绵不绝、至死方尽的蚕丝，又是悠长不绝、至死不渝的相思之情的象征，在无望情况下仍然执著追求的精神的象征；燃成灰烬才停止流溢的蜡泪，又是绵绵不绝的别恨与痛苦的象征、殉情精神的象征。由于与比喻融为一体，不但使象征含意毫不晦涩，而且使读者浑然不觉。"春心"一联，以春花之发喻春心之发，以

"成灰"喻心灰，都是明显的比喻，而其中即寓含象征，整个一联，正是追求—幻灭—再追求—再幻灭的精神历程的绝妙象征。"身无"一联，以彩凤双飞翼与灵犀一点通分喻爱情的追求与心灵的契合，是比喻又是象征。"神女"一联，以巫山神女之梦幻生涯与清溪小姑之独居身世喻诗人自身的生涯身世，而诗人的幻灭感、孤子无依感亦得到象征性的表现。这一系列名联比喻与象征的巧妙融合，对诗的流传众口起了很大作用。无题诗尽管在整体内涵意蕴的把握上、联与联的关系上有难于求索之处，但在比喻与象征的融合上却绝无晦涩隐僻之弊。不过，无题诗最出色的象征，却是另一种与写实融合的更加有神无迹的象征，如：

> 相见时难别亦难，东风无力百花残。

前一句概括了丰富深刻的人生体验，直抒人生悲慨；后一句却似接非接，突然端出一幅春风无力、百花凋残的暮春图景。它既像是交代双方别离的时节正值暮春，是写实；但同时又像是刻意为这场难堪的别离设置一个黯然销魂的带有象征意味的背景与氛围。它像是象征青春、爱情的消逝，又像是象征别离双方既难堪又无奈的心绪；甚至不妨认为它象征着一个春尽花残的大时代环境。写实中寓含如此丰富深永的象征，所以评家击节叹赏，"第二句毕世接不出"（何焯《义门读书记》引冯舒评）。又如：

> 曾是寂寥金烬暗，断无消息石榴红。

表面上看，这一联似乎纯粹是叙事绘景，是赋实，交代女主人公自与对方邂逅以后，已经守着慢慢黯淡下去的残烛在寂寥中度过许多默默期待的长夜，而对方却杳无音讯，转眼间石榴花又红了。但那在寂寥的长夜、在默默的期待中逐渐黯淡下去的蜡炬，又正是无望的相思与期待的象征（本是守着蜡烛在默默期待，而无形中蜡烛仿佛被心灵化了，成了默默期待的象征）。石榴花开得十分红艳耀眼，但它开时春花已全部凋谢，在一片丛绿中红艳的榴花反显出了寂寞。因此"石榴红"在这里就不仅是时序迁移、别来经年的一种显示，也不仅仅透露出女主人公抬头瞥见石榴花红时内心的怅触，它同时还是青春在寂寞中消逝的象征。这一联的特殊韵味，主要由于这种有神无迹的象征。再如：

506

飒飒东南细雨来，芙蓉塘外有轻雷。

细雨轻雷，似亦仲春季候的写实。但细雨暗用"梦雨"典，轻雷暗用《长门赋》"雷殷殷而响起兮，声象君之车音"。芙蓉塘即莲塘，在南朝乐府中常用为男女相悦传情之所。这一系列与爱情相关的意象，已给读者丰富的暗示与联想。而细雨轻雷，既隐隐传出生命萌动的讯息，暗逗末联春心与春花争发的内在意蕴，凄迷黯淡的色调，又透露出女主人公的怅惘忧伤与寂寞期待。这一联的象征比较隐微，但也更有神无迹。纪昀说："起二句妙有远神，可以意会。"（《玉谿生诗说》）象征手段的巧妙运用，是构成远神的主要因素。他如：

来是空言去绝踪，月斜楼上五更钟。

如果说出句是梦醒后的主人公一声长长的叹息，那么对句便是梦醒后一片空寂孤清的氛围。朦胧斜月空照楼阁，远处传来悠长凄清的晓钟声，这本来是写景，是赋实，但紧接在那一声"来是空言去绝踪"的长叹之后，它似乎成了主人公空幻感、失落感和凄清孤寂情绪的象征。联系商隐其他一系列诗句：

君问归期未有期，巴山夜雨涨秋池。

一春梦雨常飘瓦，尽日灵风不满旗。

芭蕉不展丁香结，同向春风各自愁。

可以看出，这种亦赋亦比亦兴，又像写景叙事，又像比兴象征，表面上明白如话，实际上诗外有诗、境外有境的象征，在李商隐手里，确实已运用到出神入化的地步。

以上四个方面的特征，包括了作为爱情诗的无题诗，其思想内涵与艺术表现的一些主要特征，使无题诗具有纯情化、纯诗化、深微化和象征化的艺术风貌。在古代文人爱情诗的发展史上，李商隐的无题诗以上述独特风貌而具有不朽的价值。

第九章　李商隐的爱情诗

　　这一章所研究的对象，是李商隐无题诗以外所有以爱情为主要内容的诗，商隐的无题诗，尽管也是写爱情的，但由于对它的性质、对它是否另有寄托历来有不同的看法，因此已另立专章讨论。

　　在商隐现存的五百九十多首诗中，爱情诗共约百首①。占总数六分之一强，相当于政治诗和咏史诗的总和，可以看出这是他诗歌的重要题材。中唐以来，诗歌写男女情爱的风气渐盛，至晚唐而更炽。五代韦縠编《才调集》，所选多为绮艳之作，其中又以元、白、温、李、杜牧、韦庄等人之作为多。李商隐尤为晚唐写爱情诗的大家。研究李商隐，当然应该把他的爱情诗作为创作的重要方面来加以探讨。

　　从以往的研究情况看，对李商隐的爱情诗，大部分集中在对其恋爱本事的考证上。这主要是因为，在李商隐的诗中，最为隐晦难解的就是一部分爱情诗，特别是像《燕台诗四首》《河阳诗》《河内诗》《碧城三首》《中元作》《碧瓦》《拟意》《镜槛》《日高》《代魏宫私赠》《代元城吴令暗为答》《如有》《昨日》《明日》《水天闲话旧事》《魏侯第东北楼堂郢叔言别聊用书所见成篇》等，都是义山诗中出名的难解之作。只有《柳枝五首》，因为有一篇序具体地叙写了这场刚刚开头就匆匆结束了的没有结果的爱情，因而诗的本事倒是非常清楚，但诗的文本仍然相当晦涩费解。由于商隐将这些诗写得扑朔迷离，这就越发引起人们对它的本事进行探寻考索的浓厚兴趣。从冯浩、张采田到苏雪林、朱偰，一直到今天的学者，用了相当大的精力来考证义山爱情诗的本事。这种考证，尽管也取得了一定的成绩，发现了一些线索，但由于缺乏确凿的材料依据，多数只是据这些本身就写得很隐晦的诗中

508

---

　　①有的诗写得相当隐晦，注家对它们的理解也很不一致，如《景阳宫井双桐》，有的注家认为它是"为杜秋娘归金陵作"（程梦星），有的更认为是"因孝明（按：即宪宗孝明皇后郑氏）而追感杜秋"（张采田），有的则认为是咏张、孔二美人（姚培谦）。性质颇难确定。

某些诗句作种种推想假设，因此考证结论的可靠性、可信度不是很高。即使有时将一系列爱情诗串联起来，也能编织成一个相对完整的爱情故事，但很难说事实果真如此。更何况，李商隐有些爱情诗未必是他本人爱情经历的实录，有的可能是写别人或某一种人的情事；有的虽然可能和自己的爱情生活经历及体验有关，但已经在此基础上作了集中概括与典型化，与生活原型距离已相当远；有的也许根本就没有任何实事，只是写内心的朦胧向往与追求，写青春心灵的萌动。因此，在现有的文献材料条件下，即使花费更大的气力进行本事的考索，也未必能得到明确可靠的结论。这方面的工作当然不妨继续去做，但目前更重要的是加强对李商隐爱情诗的文本分析与研究，特别是对那些最能代表商隐爱情诗艺术特色与成就的作品作细致的文本分析。如果能确凿考知某首爱情诗的本事，当然有助于对它的阅读、鉴赏与分析，但一首真正成功的爱情诗，它本身就是自足的，即使并不了解它的本事，也能使读者领略它的艺术魅力①。实际情况正是这样：义山的优秀爱情诗在读者并不了解其本事的情况下，就已经被它的艺术魅力所征服了。

李商隐的爱情诗中有两大类最值得研究：一类是那些极富情采、象征色彩很浓的一般爱情诗；另一类是他对妻子王氏深情思念和伤悼的诗，即忆内诗与悼亡诗。忆内诗与悼亡诗并不一定都具有爱情内涵和爱情诗的品格，但李商隐的忆内诗与悼亡诗是具有爱情内涵和爱情诗品格的。下面分别讨论。商隐的女冠诗也往往抒写其爱情追求与苦闷，由于题材本身的特点，将另设专章讨论。

第一节　一般爱情诗

在这类爱情诗中，有相当一部分是刻意模仿李贺象征诗风之作，体裁多为古体，像《燕台诗四首》《河阳诗》《河内诗》《日高》等都是其中特出的代表。这些诗都是著名的难解之作，但由于它们具有华艳芬芳的辞藻、缠绵悱恻的情采和很强的艺术感染力，因而并不因难解而使读者却步，相反地还正因为它们既哀感顽艳而又笼罩着一层朦胧神秘的面纱变得更加吸引人。这类诗中的佳篇，只要一接触，便会被它的惊采绝艳所倾倒，而无暇顾及它

509

---

① 冯班认为《燕台诗四首》等"不解亦佳,如见西施,不必识姓名而后知其美"(朱彝尊评引),比喻虽未必切当,但其意可会。

所写的究竟是何人何事。这当中最为光艳夺目的自然首推《燕台诗四首》。关于这组诗的写作年代以及它所表现的一段悲剧性爱情，上编第五章第五节已作过考述。这里仅就这组诗的文本作一些解析。为了便于对照，将四首诗全录于下：

风光冉冉东西陌，几日娇魂寻不得。
蜜房羽客类芳心，冶叶倡条遍相识。
暖蔼辉迟桃树西，高鬟立共桃鬟齐。
雄龙雌凤杳何许？絮乱丝繁天亦迷。
醉起微阳若初曙，映帘梦断闻残语。
愁将铁网罥珊瑚，海阔天翻迷处所。
衣带无情有宽窄，春烟自碧秋霜白。
研丹擘石天不知，愿得天牢锁冤魄。
夹罗委箧单绡起，香肌冷衬琤琤珮。
今日东风自不胜，化作幽光入西海。

———《春》

前阁雨帘愁不卷，后堂芳树阴阴见。
石城景物类黄泉，夜半行郎空柘弹。
绫扇唤风阊阖天，轻帏翠幕波洄旋。
蜀魂寂寞有伴未？几夜瘴花开木棉。
桂宫流影光难取，嫣薰兰破轻轻语。
直教银汉堕怀中，未遣星妃镇来去。
浊水清波何异源？济河水清黄河浑。
安得薄雾起缃裙，手接云軿呼太君？

———《夏》

月浪衡天天宇湿，凉蟾落尽疏星入。
云屏不动掩孤嚬，西楼一夜风筝急。
欲织相思花寄远，终日相思却相怨。
但闻北斗声回环，不见长河水清浅。
金鱼锁断红桂春，古时尘满鸳鸯茵。
堪悲小苑作长道，玉树未怜亡国人。
瑶瑟愔愔藏楚弄，越罗冷薄金泥重。

帘钩鹦鹉夜惊霜，唤起南云绕云梦。

双珰丁丁联尺素，内记湘川相识处。

歌唇一世衔雨看，可惜馨香手中故。

——《秋》

天东日出天西下，雌凤孤飞女龙寡。

青溪白石不相望，堂上远甚苍梧野。

冻壁霜华交隐起，芳根中断香心死。

浪乘画舸忆蟾蜍，月娥未必婵娟子。

楚管蛮弦愁一概，空城罢舞腰支在。

当时欢向掌中销，桃叶桃根双姊妹。

破鬟倭堕凌朝寒，白玉燕钗黄金蝉。

风车雨马不持去，蜡烛啼红怨天曙。

——《冬》

由于这组诗所咏的当下时间跨越春、夏、秋、冬四季，每首诗中的时空又常有很大跳跃性，所咏情事或是对过去所历的回忆，或是对对方现时境况的想象，或是抒情主人公眼前面对的景物，或是抒情主人公的心灵独白，非常错综复杂。要想大体读懂它，必须首先明确一个基点，这就是四首诗究竟是男子思念女子还是女子的自我抒情？我曾在《李商隐诗歌集解》和《李商隐诗选》（增订本）中就这一问题作过一次试验，前者处理成男思女，后者处理成女子自我抒情，结果似乎都可以解释得通。这种人称不明晰的特点和商隐某些无题诗非常类似。不过，通过反复比较，我认为还是以解为男思女比较妥当。下面便以此为基点对这四首诗作初步的解析。

　　首章开头四句写男主人公在春光遍布陌头时像采蜜寻芳的蜜蜂那样，到处寻觅对方的芳踪而不可得。"娇魂"及此首下面的"冤魄"均指所思念的女子的精魂。所谓"几日娇魂寻不得"，实际上是精神上一种寻觅不已的反复追寻，不必拘实以为对方即居其地。寻觅不得，乃转而追忆初见伊人的情景：在春天的迟晖暖霭中，对方梳着高高的发鬟，伫立在桃树的西边，桃鬟云髻，两相辉映，颇似"去年今日此门中，人面桃花相映红"的情境，却写得迷离惝恍，疑幻疑真。而今，"人面不知何处去"，故接下来又回到当前独处的现境，发出雄龙雌凤杳远相隔的呼喊。面对暮春时节柳絮漫天飘荡、柳丝历乱纷繁的景象，内心一片迷茫，感到整个天宇也是一片迷蒙。"醉起"

511

二句，写男主人公在这种迷茫失落的心境中，午间酒醉初醒，斜日映帘，迷迷糊糊中将"一场愁梦酒醒时，斜阳却照深深院"的情景错当成了清晨阳光初熹时的情景。酒醒梦断之际，耳畔似乎还依稀听到对方最后几句细语（暗示酒醉后入梦，梦见对方，双方细语切切，故梦醒时似乎还听到对方的残语）。这种亦真亦幻、似真似幻的感觉，正传神地表现了男主人公痴迷恍惚的情态。梦醒后的恍然若失又导致了新的一轮追寻。"愁将"二句，是说自己满怀愁绪，想用铁网挂取珊瑚那样寻觅到对方的踪影，但海阔浪高天翻，终迷处所。"衣带"四句，谓自己因刻骨思念而瘦损，春烟自碧，秋霜自白，大自然的景物如此韶丽，自己的内心却只是悲凉与无奈。自己虽如研丹擘石，一片赤诚，但天公似乎并不了解，惟愿有一座天牢紧紧锁住对方那迷失的冤魂。最后四句，想象值此暮春时节，对方当已委夹罗而著单绡，香肌上衬贴着仍带有一点寒意的玉佩。伊人远去，春光亦逝。自己的一片幽情苦思也随着逝去的春光入于西海。

第二章开头四句写夏天雨暮之景。雨帘不卷，芳树阴阴，石城景物，幽暗阴霾，有类黄泉或夜半时分。少年郎君虽然像潘岳那样丰姿秀逸，挟弹行游，却无人欣赏①。"石城"当是男主人公现居之地。处此凄黯孤寂之境，自然又想到远去的伊人。"绫扇"四句，是想象所思女子现时的情况，谓值此夏夜，对方想亦寂寥独处，绫扇轻摇，呼唤西南风至，轻帷翠幕，如漩波荡漾回旋。尔今流落异乡，如同泣血啼红的蜀魂，寂寞之中有无女伴相慰相怜？南中荒远之地，近日来木棉花想又夜开数树吧？"瘴花木棉"，点明时令及所思女子现居之地，且以木棉花之红艳反衬女子处境之孤寂。下四句由双方现时处境之孤寂转忆昔日双方的欢会：月华流转，清光四射，如此良夜，双方窃窃私语，对方的气息如香熏兰绽，沁人心脾。当时真想让银河堕我怀中，免得这天孙织女常苦于来来去去。"浊水"二句是用浊河清济之异源比喻两人之清浊异途，不能相偕。最后二句，又转而企盼对方像天降仙女那样乘着云车、穿着缃裙倏然降临。

第三章起四句想象对方在清寥明净的秋夜独坐含愁的情景：月华满天，似乎整个天宇都被月光的凉波所浸湿。伊人夜深不寐，凉月既落，疏星入户，云屏不动，颦眉独坐。只听到檐前铁马，一夜丁当作响。"欲织"四句，

①《晋书·潘岳传》："岳美姿仪……少时常挟弹出洛阳道，妇人遇之者皆连手萦绕，投之以果，遂满载以归。""夜半行郎空柘弹"句用此典，谓石城景物凄黯如黄泉，故美少年虽挟弹行游而无人欣赏。

说对方想殷勤寄信以达相思之意，但终日相思却反而化作满腔的怨思（因思极而不得见故生怨怀）。只仿佛听到北斗酌浆之声回环不绝，而清浅的银河已隐没不见。"不见长河水清浅"即"长河渐落"之意。暗示斗转河隐，时间流逝，而会合无期。这八句的意境颇类《嫦娥》诗："云母屏风烛影深，长河渐落晓星沉，嫦娥应悔偷灵药，碧海青天夜夜心。""金鱼"四句，是写所怀女子旧居荒凉冷寂的景象：鱼钥深锁重门，院中芬芳的丹桂已经不再含蕊流香，旧时华美的茵褥上已经布满了灰尘。小苑荒废，已经变成了人行的道路，当年玉树歌舞之人，又有谁怜惜她的不幸命运呢？"金鱼锁断红桂春"，兼寓金屋贮娇、断送其人青春芳华之意，"玉树"点明其人身份。"瑶瑟"四句，转而想象所思女子秋夜弹瑟寄情的情景，谓瑶瑟悁悁，深含悲怨的楚声；越罗冷薄，难禁秋夜之清寒，似乎连罗衣上的泥金之饰的一分沉重都感觉到了（用"金泥重"反衬"越罗冷薄"）。帘钩金笼中的鹦鹉，因为惊霜而夜啼，惊醒了伊人萦绕的绮梦（"南云"用陆机《思亲赋》"指南云以寄钦"、陆云《九愍》"眷南云以兴悲"，用作怀想思念之情的代称）。"双珰"四句，谓昔日双珰尺素，寄情殷殷，内记湘川相识时的情景。料想对方将终生含泪，珍藏珰札。可惜双方杳远隔绝，会合无期，珰札上被对方反复摩挲把玩而留下的馨香也将随着时间的流逝而逐渐消失。末句正象征着这一段充满温馨记忆的情缘已成过去。

第四章首四句写双方永隔之恨。首句点冬令，"雌凤""女龙"喻所思女子；"孤飞""寡"似谓其人现已寡居。青溪小姑与白石郎分喻对方与自己，谓双方远隔，对方所居之画堂比苍梧之野还要遥远，盖用舜葬苍梧之典，极言生离甚于死别[①]。"冻壁"二句，谓冬日严寒，壁间霜华隐结，遥想其人，恐亦正如芳树根断，其芳心亦枯死矣。自己空乘画舸，追忆当年如同莫愁之伊人，想历此磨难，其时美如嫦娥的对方如今也未必再是美婵娟了。"楚管"四句，想象其人在南方的生活及姊妹欢销之恨，谓当日歌舞堂前，楚管蛮弦，纷然杂奏，而今此管弦均成供愁添恨之具。寂寞空城，欢销舞罢，惟剩瘦损的腰支。昔日曾作掌上舞的桃叶、桃根姊妹，均已舞歇香销，无复当年的欢情了。最后四句，想象对方孤冷憔悴之态与伤离怨断之情。谓其人如今破鬟蓬鬓，倭堕髻斜，燕钗金蝉，独自瑟缩于冬晨寒气的侵凌中，夜来风雨亦未能化作风车雨马持之而去，惟独对啼红的蜡烛，彻夜不

[①] 商隐《和郑愚赠汝阳王孙家筝妓二十韵》有"远别长于死"之句。

寐，和泪直至天明。

根据上面的疏解，可以看出这组诗有以下几个鲜明特征：

其一，强烈的主观抒情性。《燕台诗四首》显然包含着一个悲剧性的爱情故事。上编第五章第五节曾就诗中透露的一鳞半爪对这一爱情悲剧作过某些推测。这样一种生活素材，如果让元稹、白居易等善于叙事的诗人来处理，肯定会敷演成一篇《长恨歌》式的爱情悲剧故事诗。但在李商隐手里，却把生活素材中事的成分几乎全部抽掉，完全只写抒情主人公对这场悲剧性爱情的心灵感受和对所爱女子刻骨铭心的思念。诗的绝大部分都是通过回忆或想象，来抒写与对方过去相遇、相识、欢会时的情景，或对方在不同季节、时地的处境和心情。而且这种抒写，主要不是交代事件的发生、发展与结局，而是化事为情、借事写情。像《春》诗中的"暖蔼辉迟桃树西，高鬟立共桃鬟齐"，《夏》诗中的"桂宫流影光难取，嫣薰兰破轻轻语"，《秋》诗中的"双珰丁丁联尺素，内记湘川相识处"，《冬》诗中的"当时欢向掌中销，桃叶桃根双姊妹"这些片断情景的叙写，其目的并不在交代事件，而是为了表现抒情主人公对这些情景难以销磨的鲜明印象和深刻记忆。至于对女子现时处境、心情的想象，更明显是为了表现刻骨铭心的思念和同情体贴对方的感情。

其二，跳跃性的章法结构。这一点和强烈的主观抒情性密切相关。由于诗不是以事件的发生、发展和结局来组织，即按时间顺序作线性叙述，而是以诗人强烈而时刻流动变化的感情为线索，因此诗的章法结构就必然是随着诗人的感情流程，忽而回忆，忽而想象；忽而昔境，忽而现境；忽而此地，忽而彼地；忽而闪现某一场景片断，忽而直抒心灵感受这样一种断续无端、来去无迹的章法结构。如《春》诗从一开头的"几日娇魂寻不得"的茫然自失，到转忆初见时"暖蔼辉迟桃树西，高鬟立共桃鬟齐"的融怡明媚情景，再折回当前"雄龙雌凤杳何许，絮乱丝繁天亦迷"的一片迷茫，从叙事角度看，似极为错综变幻，从感情变化发展的流程看，却又极为自然。这说明这种章法结构对抒写强烈多变的感情流程来说，是非常适合的，可以说这是一种心灵诗、意识流诗的章法结构。

其三，着意表现一种悲剧美。这可能是这组诗具有强烈艺术感染力的重要原因。约而言之，有以下两个方面：一是诗中描绘的女主人公形象具有悲剧美。像《秋》诗的结尾："双珰丁丁联尺素，内记湘川相识处。歌唇一世衔雨看，可惜馨香手中故。"寄寓着美好爱情的尺素双珰，被女主人公在永无休止的思念中反复摩挲、把玩、阅读，那上面不仅渗透了她的点点泪痕，也留下了手泽的芳香，但这一切都将随着时间的流逝而逐渐消失。这个想象中浓缩了长久时间的情景，将一段美好情缘的消逝和女主人公一世含悲回忆往事的形象表现得极具悲剧美。《冬》诗结尾出现的那个"破鬟倭堕凌朝寒，白玉燕钗黄金蝉"的伊人，尽管风鬟雨鬓，难以禁受冬晨的朝寒，但那室外风雨凄寒、室内蜡烛流红的境界，却将这位独自伴着蜡烛默默流泪的女子衬托得极具悲剧性美感。不妨说这"蜡烛啼红怨天曙"的形象既是女主人公悲剧形象的传神描写，也是整组诗悲剧意境的象征性表现。二是诗中所表现的情境往往在丽景哀情的映衬中显示出动人的悲剧美。如"衣带无情有宽窄，春烟自碧秋霜白"所显示的韶丽春光秋色和背负着沉重哀情的男主人公之间的映衬对照，"蜀魂寂寞有伴未？几夜瘴花开木棉"所展现的南中鲜丽景物和女主人公寂寞哀伤情境之间的映衬对照，都是显例。

诗分春、夏、秋、冬四题，分别抒写抒情主人公的四季相思。程梦星认为系取《子夜四时歌》之义而变其格调者，可参。随着时间的流逝和四季景物的变化，抒情主人公的感情也由一开始的反复寻觅、怀想、企盼重会，到悲慨相思无望、情缘已逝，最后到"芳根中断香心死"，爱情终归幻灭。《冬》诗中出现在凄风苦雨和朝寒侵袭下破鬟蓬鬓、对烛悲泣的女主人公形象，从外形到内心，都与《春》诗、《夏》诗乃至《秋》诗中大不相同。徐德泓借《柳枝诗序》"幽忆怨断"四字概括四首大意，谓"春之困近乎幽，夏之泄近于忆，秋之悲邻于怨，冬之闭邻于断"（《李义山诗疏》），虽未必尽切各首之意，但启示我们，各首所表现的情感不但各有特点，而且整组诗的悲剧气氛是在不断加强、深化的。感情和人物的心理都是有变化发展的。

在这组诗中，通过回忆、想象所展现的昔境与现境的交错，实境与虚境、幻境的交融，几乎随处可见，加上结构章法的跳跃性，遂使全诗呈现出一种朦胧迷幻的色调。它在学习李贺诗的想象新奇、造语华艳方面，可谓深得其神髓，但它又具自己的独特面目。它不像长吉诗那样奇而入怪，艳中显冷，而是将奇幻的想象用于创造迷离朦胧的境界，用华艳的神采来表达炽热痴迷、执著缠绵的感情。使人读后，既深为诗中所抒写的生离甚于死别的悲剧性爱情而悲叹，但同时又感到其中荡漾着一种悲剧性的诗情，一种执著追求的深情，一种令人心田滋润的诗意。哀感缠绵中流露的正是对生活中美好事物的无限流连。故虽极悲惋，却不颓废。

比较之下，《河阳诗》尽管也是长吉体，所写的情事可能与《燕台诗》

同属一事①，但无论情感、意境、语言的悲剧性美感，都不及《燕台诗四首》，其中还有比较多的生硬模仿长吉体语言风格的生涩诗句，诗的意蕴也更为晦涩费解。从艺术创作由模仿到独创的自然进程来看，《河阳诗》的写作应在《燕台诗》之前。前者犹墨痕未化，后者则融化而独具一格。

学长吉体的短篇七古中，《日高》一首颇有特色：

> 镀镮故锦縻轻拖，玉□不动便门锁。
> 水精眠梦是何人？栏药日高红鬖□。
> 飞香上云春诉天，云梯十二门九关。
> 轻身天影何可望？粉蛾帖死屏风上。

诗写贵家一位娇艳女子，日高尚娇卧未起，而水精帘外窃窥之人，则徒怀想望而不能亲近，所谓"偷看吴王苑内花"是也。这本是艳情诗中常见的内容，很容易写得轻佻庸俗。但作者写来却情感炽热而执著，艺术表现又很富象征暗示色彩。第三句设问，点出水精帘内眠梦之人，接下第四句却不作正面回答，而是宕开写景，将镜头摇向帘外，推出花栏中的芍药花在丽日春风中摇荡呈艳的画面，令人自然联想到水精帘内眠梦之人的情态姿容，象征手法运用得不露痕迹，又给人以美感，比起直接描写水精帘内眠梦之人的情态姿容要更富蕴涵和启发。结尾二句，用"粉蛾帖死屏风上"象征执著的追求和绝望的相思，象征意象、手法都很有独创性。如果借用李白《清平调》来概括，则前幅四句即所谓"一枝红艳露凝香"，后幅四句即所谓"云雨巫山枉断肠"，却虽华艳而不淫亵，关键在于有炽热执著的情感作支撑，意象、意境又很富美感。像这样的纯情化艳诗，旧日有些注家竟往政治上去附会，说这是讽唐敬宗早朝晏起，大臣们长时间候朝站立而致僵仆②，真是匪夷所思。

如果说，仿长吉体的古体爱情诗是以感情的炽热、词采的华艳、象征色彩的浓郁为显著特色，那么他用近体律绝写的爱情诗则以情韵的深长、语言的圆融清丽为主要特色。《春雨》是其中的杰出代表：

---

①《河阳诗》中有："南浦老鱼腥古涎，真珠密字芙蓉篇。湘中寄到梦不到，衰容自去抛凉天"等句，与《燕台诗·秋》"双珰丁丁联尺素，内记湘川相识处"之句，显然有关。

②见程梦星《重订李义山诗集笺注》、冯浩《玉谿生诗笺注》对此诗的笺释。

怅卧新春白袷衣，白门寥落意多违。

红楼隔雨相望冷，珠箔飘灯独自归。

远路应悲春晼晚，残宵犹得梦依稀。

玉珰缄札何由达，万里云罗一雁飞。

诗写一个春天的雨夜，诗人在重访所爱女子居住的旧地，不见后归来，独自和衣怅卧时寂寥、怅惘、迷茫的情思。首联说过去双方欢会之地（白门）现在已经显得寂寥冷落，自己的意绪非常萧索，只能独自穿着白色的夹衣在春雨飘萧的晚上和衣怅卧。颔联写怅卧时回想独自重访所爱女子旧居的情景：隔着迷蒙的细雨，遥望对方住过的红楼，因为人去楼空，只感到一片凄冷的气氛；独自归来的路上，细雨飘洒在手提的灯笼前面，丝丝雨帘，随风摇曳，犹如珠帘在飘荡。腹联是想象身处远路的对方，在这春雨飘萧之夜，想必也会和自己一样，产生青春易逝的悲感，看来只有在残宵的迷梦中才能依稀见到对方的容颜了。尾联说自己虽想寄信和耳珠给对方，以表相思之情，但万里云天，一片迷蒙，即使有鸿雁传书，恐怕也难以冲破层层云罗，将信送达对方手中。全诗弥漫着梦一般的氛围，弥漫着一种寂寥、怅惘、失落、迷茫之感。这种氛围和感觉，跟迷蒙的春雨有密切的关系。全诗虽只有第三句一句正面写到雨，却通篇笼罩着雨意。它在凄冷寂寞中带有一点温馨，在怅惘失落中又有对过去的甜美追忆。"红楼"一联，不用典故，纯用白描，却借助春雨创造出含蕴丰富、情景浑融的艺术境界。"红楼"之"红"，本来属于热烈欢快的色彩，可现在却因为人去楼空、春雨飘萧而感觉到它的"冷"。色彩与感觉的反常对应中正透露出诗人心情的凄冷孤寂。下句形容雨丝在风中灯前摇曳有如珠帘飘荡。这雨帘—珠帘的联想本身就透露了诗人潜在的意念活动，即由眼前的雨帘联想到昔日红楼中珠帘灯影、温馨旖旎的生活。而这一切，现在都已成为过去，眼前跟自己相伴的，只有凄冷的雨丝了。意象和境界极美，含蕴的情思则非常凄惋。全诗显示出一种典型的凄艳感伤之美。情韵深长，语言珠圆玉润，清丽流转，与长吉体显然有别。

七绝《代赠二首》也写得极饶情韵，富于风调之美，尤其是第一首：

楼上黄昏欲望休，玉梯横绝月如钩。

芭蕉不展丁香结，同向春风各自愁。

这是代人拟的赠人之作，抒写伤离的女子黄昏独上高楼时的愁绪。首句写高楼远望。望而不见，反添愁绪，故欲望而还休。次句转笔点染暮景。玉梯横度，楼空寂寂，新月如钩，团圆尚迟，透露出黄昏时分女子所居楼院寂寞清冷的气氛。妙在三、四两句，融比兴与象征为一体，"芭蕉不展丁香结"，是即景所见的赋实，但"同向春风各自愁"却是思念情人的女子独特的主观感受，是怀有固结不展的愁绪的这位女子以我观物、移情于景的结果。由于诗人用特具情态的物象——不展的芭蕉、固结的丁香来比况抽象的愁绪，不但使抽象的愁绪得到形象的表现，而且使这种比况具有象征意味。那不展的芭蕉与缄结的丁香，作为庭院中的客观物象，是女主人公愁绪的一种触发物；作为诗歌意象，则成了女主人公愁绪的载体与象征。这两句音情摇曳，意致流走，极富风调之美。上句句中自对而字数不等，显得整齐中有错落，下句"同向春风"与"各自愁"又形成鲜明对照。一"同"一"各"，将男女双方异地同感的意蕴也暗透出来了。后两句对后来一系列诗词名作的构思、意境都产生了深远影响，像钱珝的《未展芭蕉》、李璟的《摊破浣溪沙》（手卷珠帘上玉钩）乃至现代诗人戴望舒的《雨巷》都从中汲取过灵感。

七绝《板桥晓别》则以奇幻绚丽的色彩开辟了情人言别的新境界：

回望高城落晓河，长亭窗户压微波。

水仙欲上鲤鱼去，一夜芙蓉红泪多。

诗所叙写的情事本很平常：一对情侣，昨晚在汴州城西板桥店的长亭住宿，今天清晨双方就在这里离别。男方乘舟离去，女方挥泪送别，但写得像个五彩缤纷的童话。破晓时分，回望高城，银河已经西斜垂地，昨夜双方住宿的长亭，窗户正紧挨着汴河荡漾的水波。由于首句用"晓河"，使双方的别离像是牛女短暂相聚后的长别，而朦胧曙色中隐现于粼粼波光之上的长亭，也宛如仙境亭阁，给平常的离别涂上了一层奇幻神秘的色彩。第三句又把即将乘舟离去的男主人公比作神话传说中乘赤鲤鱼而去的仙人琴高，可以说是将现实境界幻化成了神仙境界，带有童话式的天真意趣。最后一句"红泪"用魏文帝妃薛灵芸离家入宫时流泪变成血的哀艳故事，表面上是写送别之处水中红艳艳的荷花上漾着泪珠似的水珠，实际上是暗示伤别的女子，昨晚一夜，因为悲伤而流下了斑斑红泪，天明送别时仍然泪光荧荧。这样平常的题材，经诗人妙手点染，竟写得如此绚丽多彩，境界奇幻而又感情深挚，确实可见其言情造境手段之高超。

在商隐爱情诗中，有的写得清新明快，有的则写得华美秾艳。前者如

《昨日》：

> 昨日紫姑神去也，今朝青鸟使来赊。
>
> 未容言语还分散，少得团圆足怨嗟。
>
> 二八月轮蟾影破，十三弦柱雁行斜。
>
> 平明钟后更何事？笑倚墙匡梅树花。

诗咏昨日遽别和今夕相思。前三联一气流注，末联却从今夕宕开，转想明日清晨对方笑倚墙边梅花的情景，悠然神往，益见相思之殷，而所爱女子的清丽风神和若有所思的情态也隐见言外。淡语宕出远神，最富风致。后者如《明日》：

> 天上参旗过，人间烛焰消。
>
> 谁言整双履，便是隔三桥？
>
> 知处黄金锁，曾来碧绮寮。
>
> 凭栏明日意，池阔雨萧萧。

前幅追忆昨夜幽会后旋即离别，"隔三桥"犹言相隔银汉。五六追叙昨夜对方从所居之碧窗锁阁前来相会。"黄金锁""碧绮寮"，色彩秾艳。尾联想象明日凭栏对雨，池阔而雨声萧萧，不胜寂寥。这一首写法、构思与上一首相近，尾联宕出远神的写法尤为神似，而风格则有浓淡之别。

　　受南朝宫本和李贺艳诗的影响，商隐也有一些风格靡艳的言情篇什，如《镜槛》《碧瓦》《拟意》等。这些诗不仅内容比较浮薄淫靡，且常用隐晦的表现手法写男女欢会，《拟意》就像是诗体的《游仙窟》。这当然不是其爱情诗的主流，严格地说，它们只能说是艳情诗，而不能称为真正的爱情诗。

第二节　李商隐的忆内诗和悼亡诗

　　表现夫妇之间生活与感情的诗，并不一定就是爱情诗。特别是在封建社会，婚姻出于父母之命、媒妁之言，婚前一般很少有爱情基础，婚后的关系也有不少是义务多于爱情，但李商隐的情况有些特殊。从现存商隐有关诗篇可以看出，他在婚前已闻王氏之美名，且有所向往追求。《寄恼韩同年时韩住萧洞二首》其二说：

> 龙山晴雪凤楼霞，洞里迷人有几家？
>
> 我为伤春心自醉，不劳君劝石榴花。

商隐与韩瞻同登开成二年进士第，而韩瞻先娶茂元第六女。冯浩据《韩同年新居饯韩西迎家室因戏赠》"一名我漫居先甲，千骑君翻在上头"之句，认为韩、李"同时议婚，而韩先娶"，可参。此诗题内"萧洞"用萧史弄玉典，指岳丈王茂元家。起一句用"龙山晴雪"与"凤楼霞"分喻王氏姊妹，表明自己想像阮肇、刘晨同入天台一样，和韩瞻同入此神仙洞府，娶王氏姊妹。三句"伤春"即指自己爱情方面的追求尚未实现的苦闷。《韩同年新居饯韩西迎家室戏赠》在欣羡韩瞻先娶茂元女的同时，戏言自己是"南朝禁脔无人近，瘦尽琼枝咏《四愁》"，正表明商隐对茂元季女是有所思慕的①。如果将这两首诗中透露的情事和《病中早访招国李十将军遇挈家游曲江》（家近红蕖）、《过招国李家南园二首》联系起来考察，商隐于婚前即属意王氏便更加明显。前诗题内之"李十将军"，当即《送千牛李将军赴阙五十韵》中之"李将军"，系茂元之婿，"挈家游曲江"之家人中当有李十将军之妻妹为义山所属意者，故次句"全家罗袜起秋尘"即借《洛神赋》语形容王氏姊妹之美，三四进而明白道出属意王氏女之意："莫将越客千丝网，网得西施别赠人。"而《过招国李家南园二首》（其一）有"潘岳无妻客为愁，新人来坐旧妆楼"之语，也透露出李十将军可能在义山娶王氏女一事上帮忙作合。总之，据上述各篇可以看出，义山在与王氏成婚之前，不但早已闻其美名，而且颇有渴慕追求之意。这说明他们两人的结合是有一定爱情基础的。王氏不但美丽贤惠，而且能诗（商隐诗文中多次提及）②，因此商隐对娶王氏是非常满意的。新婚之后不久，他思念王氏，有《东南》诗云：

> 东南一望日中乌，欲逐羲和去得无？
>
> 且向秦楼棠树下，每朝先觅照罗敷。

---

①张衡《四愁诗》每章均以"我之所思在××"开头，商隐所谓"咏《四愁》"即取此义以喻指对茂元女的思慕。

②《李夫人三首》系悼亡诗，其中"独自有波光，彩囊盛不得"之句。冯浩谓指王氏之"明眸"。《房中曲》亦云："枕是龙宫石，割得秋波色。"至其与义山甘守贫贱，如同梁孟，则屡见于文。又，诗中数次提到与王氏联句赋诗事，如《喜雪》："联辞虽许谢。"《过招国李家南园》："春风犹自疑联句，雪絮相和飞不休。"

诗从《陌上桑》"日出东南隅，照我秦氏楼。秦氏有好女，自名为罗敷"化出。其时商隐与王氏分居两地，早晨望见东南隅初出的朝阳，遂生"逐羲和"而望见秦楼罗敷（指其妻王氏）之遐想。此念既切，不觉已身化阳光照临秦楼之罗敷矣。此诗想象新奇浪漫，富于美感，不言王氏之美，而已暗含于所用罗敷之典中。

桂幕期间，商隐远离家室，写了不少忆内诗。《夜意》：

> 帘垂幕半卷，枕冷被仍香。
>
> 如何为相忆，魂梦过潇湘？

夜深梦醒，枕冷人杳，依稀犹闻被上余香。暗示梦中与妻子欢聚。故三四发为感念之辞，谓对方奈何因相思之故，梦魂竟不惮万里，远涉潇湘，与我相会于梦中？冯浩说："忆内之作，殊有古风。"（《玉谿生诗笺注》）明是自己思念妻子，却从对面写妻子远涉潇湘入己梦中。古朴中有巧致。《念远》则采取双方夹写手法：

> 日月淹秦甸，江湖动越吟。
>
> 苍梧应露下，白阁自云深。
>
> 皎皎非鸾扇，翘翘失凤簪。
>
> 床空鄂君被，杵冷女嫛砧。
>
> 北思惊沙雁，南情属海禽。
>
> 关山已摇落，天地共登临。

以阔远之境写缠绵之情，别具一格。冯浩说："结处明点南北，而言两地含愁，互相远忆，忽觉雄壮排宕，健笔固不可测。"（《玉谿生诗笺注》）《凤》则借咏物写夫妻双方：

> 万里峰峦归路迷，未判容彩借山鸡。
>
> 新春定有将雏乐，阿阁华池两处栖。

诗中的凤兼指分栖桂林、长安的夫妻双方。首句谓己身居岭外，遥望京华，峰峦万重，归路亦迷。次句谓己文采华美，岂甘与山鸡等价，冯浩谓"自负才华，兼寓幕僚之慨"（同上），甚是，意与"越鸟夸香荔，齐名亦未甘"（《深树见一颗樱桃尚在》）相近。三句遥想妻子新春抱雏之乐，四句乃益叹两地分栖，不得享家室天伦之乐。桂幕期间写得最出色的忆内诗是《端居》：

> 远书归梦两悠悠，只有空床敌素秋。
> 阶下青苔与红树，雨中寥落月中愁。

首句一篇之根。远书久疏，归梦难成，益感客居秋夜的寂寥冷落。次句"敌"有"对"义，但"对"只表现"空床"与"素秋"默默相对的寂寥冷落之状，偏于客观描写；而"敌"则兼传出空床独寝者不堪忍受清冷凄寒环境之重压而又不得不忍受的心理状态，虽下字较硬较险，但抒情更加深刻。三四"雨中""月中"非一夕之景，将眼前实景与曾历之景交织描写，无形中使时间内涵扩展延伸，暗示如此中宵不寐、思念远人已非一夕。"青苔"与"红树"、"雨中"与"月中"、"寥落"与"愁"，互文对举，不但具有回环流动、圆转如珠的美感，而且大大丰富了诗句的内涵。"雨中寥落月中愁"的青苔红树，似为离人的愁绪所浸染而人化了，使读者不禁联想起各在天一涯的夫妻双方相对含愁的情状。

商隐诗集中时间最晚的忆内诗是大中二年桂幕罢归途中枉道夔峡时所作的《摇落》。诗有"念远""结爱"语，为怀念王氏之作无疑。写得深情绵邈，缠绵宛往，是五排中的佳作。

以上这些忆内诗，都有实实在在的爱情内涵。诗中出现的妻子，不仅仅是家庭成员，而且是爱情对象。像"且向秦楼棠树下，每朝先觅照罗敷""如何为相忆，魂梦过潇湘""床空鄂君被，杵冷女嫛砧""远书归梦两悠悠，只有空床敌素秋""结爱曾伤晚，端忧复至今"这些诗句，或赞妻子之美丽多情，或写双方的魂梦相思，都有明显的夫妇情爱内容。至于像《对雪二首》那样，将妻子王氏比作洁白多情的雪，写出"龙山万里无多远，留待行人二月归"这样深情的诗句，更非有挚爱之情者所不能道。

就在写《对雪二首》后一年多，大中五年春暮，王氏不幸病故。当商隐罢汴幕赶回长安时，已再也见不到她的音容笑貌了。从春暮到秋深，从回京到赴梓幕，商隐写了一系列深情悼念王氏的悼亡诗。《房中曲》是这一系列中的第一首。关于这首诗的写作时间和王氏亡故的时间，上编第十三章《王氏去世与任国子博士》中已作过详细考证，这里只就诗的本身作一些分析。诗的前四句从帘外泣露的蔷薇写到帘内失母痴睡的娇儿，"泣幽素"三字为全篇定下凄冷的色调。次四句写物在人亡，枕簟在目而王氏的明眸柔肤已不复存。"忆得"四句将"前年春"的情景与"归来"后的情景作对照，进一步抒写物在人亡的哀思。末四句慨叹身世沉沦苦辛，设想将来天地翻覆之时，或能相见，然亦恐"相看不相识"了。钱良择说："设必无之想，作必无之虑，哀悼之情，于此为极。"（冯浩笺引）诗的前半由室外而室内，从空间着笔；后半由昔而今，又由今而想象到将来，从时间方面着笔。写出物在人亡、千古永诀的深悲。诗仿长吉体，此体比较生涩，表达深挚哀惋的情思有不利的一面。但商隐却能化不利为有利，用生涩之笔表达一种痴顽深刻的情思。"蔷薇泣幽素""割得秋波色"，用"泣"字、"割"字都是典型的长吉体字法，但用在这里，却表现了一种触目神伤的情景，"割"字更有一种心灵的锐痛感。诗中用了两个富于表现力的细节。一是"娇郎痴若云，抱日西帘晓"，用幼子衮师失母痴睡来衬托自己的深悲；二是用"忆得前年春，未语含悲辛"的细节来加重"归来已不见，锦瑟长于人"的悲慨。王氏体弱多病，《重祭外舅司徒公文》（作于会昌四年八月）已有"昔公爱女，今愚病妻"之语。"前年春"（大中三年春）王氏可能对自己的身体已有不祥的预感，故"未语含悲辛"，当时并未十分在意，谁知今日竟成可悲的事实，"昔日戏言身后意，今朝都到眼前来"，对照之下，愈感悲痛。后来在东川幕所作《李夫人三首》是用长吉体作悼亡诗，其中第三首尤为调苦情悲：

> 蛮丝系条脱，妍眼和香屑。
> 寿宫不惜铸南人，柔肠早被秋眸割。
> 清澄有余幽素香，鳏鱼渴凤真珠房。
> 不知瘦骨类冰井，更许夜帘通晓霜。
> 土花道碧云茫茫，黄河欲尽天苍苍。

连用语"幽素""秋眸割"都与《房中曲》类似。从诗中看，商隐卧室中似供奉着王氏之神像，故有前四语。"清澄"二句谓独处幽室，似仍闻余香，真如鳏鱼渴凤之思念旧侣。"不知"二句，谓已形容枯槁、瘦骨冰冷，夜夜思念以致晓霜透帘而不觉，末二句乃遥想荥阳坛山故茔王氏之坟墓，颇有"天长地久有时尽，此恨绵绵无绝期"之慨。

商隐悼亡诗多数仍用近体，特别是七律。在他之前，元稹的《遣悲怀三首》，已经树立了用七律写悼亡诗的成功范例。其成功的秘诀之一便是用琐事写哀情，如"顾我无衣搜荩箧，泥他沽酒拔金钗""衣裳已施行看尽，针线犹存未忍开"以及前面引到的"昔日戏言身后意，今朝都到眼前来"等，都是显例，因为亲密的夫妇之间总是有许多看似琐屑平常却值得追思回味的生活细节。但商隐的七律悼亡诗却很少用这种因事见情的写法，而是纯粹抒情，像《王十二兄与畏之员外相访见招小饮时余以悼亡日近不去因寄》：

> 谢傅门前旧末行，今朝歌管属檀郎。
> 更无人处帘垂地，欲拂尘时簟竟床。
> 嵇氏幼男犹可悯，左家娇女岂能忘？
> 秋霖腹疾俱难遣，万里西风夜正长。

首联于今昔对照中透露出无限伤感。昔日翁婿夫妇间温馨的家庭气氛都已与自己绝缘，如今家庭宴饮之乐只能属于韩瞻了，"属"字透出惨然之情。颔联化用潘岳《悼亡诗》语，两句的上四字与下三字之间有一顿折，传神地表现了诗人目睹帘垂空房、簟积灰尘时神惊心摧的情景和恍惚怅惘的情状。腹联将悼念亡妻、怜念儿女和自伤孤子之情在貌似合掌的对仗中融为一体。尾联情景相生，在长夜秋风秋雨的背景下进一步抒写因悼念亡妻而引起的身世之悲，钱良择说："平平写法，凄断欲绝，唐以后无此风格矣。"（冯浩笺引）这是一种纯粹抒情，看似平易却情韵深长的风格。大中五年丧妻后的一段时间内，他的许多诗都渗透了悼亡的感情内容，像《崇让宅东亭醉后沔然有作》：

> 摇落真何遽，交亲或未亡。

《七月二十九日崇让宅宴作》：

> 浮世本来多聚散，红蕖何事亦离披？
> 悠扬归梦惟灯见，濩落生涯独酒知。

《昨夜》：

> 不辞鶗鴂妒年芳，但惜流尘暗烛房。

524

《西亭》：

> 梧桐莫更翻清露，孤鹤从来不得眠。

《夜冷》：

西亭翠被余香薄，一夜将愁向败荷。

《赴职梓潼留别畏之员外同年》：

> 桂花香处同高第，柿叶翻时独悼亡。
> 乌鹊失栖常不定，鸳鸯何事自相将？

《悼伤后赴东蜀辟至散关遇雪》：

> 剑外从军远，无家与寄衣。
> 散关三尺雪，回梦旧鸳机。

无论是宴饮、平居、离别、行旅，悼亡之情几乎时时刻刻都会被触发。足见在这段时间和此后相当长的时间内（梓幕前期），这是商隐一种带有渗透性、贯串性的情绪。它的渗透辐射作用，鲜明地体现在他的三首以七夕为题的诗中。《辛未七夕》：

> 恐是仙家好别离，故教迢递作佳期。
> 由来碧落银河畔，可要金风玉露时？
> 清露渐移相望久，微云未接过来迟。
> 岂能无意酬乌鹊，惟与蜘蛛乞巧丝？

《壬申闰秋题赠乌鹊》：

> 绕树无依月正高，邺城新泪溅云袍。
> 几年始得逢秋闰，两度填河莫告劳。

《七夕》：

> 鸾扇斜分凤幄开，星桥横过鹊飞回。
> 争将世上无期别，换得年年一度来？

商隐与妻子王氏，一生一死，永作无期之别，因此对于牛女一年一度的相会便格外欣羡珍重。这三首七夕诗，或对刘仙家之好别离表示不解，或祈盼乌鹊两度填河，以促成牛女之一年再会，或直抒"争将世上无期别，换得年年一度来"的愿望，其根源全在诗人悼念亡妻、伤痛永别的感情。离开这个感情基础与生活基础，上述诸诗就不易得到正确合理的解释。

悼亡与自伤的结合，是李商隐悼亡诗的一个显著特点，也是其悼亡诗具有强烈艺术感染力的重要原因。商隐一生的悲剧遭遇，和他与王氏的婚姻密切相关。不管王茂元是否李党，有一点是可以肯定的，这就是他在令狐楚去世后不久就入王茂元幕并且娶了他的女儿，因此遭到恩门观念很深的令狐绹的疑忌，认为他"背家恩"，成为他此后仕途上遭受排抑的一个重要原因。这种遭遇使商隐在心理上长期笼罩着一层阴影。《王十二兄与畏之员外相访见招小饮时余以悼亡日近不去因寄》诗的尾联所展示的绵绵秋霖、漫漫长夜、万里西风的氛围，使人联想到包围着他的是无边无际、无穷无尽的凄冷和黑暗。由于在悼亡中融入了对环境和畸零身世的感受，它就比一般单纯的悼亡诗更加丰富深刻。《悼伤后赴东蜀辟至散关遇雪》将悼伤之情与远行的辛苦、处境的孤单、环境的寒冷、身世的飘零融为一体，使这首小诗显得内涵丰厚，情味隽永。《正月崇让宅》作于大中十年正月，其时离王氏之卒已经整整五年，但诗仍写得一往情深：

> 密锁重关掩绿苔，廊深阁迥此徘徊。
> 先知风起月含晕，尚自露寒花未开。
> 蝙拂帘旌终展转，鼠翻窗网小惊猜。
> 背灯独共余香语，不觉犹歌《起夜来》。

重门深闭，青苔遍地，往日充满热闹气氛与温馨情意的崇让宅，如今荒凉萧森，一片空寂。只见蝙拂帘旌，鼠翻窗网，诗人则惊疑辗转，夜不能寐。这里所表现的，已经不仅仅是怀念亡妻的感情，而是织进了对更大范围的人事变化的感怆。而尾联所写"独共余香语"的痴情寻觅和"不觉犹歌《起夜来》"的幻觉式感受与下意识行动，则表现了诗人对亡妻的深挚感情。极端凄凉冷寂的感情和绮罗香泽的寻觅在这里有机地融合在一起了。

第十章　李商隐的女冠诗

表现女道士的生活境遇与感情世界，是李商隐诗歌的重要题材和内容之一。据初步统计，现存李商隐诗中，与女冠生活、感情有关的诗近三十首①。这个数目虽然仅占现存商隐诗的二十分之一，但由于其中包含了一批李商隐最著名的诗作，如《嫦娥》、《圣女祠》（松篁台殿）、《重过圣女祠》、《碧城三首》、《月夜重寄宋华阳姊妹》、《银河吹笙》、《河内诗》等，因此仍值得充分重视。

第一节　湘瑟秦箫自有情

女冠诗从某一方面来说，是和作为宗教信仰之一的道教信仰密切关连的。但李商隐的女冠诗，就其基本思想感情倾向来说，本质上是反宗教的。如果说，他的一系列讽刺帝王求仙媚道的诗，其思想感情倾向是反对宗教迷信，斥神仙之事为虚妄，那么，他的一系列以女冠生活与感情为表现对象的诗，其思想感情倾向就是对人的正常感情、欲望的肯定，对宗教清规桎梏人的正常感情、欲望的否定。这两种类型与道教有关的诗作都体现了李商隐思想的民主性、进步性。

李商隐早岁（约在宝历、大和初年，详上编第三章第四节）曾在济源王屋山的分支东玉阳山学道。从《送从翁从东川弘农尚书幕》"早忝诸孙末，俱从小隐招。心悬紫云阁，梦断赤城标。素女悲清瑟，秦娥弄碧箫。山连悬圃近，水接绛河遥"等语看，他在玉阳学道期间，当接触过玉阳王屋山中学道的女冠。当时商隐的年龄约十六七岁，虽有可能萌发对男女之情的向往，

---

①这是指据诗题、诗的内容可知其所咏为女冠者。商隐集中还有一些处于疑似之间、诸家说法不一的疑为女冠诗者，未统计在内。

但未必与女冠有真正的恋情。离开玉阳踏入社会不久，即应令狐楚之辟，为天平节度巡官。居幕期间写的《天平公座中呈令狐令（相）公》诗，即是咏一位曾为女冠的侍姬之美艳的①。其中像"更深欲诉蛾眉敛，衣薄临醒玉艳寒"这种情态装饰的描写，和"白足禅僧思败道，青袍御史拟休官"这种夸张渲染，都表现出这位刚从玉阳山学道下来的青年对曾为女冠的这位美丽女子完全世俗的感情与态度，即完全将对方作为一位美艳动人的女性看待，而根本不考虑她原来的身份。如果说这是因为咏已经还俗的女冠，故戏作艳语，那么作于开成三年的《和韩录事送宫人入道》则清楚地显示出对女冠生活、命运的真实感情与态度：

> 星使追还不自由，双童捧上绿琼辀。
> 九枝灯下朝金殿，三素云中侍玉楼。
> 凤女颠狂成久别，月娥孀独好同游。
> 当时若爱韩公子，埋骨成灰恨未休！

送宫人入道诗，中晚唐诗人多有之②。商隐此诗可贵之处，在于表现出对入道宫女处境命运的明显同情。"送宫人入道"，起联写"不自由"三字揭出一篇主意。次联分写宫中、道观生活，谓昔日曾在九枝灯下，朝金殿之君主；今后又将于三素云中，侍玉楼之元君。腹联分承三四，谓今日一去，与宫中之女伴已成久别，此后惟日与道观中孀独之女冠同游而已。尾联谓当日如爱此风流倜傥之韩公子（指韩录事），则如今入道，清规甚严，恐两情相隔，此恨绵绵也。语虽带谑，实深表同情于入道宫女之"孀独"处境。"月娥孀独"，亦即《嫦娥》诗中"碧海青天夜夜心"之嫦娥，这是义山诗中常用以指称女冠的一个词语。这种同情态度，在他的《月夜重寄宋华阳姊妹》中也有明显流露：

> 偷桃窃药事难兼，十二城中锁彩蟾。
> 应共三英同夜赏，玉楼仍是水晶帘。

---

①周振甫认为所咏即为女冠，但从首句"罢执霓旌上醮坛"及尾联用刘桢平视甄后典，其人当下的身份应是侍姬一流。

②《全唐诗》中，戴叔伦、王建、于鹄、张籍、张萧远均有《送宫人入道》诗，可参看。据此诗，韩录事（韩琮）当有《送宫人入道》诗。

偷桃,犹偷桃的东方朔,是男道士的代称;窃药,犹窃药的嫦娥,是女道士的代称。首句谓求仙学道之事,男女不得同观。冯浩谓"偷桃是男,窃药是女",得其解。正因为"事难兼",故男女道侣相互隔绝,美丽的宋华阳姊妹深锁道观,不得相见。三四谓值此月夜良宵,本当与宋氏姊妹同赏明月,奈玉楼深锁,水晶帘隔,徒劳思念而无缘相见。次句"锁"字,透露了女冠形同幽囚的生活;而那一道"水晶帘",则成了隔绝不通的象征。商隐另有一首《同学彭道士参寥》,反映的虽是男道士的生活,但诗中表现的思想感情,正可与《月夜重寄宋华阳姊妹》合参:

> 莫羡仙家有上真,仙家暂谪亦千春。
> 月中桂树高多少?试问西河斫树人。

西河斫树人,即神话传说中月中伐桂的吴刚。前二句谓仙家之上真(即上仙)固不必羡,盖仙家暂谪亦达千年之久,其岁月之寂寞难度可想。"仙家暂谪"指道观学道,《赠华阳宋真人兼寄清都刘先生》"沦谪千年别帝宸,至今犹谢蕊珠人"可证。三四即就"暂谪亦千春"而申言之。月桂既高,树创随合,吴刚伐树,永无已时。如此仙家,又有何乐趣可言!诗盖抒写学道求仙生活之寂寞无聊,与"嫦娥应悔偷灵药,碧海青天夜夜心"之意趣相类,特一直一曲,一借吴刚喻男道士,一借嫦娥喻女道士而已。

正因为商隐对求仙学道生活违反人的自然本性、束缚人的正常欲望有深切体验,因此他对道观中女冠寂寞无聊的生活和清冷心境常有所表现。《月夕》云:

> 草下阴虫叶上霜,朱栏迢递压湖光。
> 兔寒蟾冷桂花白,此夜姮娥应断肠。

首句秋夜之景。次句遥望其人所居,朱栏高峻,下临湖面。三四以姮娥喻女冠,谓值此秋夜凄寒,独居寂寞之姮娥想必为之肠断也。"应"字正透露出诗人设身处地对女冠孀独生活的同情体贴。

由于同情女冠的寂寞清冷生活和苦闷无聊的心绪,商隐对她们冲破宗教清规约束,追求正常人的爱情生活持肯定、赞赏的态度。《碧城三首》可以说是一组歌咏女冠恋情的赞歌:

> 碧波十二曲栏干,犀辟尘埃玉辟寒。

阆苑有书多附鹤，女床无树不栖鸾。
星沉海底当窗见，雨过河源隔座看。
若是晓珠明又定，一生长对水晶盘。

对影闻声已可怜，玉池荷叶正田田。
不逢萧史休回首，莫见洪崖又拍肩。
紫凤放娇衔楚佩，赤鳞狂舞拨湘弦。
鄂君怅望舟中夜，绣被焚香独自眠。

七夕来时先有期，洞房帘箔至今垂。
玉轮顾兔初生魄，铁网珊瑚未有枝。
检与神方教驻景，收将凤纸写相思。
《武皇内传》分明在，莫道人间总不知。

胡震亨、程梦星、冯浩均谓此三首系咏女冠恋情。如果撇开他们从封建观念出发的所谓"劝惩""致警"之说不论。那么他们对这组诗的笺解大体上是符合实际的。题称"碧城"，即道观之别称，以天上碧城喻指道观，商隐诗中常见。首章起联形况道观之华美、洁净、温煦。道观每以幽寂为言，此言"玉辟寒"，自是暗示其为男女欢爱温馨之所。冯氏谓"入道为辟尘，寻欢为辟寒"，似嫌过于拘泥。诗描绘其境界，渲染其氛围，非刻意设喻。次联谓此仙宫阆苑，幽期密约，多传鹤书；女床山上，男欢女爱，无不双栖。"女床"双关，"鸾"单举时指男性。曰"多"、曰"无不"，可见所指非一，"碧城"中皆如是。五六承"女床栖鸾"，写幽欢既毕，分手前彼此当窗隔座默然相对情状。碧城天上宫阙，故晓星沉海，当窗可见；雨过河源，隔座可望。"雨"似兼取"云雨"之意。冯浩谓此联写"夜合晓离"，极是。七八即因夜合晓离不能朝夕相聚而生"一生长对"的幻想。谓对方如能化作"明"而又"定"的宝珠，则可将其贮于水晶盘中一生长对矣。陈贻焮谓晓珠指早晨的露珠，"露珠易干，虽明而不（固）定，所以希望它既明又定"。释"晓珠"亦切当。次章前六句追叙昔日双方欢会情景。首联云睹其身影、闻其声音已觉可爱，何况亲与欢会相接乎？"玉池荷叶正田田"，隐含"鱼戏莲叶间"之意，暗寓男女欢会。次联系叮嘱之词，谓今后不逢萧史（指所欢男道士）休顾盼生情，莫见其他道侣如洪崖者又拍肩而生念也。腹联描绘欢爱恋情之状，紫凤喻女，赤鳞喻男。七八收归男方目前之独宿。"怅望舟中夜"，即遥忆当日欢会之意，"绣被焚香独自眠"者承上句指鄂君，谓男方。三章首联谓双方如牛女相会，本有幽期密约，然彼洞房帘箔，至今深垂，何其寂然而深秘也！次联明所以然之故，谓女方已有身孕，但尚未生产，故帘箔深垂，隔绝不通。腹联谓检寻神方给对方，令其驻美好容颜而不老；且收起凤纸，暂停抒写刻骨相思以寄之，免得他人知此隐情。尾联承第六句，谓《汉武内传》借仙写艳，其事历历分明，此碧城中男女欢爱之内幕，人间又岂能不知。

这组诗写道观中男女道士间的恋情。因男女道士不同观，故虽"女床无树不栖鸾"，却只能夜合晓离。恋情欢爱的结果，女方有怀孕而待产者。从诗中所写的情况看，并非专写某一对鸳侣之事，也不像是写自己的恋情（这从第三首尾联用旁观者口吻说话可见），而是写道观中一种普遍现象。作者对这种现象的态度，并不是把它看作一种淫佚之行加以揭露、讽刺和否定，而是怀着一种同情、欣赏乃至欣羡的感情对它进行描写。诗人把这种恋情放在高洁温煦的环境中加以展现，将基于人的正常欲望的男女情爱表现得热烈而欢畅，并用美好的喻象表达他们一生长对的愿望。即使偶有戏谑（如"不逢"二句、"武皇"二句），也绝非恶意的嘲讽。如果我们撇开传统的世俗偏见，用读薄伽丘《十日谈》的态度去读它，就会感到诗中表现的思想感情在客观上是与宗教清规对立的。特别是像"若是晓珠明又定，一生长对水晶盘"这种诗句，表明诗人不但肯定女冠的爱情生活，而且正面表现了她们对爱情理想的追求。

唐代社会风气尽管比较开放，但女冠追求爱情毕竟是不合宗教清规和社会道德的。因而仍有许多女冠入道后便黄卷青灯，在孤子无偶、寂寥苦闷中度过一生。李商隐对她们这种生活与命运抱深切同情的态度，《银河吹笙》是写女冠生活、命运的诗中相当出色的篇章：

> 怅望银河吹玉笙，楼寒院冷接平明。
> 重衾幽梦他年断，别树羁雌昨夜惊。
> 月榭故香因雨发，风帘残烛隔霜清。
> 不须浪作缑山意，湘瑟秦箫自有情。

由于诗中一些词语（如"楼寒院冷""幽梦他年断""月榭故香""风帘残烛"）和整首诗的意境都透露出浓重的凄冷意味，颇像是悼亡诗，因此清代

不少学者如吴乔、程梦星及近人张采田多主悼亡说。但这首诗的第四句明言
"羁雌"（单栖无偶的雌鸟），透露这位被树上的雌鸟惊醒的主人公乃是一位
孤栖的女子。再联系尾联用"缑山"仙去之典及"湘瑟""秦箫"之语（商
隐诗中常以指男女道侣），此诗乃咏学道孤栖的女冠便可断定。前四句系倒
叙，谓重衾幽梦之欢乐早已断绝于当年而无可追寻，昨夜树上单栖的雌鸟悲
鸣惊梦，梦醒后更感到一身的孤子凄清，因而独自怅望银河，吹玉笙以寄
情。天上牛女犹有一年一度的欢会，而自己则一世单栖，故说"怅望银河"。
"接平明"，谓临近清晨。腹联谓梦醒之后，似乎闻到月榭中的残花因为经雨
而散发出缕缕余香，只见风吹帘幕，残烛荧荧，隔清霜而余光凄寒。这一联
渲染氛围，写景寓含象征意味。女主人公也曾有过青春芳华岁月，如今却犹
如月榭中的残花，惟余一缕故香而已。长期孤栖，身心憔悴，已如余光凄寒
的残烛了。尾联揭出主旨，作劝喻语：不要空自立下缑山成仙的意愿，要知
道女冠原不妨与男道士结为佳偶，实现世俗的情缘啊。"湘瑟"，用湘灵鼓瑟
典，喻指女冠；"秦箫"，用萧史吹箫典，喻指男道士。图穷而匕首见，诗人
的意思非常清楚：与其死死抱定学道成仙的幻想而无法实现，使自己终生陷
于寂寥苦闷，不如就地取材，与男道士共结情缘。这"不须浪作缑山意，湘
瑟秦箫自有情"，简直就是对神仙迷信和宗教清规的彻底否定，对人的正常
感情欲望的大胆肯定。作为一个曾经"学仙玉阳东"的士人，这种思想和言
论确实有些惊世骇俗。尽管当时现实生活中原不乏"湘瑟秦箫自有情"的现
象（如《碧城三首》中所写的"阆苑有书多附鹤，女床无树不栖鸾"），但
要公然宣称它的合情，而斥"缑山意"为"浪作"，还是需要相当大的勇气。
回过头来再看《碧城三首》，越发感到它就是正面歌咏"湘瑟秦箫自有
情"的。

第二节　境类心通

商隐女冠诗中所流露的对女道士孤子无侣处境和寂寞苦闷心情的体贴
同情，由于自身境遇的影响，在一些诗中进一步发展为在歌咏女冠生活与感
情的同时渗透或融入自己的身世境遇之感。这种创作现象，或可称之为"境
类心通"。

商隐诗集中有三首圣女祠诗。它们虽然都以圣女祠命题，但每首诗的

内容意蕴却并不相同，其创作机制也显然有别。它们相当典型地反映出，对同一题材或对象，由于创作时有不同的感受与联想，从而具有了不同的内容意蕴。先看《圣女祠》七律：

> 松篁台殿蕙香帏，龙护瑶窗凤掩扉。
> 无质易迷三里雾，不寒长著五铢衣。
> 人间定有崔罗什，天上应无刘武威。
> 寄问钗头双白燕，每朝珠馆几时归？

关于圣女祠，朱鹤龄注引《水经注》，武都秦冈山悬崖之侧，列壁之上，有神像状妇人之容，其形上赤下白，世名之曰圣女神。冯浩进一步据《水经注》"故道水合广香川水，又西南入秦冈山，尚婆水注之，山高入云"之文，按云："合《水经注》《通典》《元和郡县志》诸书，两当水源出于陈仓县之大散岭，西南流入故道川，谓之故道水……其云'西南入秦冈山'者，在唐凤州之境，州西五十里则两当县也……此为自兴元至凤州，出扶风郡之陈仓县大散关时经之无疑也。"认为祠在陈仓、大散关间。但也有一些学者认为圣女祠即女道观的别称。这两种说法并不一定矛盾，其地既有圣女神像，至唐时可能有圣女神祠，而祠中有女冠。陈贻焮则认为"圣女"就是公主，圣女祠指的就是玉阳山玉真公主的灵都观①。按：唐代确有圣女祠，与商隐同时的晚唐诗人许浑有《圣女祠》云：

> 停车一厄酒，凉叶下阴风。
> 龙气石床湿，鸟声山庙空。
> 长眉留桂绿，丹脸寄莲红。
> 莫学阳台伴，朝云暮雨中。

张祜有《题圣女庙》云：

> 古庙无人入，苍皮涩老桐。
> 蚁行蝉壳上，蛇窜雀巢中。
> 浅水孤舟泊，轻尘一座蒙。
> 晚来云雨去，荒草是残风。

533

---

①见《李义山恋爱事迹考辨》，载中华书局《文史》第6辑，1979年出版。

稍后之储嗣宗亦有《圣女祠》诗云：

> 石屏苔色凉，流水绕祠堂。
> 巢鹊疑天汉，潭花似镜妆。
> 神来云雨合，神去蕙兰香。
> 不复闻双佩，山门空夕阳。

这几首圣女祠诗都提到祠在山间，与商隐《圣女祠》五排"寡鹄迷苍壑"者合；许浑诗又提到"停车"，可见祠在大路旁，与商隐诗"苍茫滞客途""此路向皇都"者合。可见冯浩考此祠在陈仓、大散关间当可信，其非玉阳山之灵都观甚明。从这首七律看，写的确实是一所供有圣女神像的祠庙。首联写圣女神祠的台殿在松竹环绕之中，殿内则以蕙香帷帐笼罩着圣女神像，华美的窗扉上刻镂为龙凤之形，极状圣女祠环境清幽，建筑华丽。颔联写神像披裹着轻纱雾縠一类薄而透明的衣裳，看上去像是迷茫的三里雾笼罩着宛若无质的形体，大概是仙人不怕寒冷，故而穿着极轻薄的仙衣吧？贺裳《载酒园诗话》评此联云："可望而不可亲，有是耶非耶之致。"腹联谓天上恐无刘武威那样的风流才俊之士，而人间却有崔罗什一样的才郎。尾联谓借问圣女神像头上的钗头白燕，圣女神何时从天上珠馆朝见回来呢？系想望之辞。诗的前幅由圣女神祠写到神龛内的神像。后幅则是瞻仰神像时产生的联翩浮想。这首诗的写作，很像是神话剧《宝莲灯》中书生刘彦昌之题诗于华山圣母庙。诗人风流才俊，入圣女祠，望见神帏内圣女神像，身披轻纱雾縠，宛若人间佳丽，遂生人神恋爱一类非非之想，而有人间胜于天上之调谑和珠馆何时归来之期盼。把它作为圣女祠题壁诗来读，意自豁然贯通。此诗颔联描绘圣女神像，极富想象，又具人间生活气息；既飘忽朦胧，又鲜明如画，传出圣女神幽洁动人而迷离悄悦的风神意态。圣女祠可能同时是女道观，圣女神身上也似有女冠的影子。但从这首诗的诗面看，的确是实写圣女神祠、圣女神像和诗人的联翩浮想。

另一首五言排律《圣女祠》却明显与上首有别：

> 杳蔼逢仙迹，苍茫滞客途。
> 何年归碧落？此路向皇都。
> 消息期青雀，逢迎异紫姑，
> 肠回楚国梦，心断汉宫巫。

从骑裁寒竹，行车荫白榆。
星娥一去后，月姊更来无？
寡鹄迷苍壑，羁凰怨翠梧。
惟应碧桃下，方朔是狂夫。

这一首是怀想一位曾在此修道现已离去的女冠。起二句说在杳霭苍茫的客途中经过此圣女神祠而有所滞留。三四句说对方究竟是哪一年回归天上（与下句"皇都"对文同义）的呢？眼前这条路正是通向皇都长安的（按：商隐所经之路正是梁秦间的主要通道），暗示对方目前正在长安。"消息"二句，谓对方已离此而去，但望有青鸟使者时通消息，可惜自己不能像民俗迎接紫姑神那样定期迎到对方。"肠回"二句，说回想当年与对方的欢会，宛如不可追寻的旧梦，不禁为之肠回；虽然像想望汉宫神巫（女巫）那样想望对方，却不可得见，故曰"心断"。"从骑"二句，似是想象当年"圣女"归皇都时从骑车马仪仗之盛，谓其裁竹而成龙马，行车于榆荫之下（白榆本指天上列星，此用白榆之本义），看来这位"圣女"当是一位地位比较显贵的人物（贵主）。"星娥"指织女星，传为天孙，此指"圣女"。月姊，谓月中嫦娥，指自己所思念的女冠。味此二句，当是所思念的女冠陪侍"圣女"回归长安，故说天孙圣女去后，月中嫦娥般的对方还能再回到这里来吗？"寡鹄"二句，似是想象将来对方回到此地后，当意凄神迷于此青苍山壑之间，怨恨翠梧之无凤与自己结为伴侣。结联谓对方恐只能在碧桃树下觅东方朔（喻指男道士）为狂夫，来安慰自己的寂寞了。这首诗用了很多典故，写得相当隐晦，但主要内容（想念一位离此而去的女冠）还是可以看得出来的。朱彝尊说："此首竟似言情矣。人虽好道，未有渎及鬼神者……或止因'圣女'二字，故借以比所思之人耳。"（见《李义山诗集辑评》）朱氏的这一理解，还是比较符合实际的，自从徐逢源提出"为令狐（楚）作"（冯浩笺引）之说以后，冯浩、张采田又益加附会，其本意遂湮理而不可见。从诗中所写的情况看，诗人所怀者当是"圣女"的侍女一类人物。如果"圣女"是指入道公主，则诗人所怀者殆为入道公主之陪侍宫人。

而《重过圣女祠》却在描绘圣女祠环境气氛、抒写圣女沦谪遭遇的同时渗透了诗人自己的身世之感：

白石岩扉碧藓滋，上清沦谪得归迟。
一春梦雨常飘瓦，尽日灵风不满旗。

萼绿华来无定所，杜兰香去未移时。

玉郎会此通仙籍，忆向天阶问紫芝。

此诗张采田《玉谿生年谱会笺》系于大中十年春梓幕罢归随柳仲郢返京途次，可从。诗围绕"沦谪得归迟"这一主意，抒写重过圣女祠时所见所思所盼。明赋"圣女"，实咏女冠，而诗人自己的"沦谪得归迟"之慨也自然隐寓其中。首联由圣女祠的白石门扉边已长满碧绿的苔藓暗示其沦谪凡尘已久，引出"上清沦谪得归迟"的感慨。颔联着意渲染圣女祠的环境气氛。如梦似幻的细雨轻轻飘洒在屋瓦上，境界既带有朦胧的希望，又透出虚无缥缈的气息，令人想见圣女爱情上的期待、追求和遇合正像这飘忽迷蒙、似有若无的梦雨，而轻柔得吹不满神旗的灵风又暗透好风不来的遗憾，同时诗人自己遇合如梦、无所依托的感慨也自然融合在这飘忽迷蒙的意境之中。钱泳《履园谭诗》评道："作缥缈幽冥之语，而气息自沉，故非鬼派。"正因为其中融有诗人的人生感受与体验，故在缥缈中露出沉郁的意味。腹联以女仙萼绿华之来无定所和杜兰香之去未移时反衬圣女沦谪得归迟的遭遇。尾联则由沦谪归迟生发出重登仙籍的企盼。希望能有掌管学仙簿箓的玉郎与之相会，助其重登仙籍，以实现其在天阶求取紫芝的愿望。"忆"，思；"问"，求。其时幕主柳仲郢以在东蜀五年，美绩流闻，内征为吏部侍郎，职掌官吏铨选，而"玉郎"是天上掌学仙簿箓的仙官，因而这里可能以玉郎隐指柳仲郢，企盼他帮助自己重登朝籍。诗咏"圣女"沦谪遭遇，除次句直接点明外，其他各句均用旁笔，以白石苔藓、梦雨灵风的环境气氛作渲染烘托，以萼绿华、杜兰香之来去飘忽作反衬，以重登仙籍之企盼反透当下之沦谪。全诗意境缥缈，"梦雨"一联，托寓在有无之间，尤富象外之致，历来被誉为"有不尽之致"的名句。

三首圣女祠诗，内容各不相同。七律《圣女祠》着重写瞻仰神像引起的感受与想象，贴题较紧，近于赋；五排《圣女祠》着重抒写对昔曾居此今已离去的女冠的怀想，圣女祠成为道观的代称，"月姊"指所怀女冠，近于比；而七律《重过圣女祠》则因圣女之沦谪触发自己的身世之感，近于兴。这说明，对于圣女祠这一题目，诗人并无统一的策划，三首诗也并无主题的连续性。每次路过访谒，都有不同的感受与联想，从而写出不同内容、不同主题的诗。如果要找出它们的联系，那就是三首诗中的圣女祠和圣女都有道观和女冠的影子。《重过圣女祠》写得最虚（通篇写圣女沦谪归迟之慨），因此也就有可能融入或渗透诗人自己的身世之慨。

从咏女冠境遇到寓慨身世，这实际上体现了一个由同情到同心的发展过程。《重过圣女祠》的前两联，是诗人面对圣女祠的环境气氛而心中恍惚若有所感。不知不觉中自己已化身为圣女，故后两联实际上已变成了圣女的自我抒情。这种由圣女而自身的角色转换，与咏物诗由咏物而身化为物的情形非常相似。

　　在商隐女冠诗中，寄寓自己的身世境遇之感最为深微的典型诗例莫过于《嫦娥》：

> 云母屏风烛影深，长河渐落晓星沉。
> 嫦娥应悔偷灵药，碧海青天夜夜心。

　　从宋代以来，对这首诗的诠解，一直极为纷纭。谢枋得说："嫦娥有长生之福，无夫妻之乐，岂不自悔，前人未道破。"（《谢叠山先生评注四种合刻·叠山先生注解章泉涧泉二先生选唐诗》）胡次焱说："羿妻窃药奔月中，自视梦出尘世之表，而入海升天，夜夜奔驰，曾无片暇时，然而何取乎身居月宫哉！此所以悔也。按商隐擢进士第，又中拔萃科，亦既得灵药入宫矣。既而以忤旨（按：当指触忤孙简）罢，以牛李党斥，令狐绹以忘恩谢不通，偃蹇蹭蹬，河落星沉，夜夜此心，宁无悔乎！此诗盖自道也。"（《唐诗选脉会通评林》引）唐汝询云："此疑有桑中之思，借嫦娥以指其人。"（《唐诗解》）何焯说："自比有才调，翻致流落不遇也。"（《李义山诗集辑评》引）沈德潜说："孤寂之慨，以'夜夜心'三字尽之。士有争先得路而自悔者，亦作如是观。"（《唐诗别裁集》程梦星说："此亦刺女道士。首四句言其洞房曲室之景，次句言其夜会晓离之情。下二句言其不为女冠，尽堪求偶，无端入道，何日上升也。盖孤处既所不能，而放诞又恐获谤，然则心如悬旌，未免悔恨于天长海阔矣。"（《重订李义山诗集笺注》）冯浩亦云："或为入道而不耐孤子者致诮也。"（《玉谿生诗笺注》）纪昀说："意思藏在上二句，却从嫦娥对面写来，十分蕴藉。非咏嫦娥也。"（《玉谿生诗说》）又说："此悼亡之诗。"（《李义山诗集辑评》引）张采田说："义山依违党局，放利偷合，此自忏之词，作他解者非。"（《玉谿生年谱会笺》）以上选引了宋代以来十家有代表性的解说，归纳起来，大抵有五种解说：一是咏嫦娥有长生之福，无夫妻之乐说（谢枋得）；二是刺女道士不耐孤子说（程梦星、冯浩）；三是嫦娥指所思之人说（唐汝询）；四是自伤或自忏说（胡次焱、何焯、沈德潜、张采田）；五是悼亡说（纪昀）。这五说之中，悼亡说最不可通，因为嫦娥窃药，本求飞升，不料反因此而孤处月宫，寂寞难堪，故云"应悔偷灵药"，而亡妻之弃人间，诚非所愿，如解作悼亡，则诗中关键语"应悔偷灵药"便全无着落。嫦娥指所思之人说，如所思者为一般女子，则"应悔偷灵药"亦无着落；如所思者为女冠，则此说与咏女冠说原可相通。剩下的三种说法，实际上是对诗的表层、内层、深层意蕴的理解。它们是可以相通的。从最表层的内容看，诗咏嫦娥窃灵药而入月宫，虽高处琼楼玉宇之中，却十分寂寞。确如谢枋得所说，是写"嫦娥有长生之福，无夫妻之乐，岂不自悔"的。顺着这个表层意蕴去推求，它的内层意蕴便已呼之欲出。商隐《和韩录事送宫人入道》诗以"月娥孀独"喻女冠之孤子无侣，《月夜重寄宋华阳姊妹》又以"窃药"喻女冠修道，因此说这首诗是借嫦娥咏女冠慕仙学道生活之孤寂，当属可信，不过其感情倾向不是讽刺讥诮，而是同情。但这首诗和单纯怀想"嫦娥"、同情其孤寂清冷的《月夕》诗仍有区别，因为它还有一层更深的意蕴。诗的前二句写一独处孤室、彻夜不眠之人，后二句设身处地，推想嫦娥心理，其中实已暗透诗人自身的处境与心境，嫦娥窃药奔月，远离尘嚣，高居琼楼玉宇，虽极高洁清净，但夜夜随月而历青天入碧海，清冷孤寂之情固难排遣，这与女冠的慕仙学道、追求清真而难耐孤子，与诗人之蔑弃庸俗、宅心高远而又陷于身心孤寂之境均有相似之处，在创作过程中由此及彼、连类而及，原很自然。故嫦娥、女冠、诗人，实三位而一体，境类而心通。咏嫦娥即所以咏女冠，而诗人因追求高远而陷于孤寂之境的复杂矛盾心理也就自然寓含其中。从最虚括的意义上说，这首诗就是咏高天寂寞心的。嫦娥的、女冠的、诗人的"寂寞心"都包含在这"应悔偷灵药"的"碧海青天夜夜心"之中。在这三层意蕴当中，从表层到内层，是有意识的托寓，即用嫦娥喻女冠；而从内层到深层，则是在咏女冠寂寞心的同时自然触发了自身的人生感受与体验，从而在诗中融入或渗透了自己的寂寞心。故前者近比，而后者近兴。后者乃是一种未必有明确寄托意图的自然而然的融合。义山优秀抒情诗的特点之一，即在歌咏某一类特定题材时，往往连类而及，自然融入身世之感和人生体验，故感情内容往往浑融虚括，似此似彼，亦此亦彼。解者往往就己之所感，各执一端，以致歧见杂出，实则许多歧解原可相通，不必执定一端而排斥其他诸解。如本篇，女冠之生活、心境可视为其生活基础的一个方面，亦可视为其内容的一方面，但不必拘限于此，因为诗人在创作过程中因同心相应已融入了自身的境遇与心情，诗意亦因此而获得深化与升华。解者当知人论世，发掘体会艺术意境丰富多层的内涵，而不应将高度概括的艺术意境还原为局部的生活依据。

第十一章　古代诗歌中的人生感慨
和李商隐诗的基本特征

抒写人生感慨，是李商隐诗的一个基本特征。它既纵贯诗人的整个创作历程，又弥漫渗透在各种题材、体裁的诗作之中。何焯说"义山佳处在议论感慨"（《义门读书记》），义山自己也以"生多感"的庾信自况（见《送千牛李将军赴阙五十韵》）。这都反映出他对人生颇多感慨的生活个性与创作特征。他的诗"秾丽之中，时带沉郁""意多沉至，语不纤佻"（施补华《岘佣说诗》）的艺术风貌，"诗外有诗，寓意深而托兴远"（林昌彝《射鹰楼诗话》）的艺术境界，以及虽咏个人身世却能引起广泛共鸣的艺术效应，都与其深寓人生感慨密切相关。本章拟结合古代诗歌抒写人生感慨的发展轨迹，对义山诗的这一特征作初步考察。

第一节　李商隐以前古代诗歌中的人生感慨

所谓人生感慨，通常是指对人生的诸方面（如生死寿夭的人生历程、穷通得失的人生际遇、离合盛衰的人事变化乃至形形色色的人情世态等）带有总体性的感受或认识。由于人是社会的一员，人生感慨因而往往与社会相连，甚至在人生感慨中就寓含对社会的感慨。同时它虽基于诗人的自我体验，但又往往熔铸或反映了更广泛人群的普遍体验。人生感慨的社会性与普遍性可以说是它的基本特性。

诗歌中抒写人生感慨，源远流长。《诗经》中"我生之后，逢此百罹"，"隰有苌楚，猗傩其枝，夭之沃沃，乐子之无知"这种沉重的悲慨显然是有感于乱世现实深重的人生忧患，而《楚辞·远游》"惟天地之无穷兮，哀人生之长勤。往者余弗及兮，来者吾不闻"的感叹，却将有限而长勤的人生置于无限的时空中来思考，表现出宏阔深远的哲理思辨色彩。两汉壮盛，这种带有忧悲情调的人生感慨相对沉寂。汉武帝《秋风辞》虽有"少壮几时兮奈

539

老何"的感慨，毕竟是"欢乐极兮"而生的哀情。及至东汉末造，世乱飘荡，人命危浅，《古诗十九首》中才一再弹奏出"人生天地间，忽如远行客""人生寄一世，奄忽若飙尘""所遇无故物，焉得不速老""人生不满百，常怀千岁忧"这种万绪悲凉的主旋律。建安诗人普遍具有强烈的事功追求，人生苦短的悲慨在他们的诗中往往转化为慷慨激壮之音。以阮籍《咏怀》为代表的正始之音，每多忧生之嗟。政局的纷乱更迭和士人处境的艰危，使得人生无常的感慨、朝不保夕的忧惧成为这组诗最突出的音调。整个魏晋时期，时局与士人心态虽历经种种变化，但人生苦短的忧叹则随着对个体生命意义价值的重视而始终萦绕在他们心头，成为这一时期诗歌的基本主题之一。一代诗宗陶渊明，其诗作的一个基本主题便是对人生特别是对生死问题的思考与感慨。他一方面慨叹"人生无根蒂，飘如陌上尘"，"一旦百岁后，相与还北邙"；另一方面又宣称"得欢当作乐，斗酒聚比邻"，"感彼柏下人，安得不为欢"。与西晋士人往往由慨叹生命短促走向颓废纵欲不同，他用委运乘化、乐天知命的思想化解忧生之嗟，达到一种超脱境界。由于体认到"寒暑有代谢，人道每如兹"，他对生死问题有清醒的超脱态度："有生必有死，早终非命促。死去何所道，托体同山阿。"陶渊明是古代诗史上第一个集中抒写人生感慨的诗人，也是把这种感慨与对人生的哲理思考融合、兼具哲人风范与普通人挚爱生活感情的大诗人，人生感慨由悲转达，是陶诗的一大特点。陶氏以后，南北朝诗歌中虽亦有抒写人生感慨之作，如谢灵运《岁暮》、鲍照《拟行路难》、沈约《别范安成》、庾信《拟咏怀》等。但从总体上看，这一时期的诗人无疑更醉心于日常生活的琐屑情事。他们似乎在对风云月露、花草树木、闺阁兰房、山水胜景的流连徜徉中便得到了感官与心理的满足，很少有兴味去思考咀味整个人生。诗歌内容境界的浅俗与人生感慨的沉寂恰好同步。

进入唐代，由于诗人眼界的开扩与阅历的丰富，对人生的体验随之加深，诗歌中抒写人生感慨亦日益增多。但主要内容已由此前集中在生死寿夭问题上转为对盛衰离合、穷通得失等问题的感慨。卢照邻《长安古意》、骆宾王《帝京篇》、刘希夷《代悲白头翁》、张说《邺都引》、李峤《汾阴行》等著名七言歌行都有慨叹富贵繁华难以久长的内容，且多出现于全篇关节处，反映出其时诗人们对这种现象的关注。陈子昂《登幽州台歌》、《感遇》（兰若生春夏）则又将慨叹人生短促、芳华易逝，与良时难遇、志业难成相联结，在俯仰今古、慨叹时序中表现出强烈的人生追求与阔远的宇宙意识。

张若虚的《春江花月夜》将代代无穷的人生与年年相似的江月相对待，展现出充满诗情与哲理的明朗阔远之境，一扫前此许多抒写人生感慨之作的那种浓重的感伤气息。陈、张之作在这类作品中是引人注目的别调，也是对传统的发展。

盛唐时期，诗歌中对人生感慨的抒写大体上有以下三种趋向。一种与诗人自身遭际结合，往往在抒写人生感慨时挟带着对社会与世情的愤激不平，如高适的"未知肝胆向谁是，令人却忆平原君"，李白的"吟诗作赋北窗里，万言不值一杯水"。这可以说是人生感慨与社会感慨的交融。另一种与登临怀古结合，如孟浩然的"人事有代谢，往来成古今"，李白的"宫女如花满宫殿，只今惟有鹧鸪飞"。这种人生感慨蕴涵着历史沧桑感，可以说是与历史感慨的融合。再一种是比较单纯的人生感慨，如贺知章的《回乡偶书》、王维的《辛夷坞》，尽管其中也含有人事沧桑或者身世寂寞之感，但并不包含更大范围的历史、社会感慨。由于时代精神的影响，盛唐诗中的人生感慨，往往带有一种壮盛慷慨之气或明朗乐观情调，与前此抒写人生感慨每与悲、忧结缘明显不同。且不论像岑参的"花门楼前见秋草，岂能贫贱相看老。一生大笑能几回，斗酒相逢须醉倒"一类豪放洒脱的诗句，即使像前引李白吊古之作，也没有多少伤今之慨，倒像是跟历史愉快地告别。而贺知章的"儿童相见不相识，笑问客从何处来"，甚至还带有一种喜剧性的幽默情感，显示出历尽人事沧桑的老人仍然保持一份童真。这正是慨而不悲的典型的盛唐音调。比较起来，在盛唐诗人中，杜甫诗的人生感慨便显得苍凉沉郁得多。无论是"纨袴不饿死，儒冠多误身"式的愤激不平，"人生有情泪沾臆，江草江花岂终极"式的深沉感伤，"人生不相见，动如参与商"式的深长喟叹，"世乱遭飘荡，生还偶然遂"式的强烈悲慨，还是"万方声一概，吾道竟何之"式的苍凉百感，"百年歌自苦，未见有知音"式的深深寂寞，都带有那个衰乱时世和杜甫困顿流离生活特有的印记。历史的、社会的、个人的感慨融为一体。杜甫晚年流落江湘所作的《江南逢李龟年》将社会巨变、人事沧桑概括在与李龟年的见逢离合之中，苍凉沉郁，达于极致，可以说是对他的诗歌抒写人生感慨的出色总结，也是对传统的重大发展。

中唐前期，大历十子与刘禹锡、韦应物、李益等这方面的诗作仍带有时代衰乱色彩，且多抒离合聚散之慨，但缺乏杜诗同类之作的厚重沉郁而显得有些轻浅。中唐后期元白、韩孟两大派诗人，多为热中事功政治者。他们似乎少有从容咀味反思人生的心境，因而这类诗作不多。李贺满怀哀愤孤激

541

之思，诗中颇多因不得志的牢愁而加重的人生悲慨，像"不须浪饮丁都护，世上英雄本无主。买丝绣作平原君，有酒惟浇赵州土"，"况是青春日将暮，桃花乱落如红雨。劝君终日酩酊醉，酒不到刘伶坟上土"等诗句，与高适的《邯郸少年行》、李白的《将进酒》对照，失去了豪纵与乐观，充满了苦闷与颓放。刘禹锡诗颇多蕴涵人生哲理的感慨，像"沉舟侧畔千帆过，病树前头万木春""芳林新叶催陈叶，流水前波让后波""莫道桑榆晚，为霞尚满天"等名句，都表现出这位具有哲人气质与达人风范的诗人对人生的体悟。

从上面这个粗线条的叙述中可以看出，诗歌中抒写人生感慨，唐以前较多人生苦短的喟叹，唐以后较多人生困顿与离合聚散、盛衰变化的感慨。历代诗人围绕这两个基本方面，写出了不少优秀之作。陶潜、杜甫正是其杰出代表。但从另一角度看，感慨的内容复多变少，人生苦短与人生困顿的主题一再重复，易入陈套。客观上要求诗人对人生的咀味思考有更深广细致的体验与发现。在艺术表现上，过去多采取直抒手段。这在体验深刻、感情浓烈、语言精练的情况下，确能造成惊心动魄的效果。但也有不少作品，体验浮浅，又一味直抒，不免浅直乏味，像白居易后期闲适诗中一些抒写人生感慨之诗作，便不免此弊。因而在内容上需要更新深化的同时，在艺术表现上也提出了新的要求。李商隐正是以其主客观条件使诗歌中对人生感慨的抒写朝着更深细隐微方向发展的大诗人。

第二节　李商隐诗中的命运感慨与世情感慨

在通常情况下，人生感慨多为人们经历了相当长时间，特别是坎坷曲折的人生历程后才产生的。因为它不同于生活中偶尔触发的感受，而是一种在深刻体验基础上形成的强烈持久、带有整体性的人生感受。生活道路一帆风顺、平淡无奇者，长期沉溺于个人琐屑欲望者，乃至人生态度积极进取却生活得过于紧张匆忙者，都不易产生人生感慨。它往往是人生多艰而又富于敏锐情感、有思索咀味习惯与时间者的产物。从这些主观条件看，李商隐无疑是一个最易产生人生感慨的诗人。他累世孤子，家世带有悲剧色彩。幼年丧父，佣书贩舂，艰难度日。仕途坎坷，试宏博而被黜不取，入秘省而旋尉弘农。一生十寄戎幕，羁泊飘零。加以党争的牵累、令狐绹的疑忌和妻子王氏的去世等不幸，使他一生绝大部分时间都笼罩在悲剧氛围中。这种"沦贱艰虞多"的身世境遇，再加上敏锐而纤细、内向而缠绵、多愁而善感的性格气质，使他对人生的悲剧有极为丰富深刻细腻的感受。而他屡寄戎幕，远离家室，在独居异乡的漫漫长夜中，又正有充裕的时间来细细品味思考人生。另一方面，晚唐这个特定的时代，也促使士人由外向的事功追求转向内心自省。国运的衰颓、社会的危机，使才智之士沉沦废弃。他们在失意怨怅之余，往往由个人身世遭遇之不偶引起对命运的思索与感慨。这种普遍的时代影响与义山个人特殊的境遇、性格、气质的结合，遂使他成为晚唐抒写人生悲慨的代表。

比起一般诗人，义山的人生感慨形成得特别早，持续的时间特别长，几乎贯串了整个创作历程。在初涉世途的青少年时代，他的诗中已不时流露对人生命运的忧虑感伤。到大和九年写的《安平公诗》《夕阳楼》等诗作，那种沦贱艰虞、感恩知己之慨和人生茫无着落的孤子无依之慨便已表现得非常强烈。开成三年宏博试落选，写下《回中牡丹为雨所败二首》，发出"先期零落"的悲慨以后，这类作品便日益增多，遍及各种题材、体裁，直至他的晚年。因此，抒写人生感慨，是义山诗的基本内容与主题，也是它的基本特征。

义山诗对人生感慨的抒写，颇具个性特点的有三种类型，即命运感慨、世情感慨和情绪感慨。它们分别体现了诗人对人生体验的深广和细微。三者之中又以后者最具独创性。

对人生悲剧命运的深刻体认与深沉感伤，是义山诗的一个显著特点，这跟时代社会的悲剧，诗人自身的悲剧境遇、性格、心理密切相关。从文学史上看，抒写人生感慨之作固然多因有感于人生的种种缺憾不幸而与忧悲结缘，但如上所述，也有建安之梗概多气、陶诗之委运达观、盛唐之慨而不悲、刘禹锡之豁达爽朗、白居易之安恬自足等多种别调。义山这类诗不仅与上述别调异趣，而且也有别于传统的抒写人生悲慨之作，在他的这类诗中，贯注着一种深刻的悲剧意识，一种身处衰世者对人生命运深沉的忧伤与哀感。他的《有感》说："古来才命两相妨。"才命相妨，固然是封建社会常见的现象，但尤以衰世末世为甚。他在《武侯庙古柏》《筹笔驿》二诗中慨叹诸葛亮才命相妨的悲剧："玉垒经纶远，金刀历数终"，"徒令上将挥神笔，终见降王走传车"，就明显蕴涵着"生于末世运偏消"的悲剧命运意识。而"天荒地变心虽折，若比伤春意未多"的慨叹中，也同样含有对衰颓时世中个人命运的哀伤。在他看来，"茫茫此群品，不定轮与蹄"，"大钧运群有，难以一理推"（《井泥四十韵》），人生命运变幻莫测，不由自主，只能悒怏悲歌而已。这种悲剧命运感支配着他，使他对人生的许多方面都怀着很深的悲慨。例如，聚散离合，本是人生常事，他自己也曾说"人生何处不离群"，但当他用特有的悲剧心态去感受时，却发出了"人世死前惟有别""远别长于死"这样深沉的悲慨。如果不是对人生命运抱有很深的悲剧意识，是不会如此竭情而沉痛的。对人世的许多情事，他往往透过一层，深刻体认到一般人不易感悟到的人生悲剧底蕴。一般人总是希望月圆，因而在它初生或将缺时每感惆怅，义山却透过一层，说"初生欲缺虚惆怅，未必圆时即有情"，从而彻底揭示出希望之虚幻。在更多的情况下，诗人将悲剧命运感融入一系列托物寓慨的诗歌中。《回中牡丹为雨所败二首》这样慨叹：榴花开不及春，诚为可悲。牡丹未及盛开就已先期零落，命运更为可悲，今日遭雨凋败，诚为可悲；他日零落成尘，更为可悲。用他日对照今天，犹感雨中陨败的牡丹尚为新艳。通过层层推设比较，将诗人遭受挫折后对自身悲剧命运的伤感淋漓尽致地表达出来。在他笔下，早秀而遭严霜摧抑的梅花，"援少""风多""失路入烟村"的杏花，"荣落在朝昏"的槿花，"自明无月夜，强笑欲风天"的李花，悲鸣寄恨而"一树碧无情"的秋蝉，飘荡巧啭而无枝可栖的流莺，无一不成为其悲剧命运的象征和人生悲剧命运感慨的载体。将人生的种种不幸与悲哀提高到悲剧命运的层次上来表现，这就把人生悲慨进一步深化了。

对人间世情的独特感受与深长讽慨，是义山抒写人生感慨之作的另一显著特点。感慨世情，诗中早已有之。但义山之前的这类作品，往往更多向社会感慨方面倾斜，像上举高适"未知肝胆向谁是，令人却忆平原君"、李白"吟诗作赋北窗里，万言不值一杯水"之句即表现出对社会的愤激不平。义山这类诗却主要是将某种世情作为一种典型的人生相来讽慨。它的主要目的不是宣泄对社会的不满，而是表达对人生的警悟，与高适、李白之作相比显然有向外向内之别。如他的《梦泽》：

梦泽悲风动白茅，楚王葬尽满城娇。
未知歌舞能多少，虚减宫厨为细腰！

这是由"楚王好细腰，而宫中多饿死"的历史事实引发的人生感慨。诗人对这种悲剧现象有独特的视角与感受。他没有把注意力局限在楚王荒淫好色葬送宫女生命这一点上，而是从悲剧的主角宫女一边着眼，深刻揭示出她们为了迎合在上者的爱好，竞相节食减膳，最后成为牺牲品的悲剧命运。由于在构思过程中融合了广泛的与此类似的悲剧性人生相（甚至可能包括某些切身的体验），因而这首以宫廷生活为题材的诗就具有讽慨一切趋时邀宠者自己制造悲剧结局的典型意义。另一首《宫妓》取材于奇巧人偃师献假倡于周穆王几遭杀身之祸的故事：

> 珠箔轻明拂玉墀，披香新殿斗腰支。
> 不须看尽鱼龙戏，终遣君王怒偃师。

这种玩弄机巧于君前以取悦，到头来反因此而招祸的人物，不但宫廷中有，古往今来的政治生活乃至更广泛的社会生活中同样不乏其人。诗人的主要目的不是为了揭露政治现实，而是从讽慨世态人情的角度立意。与此类似的还有一首《宫辞》：

> 君恩如水向东流，得宠忧移失宠愁。
> 莫向尊前奏《花落》，凉风只在殿西头。

这首诗的视角也很独特，既不像一般宫怨那样怨恨君王之宠衰爱移，亦非同情失宠者的不幸命运，而是讽慨得宠者之恃宠得意，不知失宠的命运近在咫尺。这显然是借"宫辞"为题、将恃宠得意者作为一种值得警诫省悟的人生相来讽咏。以上三首诗所讽慨的对象，无论是趋时邀宠者、弄巧取悦者，还是恃宠得意者，都有共同的持点，即缺乏独立的人格与价值，将命运系于在上者，对自己的悲剧命运茫无所知，诗人揭示这些人的悲剧，寓含着很深的人生感慨，其中既有深长的讽慨，亦有冷峻的悲悯。

第三节　李商隐诗中的情绪型感慨

比起在他之前的诗歌，义山诗中所抒写的人生感慨无论在内容或形态上都具有比较虚括、比较意绪化的特点。他的诗中较少先前那种内容具体明确、理性色彩较浓、能用简明的语言加以揭示的人生感慨，而往往是一种内涵相当虚括广泛的情绪性体验。这和他那种善感的主情型性格、沉潜于心灵感受的气质有密切关系。这种情绪型的人生感慨，比起上面所论的命运感慨、世情感慨更具义山个性特征。下面略举数端析而论之。

间阻之慨——李商隐是一个在政治上、爱情上和精神生活的其他方面有着高远而执著追求的诗人。"永忆江湖归白发，欲回天地入扁舟"，"春蚕到死丝方尽，蜡炬成灰泪始干"，"微生尽恋人间乐，只有襄王忆梦中"，便是这种追求的自白。但种种追求，都遇到重重间阻。他想为国事"君前剖心肝"，但"九重黯已隔"；想追求深挚的友谊，却"新知遭薄俗，旧好隔良缘"；想追求美好的爱情，也是"刘郎已恨蓬山远，更隔蓬山一万重"。在他的诗中，表现间阻之慨的句子不胜枚举，诸如"凤巢西隔九重门"，"相思迢递隔重城"，"倾城消息隔重帷"，"来时西馆阻佳期，去后漳河隔梦思"，"临水当山又隔城"，"红楼隔雨相望冷"，"分隔休灯灭烛时"，等等。至于字面上虽无"阻""隔"，意蕴上却有阻隔之感的就更多了。可谓无"隔"不成诗。他的无题诗、爱情诗，主要就是写阻隔中的相思与执著追求的。这纷繁复叠的种种阻隔之恨，凝聚成为弥漫虚括的人生间阻重重的感慨。使他在表现某种特定题材时，也往往自觉或不自觉地融合渗透了更大范围的间阻之慨。像"刘郎已恨蓬山远，更隔蓬山一万重"这种诗句，所包蕴的便不单纯是爱情方面的间阻感，而是能引起多方面的联想与共鸣的。

迟暮之慨——李商隐身处唐王朝日趋衰颓的季世，整个时代环境呈现出衰暮萧飒的氛围。自身的遭际又非常不幸，青年时代即有先期零落之慨。随着年事渐增，迟暮之慨日益加深。他的诗中枯荷落花、寒蝉孤鸿、夕阳黄昏、冷灰残烛、秋池黄叶等带有衰飒迟暮色彩的意象也成为最富个性特征的意象。他的一系列名句，像"夕阳无限好，只是近黄昏""秋阴不散霜飞晚，留得枯荷听雨声""万里重阴非旧圃，一年生意属流尘""芳心向春尽，所得是沾衣""楚天长短黄昏雨，宋玉无愁亦自愁""四海秋风阔，千岩暮景迟""日向花间留返照，云从城上结层阴""如何肯到清秋日，已带斜阳又带蝉""回头问残照，残照更空虚"等，无不蕴涵着深沉的迟暮衰飒之感。在古代诗史上，李商隐可以说是表现迟暮衰飒之慨最集中的诗人，也是表现迟暮衰飒之美最成功的诗人。值得注意的是，他并非怀着病态心理去欣赏迟暮衰残的事物，而是怀着对生命、青春、时间的无限珍惜依恋去歌咏上述事物，因而读者从诗人的迟暮衰飒之慨中感受到的正是对人生的珍惜流连，是对美的事物消逝衰减的哀挽伤感。

孤寂之慨——义山出身在一个"内无强近，外乏因依"的寒素之家，早岁丧父，在沦贱艰虞的处境中挣扎奋斗，时时感到一身之孤子。早在大和九年所作的《夕阳楼》中，就已发出"欲问孤鸿向何处，不知身世自悠悠"这种充满悠悠无着落之感的悲慨。随着各方面间阻的不断出现，相知幕主的相继去世，旧友故交的日益疏离，加上环境的冷漠，远幕依人的孤单，特别是高情远意的不被理解，这种人生孤寂无依之慨便越来越浓重。而他那种内向性格，又使这种感慨无法向外宣泄，只能在内心凝聚，从而无时不在咀味着人生的孤寂。"五更疏欲断，一树碧无情""黄叶仍风雨，青楼自管弦"，在对周围冷漠环境的描写中透露出一身的孤子凄凉；"神女生涯元是梦，小姑居处本无郎""一春梦雨常飘瓦，尽日灵风不满旗"，在比兴象征的诗境中传出身心的寂寞无托。诗人把长期积淀的种种孤子感熔铸为一种更为虚括的意绪，并在一些诗中集中地加以表现。他的《嫦娥》《霜月》等诗便是抒写永恒的人生孤寂之慨的艺术结晶。

迷惘幻灭之慨——义山一生的遭际，如梦似幻，扑朔迷离。政治上的挫折，使他欲回天地之志成虚；爱情上的追求，又总是"一寸相思一寸灰"；昔日的昵交密友，旋成摧抑自己的势力；相濡以沫的妻子，又在盛年奄然去世。人生的迷惘失落幻灭之感，经常萦绕心头。而"梦"正是表现这种感慨最适合的形式。他的诗中，像"顾我有怀如大梦""怜我秋斋梦蝴蝶""神女生涯元是梦""一春梦雨常飘瓦"等句，或以梦象征美好的抱负与追求，或以梦象喻变幻不定的生涯身世，其中都渗透着人生的迷惘幻灭之慨。《七月二十八日与王郑二秀才听雨后梦作》这首诗将自己梦幻般的一生用纪梦的形式加以表现。从开始阶段梦境的明丽热烈，到中间阶段的恍惚迷离，再到后来的离奇变幻，虽难指实（也不必指实）所象喻的生平情事，但从总体看，这"低迷不已断还连"的梦境无疑是诗人一生不同阶段人生境遇的变形反映。"觉来正是平阶雨，独背寒灯枕手眠"，这个意味深长的结尾正蕴涵着"生涯元是梦"的深沉感慨。与先前许多诗人慨叹人生如梦每着眼于人生之短促不同，义山这种人生如梦的感慨每因有感于美好理想与追求的幻灭而产生。因此他尽管深慨追求的屡次幻灭（所谓"一寸相思一寸灰"），却仍要坚持幻灭中的追求："微生尽恋人间乐，只有襄王忆梦中。"美好的梦境尽管破灭，仍值得追思回味。与幻灭感密切联系的，是一种弥漫的迷惘感。梦境本身便是扑朔迷离、令人迷惘的；梦的幻灭更令人惘然若失，惆怅不已。他常用"无端"这个词语来表达自己的迷惘感。"锦瑟无端五十弦""云鬓无端怨别离""秋蝶无端丽""无端嫁得金龟婿""今古无端入望中"，这些"无端"尽管在各自的诗中都有其特定的内涵意味，但又都透露出对人事、景物与人生命运感到迷惘不解的情绪。这种迷惘幻灭之慨，在义山诗中同样构成一种经常出现的情绪基调。

由上面论列的几种人生感慨可以看出，它们都是比较虚括的内心情绪体验，而不是具体明确的关于人生的观念与认识。本身在内涵与形态上都带有一定的朦胧性，因而在表现手段上也不能不引起相应变化，这就是由过去的直抒感慨转为借境（或物）象征。如《嫦娥》：

> 云母屏风烛影深，长河渐落晓星沉。
> 嫦娥应悔偷灵药，碧海青天夜夜心。

诗情的触发可能与嫦娥窃药、孤守月宫的神话传说乃至现实生活中女冠慕仙、寂处道观一类情事有关，但当诗人在构思过程中融合了更广泛的人生体验后，诗中所抒写的感慨便带有虚泛性和概括性。全诗展现的既高远澄洁又孤独寂寞的象征性境界，隐隐传出一个追求高远的理想之境，而使自己处于永恒孤寂之中的苦闷灵魂的深长感慨，其中既有自悔自怅，又有自赏自怜。这种略可意会、难以言传的情绪型感慨，很难用直截明白的方式直抒，只有借助这种含蕴极丰的象征境界方能得到隐微而隽永的表达。再如《落花》，表面上是写春残日暮之时落花乱飞的情态和诗人的惋惜伤感，实际上是借此种象征境界表达内涵极为虚括深广的人生感慨——"伤春"之慨。联系诗人一系列"伤春"的诗句，诸如"天荒地变心虽折，若比伤春意未多""刻意伤春复伤别""曾苦伤春不忍听，凤城何处有花枝""年华无一事，只是自伤春""我为伤春心自醉""地下伤春亦白头"等，可以体味出其中蕴涵的不仅有时代没落的哀感、身世飘零的悲慨，而且有青春消逝的伤嗟和一切美好事物消殒之无奈。他的《乐游原》五绝所抒写的因古原黄昏落日之境所触发的感慨，用管世铭的话来说，乃是一种"消息甚大"的人生感慨。迟暮之感、沉沦之痛、时世之悲，固然可以包容，扩大了看，也不妨说是对行将消逝的美好事物的深情流连和无可奈何的悲慨。上举数例，无论是孤寂之感、伤春之慨、迟暮之叹，其中蕴涵都深广虚括，感情也复杂微妙，但借助嫦娥孤月、小园落花、古原落日诸境却能得到完美的象征性表现。

由于所抒的人生感慨内涵虚括，又多用象征境界表现，因此他这类诗的艺术风貌每呈朦胧模糊的特征，这是跟传统的抒写人生感慨之作明朗劲直的风貌大不相同的。内涵的虚括，从另一方面看亦即内涵之不确定与多义，似此似彼，亦此亦彼。这实际上就是意蕴的朦胧，像《嫦娥》《乐游原》《落花》一类诗，尽管字面上很明白易懂，但其内蕴却朦胧多义，可以引起多方面的联想。还有一种情况，是诗中创造的象征境界本身就具有朦胧隐约的特征，如《重过圣女祠》的颔联：

一春梦雨常飘瓦，尽日灵风不满旗。

着意渲染圣女祠幽缈迷蒙的环境气氛：如梦似幻的细雨悄然飘洒在屋瓦上，境界既幽寂虚缈，又透出一种若有若无的朦胧期望；而轻柔得扬不起神旗的灵风则又暗暗传出好风不满的遗憾。联系诗的点睛之句，可以体味出这由细雨灵风构成的朦胧隐约之境寓有"沦谪得归迟"的诗人渺茫的期待与失落的惆怅。由于境界缥缈，读者只能于虚处约略感受到诗人的心灵叹息，却很难明确揭示这种感慨的具体内涵。再如《无题》：

紫府仙人号宝灯，云浆未饮结成冰。
如何雪月交光夜，更在瑶台十二层？

借游仙题材抒写人生感慨，更增迷离恍惚之效。想望中的仙姝，可望难即。方欲就彼宴饮，云浆忽已成冰；方欲觅其踪影，对方已高处瑶台之上。撇开触发诗思的具体情事不论，此诗所描绘的虚幻飘忽、邈不可攀之境，乃是表现人生的追求向往虚缈难即之感。这种感慨，其生活基础可能是多方面的（政治、友谊、爱情上的种种追求与渺茫失落均可包括在内），但一经铸成如此空灵虚幻、朦胧迷离之境时，就不宜以一事一情来局限它。而在义山所有抒写人生感慨之作中，内涵最虚括、意境最朦胧的无疑是那首千古诗谜《锦瑟》。从首尾两联只能约略得知这是一首听奏锦瑟而追忆华年、不胜惘然之作，但颔、腹两联所展示的四幅各自独立的象征性图景，却很难确指其象征含义。读者只能从它们分别展示的迷惘变幻、哀怨凄苦、清寥寂寞、虚缈飘忽诸境中揣摩诗人思华年时充满感慨的心声，想象诗人华年所历的人生境界与心灵境界。它超越一切具体情事，又涵盖一切具体情事。在这里，情思是一片惘然，境界则是一片朦胧。朦胧的境界为表现最虚括的感情内涵、引起读者最丰富的联想创造了最充分的条件。

　　从先秦到晚唐，诗歌中对人生感慨的抒写大体上有两条并行的发展轨迹。一是由主要感慨人生之短促到感慨人生之坎坷，再到感慨人生的悲剧命运以及人生的孤寂、间阻、迷惘、幻灭，呈现出由自然到社会再到内心的发展趋势，亦即由外向内、由表层到深层的过程。从自然与人生的对照中抒写人生苦短之慨，注目于生命的修短，这是人的生存欲望的反映，也是较低层次的人生追求。从社会与个人的矛盾中抒写人生困顿坎坷之慨，着眼于志业事功的追求，这是人的发展欲望的反映，是进一层的人生追求。从环境与自我，特别是内心的关系上抒写悲剧命运的感慨，以及间阻、孤寂、迷惘、幻灭之慨，标志着对人生的思考体验更加深入，对人生的追求也进入更高的精神领域。与此相应的另一条发展轨迹，则是人生感慨的内涵由具体逐渐走向虚括，表现手法由直抒转为象征。李商隐诗对人生感慨的抒写正同时反映出这两方面的发展趋势。

诗歌中抒写人生感慨，是诗人对生活、对人生的感受体验趋于整体化、深刻化的标志之一，也是诗歌内涵深化的一种表现。在古代诗歌史上，抒写人生感慨虽有悠长传统，但在李商隐的诗歌创作中，这一传统却有很大发展。它不但成为其诗歌的基本主题，而且在内容、手法和艺术风貌上都有明显的开拓、深化与新变，特别是在运用象征境界表现内心深处隐微深曲的人生感慨方面更达到很高成就。后世如李煜、苏轼、龚自珍等在抒写人生感慨方面也各有独特成就，但艺术风貌与义山这类作品明显有别。总之，这种内涵虚括、充满伤感情调、具有象征色彩和朦胧意境的抒写人生感慨之作，在古代诗史上是独特的存在，它相当全面地体现了李商隐诗歌的基本特征。

第十二章　李商隐的七言律诗

李商隐最擅长的诗歌体裁是七律与七绝。两种体裁的诗加在一起，占了其诗作的近三分之二①。对他的七言律诗，前人早有定评。明陆时雍《诗镜总论》说："李商隐七言律气韵香甘，唐季得此，所谓枇杷晚翠。"清钱良择《唐音审体·七言律诗总论》云："义山继起，入少陵之室，而运之以秾丽，尽态极妍，故昔人谓七言律诗莫工于晚唐。"清舒位《瓶水斋诗话》云："尝论七律至杜少陵而始盛且备，为一变；李义山瓣香于杜而易其面目，为一变；至宋陆放翁专工此体而集其成，为一变。凡三变，而他家为是体者不能出此范围也。"陆氏仅揭示出商隐七言律"气韵香甘"的艺术风貌，钱氏则进一步指出其学杜而"运之以秾丽"，已注意到商隐对七律的发展；舒氏更把商隐七律放在七律发展的整个过程中来考察。从中可以看出论者对商隐七律认识的深化。舒位的论断是否完全切合七律发展的实际，是否"为是体者不能出此范围"，尚可讨论，但他为七律发展变化阶段划出的大体轮廓，特别是指出杜甫、李商隐、陆游在七律发展过程中里程碑式的重要地位，却对我们研究李商隐的七律有重要启示。义山七律，从具体的每一细部看，当然还有不少值得深入细致地加以研究的地方。但如果要从总体上去把握它，则必须从大处着眼，着重揭示商隐对七言律诗的发展所提供的新东西，所作出的新贡献。一般来说，一个作家在某种文学样式、体裁范围内作出带有里程碑性质的贡献，往往是在内容与形式两方面都有明显创新的结果；同时，也和一个作家是不是将主要精力放在某种体裁的写作上，专精独诣，竭尽才智去试验、去创造分不开。这两方面是相联系的、统一的。

---

①其中七律117首，七绝192首，合计309首。对他的七绝，将在下章专门论述。

第一节　对七律内容的开拓

　　为了说明这一点，需要回顾一下自杜甫以来七律发展的情况。杜甫七律内容方面最大的拓新，是把重大的时代政治主题引入这样一个传统上以奉和应制酬赠为主要内容及功能的诗歌体裁之中，创作出了一大批具有浓郁时代悲剧色彩、风格沉郁悲壮的政治抒情诗，特别是入蜀以后和在夔州期间的七律，更达到这一体的思想与艺术的高峰。但是杜甫以后，七律在内容方面，却在一个时期内走着回头路。中唐前期大历十才子的七律，就多为宫廷唱和及友朋酬赠之作。单看其代表人物钱起一些著名七律的题目，如《和李员外扈驾幸温泉宫》《赠阙下裴舍人》《和王员外晴雪早朝》《汉武出猎》《乐游原晴望上中书李侍郎》，就可见其内容之一斑。中唐后期的元、白、韩、柳，都把主要精力用在古体诗的写作上，李贺更是一首七律也不写。元、白的七律，像他们的古体，走的是坦易流畅一途，有自己的风格，但内容上并没有多少拓新。这个时期，七律内容方面多少有些开拓的，当推刘禹锡、柳宗元、韩愈等人贬谪远郡及描写边徼风土人情之作，如柳宗元的《登柳州城楼寄漳汀封连四州刺史》《别舍弟宗一》《岭南江行》《柳州峒氓》，刘禹锡的《感吕衡州时予方谪居》《再授连州至衡阳酬柳柳州赠别》《酬乐天扬州初逢席上见赠》，韩愈的《左迁至蓝关示侄孙湘》《赠张十一》等，可以说是开辟了七律内容上的新境界，而为前此诗家所少涉及①。元稹用七律写悼亡诗《遣悲怀三首》，刘禹锡用七律写怀古诗《西塞山怀古》，虽均为传世佳作，但究属个别事例，在七律创作中未能形成一种风气。到了晚唐，杜牧亦擅七律，且具有既拗峭劲健又俊逸明快的独特风格，但总的来看，他的七律绝大部分是啸志歌怀、抒写牢骚感慨之作，除《早雁》《河湟》少数几首外，缺乏重大的题材和积极的思想内容。许浑的怀古七律数量较多，艺术上也有相当成就，但作品意境每多雷同相似，因此，从杜甫以来，七律在内容方面可以说没有多少新的拓展，没有开辟出多少新的题材领域和新的境界。但李商隐的七律，却打破了这样一种长期以来相对停滞的局面。

----

　　①初唐沈佺期、宋之问、杜审言的五律、五古有不少写贬谪生活、心情的，七律则仅宋之问有一首。中唐刘长卿七律中有一些写贬谪生活的诗，但像刘禹锡、柳宗元、韩愈那样形成一种风会，且与边徼风土人情结合起来写，则为数很少。

李商隐七律思想内容方面一个显著的特点，是恢复并发展了杜甫七律关注国运、感伤时事的传统。这是他学杜最主要的方面和成就。从青年时代的《隋师东》、《重有感》、《曲江》、《安定城楼》、《咏史》（历览前贤），到中年时期的《赠别前蔚州契苾使君》《行次昭应县道上遇户部李郎中充昭义攻讨》《赠刘司户蕡》《哭刘蕡》，再到晚年的《井络》《杜工部蜀中离席》，杜甫的忧国伤时精神一直在深刻地影响着李商隐七律的创作。王安石谓"唐人知学老杜而得其藩篱者，惟义山一人而已"（《苕溪渔隐丛话》前集卷二二引《蔡宽夫诗话》），其所举诗例，一半即为七律（《安定城楼》《杜工部蜀中离席》二诗中的"永忆江湖归白发，欲回天地入扁舟""雪岭未归天外使，松州犹驻殿前军"二联）。这些七律，不但神似老杜，而且确有发展，像《曲江》：

> 望断平时翠辇过，空闻子夜鬼悲歌。
> 金舆不返倾城色，玉殿犹分下苑波。
> 死忆华亭闻唳鹤，老忧王室泣铜驼。
> 天荒地变心虽折，若比伤春意未多。

杜甫《哀江头》藉曲江今昔，抒写盛衰之感，深寓国家残破之痛。商隐此诗在构思方面明显受到杜诗影响。诗的次句"子夜鬼悲歌"，隐喻不久前发生的甘露之变中大批朝臣惨遭宦官杀戮之事。五句用陆机为宦官孟玖所谗害，临死前叹息"华亭鹤唳，岂可得闻乎"的故实，六句用西晋索靖预感天下将乱，指洛阳宫门前铜驼叹息"会见汝在荆棘中耳"的典故，其政治内涵、政治色彩都非常突出，但比杜诗写得更加深隐。诗以丽句写荒凉、以绮语抒感慨的手法，也显然可见杜甫《秋兴八首》等七律的影响。但杜甫感伤时事的七律境界雄浑壮阔，声情沉雄悲壮，而商隐此诗则思深意远。诗人并没有将思绪停留在不久前发生的这场事变上，而是从这里生发开去，想得更深更远。尾联说，这场天荒地变式的大变故、大劫难固然使人心摧，但它所预示的唐王朝的荆棘铜驼命运却更使人忧伤。这种深沉的忧思和感伤（即所谓"伤春"）正是商隐特有的，既反映了他所处的唐王朝衰世的特点，也反映了他对时事深层次的思考。如果说，在此之前写的《隋师东》只是学杜而肖其貌、得其神，基本上未越出杜甫《诸将五首》的范围，那么到了《曲江》，就显出了义山伤时感事七律的独特面目。

不过，像《曲江》这样学杜而又具有自己独特面目的诗，在义山伤时感事的七律中毕竟不多，多数还是属于学杜而肖貌得神的一类。而义山如果只有这一类学杜的七律，即使学得再像，也是在重复杜甫。李商隐的可贵之处，在于他能适应时代的要求和自己的艺术个性，创造了用咏史的形式反映时事政治的新体式，为七律开拓了新的内容和意境。七律咏史诗，晚唐之前少有制作。刘禹锡的怀古诗很出名（其中包括了《西塞山怀古》这样的七律名篇），对晚唐许浑、刘沧等人也有影响，但它与咏史诗是两种各有特点的诗①。李商隐的咏史之作，遍及古近体各种体裁，但写得多而且好的，除七绝以外，主要是七律。像《隋师东》、《咏史》（历览前贤）、《览古》、《富平少侯》、《马嵬》（海外徒闻）、《茂陵》、《隋宫守岁》、《宋玉》、《楚宫》（湘波如泪）、《利州江潭作》、《筹笔驿》、《南朝》（玄武湖中）、《隋宫》（紫泉宫殿）诸作②，几乎绝大部分是七律中的上乘之作，特别是像《马嵬》《隋宫》《筹笔驿》等，更被评家奉为七律的圭臬。这一系列优秀的咏史七律的创作，为七律这种体裁提供了在晚唐那种特殊时代条件下用咏史的方式反映时事政治、抒写对现实政治感受的成功范例，为七律在杜甫直接抒写时事的传统之外提供了以咏史方式反映时事的新手段、新经验。沈德潜说："义山近体，襞绩重重，长于讽喻，中多借题掳抱。遭时之变，不得不隐也。咏史十数章，得杜陵一体。"（《说诗晬语》卷上）"遭时之变，不得不隐"，正说明李商隐咏史七律是适应时代需要、发扬杜甫七律忧国伤时传统的新创造。这种新创造对扩大和提高七律反映现实政治的功能所起的作用不能低估，因为它等于提供了一种新的揭露批判现实政治的有效手段，使诗人得以在"咏史"形式的掩盖下，可以较少顾忌，较多创作自由度。唐代文网较疏，但像《隋师东》、《咏史》（历览前贤）这种直接针对当时平叛战争中所暴露的腐败现象而归咎于朝廷中枢，针对当朝君主勤俭图治无成而悲慨"运去"的诗，如果采取直接抒写的方式，其自由度不免受到较大影响；而采取咏史的方式，则可较少顾忌。至于以古鉴今一类的咏史诗，其反映现实政治虽较间接，写作的自由度则更大。整个晚唐时期咏史诗的繁荣，自然有更深刻的时代社会原因，但李商隐在这方面提供的创作范例和经验的启示作用，也是不能低估的。李商隐以后，咏史诗数量大增，而且出现了像罗隐这种擅长七律咏史诗的诗家，可以看出李商隐七律咏史诗的影响。

---

①参看本编第六章《李商隐的咏史诗》第一节论咏史诗与怀古诗的区别一段。

②其中《隋师东》、《咏史》（历览前贤），内容是直接反映时事的，却用咏史诗的题目，兼跨两类。故上文及此处都提及，但论述角度不同。

李商隐七律内容和体制方面的另一拓新，是创造了无题这样一种特殊形式的抒情诗。关于无题诗的性质、内容和艺术特征，已另有专章讨论，这里只就七律无题诗对七律内容、体制的拓新这一角度来谈。李商隐在写作无题诗的过程中，虽曾运用除五绝以外的所有诗体来进行过试验，但实践的结果，写得最多最好的无疑是那六首七律无题。只要提到李商隐的无题诗，人们首先想到的就是那六首最能代表其无题诗艺术特征与成就的七律，在某种意义上说，它们也是李商隐诗的代表。在李商隐之前，爱情诗一般多用五、七言古诗或五言排律，间用五、七言绝，而用七律写爱情的则较少。以"无题"为题，以七律为主要形式，将政治失意、身世沉沦、年华消逝和种种纷繁复杂的人生体验与感受，自觉或不自觉地融入伤离恨别的爱情歌咏之中，使它成为一种幽怨微茫、测之无端、玩之无尽的具有多重意蕴的纯粹抒情诗，不能不说是李商隐对七律内容和体制的重要拓新和创造。它所表现的是一种以悲剧性的爱情心理为表层内容，又渗透了更广泛的人生体验、人生感受，具有复杂深层内蕴的感情境界。七律一体，从它诞生之日开始，无论是初盛唐的高华典丽，还是中唐白派的坦易流畅，在内容意境方面一直是比较单纯明朗的。只有杜甫晚年的一部分七律（如《秋兴八首》），由于思想感情的深沉复杂，风格偏于深微。但是像李商隐的七律无题这样，既具有内容意蕴的多重性，表现又特别微婉的抒写内心幽隐情绪的诗，可以说还从未有过。在七律这种格律精严、形式整饬的诗歌体裁中寓含深微多重的感情内涵，对提高七律的抒情功能，无疑是很大的贡献。

总之，无论是在反映现实的功能或抒写内心深微情绪的功能上，李商隐对七律的发展都作出了卓越的贡献。如果说前一方面主要是拓展，则后一方面主要是深化。它们都是对七律内容、体制的一种拓新。

第二节　对七律艺术的创新

与内容的拓展、深化相应，李商隐的七律在艺术上的创新主要表现在以下两个方面。

一是显著提高了七言律诗的讽刺艺术。七律从它诞生之日起，就和歌颂赞美结下了不解之缘。从初唐沈佺期等人的奉和应制，到盛唐王维、岑参、贾至、杜甫的早朝大明宫唱和，再到大历十才子的朝廷酬唱，长久地在这上面兜圈子。这正说明，七律在许多诗人心目中，就是用来颂圣或应酬的，它似乎天然地与讽刺不搭界。杜甫的《诸将五首》，是对当时四方诸将进行指责、批评或赞美的，那是严肃的政治议论，而不是讽刺。《咏怀古迹》和《秋兴八首》更是和讽刺不沾边。连刘禹锡那么爱在诗中寓讽的诗人，他的著名七律中也没有讽刺诗。与李商隐同时的杜牧，七绝咏史、伤时之作中颇多讽刺（如《过华清宫三首》《泊秦淮》），但七律中寓讽的却极少。可以说，在李商隐之前，七律与讽刺基本上是绝缘的①。可能多数诗人已经形成了一种思维定式，觉得这种出身于庙堂、风格典雅华赡的诗体不宜于用来讽刺。但李商隐的咏史七律，却以擅长讽刺为其显著特色。他的讽刺，不是那种刻露缺乏含蕴、经不起咀嚼回味的讽刺，而是一种既讽刺到骨而又感慨深沉、耐人涵泳的讽刺，一种深婉含蓄的讽刺。《隋宫》在这方面表现得最出色。颔、尾两联，对炀帝的贪侈昏顽、肆意纵欲、至死不悟的本性进行了辛辣的嘲讽，但用"不缘""应是""若逢""岂宜"等假设推想之语摇曳出之，便觉深婉耐味。腹联将放萤取乐与开河佚游二事与隋朝的兴亡联系起来。两句中的"无"与"有"正是集中表现讽慨的句眼。"腐草无萤火"，既是辛辣嘲讽萤火虫被炀帝搜尽，至今连腐草亦不复生萤，又是感慨荒宫腐草，满目凄凉。今日之"无"，正透露昔日之"有"，也正暗示往昔隋宫繁华何以变为一片空无。"垂杨有暮鸦"，不只是着意渲染昏暗凄凉的景象，更寓有无限今昔盛衰的感慨。昔日龙舟游幸，锦帆蔽日，何等烜赫，而今惟余隋堤衰柳、暮鸦聒噪。这样的"有"，比什么都没有的"无"更令人感慨唏嘘。诗人对隋炀帝的讽刺，正是通过这种俯仰今昔的历史感慨更深刻也更含蓄地表达出来。再如《马嵬》：

> 海外徒闻更九州，他生未卜此生休。
>
> 空闻虎旅传宵柝，无复鸡人报晓筹。
>
> 此日六军同驻马，当时七夕笑牵牛。
>
> 如何四纪为天子，不及卢家有莫愁？

556　不少评家都认为此诗尾联"轻薄"②，实际上都只看到了其讥刺尖锐辛辣的

---

① 以选诗较多的沈德潜《唐诗别裁集》为例，李商隐以前的七律中，无一首是讽刺诗。

② 如屈复谓"七八轻薄甚"（《玉谿生诗意》），毛奇龄谓"落句则以本朝列祖皇帝而调笑如此……虽轻薄，不至此矣"（《唐七律选》），施补华谓"义山'如何四纪为天子，不及卢家有莫愁'，尤为轻薄坏心术"（《岘佣说诗》）。

一面，而对全诗的深层意蕴缺乏深入体味。诗的每一联都包含着鲜明的对照：方士召魂的虚妄与杨妃已死的现实的对照、承平年代的鸡人报晓和奔亡道中虎旅宵柝的对照、长生殿的七夕盟誓与马嵬坡六军驻马的对照，以及贵为四纪天子反不如民间夫妇白头相守的对照，再辅之以一系列虚字的抑扬（徒、未；空、无；如何、不及），既尖锐地讽刺唐玄宗沉迷不悟，又留下一连串引人深思的问题。特别是尾联引而不发的设问，更寓含带有民主精神和哲理意味的思考，在冷讽中寓有深沉的感慨。不同的读者对这个问题会有各种不同角度的思考与答案，而这些思考与答案又都是值得为人君者认真记取的。以上两首七律的讽刺艺术，可以说已经达到前人很少达到的高度，而与那种浅薄发露、略无余蕴的讽刺大相径庭。七律《南朝》的讽刺也具有意余言外的特点：

> 玄武湖中玉漏催，鸡鸣埭口绣襦回。
> 谁言琼树朝朝见，不及金莲步步来？
> 敌国军营漂木柿，前朝神庙锁烟煤。
> 满宫学士皆莲色，江令当年只费才。

"谁言"一联，表面上看纯粹是对陈后主奢淫享乐生活超越齐后主的一种调侃和嘲讽，但如果结合这首诗的整体构思来体味，就会发现其中寓含深意。诗人将南朝作为一个整体，着重咏陈事而兼顾前此各朝。首联点地纪游，不但兼写宋、齐，实亦包举梁、陈，即所谓"玄武开新苑，龙舟宴幸频"（《陈后宫》）之意。次联从字面看，是说陈后主之荒淫有过于齐后主，然其真意则在讽慨南朝君主荒淫相继，变本加厉，特举一端以概其余。后幅乃专咏陈事，以见南朝之末政与必然覆亡的趋势，咏陈之亡，即所以咏南朝之亡。末联又似对江总等狎客大臣的调侃，但调侃中仍寓深慨，慨叹末世才士不能自持，以致其才不用于匡国济民而用于歌咏宫中女学士之颜色。商隐这种七律，在艺术上与杜甫的一些运古于律的七律相比，具有更加精纯的特点。尽管有议论，但富于情韵；有辛辣讽刺，但又感慨深沉，耐人讽咏。

　　二是极大地提高了七律抒写心灵的艺术。这主要体现在他的七律无题和风格近似的《春雨》《重过圣女祠》等诗中。传统七律首尾两联多叙事，中间两联分写情、景，商隐的七律无题和《春雨》等诗却打破了这种传统的写法，把它完全变成抒写心灵的诗。尽管有时首尾两联仍有叙事的痕迹，每首七律无题后面都可能隐藏着一个爱情故事、一段爱情经历，诗中也偶尔有某一联闪现过爱情经历中的某一片断，但这一切，在商隐的上述七律中都被心灵化了，成了抒写心灵的凭借或心灵的象征。例如他那首流传极为广远的《无题》：

> 昨夜星辰昨夜风，画楼西畔桂堂东。
>
> 身无彩凤双飞翼，心有灵犀一点通。
>
> 隔座送钩春酒暖，分曹射覆蜡灯红。
>
> 嗟余听鼓应官去，走马兰台类转蓬。

首联初看似乎是叙写昨夜情事，实际上对此只是虚点，并未涉及发生在"画楼西畔桂堂东"的任何具体情事。诗人在这里只是用咏叹的笔调抒写对昨夜星辰好风、画楼桂堂温馨旖旎氛围的深情回忆。在回忆中既有甜美与陶醉，也有怅惘与遗憾。颔联由追忆回到现境，抒写今夕的相隔和由此引起的复杂微妙心理（参看本编第八章《李商隐的无题诗》第三节），不用说是直接抒写心灵活动的。腹联似是描绘夜间宴席上灯红酒暖、送钩射覆的热闹场景，实际上仍是借此抒写内心感受。无论是把它理解为对昨夜曾历情境的追忆，或是对今夜意中人处境的遥想，其中都渗透了诗人的无限追恋或强烈向往。直到尾联，仍然不是听鼓应官、走马兰台的写实，而是抒写良会不再、身如飘蓬的心灵叹息。整首诗可以说都是在写抒情主人公的心理活动，断续无端，跳跃多变，宛若意识流之作。这种抒情方式，在其他七律无题中同样表现得非常突出，如《无题二首》：

> 凤尾香罗薄几重？碧文圆顶夜深缝。
>
> 扇裁月魄羞难掩，车走雷声语未通。
>
> 曾是寂寥金烬暗，断无消息石榴红。
>
> 班骓只系垂杨岸，何处西南待好风？

> 重帏深下莫愁堂，卧后清宵细细长。
>
> 神女生涯元是梦，小姑居处本无郎。
>
> 风波不信菱枝弱，月露谁教桂叶香？
>
> 直道相思了无益，未妨惆怅是清狂。

两首诗都采取女主人公静夜追思的抒情方式，都可视为女主人公的心理独

558

白。前一首是女主人公在寂寥的长夜默默缝制罗帐时展开对往事的追忆和对意中人的深情期盼。颔联孤立地看像是叙事——叙写与对方邂逅的情景：对方驱车匆匆走过，自己因为羞怯，以团扇掩面，虽相遇而未及通一语。但由于这是夜深缝罗帐时的追思，这一闪现于女主人公脑际的场景就转化成了情思，曲折地表达了她在追思往事时那种既感温馨甜蜜，又感惆怅遗憾的复杂微妙心理。腹联像是叙写匆匆路遇后长期的等待与思念，但那在寂寥的等待中慢慢暗淡下去的灯烬和青春过后的石榴花红，却被心灵化了，成了无望的相思与期待的象征、青春在寂寞的等待中暗自消逝的象征。尾联更是直接抒写心灵的期盼。后一首同样是"卧后清宵"对自己生涯身世的追思叹息和明知相思无益而终抱痴情的心灵独白。我们不妨再从抒写心灵的角度来品味《春雨》中的名联：

红楼隔雨相望冷，珠箔飘灯独自归。

通过对重访旧地，不见伊人，独自提灯在雨中踽踽归来这段惆怅经历的描写，传达出了一种氛围与心境。红楼作为所爱者曾经居住过的地方，本应唤起许多温馨美好、热烈欢快的记忆，而此刻却因人去楼空，隔雨相望，只觉得它仿佛透出一股寂寥冷落的气氛。这是雨浸冷了抒情主人公的心，还是抒情主人公的心浸冷了雨中的红楼？是雨"隔"断了近在咫尺的红楼，还是心灵中的阻隔感使眼前的红楼变得遥远了？景象与心理感受之间这种微妙的关系正透露了抒情主人公心境的孤寂凄冷和心灵深处的阻隔感。用珠箔飘灯来形容丝丝雨帘在提灯前摇曳飘荡，这本身就包含了一种联想：由雨帘映灯联想到往昔红楼高阁之中、珠帘灯影之间的温馨旖旎生活，而这一切都已随着伊人的远去而成为遥远的过去。这里有温馨的追忆，更有失落的怅惘。再如《重过圣女祠》中的名联：

一春梦雨常飘瓦，尽日灵风不满旗。

这是写圣女祠的幽缈迷蒙的环境气氛，又是心灵景观的象征性展现。那如梦似幻、似有若无的春天细雨悄悄地持续不断地漂洒在屋瓦上，既朦胧而又飘忽，似乎带有某种朦胧的希望，又似乎透出虚缈的气息；那轻柔得吹扬不起祠前神旗的灵风更传达出一种"东风无力"的气息和心灵深处的"不满"与遗憾。而在展现心灵境界方面最突出的当属《锦瑟》。诗人追忆华年往事而深感心绪一片惘然。这种"惘然"心绪，借助颔、腹两联的四幅象征性图景得到最富于含蕴的多方面展现。音乐境界与人生境界、心灵境界，瑟声与心声借助朦胧而多义的象征性图景融为一体。这种纯粹写心的七律，在中国诗歌史上是非常独特的存在，不但在李商隐之前之后很少出现，即或在商隐其他诗体中也很少出现。即以无题诗而论，五古"八岁偷照镜"篇，尽管也借少女伤春寄寓了少年诗人忧虑遇合和命运不由自主的心理，但从写法上看，从八岁次第写来，迤逦而下，一直写到"十五泣春风"，明显是用传统的叙事手法表现少女的生活历程与行为历程。虽也写到她的盼嫁、伤春心理，但主要不是写心灵而是写成长与命运。七古"何处哀筝"、五律"照梁初有情"、七绝"白道萦回"，也都或以写具体场景为主，或以写人物为主，不像七律无题和《春雨》《重过圣女祠》那样，以写心灵感受为主，以意境的朦胧为显著特色。总之，这些七律艺术上最突出的特征与成就，可以说是使对人的心灵境界的抒写达到了从未有过的深度①。

第三节　李商隐七律的两种类型——典丽精工与清空流美

　　这一节主要想通过对商隐七律两种主要类型的分析，来讨论其七律风格的多样性与统一性。

　　商隐七律中最为人们熟知的一种类型，可以称之为典丽精工型。这类七律的显著特点是词藻华美，色彩秾艳，意象繁密，典故众多，有的具有浓郁的象征暗示色彩。像《锦瑟》、《曲江》、《重有感》、《隋宫》、《南朝》、《茂陵》、《泪》、《闻歌》、《牡丹》（锦帏初卷）、《马嵬》、《筹笔驿》、《井络》诸篇，即是这种类型的突出代表，一部分七律无题如"来是空言""飒飒东南"以及《重过圣女祠》《碧城三首》等，也属于这种类型。后世学李商隐的西昆派作家，主要仿效的就是这种类型。由于这类诗中有不少代表了李商隐七律的主要艺术特征与成就，因此也不妨说这是李商隐七律的主流类型。

　　但商隐七律中还有一种明显与此相对应的类型，即很少用典故和华丽的词藻，多用白描和直接抒情，通体清空疏朗的类型，不妨称之为清空流美型。像《二月二日》、《即日》（一岁林花）、《写意》、《七月二十九日崇让宅

---

①本编第八章《李隐的无题诗》第三节指出其无题诗有纯情化、纯诗化、深微化、象征化的特征，可以参看。

宴作》、《王十二与畏之员外相访见招小饮时余以悼亡日近不去因寄》、《无题》（相见时难）、《春雨》、《九日》等诗即是这种类型的突出代表。尽管这种类型的诗中同样有许多流传广远的精品，但由于人们对商隐典丽精工型的七律印象特深，无形中将主要当成了惟一，因此很少注意到这是和前一种类型明显不同但同样有很高艺术成就的风格类型。像他的《二月二日》：

> 二月二日江上行，东风日暖闻吹笙。
> 花须柳眼各无赖，紫蝶黄蜂俱有情。
> 万里忆归元亮井，三年从事亚夫营。
> 新滩莫悟游人意，更作风檐夜雨声。

全篇除用"元亮井""亚夫营"两个熟典和"紫""黄"两个色彩字外，可以说是清空流走，一片神行。但所抒发的感情却深挚浓至，一点也不轻飘浮薄。它以乐境写哀思，以美好的春色反衬深长的羁愁，以轻快流畅的笔调抒写抑郁不舒的情怀，以清空如话的语言表现深浓的情思，收到了相反相成的艺术效果。又如作于同年秋的《写意》：

> 燕雁迢迢隔上林，高秋望断正长吟。
> 人间路有潼江险，天外山惟玉垒深。
> 日向花间留返照，云从城上结层阴。
> 三年已制思乡泪，更入新年恐不禁。

除首句用上林雁典故的字面略加点缀外，全篇也都是白描和直抒。开阔的境界、浏亮的声调中蕴涵的是凄惋抑郁的情思。颔联因江险山深而发世路崎岖险阻之慨，腹联于景物描写中寓时世阴霾衰颓之悲，说明诗中所写之意并不止于"思乡"一端，思乡只是感情的结穴。以上两例，说明这种清空流美型的七律内容和思想感情并不浅薄单纯，而是深挚浓至、丰富复杂的。而《七月二十九日崇让宅宴作》又说明这类诗的清空流美并非滑易流靡：

> 露如微霰下前池，风过回塘万竹悲。
> 浮世本来多聚散，红蕖何事亦离披？
> 悠扬归梦惟灯见，濩落生涯独酒知。
> 岂到白头长只尔？嵩阳松雪有心期。

全篇不用一个典故，全用白描手法，清词丽句，情深于言。但它却是用轻快流利中含顿宕曲折的笔调来抒写身世濩落之悲和悼亡伤逝之痛。赵臣瑷评曰："华筵既收，嘉宾尽去，触景伤情，不胜惆怅。浮世之聚散，红蕖之离披，其理一也。今乃故作低昂之笔，以聚散为固然，以离披为意外，何为者乎？此盖先生托喻以悼王夫人耳。"（《山满楼笺注唐诗七言律》）由于在流走中有顿宕，不仅使整首诗不致流于滑易，而且很好地表现了诗人于人世聚散不能自已的深悲。《即日》也属于这种流走中有曲折顿宕的类型：

> 一岁林花即日休，江间亭下怅淹留。
>
> 重吟细把真无奈，已落犹开未放愁。
>
> 山色正来衔小苑，春阴只欲傍高楼。
>
> 金鞍忽散银壶滴，更醉谁家白玉钩？

笔笔唱叹而又层层转进，故虽笔致流走，声调悠扬，却能传达出一种歌与泣俱的无奈意绪。胡以梅《唐诗贯珠串释》云："因落花而怅恨留连于花间亭下，把玩重吟，真出无奈。落者落，开者犹开，愁愈难放。此联实写而曲折，故佳。"所评切实。比较起来，他的《子初郊墅》《曲池》等作，虽亦清空流美，风致甚佳，却缺乏顿宕曲折而显得有些滑易。举前者为例：

> 看山对酒君思我，听鼓离城我访君。
>
> 腊雪已添墙下水，斋钟不散槛前云。
>
> 阴移竹柏浓还淡，歌杂渔樵断更闻。
>
> 亦拟村南买烟舍，子孙相约事耕耘。

子初系令狐绹之兄令狐绪之字①，这首诗是商隐往访令狐绪在长安南郊的别墅而作。何焯评："起连中便笼罩得子孙世世相好在。买舍、耕耘，恰从腹连生下，更无起承转合之迹……中四句一片烟波。"所谓"无起承转合之迹""一片烟波"，正说明此诗虽意致流走，但不免少顿宕而流于滑易。

562　　值得注意的是，典丽精工与清空流美这两种风格类型，不但在商隐的七律中存在，而且在他的五言排律、五言律诗、七言绝句乃至某些骈体文中也都存在。后者如五言排律中的《戏赠张书记》、《西溪》（怅望西溪水）、

①见王达津《李商隐诗杂考》（之一），载于陕西人民出版社出版的《古典文学论丛》（第一辑）。

《摇落》，五言律诗中的《春宵自遣》《落花》《高松》《晚晴》《凉思》，七言绝句中的《夜雨寄北》《离亭赋得折杨柳二首》，骈文中的《祭小侄女寄寄文》《奠相国令狐公文》等，都是典型的例证。这两种风格看似殊异的诗文，实际上有其内在的统一性。刘熙载在《艺概·诗概》中说："诗有借色而无真色，虽藻缋实死灰耳。李义山却是绚中有素。敔器之谓其'绮密瑰妍，要非适用'，岂尽然哉？"这是很有见地的。商隐典丽精工型的近体诗之所以不同于晚唐一般的绮艳诗，正因为其中蕴涵着作者深挚浓至的思想感情，深刻的人生体验，深沉的人生感慨。这一点，无论是咏史、咏物、无题七律乃至《锦瑟》等诗都是如此。如果商隐典丽精工型的七律和其他近体没有这种"真色""本色"，那就确实成了玩弄典故词藻的形式主义、唯美主义的东西。同样，他的清空流美型的七律和其他近体诗中的优秀之作，也内含深挚浓至的情感。刘熙载说"李樊南深情绵邈"（《艺概·诗概》），正准确概括了义山两种风格类型的作品共同的本质特征。如果对这两类诗的共同本质即内在统一性缺乏认识，在评论时便容易产生种种偏差或误解。如认为《锦瑟》"体涩而味薄""非真有深味可寻""大抵《无题》是义山偶然一种，本非一生精神所注"，认为《无题》（相见时难）"三四（按：即'春蚕'一联）太纤近鄙，不足存"、《无题》（昨夜星辰）"了无可取"（以上均纪昀《玉谿生诗说》中评语），除了艺术上的偏嗜外，还由于对诗中寓含的深慨真情缺乏感受与理解。有的诗，评家对它的评价反差极大，究其原因，也往往缘于对藻缋中所含的"真色"缺乏认识，如《牡丹》：

> 锦帏初卷卫夫人，绣被犹堆越鄂君。
> 垂手乱翻雕玉佩，折腰争舞郁金裙。
> 石家蜡烛何曾剪，荀令香炉可待熏？
> 我是梦中传彩笔，欲书花片寄朝云。

朱彝尊评曰："堆而无味，拙而无法，咏物之最下者。"（《李义山诗集辑评》引）而何焯则谓："起连生气涌出，无复用事之迹。"（何焯《义门读书记》）纪昀亦谓："八句八事，却一气鼓荡，不见用事之迹，绝大神力。所恶乎《碧瓦》诸作，为其雕琢支凑，无复神味，非以用事也。如此诗，神力完足，岂复以纤靡繁碎为病哉？"（《玉谿生诗说》）但何、纪二氏并没有说出他们这种评价的依据。这实际上是一首借咏物以抒风怀之作。从写法说，是借艳色（卫夫人南子、越人、贵家舞伎、巫山神女）以写牡丹之华贵富艳；从寓意说，是借牡丹以喻艳姝。牡丹与艳姝，实二而一，构思巧妙，不露痕迹。前三联分咏牡丹的花叶、情态、色香，均借富贵家艳色或富贵家带有香艳色彩的故事比拟，固然由于牡丹是富贵华艳之花，须如此用笔方见本色，也暗透诗人意念中自有此如花之女子。尾联由赏而思，将牡丹比作高唐神女，更透露出有所思慕、欲寄相思的消息。作单纯咏物诗读，确有堆砌繁碎之弊；从寓托着眼，则牡丹的容色情态，都宛若有人，密实处也变得空灵了，尾联用艳事丽语，却全不用雕镂刻画，而是以想象与风致取胜，更使全篇都因此点睛式的一结而灵动起来，变得富于情韵了。此诗的好处，正在于它不仅是对牡丹的单纯刻画与形容，而是注入了对人化的牡丹的一片深情。

从另一方面说，无论是典丽精工型的，还是清空流美型的，如果缺乏"深情绵邈"这一内在本质，则都不可能成为真正的好诗。我们可以把它作为一种衡量的标准，来判别其诗歌的高下精粗。尽管这不是惟一的标准，但对商隐诗来说，却无疑是重要的标准。商隐七律绝非都是佳品，其中也有相当一部分平庸浅率之作，像在永乐闲居期间写的一部分七律如《题道靖院》《奉同诸公题河中任中丞新创河亭四韵之作》《和马郎中移白菊见示》《题小柏》等都不免此弊。关键在于这些酬应气味很重的题赠唱和之作缺乏真感受、真感情，虽也清疏流畅，却没有"深情绵邈"的内质。又如《人日即事》：

> 文王喻复今朝是，子晋吹笙此日同。
> 舜格有苗旬太远，周称流火月难穷。
> 镂金作胜传荆俗，剪彩为人起晋风。
> 独想道衡诗思苦，离家恨得二年中。

范晞文《对床夜话》评曰："前辈云，诗家病使事太多，盖皆取其与题合者类之，如此乃是编事，虽工何益也。李商隐《人日》诗……正如前语。"这首诗把堆砌典故和浅率鄙俗两种弊病结合在一起，正好将两种类型的流弊占全了，怪不得屈复说："此首乃獭祭之最下者。"（《玉谿生诗意》）

商隐七律的类型自然不止这两种，但这两种风格殊异而又有内在统一性的七律却可以帮助我们进一步认识商隐优秀七律的真精神和内在本质。

第十三章　李商隐的七言绝句

　　在唐诗大家中，李商隐是七绝在全部诗歌创作中所占比例最高的诗人。现存义山诗五百九十余首，七绝竟达一百九十二首，占总数的三分之一。七绝诗的总量在唐诗大家中也仅次于白居易。对于像他这样一个"刻意"为诗、很少率笔成咏的诗人来说，这个数字和比例无疑能说明他对七绝一体的重视和偏爱。但历代诗评家普遍给予很高评价的主要是他的七律，公认他是杜甫以后最工此体的诗人。对他的七绝，除个别诗评家如叶燮、管世铭外，一般只将他列为晚唐擅长七绝的诗人之一，与杜牧、许浑、温庭筠、郑谷等并提，认为他的七绝有自己的特色，如说"小杜飘萧，义山刻至"（方世举《兰丛诗话》）、"樊川之风调，义山之笔力"（乔亿《剑谿说诗》）、"使事尖新，设色浓至"（毛先舒《诗辩坻》）等。有时甚至颇有贬辞（这种贬辞，有的是不满其七绝的思想内容有违封建礼教和传统诗教；有的是出于只尚盛唐、鄙薄中晚唐的偏见）。实际上，李商隐七绝的成就和他对七绝发展所作出的贡献并没有得到足够的重视。

　　在唐代七绝发展过程中，存在着一种值得注意的现象：有的诗人，在七绝内容的拓展和艺术风貌的新变上作出过明显努力，但其创作的艺术水平和成就总的来说并不很高，如杜甫的七绝。有的诗人，其七绝的艺术水准完全可以列入一流，但从七绝发展的角度看，无论内容与艺术，都缺乏明显创新，如李益。这种不平衡、不统一的现象，说明七绝既需要拓新变化，同时这种新变又必须保持和发扬这一体制本身的优长，而不是以削弱甚至牺牲其优长为代价。李商隐的七绝，既在内容和艺术上都有明显的拓新，又保持和发扬了七绝富于情韵风神的优长，因而在七绝发展史上有着不可忽视的地位与影响。

第一节　运重入轻

自唐末迄今，对义山七绝评价最高也最有识的首推叶燮，他说：

> 七言绝句古今推李白、王昌龄。李俊爽，王含蓄。两人词调意俱不同，各有至处。李商隐七绝，寄托深而措辞婉，实可空百代无其匹也。（《原诗》外编下）

如果不过分拘执"空百代无其匹"这种似乎过当的赞辞，那么"寄托深而措辞婉"确实是对义山七绝特点与成就的准确概括。

管世铭的评论与叶燮类似而不尽相同：

> 李义山用意深微，使事稳惬，直欲于前贤之外，另辟一奇。绝句秘藏，至是尽泄，后人更无可以拓展处也。（《读雪山房唐诗序例》）

"用意深微"之评可与叶氏"寄托深而措辞婉"之论相发明；而"后人更无可以拓展处"的赞誉虽与"空百代无其匹"的说法类似，或有绝对化之嫌，但强调其对七绝拓新的贡献，亦颇有识。

"寄托深""用意深微"，既是义山七绝内容方面拓新的体现，又是其艺术表现与风貌的重要特征。七绝这种体裁，比较轻巧灵便，适宜于抒写日常生活中即景即事触发的感情或瞬间景象，而不大适宜于表现重大的历史、政治题材和深重的政治、人生感慨。盛唐时期那些兴象玲珑、风神摇曳、情韵悠长的七绝佳制，绝大部分是一般的抒情写景之作，像王昌龄的《出塞》（秦时明月），杜甫的《江南逢李龟年》那种包蕴广远时空、浓缩时世沧桑、感慨深沉的作品为数甚少，因为七绝短小的篇幅很难容纳承载如此深广的生活内容和感情内涵。但李商隐却运重入轻，用七绝这种轻巧灵便的体裁来抒写重大的政治、历史题材和深重的政治、人生感悟，仿佛要使轻武器发挥重武器的作用，这是对七绝内容的拓新，也是对其功能的改进。

义山七绝，直接反映时事的仅《灞岸》《李卫公》等少数几首，但写了大量借咏史寄寓现实政治感慨的作品。如《瑶池》《华岳下题西王母庙》《海上》《贾生》《汉宫词》《汉宫》《过景陵》等借咏周穆、秦皇、汉文、汉武等寓讽当代帝王之求仙；《吴宫》、《齐宫词》、《北齐二首》、《景阳井》、《隋宫》（乘兴南游）、《马嵬》（冀马燕犀）、《华清宫》二首、《龙池》、《骊山有感》之借咏吴王夫差、南齐后主、北齐后主、陈后主、隋炀帝、唐玄宗鉴戒当代统治者的荒淫奢侈；《南朝》（地险悠悠）、《咏史》（北湖南埭）、《题汉祖庙》之借咏南朝、刘邦、项羽讽当代帝王之不修政治、缺乏远图；《五松驿》借咏秦亡寓讽当代统治集团内部之倾轧；《旧将军》之借咏李广被弃暗寓会昌有功将相之被斥；《天津西望》《过华清内厩门》《旧顿》之借咏旧苑、旧厩、旧顿深寓今昔盛衰、承平不再之慨；《复京》《浑河中》之"借往日之名将，叹今日之无人"（程梦星笺语，见《重订李义山诗集笺注》卷上）；乃至《咸阳》《人欲》《明神》诸绝，虽写得相当隐晦，也无不在咏史中寓有深沉的现实政治感慨。上述七绝，讽刺的对象集中指向最高封建统治者，触及当时政治腐败的焦点，心系国家兴衰命运，其现实性、时代感相当鲜明突出。这和稍后胡曾、汪遵、孙元晏、周昙等人单纯咏古的大型七绝咏史组诗固有明显区别，即与同时以擅长七绝咏史诗的杜牧相比，其讽慨现实的色彩也更为突出。小杜咏史七绝，每好对历史人事发表独异的见解议论，常作翻案之语，如《赤壁》《题乌江亭》《题商山四皓庙》等均为显例，但未必有针对现实的政治感慨。如同咏商山四皓，小杜之"南军不袒左边袖，四老安刘是灭刘"便只是单纯作翻案之论（当时现实中并不存在类似情事），而义山的"本为留侯慕赤松，汉廷方识紫芝翁。萧何只解追韩信，岂得虚当第一功"，则借翻"萧何功第一"的旧案，抒发对李德裕能任用大将破回鹘、平泽潞却不能为武宗定储的现实政治感慨。可见，大量写作咏史七绝并普遍寄寓现实政治感慨，是李商隐七绝在题材领域的一种开拓。

义山七绝"运重入轻"的另一重要表现，是大量写作抒发深沉人生感慨的作品。其中，抒发"才命相妨"之慨，是一个重要方面。无论是"却羞卞和双刖足，一生无复没阶趋"的卑趋之痛（《任弘农尉献州刺史乞假归京》）、"杨仆移关三百里，可能全是为荆山"的斥外之慨（《荆山》），还是"伶伦吹裂孤生竹，却为知音不得听"的贤愚倒置之愤（《钧天》）、"梁台初建应惆怅，不得萧公作骑兵"的命运弄人之悲（《读任彦升碑》），都不是泛泛的议论，而是在切身痛苦体验基础上的沉痛愤郁之语。像这种质量沉重的感慨，一般较少用七绝来表现，而在义山七绝中，抒写人生感慨的诗有五十余首，七绝成为其表达人生感慨的主要形式，这在唐代诗人中是独一无二的。一般他很少用直接抒慨的方式，而是通过咏史、用典、登临、游赏、寄酬等方式婉曲地加以表现，尤以托物寓慨的方式最为常见，也最为成功。本编第七章第二节曾从寄寓个人身世之感、普泛的人生感慨及某种抽象的精神意绪三个方面，列举一系列咏物诗进行分析，其中即包括许多七绝，此处不赘。叶燮谓义山七绝"寄托深而措辞婉"这应该是其中重要的方面。

以上两个方面，都体现出义山七绝"运重入轻"的特点和对七绝题材的拓新。但题材的拓新与艺术的成功是不同的两回事，真正的困难不是前者而是后者。这就必然涉及问题的另一面。

第二节　化重为轻

将重大的政治历史题材和深重的政治、人生感慨纳入七绝这种轻巧灵便的体裁，内容与形式势必产生矛盾，这种矛盾主要表现为两个方面：一是轻而小的形式，难以容纳重而大的内容；一是因重大题材、内容的引入而多取概略叙述或单纯议论的表现方式导致七绝固有的优长——情韵与风神的削弱乃至消失。杜甫入蜀以后一系列反映时事的七绝在艺术上未获成功，关键就在引进重大现实政治题材后，未能根据七绝本身的特点对它进行艺术的改造和处理，像《江南逢李龟年》这种成功的范例在杜甫七绝中是个别的特例。李商隐的七绝在"运重入轻"之后，也同样面临这一矛盾，也不是都解决得很好。但他一系列优秀七绝，则在"运重入轻"的同时，"化重为轻"，在艺术上获得较大成功。这主要有两个方面。

一是将重大的政治历史题材典型化，将沉重的人生感慨意绪化，使之成为与七绝的形式相适应的艺术内容。前者主要是精心选择提炼最富包孕的具体情节、场景、事物，加以集中表现，以收到小中见大、以少总多的效果。如《齐宫词》之以九子铃这一微物，贯串齐、梁两代荒淫相继的情事，深寓覆辙重寻的意旨；《吴宫》借宴罢满宫醉后"日暮花漂水出城"的细节，不仅烘托出吴宫的醉生梦死、狂欢极乐，而且微寓"流水落花春去也"的讽慨；《龙池》通过龙池宴归"薛王沉醉寿王醒"的情景，对玄宗的荒淫秽行作了冷峻的讽刺；《隋宫》（乘兴南游）"借锦帆事点化，得水陆绎骚、民不堪命之状如在目前"（何焯《义门读书记》卷五十七）《北齐二首》（其二）拈出"晋阳已陷休回顾，更请君王猎一围"的情节，将北齐后主和冯小怜这对末代帝妃不顾一切地荒淫享乐的本性刻画得入木三分；《贾生》借前席问鬼的场景对"不问苍生问鬼神"的当代统治者进行尖锐的嘲讽。上举诸例，都是义山咏史七绝中的精品，可见他运用这种典型化手段之自觉与得心应手。另一种情况，是以独特的视角来观照、处理题材，表达诗人新颖独特的感受。这在《梦泽》《宫妓》等诗中表现得最为明显。"楚王好细腰，宫中多饿死"这一历史现象，包含"上有所好"与"下必趋之"两个方面。按照一般的惯性思维，多将着重点放在"上有所好"这一主导方面，借以揭露统治者的荒淫如何葬送宫女的性命，虽有意义，但不免落套。义山却取独特视角，将讽慨的重点放在"下必趋之"方面，从而揭示出为某种在上者所好之风所左右，迎合趋附者的悲剧，使《梦泽》这首取材于楚国宫廷生活的咏史诗具有远超于宫廷生活的典型意义。《宫妓》取材于奇巧人偃师献假倡于周穆王，假倡歌舞应节合律，惟意所适，"瞬其目而招王之左右侍妾"，遭穆王之怒，几致杀身的故事，义山亦独从玩弄机巧终遭君怒这一角度立意，以警示现实生活中类似的人物。这种取独特视角揭示历史现象蕴涵的某一方面本质的写法，本身就是一种典型化手段。它所给予读者的思想艺术启示都很突出。总之，由于视点的集中与独特，重大的历史政治题材在提炼熔铸过程中化为具有丰富包孕的典型性情节、场景，亦即化重为轻，而这样的轻，又是能反映重和大的。

化重为轻的另一种方式，是将深沉的人生感慨意绪化，使之适宜于七绝这种轻巧灵便而又含蓄蕴藉的形式表现。义山胸中郁积的诸多人生感慨，多由悲剧性的时世、身世遭遇铸成，其质量之沉重自不待言，但义山却将生活中得来的感受虚泛化、意绪化，酿成某种内蕴深广而形态抽象虚泛的意绪，如孤寂感、间阻感、迟暮感、幻灭感等。由于作者多借象征性境界加以表现，从而使这类七绝含蓄深永，意蕴多重，达到"寄托深而措辞婉"的极致。《嫦娥》在这方面表现得最为典型。诗中所抒写的是一种高远澄洁而又孤独寂寞的境界，一种永恒的"寂寞心"。由于借助碧海青天、嫦娥孤月之境作象征性表现，而这种"寂寞心"又为神话传说中的嫦娥、寂处道观的女冠、追求高远而身心孤寂的诗人所共同具有，因而解者往往各有所会、各执一端，其实明白此诗所表现的乃是一种虚泛的意绪，则上述表面上歧异的解说本可相通。蕴涵深广的孤寂感在这里化为一种测之无端、玩之无尽的虚泛意绪和缥缈意境，与七绝的形式遂能达到高度的和谐。《霜月》所表现的境界与《嫦娥》类似而侧重于表现一种"耐冷"的精神意绪，一种与清冷高寒的环境相称的意态风神之美，一种环境越清冷就越富于生气神采的精神之美：

> 初闻征雁已无蝉，百尺楼南水接天。
>
> 青女素娥俱耐冷，月中霜里斗婵娟。

霜华月光似水一色的空明澄澈之境与这种高远的精神追求、空灵的意境与虚泛的意绪在七绝的形式中得到完美结合。《无题》（紫府仙人）则把意绪化的人生感慨表现得更加虚缈迷离：

> 紫府仙人号宝灯，云浆未饮结成冰。
>
> 如何雪月交光夜，更在瑶台十二层？

诗中着意表现一种向往追求之对象变幻迅疾、邈远不可即之感。这种人生感受，来源于政治、友谊、爱情经历的诸多方面，如据实抒写，七绝的形式绝难容纳。作者将它们虚泛化为一种近乎抽象的意绪，并借迷离变幻之境加以表现，形式与内容方能适应。从这里可以看出，人生感慨的虚泛化、意绪化，实际上也是一种典型化。如果说，将重大的政治、历史题材典型化是对"事"的典型化，那么将深沉的人生感慨意绪化，则是对"情"的典型化。

"化重为轻"的另一方面，是用多种艺术手段，使七绝在表现重大题材和深沉感慨的同时保持七绝的情韵与风神。这方面的难度并不比上一方面小。像《灞岸》这种伤时感事，直接涉及当时抗击回鹘侵扰的重大军事行动的诗，用七绝来表现，本极易流于一般化的叙述议论，义山写来，却既感慨深沉，又具远神：

> 山东今岁点行频，几处冤魂哭虏尘。
>
> 灞水桥边倚华表，平时二月有东巡。

妙在末句淡淡收住，化重为轻，而无限今昔盛衰之感，均寓于"灞水桥边倚华表"的沉思默想之中。《李卫公》《旧顿》《天津西望》《过华清内厩门》诸篇，用的是同一笔法。

570 义山不少咏史七绝，寓深刻的讽慨于经过精心提炼熔铸的典型场景之中，已如上述。由于不着议论，有案无断，往往写得颇富情韵风神。但这种写法，原是七绝的传统表现手段，义山的贡献是用它来表现重大的政治、历史题材，使之富有情韵风神。更能显示其艺术独创性的是像《贾生》这类议论而以唱叹出之的篇什：

> 宣室求贤访逐臣，贾生才调更无伦。
>
> 可怜夜半虚前席，不问苍生问鬼神！

此诗借端托讽寓慨，揭露当代统治者表面上敬贤重贤，实际上不能识贤任贤，迷信鬼神，不问苍生的腐朽本质；慨叹才士空有治国安民之术而被视同巫祝，虚受礼遇，实同沦弃的悲剧命运；透露出诗人不以个人荣辱得失而以是否有利于国家苍生衡量遇合的思想。确如评家所说，"绝大议论，得未曾有"（姜炳璋《选玉谿生诗补说》）。诗人却以抑扬有致、唱叹有情的笔调贯串渗透议论，将警策透辟的议论与深沉含蓄的讽慨融为一体。田雯说："义山佳处不可思议……一唱三弄，余音袅袅，绝句之神境也。"（《古欢堂杂著》）施补华说："义山七绝以议论驱驾书卷，而神韵不乏，此体于咏史最宜。"（《岘佣说诗》）均为确评。他的《咏史》（北湖南埭）、《梦泽》、《隋宫》、《瑶池》诸篇，在将议论与抒情有机融合方面也很成功。寓深刻的议论于抒情唱叹之中，方能化重为轻，使之既具深刻思致，又具深永情韵。

抒写人生悲慨的七绝，在运用多种艺术手段化重为轻方面，尤多成功范例。他年轻时写的《夕阳楼》抒写的是一种沉重的人生悲感：

> 花明柳暗绕天愁，上尽重城更上楼。
>
> 欲问孤鸿向何处，不知身世自悠悠。

知己远贬，国事堪忧。在同情别人不幸遭遇的同时，猛然醒悟自己的命运亦复如孤鸿之悠悠无着落，而竟无人怜悯。这种触绪而来的深沉人生感喟在诗中被表现得极富情致。谢枋得说："若只道身世悠悠，与孤鸿相似，意思便浅。'欲问'、'不知'四字，无限精神。"（《谢叠山先生评注四种合刻》卷四）深得此诗于纵收转跌中见情致风神的特点。《寄令狐郎中》：

> 嵩云秦树久离居，双鲤迢迢一纸书。
>
> 休问梁园旧宾客，茂陵秋雨病相如。

第三句用"休问"提起，末句跌落，用貌似客观描述当前处境的笔调缓缓收住，感慨身世落寞之意，全寓言外，"一唱三叹，格韵俱高"（纪昀《玉谿生诗说》卷上）。《暮秋独游曲江》：

> 荷叶生时春恨起，荷叶枯时秋恨成。

深知身在情长在，怅望江头江水声。

前两句作大跨度的概略叙述，第三句"深知身在情长在"是极沉挚的至情语，末句若再接以议论或直抒，全篇便不免平直重拙，以不尽语作收，传出怅然惘然情态，遂宕出远神。

运用当句有对及重言复辞的句式，造成整齐中有错落、往复回环中有转进，极具风调声情之美的审美效应，是李商隐运用得很成功的重要艺术手段。关于这一点，钱锺书先生与黄世中先生在他们的论著中均分别有所论及。钱先生所举当句有对诗例，多为七律（《谈艺录》第11—12页），黄先生则兼七律、七绝而言（《古代诗人情感心态研究》第129—145页，浙江大学出版社1990年版）。黄文对所举七绝诸例均有具体分析，此处仅指出这正是义山七绝"化重为轻"的有效方式，不再赘述。钟秀谓"七绝须有气有神，而其入妙尤在于声"（《观我生斋诗话》卷二），洵为有得之言。

第三节　推进一层

义山咏《柳》七绝云：

柳映江潭底有情，望中频遣客心惊。
巴雷隐隐千山外，更作章台走马声。

姜炳璋评曰："言旅况难堪也。巴山重叠，柳映江潭，客心伤矣。而雷声隐隐，更作从前走马章台之声，不益难堪耶？义山绝句，多用推进一层法。"

《赠白道者》云：

十二楼前再拜辞，灵风正满碧桃枝。
壶中若是有天地，又向壶中伤别离。

姜氏评曰："义山善用进一步语，长吉诗'天若有情天亦老'是此诗蓝本。"（以上均见《选玉谿生诗补说》）姜氏解义山诗，每伤穿凿，但评以上二首七绝，指出其善用推进一层法，则切合实际。义山用此法自不限于七绝，但七绝运用得较多而且成功，则是事实。除姜氏所举二例外，像《宫辞》：

> 君恩如水向东流，得宠忧移失宠愁。
>
> 莫向尊前奏《花落》，凉风只在殿西头。

失宠固然可悲，暂时得宠者又焉知明日不为新的失宠者？透过一层，得宠与失宠者均属同悲。再如《梦泽》：

> 梦泽悲风动白茅，楚王葬尽满城娇。
>
> 未知歌舞能多少，虚减宫厨为细腰！

即令减食苦熬成细腰，又能在君前歌舞承宠几时？透过一层，"减宫厨为细腰"之举实属徒劳自戕之悲剧。又如《海上》：

> 石桥东望海连天，徐福东来不得仙。
>
> 直遣麻姑与搔背，可能留命待桑田？

姚培谦云："此又是唤醒痴人透一层意：莫说不遇仙，便遇仙人何益？"（《李义山诗集笺注》卷十六）《瑶池》《过景陵》《华岳下题西王母庙》等讽慨皇帝求仙的七绝亦同用此透过一层之法。

　　义山七绝屡用此法，并不单纯是一种艺术表现手法，仅仅起强调、加深某种意蕴的作用，这里实际上蕴涵着义山对人生的悲剧体认。如《月》：

> 过水穿楼触处明，藏人带树远含清。
>
> 初生欲缺虚惆怅，未必圆时即有情。

月初生、欲缺之时，人每望其盈、惜其亏，为之惆怅不已。殊不知其圆时亦未必于人有情。失意人每苦于人生已历之缺憾而寄希望于圆满之将来，义山则透过一层，揭示人生之悲剧底蕴——即令希望实现，仍不免于失望。人生之不能避免缺憾，希望之虚幻，于透过一层中得到有力表现。前面提到的《赠白道者》"壶中若是有天地，又向壶中伤别离"，翻进一层的奇想中所表现的正是人生伤别之不可避免的悲剧意蕴。《梦泽》的"未知歌舞能多少，虚减宫厨为细腰"，写趋附世风者自戕其身的悲剧，讽刺入骨，亦悲凉彻骨。《宫辞》之讽慨得宠者"莫向尊前奏《花落》，凉风只在殿西头"，得宠失宠，都是悲剧流水线上的人物，不过时间有先后而已。总之，透过一层感悟到人生悲剧的底蕴，正是义山七绝常用透过一层写法的内在原因，也是这种写法具有艺术力量的内在原因。在常人所不能感悟、所不能忍受处揭出更深一层的悲剧，才能给人以思想的启示和艺术的震撼。

但义山七绝的推进一层写法，并不全然是表现人生的悲剧底蕴，它还包含着另一种相反方向的作用，或可称之为悲剧情感的缓解或化解。《夜雨寄北》在这方面具有典型性：

> 君问归期未有期，巴山夜雨涨秋池。
> 何当共剪西窗烛，却话巴山夜雨时。

三四从眼前巴山夜雨的凄寂萧瑟之境，转出异日重逢，西窗剪烛，回溯今宵巴山夜雨情景的遥想。纪昀说："探过一步作结，不言当下云何，而当下意境可想。"（《玉谿生诗说》卷上）纪氏之意，盖谓探过一步之遥想更见今夕巴山夜雨之境凄寂难堪。但实际上它所显示的主要是凄寂情绪的缓解。在重逢的欢愉中回首往夕之凄清，不仅使重逢显得更为珍贵而富于诗意，而且那遥想中的重逢也多少给眼前凄冷的异乡雨夜带来一丝温暖，给寂寞的心灵带来几许慰藉。因此，诗给予人的感受并不是阴冷凄暗与绝望，而是在凄寂幽冷中闪现温煦与希望之光圈。这说明，作为一个感伤诗人，义山不仅能将感伤化为诗美，而且具有一种排解感伤的诗心。他的《宿骆氏亭寄怀崔雍崔衮》写相思不寐，寂寥之情难遣，但"秋阴不散霜飞晚，留得枯荷听雨声"之句，却从似乎无可排遣之中推开一层，发现在深宵不寐时"枯荷听雨"竟另有一番韵致，从而得以在不知不觉中稍慰寂寥。美的意外发现与欣赏的过程，也是凄寂情怀化解的过程，"留""听"二字，写情入微。《花下醉》：

> 寻芳不觉醉流霞，倚树沉眠日已斜。
> 客散酒醒深夜后，更持红烛赏残花。

客散酒醒，夜深花残，本意兴萧索阑珊之时，诗人却转进一层："更持红烛赏残花。"客散夜深，正可静中细赏；酒醒神清，与日间醉赏又自有别；所赏者为"残花"，"方是爱花极致"（姚培谦《李义山诗集笺注》卷十六）。把本来萧索凋残的景象写得如此兴会淋漓，富于美感，正可见诗人"推进一层"观照事物时，往往会发现常人所不能发现的美。这本身即是对悲剧情绪另一种形式的化解。李商隐的诗，包括他的一些七绝在内，尽管有时凄惋入神，感伤入骨，但并不阴暗绝望，相反，在凄惋感伤中自有一种滋润心田的美在缓缓流注，原因或正在此。

第十四章　李商隐的其他各体诗歌

　　除了擅长七律和七绝以外，李商隐的其他各体诗歌也有不少佳作并有相当成就。唐代著名诗人中，诸体兼擅者除王维最为突出外，白居易和李商隐也是比较突出的两人，尽管不像王维那样均衡全面发展。这种现象，说明李商隐对诗歌各种体裁及其技巧的熟练掌握程度。而这，也正是他之成为一个大诗人的重要条件或标志（尽管不是每一个大诗人必备的条件）。以下按古近体的次序分别论述。

第一节　李商隐的五言古诗

　　李商隐的五言古诗总共只有十二首，是各体中现存作品数量最少的一种体裁，却包含了一系列重要作品，如堪称一代史诗杰构的《行次西郊作一百韵》，反映其生平经历、思想性格的《戏题枢言草阁三十二韵》，表现其爱子衮师天真活泼情态和人生感慨的《骄儿诗》，对世事人生种种变化发抒深沉感慨的《井泥四十韵》，以及《无题》（八岁偷照镜）、悼亡诗《房中曲》等。若论重要作品所占比例，则五古一体已达二分之一。从上述作品看，商隐是用五古这种体裁来表现重大题材、抒写深沉感慨的。关于这些诗的思想内容与艺术特点，有的在上下编有关章节中，已分别有所论述。这里，主要从体裁角度，侧重论述其对前人的继承与发展。

　　先看《行次西郊作一百韵》。这首诗学习杜诗《自京赴奉先县咏怀五百字》《北征》，将纪行与叙述、议论结合。所不同的是，杜诗紧密结合行程，叙所见所闻、抒所感所忧，反映的是一个动乱时代的横断面；而李诗则纪行仅仅是一个缘起，除开头一节写行程中目击西郊农村残破景象及结尾处稍点行程外，诗的主体部分全是借村民之口叙说自贞观至开成年间二百年唐王朝盛衰治乱，反映的是一代兴衰。杜诗是对特定阶段社会矛盾的集中反映，而李诗则具有史诗性质。前者的概括性、亲历性突出，后者则相比之下不免稍逊。杜甫是作为丧乱时代中受劫难的一员来感受时代苦难的，因此写来特别痛切而富感染力；而李商隐当时正处于登进士第后不久的顺境，尽管目击京郊残破景象，听到村民叙说近年这一带深受天灾人祸之害时，也忧心如焚，但那种亲受其祸的痛切感显然远逊于杜甫。全篇叙议较为平衍，正反映出诗人心中的波澜不像杜甫那样"忧端齐终南，澒洞不可掇"。从写法看，这种较为平衍的铺叙倒更多地继承了元白长庆体的路数。但不管怎么说，变杜甫式的诗史为反映一代兴衰的史诗，仍是商隐学杜的一种创造，也是对五古表现重大题材、扩大内容含量的一种成功尝试。

　　商隐五古，继承汉魏古乐府风貌比较明显的是《无题》（八岁偷照镜）和《戏题枢言草阁三十二韵》。前诗前八句仿《古诗为焦仲卿妻作》开头，用年龄序数法从女主人公八岁一直写到十四岁，但不像《古诗为焦仲卿妻作》那样，平面罗列，一句一意，而是两句一层，通过不同年龄段的行为与心理描写，着重表现她的早熟和"伤春"心理的逐步形成，展现的是一个有明显性格特征的成长中的少女形象。无论是八岁时的偷照镜和画长眉，十岁时的"芙蓉作裙衩"，在踏青中展现自己的少女风采，或是"十二学弹筝，银甲不曾卸"式的勤苦习艺，乃至"十四藏六亲，悬知犹未嫁"所表现的待嫁心理，都透露出和年龄不相称的早熟。尤为出色的是，在前八句粗线条的叙述之后，末二句点眼处用了一个生动的细节："十五泣春风，背面秋千下。"这幅蕴涵丰富的少女伤春的诗意素描，象征性地表现了她与无忧无虑的少女时代的告别，也集中透露了全篇的寓托。早熟而伤春的少女、早慧而忧虑遇合的少年文士，被不露痕迹地融合在"十五泣春风，背面秋千下"的画面中。张谦宜《茧斋诗谈》评此诗云："乐府高手，直作起结，更无枝语，所以为妙。"对此诗学古乐府而得其神情说得很到位。《戏题枢言草阁三十二韵》是大中四年春居徐州卢弘止幕时题同幕友人李枢言草阁的一首篇幅较长的五古。诗中通过对彼此身世交谊的叙述和幕府宴游生活的描写，展现了诗人卢幕生活的一个侧面，抒发了有才能、有抱负的文士落拓不遇的感情。诗人对自己的境遇虽有不满和牢骚，也有忧虑与感愤，但并不消沉与颓丧，而是在宴游酬酢场景的描写中时时流露出对自然与生活的热爱，表现出俊迈爽朗的胸襟气度。诗中"我有苦寒调"以下一大段，尽管在写到弹琴时出现了"哀""怨""泣"一类字眼，但抒情主人公的形象却显得神情洒落，顾盼神飞。即便篇末一段写才而不遇之感，也无颓唐气息。冯浩说"义山在徐幕，心事稍乐，故有此种之作。音节古雅，情景潇洒，神味绵渺，离合牵引，极细极自然，五古中上乘也。"（《玉谿生诗笺注》）何焯说："气味逼古，后幅纯乎汉魏乐府。"（《义门读书记》）纪昀说："中一段淋漓飞动，乃一篇之警策……'杨花'一段夹入比体，极有情致。"（《玉谿生诗说》）都各有所见。

《骄儿诗》则显示了商隐五古在继承前人的基础上创新的另一种表现形式。这首诗从题材到对骄儿的具体描写，都显然受到左思《娇女诗》的影响。但左思之作止于描绘幼女的娇憨情态，义山此诗则别有寄慨。程梦星说："诗中叙事全从左思《娇女诗》来，但参之杜子美《北征》中段，较左思更为扩而充之耳。"（《重订李义山诗集笺注》）程氏所云《北征》中段，指该篇"况我堕胡尘"以下一段。在这段对归家后所见娇儿、两女情态的生动描写中，渗透了诗人对战乱年代贫寒之士生活遭际的深沉悲慨，却又以幽默笔调出之。因此，商隐的《骄儿诗》实际上是仿左之形迹而得杜之神情。篇中"欲慰衰朽质""憔悴欲四十"二语，最宜重看。从表面看，似乎末段之前均仿《娇女诗》笔意，实则笔端流露的感情已自有别。盖左思纯以寻常父母爱怜儿女的心情观察、描绘娇女，而义山则以饱经忧患、沉沦憔悴者的眼光注视骄儿。首段写衮师之美秀与朋辈的夸奖，着"安得此相谓，欲慰衰朽质"二语，即已透露身世沉沦之悲。己身既感无望，遂寄全部人生希望于骄儿。而骄儿之美秀，又适足为饱经忧患的诗人心灵的安慰。中段写骄儿天真烂漫、聪明活泼的情态，正与诗人之憔悴形成鲜明对照。今日的骄儿，透出自己昔日的面影；而自己的现状，安知不预示着骄儿的将来。故末段因此而发"儿慎勿学爷，读书求甲乙"的感慨。正是这种饱经忧患的沉沦文士特有的心态，形成了这首诗熔铸左思、杜甫之作而自出机杼的创作思路和含泪微笑的艺术风格。轻怜爱惜、幽默风趣中自寓有诗人的沉沦不遇之泪。

除上述各首外，如《房中曲》《宫中曲》之学长吉体，《李肱所遗画松诗书两纸得四十韵》之学韩诗，《井泥四十韵》之学屈原《天问》及杜牧《杜秋娘诗》，都不是单纯的模仿，而是程度不同地有自己的创新。这一切，说明五古虽不是商隐最擅长的体裁，但他在这一体的创作中转益多师、为我所用的学习态度，继承中有创新的精神，以及其中一些优秀篇章所达到的思想艺术水平，仍然值得重视。

第二节　李商隐的七言古诗

　　李商隐的七言古诗，总数亦仅二十篇，但同样应该引起足够的重视。这里面，不仅包括了《燕台诗四首》《韩碑》这种义山最负盛名且影响深远的篇章，且包括了《偶成转韵七十二句赠四同舍》《安平公诗》这种带有自叙传性质，对于了解义山生平与思想性格、诗歌风格有重要价值的诗篇。此外，如《无题》（何处哀筝）、《七月二十八日与王郑二秀才听雨后梦作》、《河阳诗》、《河内诗二首》、《日高》等作，也是义山七古中很有特色的作品。值得注意的是，这二十首七古中，仿长吉体的竟有十五首①。这种集中仿效长吉体诗风的情况，在商隐其他各体诗中是没有的。学韩愈的也有两首，即《安平公诗》和《韩碑》。

　　《韩碑》的思想内容和现实意义，在本编第五章《李商隐的政治诗》中已作过论述，这里专谈它的艺术。此诗叙议相兼，以叙事为主体，以议论为结穴。叙事部分，歌咏了讨叛和撰碑、推碑这两件事。开头一段八句，是讨叛的缘起；结尾一段，是对韩碑的热烈赞颂。可以看作上述两件事的前伸后延。从题目《韩碑》看，撰碑前占了三分之一篇幅，似有头重之嫌；但从主题表达的需要看，如无对淮西之战的缘起及过程的必要叙写，后面对韩碑的热烈赞颂便失去了事理依据。这说明作者在构思和叙述详略安排上的匠心。

　　这首诗的一个突出特点，是笔力气势的雄健。一开头就以健举挺拔之势，大笔渲染宪宗的"神武"与平叛的决心，显出堂堂正正之气。"誓将上雪列圣耻"一句将眼前的平叛战争与安史之乱以来国家多难的历史联系起来，显出此役关系到国家的中兴事业，是高占地步之笔。接下来掉笔写淮西镇长期对抗朝廷，有意突出其嚣张跋扈，以反衬下文裴度平淮西之功不同寻常，正如纪昀所评："入手八句两段，字字争先，不是寻常铺叙之法。"（《玉谿生诗说》）

　　第二段开头四句，遥承篇首，用古文笔法，郑重其事地推出裴度，明

---

　　①十五首分别是：《无愁果有愁曲北齐歌》、《燕台诗四首》、《河阳诗》、《河内诗二首》、《射鱼曲》、《七月二十八日与王郑二秀才听雨后梦作》、《李夫人三首》（其三）、《日高》、《烧香曲》、《景阳宫井双桐》、《海上谣》。

示"上雪列圣耻"的关键在得此"圣相"。随即直入本题，叙到裴度奉命挂帅出征，毫不拖泥带水。叙出师，只用"阴风惨澹天王旗"稍作点染，便将森严肃穆气氛传出，空际传神，笔意超妙，气势豪健。接下"愬武"四句，从麾下武将文僚一直铺叙到士兵，以突出裴度的统帅身份和精兵猛将如云的盛大声势。其中"行军司马"（韩愈时任裴度行军司马，为高级幕僚）单提，为下文奉命撰碑伏笔。写到这里，已充分显示出大军压境、蔡州必破之势，故下面写战争便用"入蔡缚贼"一笔带过。整个一段，无论写皇帝、部将、幕僚、士兵，写出师、作战、功赏，笔笔不离裴度，故末句"功无与让恩不訾"的重笔概括便极有分量。

第三段开头"帝曰"一句，束上起下，从平叛过渡到撰碑，是全篇的主峰和枢纽。何焯说："提明晋公功第一，以明其辞之非私也。"（《李义山诗集辑评》引）奉命撰碑，特用详笔铺陈渲染，不但写宪宗的明确指示、韩愈的当仁不让，连宪宗的颔首称许、韩愈的稽首拜舞也一并写出，令人宛见当日彤庭隆重热烈的气氛，以极恣肆的笔墨写极郑重的场面，别具奇趣。受命后，再用详笔铺写撰碑、献碑、树碑的过程。"点窜"二句，用奇警的语言道出韩碑高古典重的风格。"句奇语重"四字，言简意赅，揭示韩碑用意之深刻，惟其如此，故"喻者少"，说得兴起，无形中将听信谗言下令推碑的宪宗也包括到不喻其深意的行列中去了。紧接着又写推碑和对此事的感慨。写推碑，直言"谗之天子言其私"，不稍假借；抒感慨，盛赞韩碑如元气入人肝脾，推碑磨字也磨灭不了它在人们心中留下的深刻影响。气盛言壮，仿佛连皇帝的权威也不在话下。整个这一段，可谓"濡染大笔何淋漓"，波澜起伏，酣畅淋漓。纪昀说："'公之斯文'四句，真撑得起，非此坚柱，如何撑拄一段大文。凡大篇须有几处精神团聚，方不平衍散缓。"（《玉谿生诗说》）

最后一段，紧承上段末尾，从韩碑与国家中兴事业的关系着笔，进一步盛赞其不朽价值，是全诗意旨的深化与升华。而大气磅礴、兴会淋漓，特具笼罩一切的气势。诚如纪昀所评："有此起，合有此结，章法乃称。"（《李义山诗集辑评》引）

这首诗既保持和发扬了不入律的七古笔力雄健、气象峥嵘的特点，又吸取了韩诗以文为诗、多用赋法铺叙的经验，而避免了韩诗过分追求奇崛拗险的弊病，形成一种既具健举气势，又能步骤井然地叙事议论的体制。全篇多用拗调拗句，多用散文化句法和文章中的虚字，像"誓将上雪列圣耻"句用六个仄声字，"帝得圣相相曰度""入蔡缚贼献太庙""愈拜稽首蹈且舞"等句连用七个仄声字，"封狼生貙貙生罴"句连用七个平声字，都刻意造成一种高古奇崛的风格。但由于不像韩诗那样多用古字僻字和佶屈聱牙的句法，整体的语言风格仍显得既高古雄健又清新明快，诚如屈复所评："生硬中饶有古意，而清新过之。"（《玉谿生诗意》）在晚唐七古普遍流于纤秾婉媚的时风下，《韩碑》堪称迥拔流俗之作。

如果说《韩碑》属于阳刚型的七古，那么《安平公诗》和《偶成转韵七十二句赠四同舍》则更多地体现了阳刚与阴柔的结合，呈现出一种既豪放健举又鲜妍明媚的风格。《安平公诗》详叙与崔戎交往始末，全篇贯注着对崔戎知遇之恩的感激，并抒发了对失去这样一位知己的悲恸。"古人常叹知己少，况我沦贱艰虞多"二句，为一篇之眼目。诗中既有比较朴素健朗的叙述议论，又有相当明丽鲜妍的形容描绘。但也可以看出，这两种不同的风格在诗中尚未得到有机的交融。而到了《偶成转韵七十二句赠四同舍》，这两种风格就得到了很和谐的调匀交融。这首带有自叙传性质的长篇七古，着重叙写了诗人从会昌末到入徐州卢弘止幕前后这段时间的生活经历与思想感情，成功地塑造了诗人的自我形象。宣宗即位后，废弃否定会昌朝一些有积极意义的政治措施，打击李德裕政治集团，"贤臣斥死，庸懦在位"，政治上明显走下坡路，商隐的境遇也愈加困窘。诗一开始就慨叹"我来不见隆准人"，透露出对时君的失望，诗中更以主要篇幅叙写这一时期自己困顿失意的境遇——从"憔悴在书阁"到"赴辟下昭桂"，从"失职辞南风"到"补吏府中趋"。从中可以看出一个有才能、有抱负的文士在当时每况愈下的政治局势中所遭到的困厄境遇和他对现实的不满与怨愤。但尽管境遇坎坷，诗人的"爱君忧国"之志、"斩蛟破璧"之概并不因之而少衰。"此时闻有燕昭台，挺身东望心眼开。且吟王粲《从军乐》，不赋渊明《归去来》"，报国从戎之情溢于言表；"我生粗疏不足数，《梁父》哀吟《鸲鹆》舞。横行阔视倚公怜，狂来笔力如牛弩"，豪纵不羁之概如在目前。诗中塑造的诗人自我形象，与史传中所诬称的"放利偷合""诡薄无行"的李商隐其人固大异其趣，也和通常印象中多愁善感、软弱消沉的诗人形象显然有别。田兰芳评道"傲岸激昂，儒酸一洗"（冯浩笺引），倒是相当准确地揭示了这首诗中诗人自我形象的主要特征。

和一般抒情诗主要是凭借感情的抒发来塑造诗人形象有所不同，这首带有自叙传性质的诗主要是结合生平经历遭遇的叙述，不断地展示自己的胸襟抱负和思想性格。像"顷之失职辞南风，破帆坏桨荆江中。斩蛟破璧不无意，平生自许非匆匆"四句，叙述桂幕罢归途经荆江时舟行遇风、帆破桨坏的一段惊心动魄经历，同时也象征性地表现了诗人不畏人生道路上的险风恶浪，敢于同命运搏斗的胸襟气魄。接下来"归来寂寞灵台下"一节，先极写回到长安后仕途的蹭蹬、生活的困顿、心境的寂寞，就在遥思旧山、萌发出世之想时，忽又异军突起，转出"爱君忧国去未能"的夙志和"且吟王粲《从军乐》，不赋渊明《归去来》"的高唱，从而将诗人虽处困境，却能面对现实、热情对待生活的思想性格凸现出来。特别是"且吟"二句，既是巧妙的叙事，又是成功的抒情，读来有一种豪纵之气流注于字里行间。末段写幕中生活，也有对自己性格气质的生动描写，"我生"四句，在自谦中流露出风流自赏之情，在感激知遇中表现出狂放不羁之态，是塑造诗人自我形象的传神之笔。

这首诗在构思方面以自叙生平经历、性格抱负为经线，以记述与幕主卢弘止及同舍的交谊为纬线。二者交错分合，相互映衬引发，不但使全篇叙事错综而富变化，而且使知己者的温暖情谊成为暗淡寂寞的时代氛围中弥足珍贵的亮色，成为诗人在困顿境遇中积极对待生活的精神支撑。因此这种构思不仅是题目本身的要求，更是主题表达和诗人自我形象塑造的需要。

这首诗的语言风格与《韩碑》显然不同。《韩碑》的语言具有明显的散文化特点，高古雄健中时带清新，而本篇由于采用受近体影响较深的歌行体，语言明显偏于鲜妍秾丽，富于文采。但又非单纯的华美婉媚，而是将华采与诗人那种豪纵不羁的情怀、深沉凝重的感慨融为一体。诗的中间一大段历叙初谒弘止、憔悴书阁、南赴昭桂、北返长安、任职京兆、东望徐府等生活经历，其中纪行写景，颇多文辞华美、色彩秾艳之句，但由于在叙述描绘中贯注着诗人的不羁情怀和深沉感慨，读来丝毫没有柔弱华靡之感。它把"碧沼红莲颠倒开"式的鲜妍明丽与"狂来笔力如牛弩"式的豪放健举有机地融合在一起，于叙次分明流畅中时见波澜顿挫，于挥洒自如、一气流转中时露深沉凝重，艺术上较其早期的《安平公诗》更臻成熟。

值得注意的是，《韩碑》和《偶成转韵》这两首七古尽管风格迥异，但又都具有明显的叙事性。不过，它们不是那种从头到尾叙述一个完整故事或事件的叙事诗，跟《陌上桑》《古诗为焦仲卿妻作》《木兰辞》《长恨歌》《琵琶行》等显然有别。《韩碑》虽以叙事为主，但其中包含着由淮西割据、裴度出征、韩愈撰碑、信谗推碑等相互关联而时间上并不连贯的事件。《偶成转韵》虽以叙述诗人生平交游经历为主，但并非叙述其整个经历，而是仅截取其中一段。前者是叙事而夹以议论，后者是叙事而兼抒情。如果我们不把叙事诗的品种看得过于单一的话，不妨认为这也是两种叙事诗的类型。因为这两首诗中所叙之事，都不仅仅是为了议论或抒情的需要，更不是互不关联的片断。至于诗中的议论或抒情，则那种典型的叙事诗乃至故事诗也是常有这两种成分的，它们并不是判断其是否叙事诗的依据。

在商隐七古中，《七月二十八日夜与王郑二秀才听雨后梦作》是比较特殊的篇章。《李义山诗集辑评》所辑墨批云①："律诗而无对偶，古诗而叶今调，此格仅见。"何焯则云："诗是七古而声调合律，此格仅见。"（《李义山诗集辑评》引）冯浩笺引钱良择又云："此系律诗，唐人律诗不对偶者颇多。"而汪师韩《诗学纂闻》则云："唐人五言四韵之律多不对者，七言无之。乃有七言长律而不对者，如李义山《七月二十八日夜与王郑二秀才听雨后梦作》（诗略）。此诗调谐声协，若编入古体，则凡笔力孱弱者皆得援以藉口矣，故断其为长律无疑也。"钱锺书亦从汪氏之说认为这是七言排律散体（见《谈艺录》及《补订》）。执声律或对偶之某一端，谓其为律为古，诚各有所据，但未可定论；而无论为律为古，都是商隐在诗歌体制上的一种新创造，才是问题的实质。这里只是根据一般分体本将它归入七古，并不表明赞成某一说。这首诗通篇纪梦，前十二句包含六个片断。"初梦"二句，写龙宫见宝；"旋成"二句，写蓬莱遇仙，以上四句，均惬意称心境界。"少顷"二句，写隔飞烟而闻细管；"逡巡"二句，写听夜雨打湘弦。以上四句，均写梦中闻乐，恍惚迷离，可闻而不可即。"瞥见"二句，写冯夷怅望，沧海为田；"亦逢"二句，写毛女无憀，华莲为龙伯所取。以上四句，为失意怅惘境界。此三种不同境界，或即诗人所历三种人生境界的变形反映。"恍忽"二句，是对整个梦境变幻不定、断续无端的形容。末二句点梦醒。陆鸣皋对这首诗有很精到的评论："写得迷离恍忽，宛然梦境。一气嘘成，随手起灭，太白得意笔也。"（《李义山诗疏》）不但准确揭示出此诗纪梦似梦之"迷离恍忽""随手起灭"的特点，而且指出商隐诗继承李白浪漫主义诗风这一很少为人注意的侧面。李白诗"一气嘘成，随手起灭"的特点，不仅体现在其纪梦诗如《梦游天姥吟留别》诗中，而且体现在他的一系列七言长篇乐府歌

①《辑评》墨批本当为朱彝尊批，但据黄永年先生过录朱氏批语，无此条，故存疑，只标《辑评》墨批。

行中。沈德潜谓其七古"想落天外，局自变生。大江无风，波浪自涌；白云从空，随风变灭"（《唐诗别裁集》卷六），赵翼谓其诗"飘然而来，忽然而去"（《瓯北诗话》卷一），与商隐此诗"一气嘘成，随手起灭"的特征正一脉相通。

商隐仿长吉体的七言古诗，占了其总数的四分之三，说明在七古一体中李贺是他醉心学习的对象。其中如《燕台诗四首》《日高》已在《李商隐的爱情诗》一章中论及。这里提一下它们与词的关系。明许学夷《诗源辩体》云："商隐七言古，声调婉媚，大半入诗余矣。与温庭筠上源于李贺七言古，下流至韩偓诸体。"所指即商隐七古之学长吉体者，尤其是《燕台诗四首》，其内容、情调、意象、意境、章法、语言都已接近于词，宋人词中也常提到"《燕台》句"，或化用《燕台诗》，可见其对词的影响。如果说，《韩碑》《偶成转韵》接近叙事诗，那么《燕台诗四首》便是最纯粹的抒情诗。

第三节　李商隐的五言律诗

李商隐的五言律诗共一百五十多首，数量上仅次于七绝而超过了他的七律，可见他对这一体的用力。其中颇多历代传诵的名篇佳作，下面分别扼要论述①。

五律中思想意义最高的当推一系列反映时事的作品，其中有《寿安公主出降》、《淮阳路》、《登霍山驿楼》、《即日》（小苑试春衣）、《哭刘司户蕡》、《哭刘司户二首》等。这些诗多数明显受到杜甫忧国伤时精神和沉郁顿挫诗风的影响。《淮阳路》纪昀评："气脉既大，意境亦深，沉着流走，居然老杜之遗。"（《玉谿生诗说》）《哭刘司户蕡》姚鼐评："义山此等诗殆得少陵之神，不仅形貌。"（《今体诗钞·五言律诗》）《哭刘司户二首》何焯评"二诗格调甚高，一气写成，极似少陵"（《李义山诗集辑评》引），王鸣盛评："沉郁之句，谁能锤炼到此？惟少陵有之。"（冯注初刊本王氏手批）从上引诸家评中可以看出这类反映时事的五律，义山直承少陵而能深得其神。但这类诗中真正具有义山独特艺术个性的不多。《即日》诗在遣词设色方面脱胎于齐梁体，而借闺怨来反映时事的写法则是对齐梁体的一种改造；《寿

①商隐五律中的名篇，有不少在上下编有关章节中已有所论列，故此处从略。

安公主出降》将尖锐的讽刺与深沉的忧愤感慨融合起来。这两首诗倒颇见义山诗的艺术个性。

五律中真正能体现义山个性的是抒怀之作，其中著名者如《落花》《城上》《高松》《北楼》《陆发荆南始至商洛》《夜饮》《杨本胜说于长安见小男阿衮》《风雨》等作，或抒惜花伤春意绪，或写珍重晚晴之情，或言僻处天涯之感，或发江海远客之悲，或表怀念子女之情，或兴羁泊穷年之悲，大多与其悲剧性的身世遭遇有关，也可以说是抒写人生悲慨之作。这类作品虽仍有学杜痕迹，但从内容情调看，已明显具有商隐的个性特色，特别是像《落花》《北楼》《晚晴》《风雨》等作更是如此。《落花》抒写因落花引起的伤春意绪：

> 高阁客竟去，小园花乱飞。
> 参差连曲陌，迢递送斜晖。
> 肠断未忍扫，眼穿仍欲稀。
> 芳心向春尽，所得是沾衣。

首联倒跌而入，写出客去高阁，满目所见惟有落花乱飞时心境的迷惘纷乱。颔联写落花纷飞，势连曲陌、遥送斜晖的动态，诗人惜花的心情和目送落花的黯然神伤亦一齐传出。腹联以写惜花的情绪为主，而落花委地、残花依枝的情状仿佛可见。尾联"芳心"双绾，将落花和具有落花般身世境遇与心情的诗人融为一体。诗所表现的感情虽可能和杜甫《曲江二首》（其一）"一片花飞减却春，风飘万点正愁人"有些关联，但杜甫在"细推物理"之后得出的结论是需及时行乐，"传语风光共流转，暂时相赏莫相违"，而商隐则是"芳心向春尽，所得是沾衣"，一偏于理性的憬悟，一陷于深刻的感伤。诗中表现的"伤春"意绪，包蕴甚广，是义山特有的对美好事物消逝的惋惜流连和深刻感伤。《风雨》也是学杜而自具独特面目之作：

> 凄凉《宝剑篇》，羁泊欲穷年。
> 黄叶仍风雨，青楼自管弦。
> 新知遭薄俗，旧好隔良缘。
> 心断新丰酒，销愁斗几千？

颔联绝似老杜。薛雪《一瓢诗话》说："老杜善用'自'字……李义山'青楼自管弦'……未始非无穷感慨之情，所以直登老杜之堂，亦有由矣。"但全诗所抒发的穷年羁泊飘零之感，旧好隔绝、新知浇薄之慨，却是典型的义山音调。

还有一类是咏物五律。著名的有《十一月中旬至扶风界见梅花》、《李花》、《蝉》、《细雨》（潇洒傍回汀）、《雨》（摵摵度瓜园）等，抒怀之作中有一部分如《高松》《落花》也同时可以归入咏物诗。《蝉》诗自是意在笔先、取题之神的五律咏物精品，其他各首也多有名联佳句。

商隐五律在大中元年、二年居桂幕期间，无论数量、质量都达到了高峰。这一时期，他似乎有意用这种体裁来抒写羁旅情怀和异域风物。关于这方面的情况，在《李商隐创作的分期》一章中已有论述。

商隐五律，既有继承徐陵、庾信诗风，以绮丽精工见长者，又有继承杜甫诗风，以锤炼凝重见长者，此外还有以清新流畅见长者①。后者如《春宵自遣》《高松》《访秋》《思归》《归墅》《杨本胜说于长安见小男阿衮》《凉思》等。举《凉思》为例：

> 客去波平槛，蝉休露满枝。
>
> 永怀当此节，倚立自移时。
>
> 北斗兼春远，南陵寓使迟。
>
> 天涯占梦数，疑误有新知。

这是诗人奉使南陵、留滞思家之作。首联写客去夜深的清寥境界，从仿佛是意外发现江阔波平、蝉休露盈的视听感受中显示出时间的悄然流逝和凉夜的寂寞，暗逗"思"字。颔联正写思念之悠长，语淡情深，笔意空灵，似对非对，特具隽永的情味。腹联分写怀远之情与留滞之感，对映中益见怀远之情之深切。出句将空间的悬隔与时间的远隔在意念中融为一体，用一"远"字绾结，使时间之远同时具有空间的视觉形象，似无理而真切新颖。末联转从对面（妻室方面）着笔，从遥揣对方的"疑误"中进一步表现自己的深切思念与深情体贴。这类在清畅平淡中见深情绵邈的作品往往更见商隐的情感

---

① 宋范晞文《对床夜语》卷三："'虹收青嶂雨，鸟没夕阳天'，'月澄新涨水，星见欲销云'，'池光不受月，野气欲沉山'，'城窄山将压，江宽地共浮'，'秋应为红叶，雨不厌苍苔'，皆商隐诗也，何以事为哉！又《落花》云'落时犹自舞，扫后更闻香'，《梅花》云'素娥惟与月，青女不饶霜'，尤妙。"所举均清新流畅的白描佳句。

本色。

但总的来说，商隐五律数量多、佳作多，但艺术独创性则较七律逊色。单篇作品水准相当高，而整体的特色不够突出，故不能像七律那样成为大家。

第四节　李商隐的五言绝句

李商隐的五言绝句共三十七首。其中《柳枝五首》、《漫成三首》（之二、之三）、《李夫人三首》（之一、之二），仿长吉体，有的是押仄韵的古绝，风格比较生涩，缺乏韵味。《嘲桃》、《百果嘲樱桃》、《樱桃答》、《嘲樱桃》、《妓席》、《代应二首》（之二）近游戏之作。此外，还有一部分率意而为之作，如《歌舞》《房君珊瑚散》《追代卢家人嘲堂内》等。但在这为数不多的五绝中，却有一系列精品佳作，它们是《乐游原》（向晚意不适）、《天涯》、《悼伤后赴东蜀辟至散关遇雪》、《忆梅》、《滞雨》、《细雨》（帷飘白玉堂）、《微雨》、《听鼓》、《饯席重送从叔余之梓州》等。这些作品有以下几种类型，各有特点：

一是篇幅短小而内涵深广。这类作品可以《乐游原》《天涯》为代表。《乐游原》所抒发的感情，从表面上看似乎仅仅是因为目接古原落日黄昏之景而触发的"不适"之感，但实际上举凡时世衰飒之慨、身世沉沦之悲、年华消逝之感，乃至对一切美好事物消逝之惋惜流连与无奈，均可包蕴。故管世铭谓其"消息甚大，为绝句中所未有"（《读雪山房唐诗序例》）。《天涯》所写，表面上似亦仅为春残日暮之伤感，实则伤时之痛、迟暮之感、沉沦漂泊之情，均可于虚处领之。此可谓之小篇幅而大容量、大概括，盖缘所感不主一端。

二是运思甚曲而能一气浑成。《滞雨》《悼伤后赴东蜀辟至散关遇雪》《忆梅》可以作为代表。《滞雨》云：

> 滞雨长安夜，残灯独客愁。
> 故乡云水地，归梦不宜秋。

诗由滞雨长安而生独对残灯的客愁，由思归不得而转生梦归故乡的痴想。但又转想值此秋霖苦雨之际，故乡恐亦为层云叠雾、凄风苦雨所笼罩，故又生

"归梦不宜秋"的感慨。是则秋霖苦雨不但滞客之归，酿客之愁，而且阻客之归梦，甚至阻梦归之想。诗思之曲折幽纱，至此为极。而题目"滞雨"的"滞"字，也在连透数层中被写足了。但这层层曲折，在诗人笔下，却如行云流水，运掉自如，毫无炉锤之迹与做作之态。正如纪昀所评："运思甚曲，而出以自然，故为高唱。"（《李义山诗集辑评》引）《悼伤后赴东蜀辟至散关遇雪》：

> 剑外从军远，无家与寄衣。
> 散关三尺雪，回梦旧鸳机。

诗以"从军"起"无衣"，以"无衣"起"三尺雪"，又再由"三尺雪"的现境转出"回梦旧鸳机"的温馨梦境。虽已无家，犹做有家之梦。层层转进加深，却又一气浑成，至"回梦旧鸳机"而陡然收束，梦醒后的凄寒孤寂全寓言外。三四句之间的转折，看似突然，实有深刻的心理依据。在朴素平淡的叙说中蕴涵层层曲折和丰富的感情。处境的孤子、远行的辛苦、身世的漂泊，以及对亡妻的怀念均自然流露于笔端。纪昀谓此诗"气格高远，犹存开、宝之遗"（《玉谿生诗说》），当是着眼其浑融无迹的风貌，而"'回梦旧鸳机'犹作有家想也。缩退一步，正是加一倍法"（同上），则揭示出其运思曲折的特点。《忆梅》：

> 定定住天涯，依依向物华。
> 寒梅最堪恨，长作去年花。

寒梅先春而开，春前而谢，不能与三春百花同享春光。诗人自己也正像寒梅一样，是"早秀"而"不待作年芳"的沉沦漂泊者。故因春时"向物华"而转忆寒梅，从而触发早秀先凋、开不逢时之悲。四句中由过去而现在，又由现在而过去，内含层层曲折，而又一气浑成。

　　三是咏物或体物细致，感受入微，或韵味深长，富于想象。前者如《微雨》：

> 初随林霭动，稍共夜凉分。
> 窗迥侵灯冷，庭虚近水闻。

写微雨，避免直接的描摹刻画，主要从周围环境和有关事物着笔，写出静夜中变得锐敏的触觉、听觉感受，以传微雨之神。一二写薄暮时视觉上与林霭之浑然莫辨，到入夜后触觉上与夜凉之由不辨到辨，"初""稍"二字透露出体物的过程。三句写触觉的细微感受，因窗迥灯冷而得；四句写听觉之细微感受，因庭空人静而闻，都表现出诗人体物的细致入微。

后者可以《细雨》为代表：

> 帷飘白玉堂，簟卷碧牙床。
> 楚女当时意，萧萧发彩凉。

作单纯咏物诗读，用"帷飘""簟卷"来形况细雨，已生动地表现出其细密与随风飘荡翻卷的态势。三四句又进而将廉纤雨丝想象成巫山神女新沐后润泽而散发着凉意的发丝，更是极富诗意。但这首诗还可以有另一种解读法，其中或许隐含着一段美好的爱情记忆：抒情主人公在细雨飘帷、秋凉簟卷之时，曾对"楚女"披散着新沐秀发的意态留下了美好而难以磨灭的印象。今日重睹细雨，其人已杳，这段情缘也成了旧梦。故触景兴感，借写细雨来抒写对往昔美好情事的追忆。"雨之至细若有若无者，谓之梦"（王若虚《滹南诗话》引萧闲语）。然则，这篇《细雨》所抒写的不正是心灵中深藏的一段美好记忆，一个遥远而幽缈的旧梦吗？

从以上列举的这些五绝可以看出，商隐五绝的共同特点是多用白描。商隐其他各体诗常多用典故，多施藻采，而五绝绝少用典，不事彩绘。无论构思如何婉曲，其表现手段基本上都是白描。其五绝曲折而浑成的风貌与此密切相关。

第五节　李商隐的五言排律

李商隐的五言排律共有五十首。无论是数量或艺术质量都可称得上是杜甫以后工于此体的诗人之一。这当中，有一些很见艺术功力的长篇排律，如《送从翁从东川弘农尚书幕》《哭遂州萧侍郎二十四韵》《送千牛李将军赴阙五十韵》《五言述德抒情诗一首四十韵献上杜七兄仆射相公》《今月二日不自量度辄以诗一首四十韵干渎尊严伏蒙仁恩俯赐披览奖逾其实情溢于辞顾惟疏芜曷用酬戴辄复五言四十韵诗一章献上亦诗人咏叹不足之义也》等。尽管其中有的篇章（如献杜悰的两首长律）今天看来，其思想内容毫无可取，但它们在艺术上确如评家所说，"典雅重大"（杨万里）、"工丽典切"（姚鼐）、"壮丽典雅，不减少陵"（朱彝尊），显示出其博大的才力，很能体现其"以骈文为诗"的特点。纪昀评《五言述德抒情诗一首四十韵献上杜七兄仆射相公》云："起四句气脉自大。'自昔'四句声华宏壮……'感念'一段，沉郁顿挫，大笔淋漓，化尽排偶之迹。他人作古诗尚不能如此委曲沉着，真晚唐第一作手，得杜藩篱不虚也。"（《玉谿生诗说》）其中提到的"感念"一段，就是将李德裕诋为"当路"的"恶草"，将杜悰美化为挺生的"寒松"一节。诗艺与诗品之间形成巨大反差，这是典型的例证。但也有思想内容与艺术统一得比较好的，如集中篇幅最长的五言排律《送千牛李将军赴阙五十韵》，将主要篇幅用于叙赞李晟平定朱泚之乱的功绩，"送李千牛"（千牛将军李某系李晟之孙）仅于篇末一点，实可作为平定朱泚之乱的政治诗来读。录其中数段：

> 别馆兰薰酷，深宫蜡焰明。
> 黄山遮舞态，黑水断歌声。
> 纵未移周鼎，何辞免赵坑？
> 空拳转斗地，数板不沉城。
> 且欲凭神算，无因计力争。
> 幽囚苏武节，弃市仲由缨。
> 下殿言终验，增埤事早萌。
> 蒸鸡殊减膳，屑麹异和羹。

> 否极时还泰，屯余运果亨。
> 流离几南渡，仓卒得西平。
> 神鬼收昏黑，奸凶首满盈。
> 官非督护贵，师以丈人贞。
> 覆载还高下，寒暄急改更。
> 马前烹莽卓，坛上揖韩彭。
> 扈跸三才正，回军六合晴。
> 此时惟短剑，仍世尽双旌。

此诗"叙西平功，精彩横溢，当接少陵之席"（张谦宜《茧斋诗谈》）"跳动激发，笔驱风云，人拟义山少陵，于此信之"（冯浩笺引田兰芳评）。纪昀也盛赞此诗:"'在昔'四句,总领前半篇,声光阔大。'否极'四句,转轴亦字字筋节,精神震动……结乃声情勃发,淋漓尽致。"(《玉谿生诗说》)《哭遂州萧侍郎二十四韵》也有不少精彩的段落:

> 苦雾三辰没,穷阴四塞昏。
> 虎威狐更假,隼击鸟逾喧。
> 徒欲心存阙,终遭耳属垣。
> 遗音和蜀魄,易簀对巴猿。

> 有女悲初寡,无儿泣过门。
> 朝争屈原草,庙馁若敖魂。
> 迥阁伤神峻,长江极望翻。
> 青云宁寄意?白骨始沾恩。

纪昀认为长篇排律既须有次第,又要有筋节语支拄其间,举此诗作为范例云:"起手说得与世运相关,高占地步……起四句提纲,次四句叙其立官本末,次六句叙时事之非,次十句叙放逐而死,次十二句叙从前情好,次四句自写己意,次八句总收,层层清楚,是其次第处也……七句、八句、十三句、十四句、二十七句、三十八句、三十九句、四十句皆筋节处也。'苦雾'四句极悲壮,'白骨'句沉痛之至,而出以蕴藉。"(《玉谿生诗说》)总的来看,商隐这些长篇五排在格调声律方面学杜深得其神,但艺术个性却不够鲜明突出。

　　商隐五排的精华主要不是长篇,而是篇幅较短的反映时事、抒写怀抱之作。反映时事的五排,当推《有感二首》。这两首反映甘露之变的力作,不仅有胆有识,忠愤激烈之气、关注国运之情,盘郁流注于字里行间,而且开合顿挫,曲折如意,笔力沉雄,感慨入骨。这种抒情性议论,杜甫最为擅长,义山可谓得其真传。晚年所作的《武侯庙古柏》借慨武侯之"玉垒经纶远,金刀历数终"寄寓有才能的政治家遭逢末世、志业不成的悲慨,不但有现实政治内涵,而且"风格老重,五六尤警切"(纪昀《瀛奎律髓刊误》)。

　　抒写身世怀抱的短篇五排,更见义山个性。像《大卤平后移家到永乐县居书怀十韵寄刘韦二前辈》《念远》《摇落》《崇让宅东亭醉后沔然有作》诸诗,都写得感情深挚,词采清丽,很富情调韵味。《大卤平后移家到永乐县居书怀十韵寄刘韦二前辈》田兰芳评:"有怀皆苦,无句不妍。"(《玉谿生诗笺注》引）以风致胜。《摇落》何焯评："蕴藉之至。"纪昀评："语极浓至，佳在不靡。"（《李义山诗集辑评》引）以情调胜。它们都鲜明地体现了商隐诗深情绵邈的艺术个性。

值得注意的是，商隐短篇五排中有一类诗，纯用白描，而情韵双绝。《戏赠张书记》、《西溪》（怅望西溪水）是其代表。这类诗与《有感二首》《送千牛李将军赴阙五十韵》等正分别代表了其五排的两种类型，与七律的情况类似。

商隐五排中也有一部分写得比较靡艳的作品，如《碧瓦》《镜槛》《拟意》等；有的则写得比较隐晦，如《魏侯第东北楼堂郢叔言别聊用书所见成篇》；更有写得堆垛乏味者，如《喜雪》《四年冬以退居蒲之永乐渴然有农夫望岁之志遂作忆雪又作残雪诗各一百言以寄情于游旧》。但从总体看，其五排在唐代诗人中是成就较高的。

第十五章　白描胜境话玉谿

第一节　历代对李商隐诗的主导看法

在诗歌接受史上，某些有影响的"第一读者"对被接受对象的看法和评价，由于在一代又一代的接受之链上被充实和丰富，往往成为对被接受对象的主导看法乃至定论，但任何读者对前人创作的理解与接受都不可避免地有其时代和自身的局限性、片面性。因此，当某些"第一读者"的看法在代代相承的接受过程中成为主导意见乃至定论后，就有可能掩盖被接受对象客观存在的另一些特征乃至重要特征。这种情况，在李商隐诗歌接受史上表现得相当典型。这一章拟在历代对李商隐诗的主导看法之外，揭示出李诗的另一重要特征——白描，以期对李诗有比较全面的认识。

历代对李商隐诗的主导看法，概略地说，有以下三个方面：一是风格绮艳，二是用典繁僻，三是善学杜诗。其中一、二两个方面都和西昆派对商隐诗的接受有密切关系。

西昆派之前，晚唐五代时期受商隐诗风影响的唐彦谦、韩偓、吴融等人的创作中，已经透露出其时诗坛对商隐诗的看法和选择趋向主要着眼于其诗风的绮艳，但他们对后世的影响都不如西昆派。在李商隐诗接受史上，西昆派是作为一个风靡宋初诗坛数十年、有相当规模的诗人群体而存在的，因此其影响相当巨大深远。他们对商隐诗的接受，主要体现在其诗歌创作对商隐诗的学习摹拟上。西昆体的主要特点，一是词藻华美，二是用典繁富，三是对仗工切，音韵铿锵。他们标榜学李商隐诗，主要着眼于这几方面。这实际上反映了他们对商隐诗的看法与取舍。尽管杨亿《谈苑》论及玉谿生诗时，曾谓其"富于才调，兼极雅丽，包蕴密致，演绎平畅"①，赞赏义山《宫妓》诗措辞寓意之"深妙"②，并不只赏其词藻典故之华赡。但在实际创作中，西昆派对李诗的接受主要是挹其芳润，侧重于雕章琢句，堆砌词藻典故。西昆派对商隐诗的这种片面接受，对后世评家对李商隐诗的看法影响很大。不但有人干脆将商隐诗也称作西昆体，而且在西昆体遭到严厉批评之后人们对商隐诗的看法仍受到西昆派的影响。从这个意义上说，西昆派是李商隐诗接受史上的最有影响力的"第一读者"群体。

西昆派之后，认为商隐诗风格绮艳的有代表性的评论如：

范晞文《对床夜话》："商隐诗：'斗鸡回玉勒，融麝暖金钉。玳瑁明珠阁，琉璃冰酒缸。'七言云：'不收金弹抛林外，却惜银床在井头。彩树转灯珠错落，绣檀回枕玉雕锼。'金玉锦绣，排比成句，乃知号至宝丹者，不独王禹玉也。"③

敖陶孙《诗评》："李义山如百宝流苏，千丝铁网，绮密瑰妍，要非适用。"④

方回《秋晚杂书三十首》（其二十）："人言太白豪，其诗丽以富……余编细读之，要自有朴处……何至昌谷生，一一雕丽句……亦焉用玉谿，纂组失天趣。"⑤

杨基《无题和李义山商隐序》："尝读李义山无题诗，爱其音调清婉，虽极其秾丽，然皆托于臣不忘君之意，而深惜乎才之不遇也。"⑥

许学夷《诗源辩体》："商隐七言律，语虽秾丽，而中多诡僻。"又："商隐七言绝，如《代赠》……《鸳鸯》……《春日》……全篇较古律艳情尤丽。"⑦

陆时雍《诗镜总论》："李商隐丽色闲情，雅道虽漓，亦一时之

---

① 宋江少虞《宋朝事实类苑》卷三四"玉谿生"条，上海古籍出版社1981年版。

② 宋胡仔《苕溪渔隐丛话》后集卷一四引《杨文公谈苑》，人民文学出版社1962年版。

③ 丁福保辑《历代诗话续编》上册，中华书局1983年版，第442页。

④ 《臞翁诗评》，《丛书集成初编》本。

⑤ 方回《桐江续集》卷二，《四库全书》本。

⑥ 杨基《眉庵集》卷九，《四库全书》本。

⑦ 《诗源辩体》卷三〇，人民文学出版社1987年版，第289页。

胜。"①

钱谦益《题冯子永日草》："又尝谓李义山之诗，其心肝肺脏窍穴筋脉，一一皆绮组缛绣排纂而成，泣而成珠，吐而成碧，此义山之艳也。"②又朱鹤龄引钱氏语云："玉谿生诗，沉博绝丽。"③

除杨基、钱谦益外，多数评家对商隐诗的绮艳持批评甚至否定态度。

认为李商隐诗用典繁僻的代表性评论如：

惠洪《冷斋夜话》："诗到李义山，谓之文章一厄，以其用事僻涩，时称西昆体。"④

吴炯《五总志》："唐李商隐为文，多检阅书史，鳞次堆积左右，时谓为獭祭鱼。"⑤

黄彻《碧溪诗话》："李商隐诗好积故实，如《喜雪》……一篇中用事者十七八……以是知凡作者，须饱材料。"⑥

范晞文《对床夜语》："诗用古人名，前辈谓之点鬼簿，盖恶其为事所使也……李商隐集中半是古人名，不过因事造对，何益于诗？至有一篇而叠用者。"⑦

胡应麟《诗薮》："李商隐……填塞故实。"⑧

除黄彻从商隐诗好积故实得出"作者，须饱材料"的结论外，多数论者认为用事繁僻是诗家一病。

第三个方面是认为商隐善学杜诗。此说首倡者为王安石。《蔡宽夫诗话》云："王荆公晚年亦喜称义山诗，以为唐人知学老杜而得其藩篱者，唯义山一人而已。每诵其'雪岭未归天外使，松州犹驻殿前军'、'永忆江湖归白发，欲回天地入扁舟'与'池光不受月，暮气欲沉山'、'江海三年客，乾

①丁福保辑《历代诗话续编》下册，中华书局1983年版，第1422页。

②钱谦益《牧斋有学集》卷四八，《四部丛刊》本。

③朱鹤龄《李义山诗集笺注》卷首朱氏自序引钱氏语，清顺治十六年刻本。

④《冷斋夜话》，《丛书集成初编》本。

⑤《五总志》，《丛书集成初编》本。

⑥《历代诗话续编》上册，第399页。

⑦《历代诗话续编》上册，第427页。

⑧《诗薮·内编》卷五，中华书局上海编辑所1962年版。

坤百战场'之类，虽老杜无以过。"①王氏于唐代诗人中最推尊杜甫，此论一出，对后代影响深远，成为商隐诗接受史上除西昆派之外另一著名的"第一读者"。后来阐发商隐学杜之说的评论很多，如：

> 朱弁《风月堂诗话》："李义山拟老杜诗云：'岁月行如此，江湖坐渺然。'真是老杜语也。其他句'苍梧应露下，白阁自云深'、'天意怜幽草，人间重晚晴'之类，置杜集中亦无愧矣。然未似老杜沈涵汪洋，笔力有余也。义山亦自觉，故别立门户成一家。"②
>
> 袁桷《书郑潜庵〈李商隐诗选〉》："李商隐诗号为中唐警丽之作，其源出于杜拾遗。晚自以不及，故别为一体。"③
>
> 释道源云："吾以为义山之诗，推原其志义，可以鼓吹少陵。"④
>
> 钱龙惕《玉谿生诗笺叙》："至如高廷礼、李空同之流，欲为杜诗而黜义山为晚唐卑近，是登山而不由径，泛海而断之港也。"⑤
>
> 朱鹤龄《笺注李义山诗集序》："且吾观其活狱弘农，则忤廉察；题诗九日，则忤政府；于刘黄之斥，则抱痛巫咸；于乙卯之变，则衔冤晋石；大和东讨，怀'积骸成莽'之悲；党项兴师，有'穷兵祸胎'之戒。以至《汉宫》《瑶池》《华清》《马嵬》诸作，无非讽方士之不经，警色荒之覆国。此其指事怀忠，郁纡激切，直可与曲江老人相视而笑，断不得以'放利偷合'、'诡薄无行'嗤摘之也……义山之诗，乃风人之绪音，屈宋之遗响，盖得子美之深而变出之者也。"⑥

宋元明三代，除王安石之论内容形式并重外，论义山学杜者多从风貌句格与杜诗相似着眼。至清初则侧重从继承杜诗忧国伤时的精神着眼，但都认为义山善学杜诗。

以上列举的历代对李商隐诗的几种主导看法，归结到一点，即认为义山诗离朴素、自然、本色很远，是着意雕饰、锤炼的典丽精工型。辞采的华美绮艳、用事的繁富深僻，以及杜诗式的锤炼精工都是和朴素、自然、本色

---

① 胡仔《苕溪渔隐丛话》前集卷二二"王荆公爱义山诗"条，人民文学出版社1962年版。

② 《风月堂诗话》，中华书局1988年版。

③ 《清容居士集》卷四八，《四部丛刊》本。

④ 钱谦益《牧斋有学集》卷一五《注李义山诗集序》引道源语。《四部丛刊》本。

⑤ 钱龙惕《玉谿生诗笺》卷首，日本静嘉堂文库藏本。

⑥ 朱鹤龄《李义山诗集笺注》卷首。

相对立的。但是，商隐诗是否只有绮艳、锤炼和用事繁富这一面呢？回答是否定的。

第二节　义山诗自有白描佳境

　　如果我们既充分尊重历代对商隐诗的主导看法，又不为其所囿，对商隐诗作更全面的考察，就不难发现，商隐许多写得相当出色的诗其实并不属于典丽精工型（或如钱谦益所说的"沉博绝丽"型），而是白描型的。它们往往采用直接描写、抒情的手段，不用秾艳的词藻，不用或少用典故，以清新流美的笔触创造出别具一格的白描诗境。

　　为了说明白描诗境在义山诗中所占的比重，便于与典丽精工型的作品作比较，不妨按诗体列出一个两种类型的诗选目对照表：

五古　　白描型：无题（八岁偷照镜）　行次西郊作一百韵

戏题枢言草阁三十二韵　井泥四十韵　骄儿诗（5首）

典丽精工型：无

七古　　白描型:无题四首（其四）　韩碑（2首）

典丽精工型:七月二十八日夜与王郑二秀才听雨后梦作

无愁果有愁曲北齐歌　日高　海上谣　燕台诗四首

河内诗二首　河阳诗

偶成转韵七十二句赠四同舍（12首）

五律　　白描型：十一月中旬至扶风界见梅花　淮阳路　春宵自遣

幽居冬暮　落花　寒食行次冷泉驿　桂林　晚晴　高松

访秋　桂林道中作　江村题壁　即日（桂林闻旧说）

北楼　思归　寓目　昭州　风　江上　楚泽　归墅

九月於东逢雪　哭刘司户蕡　哭刘司户二首　蝉

夜出西溪　杨本胜说于长安见小男阿衮　因书

风雨　赠柳　李花　秋月　北青萝　寄裴衡

河清与赵氏昆季宴集得拟杜工部　凉思（37首）

典丽精工型：鄠杜马上念汉书　明日

即日（小苑试春衣）　夜饮　如有（5首）

七律　白描型：及第东归次灞上却寄同年

出关宿盘豆馆对丛芦有感　流莺　九日　野菊

辛未七夕　七月二十九日崇让宅宴作

王十二兄与畏之员外相访见招　杜工部蜀中离席

二月二日　写意　即日（一岁林花）　柳（江南江北）

子初郊墅　复至裴明府所居（15首）

典丽精工型：锦瑟　圣女祠　重过圣女祠　潭州

赠刘司户蕡　南朝　寄令狐学士　哭刘蕡　药转　隋宫

筹笔驿　九成宫　无题二首（其一昨夜星辰）

无题四首（其一来是空言、其二飒飒东南）　曲池

留赠畏之（清时无事）　碧城三首　对雪二首　玉山

牡丹（锦帏初卷）　促漏　一片（一片非烟）

马嵬（海外徒闻）　富平少侯　临发崇让宅紫薇

过伊仆射旧宅　银河吹笙　闻歌　水天闲话旧事

重有感　中元作　楚宫（湘波如泪）　利州江潭作　茂陵

泪　无题二首（凤尾香罗、重帏深下）　当句有对

隋师东　宋玉　正月崇让宅　曲江

天平公座中呈令狐相公　回中牡丹为雨所败二首（49首）

五排　白描型：戏赠张书记　大卤平后移家到永乐县居书怀十韵

念远　摇落　商於　西溪（怅望西溪水）（6首）

典丽精工型：碧瓦　武侯庙古柏　有感二首　肠　灯

镜槛　哭遂州萧侍郎二十四韵　送千牛李将军赴阙五十韵

送从翁从东川弘农尚书幕

五言述德抒情诗一首四十韵献上杜七兄仆射

相公　拟意（12首）

五绝　白描型：夜意　饯席重送从叔余之梓州

悼伤后赴东蜀辟至散关遇雪　巴江柳　忆梅

天涯　滞雨　乐游原（向晚意不适）（8首）

典丽精工型：无

七绝　白描型：初食笋呈座中　宿骆氏亭寄怀崔雍崔衮

东还　夕阳楼　灞岸　寄令狐郎中

代秘书赠弘文馆诸校书　端居　过楚宫　楚吟

梦令狐学士　白云夫旧居　夜冷　西亭　七夕

夜雨寄北　过招国李家南园二首　旧顿　天津西望

离亭赋得折杨柳二首　关门柳　霜月　嫦娥

暮秋独游曲江　代赠二首　为有　宫辞

访隐者不遇成二绝　忆匡一师　春光（一作日日）

夜半　花下醉（36首）

典丽精工型：屏风　春日　汉宫词　隋宫（乘兴南游）

明神　齐宫词　青陵台　闺情　宫妓　瑶池　骊山有感

北齐二首　月夜重寄宋华阳姊妹　贾生　漫成五章

寄怀书蟾　偶题二首　无题（紫府仙人）

无题（白道萦回）（25首）

以上共计白描型各体诗109首，典丽精工型各体诗103首①，数量大体相当。从体裁看，白描型的诗主要分布在五律、七绝、五绝、五古这几种诗体中，而典丽精工型的诗则主要分布在七律、七古、五排这几种诗体中，二者正好互补。从题材看，白描型的诗多为一般即景即事抒情之作，而咏史、咏物、无题、爱情等题材的诗多为典丽精工型。从创作时期看，虽两种类型的诗均贯串了各个创作阶段，但从总的趋向看，后期创作（包括桂幕、梓幕）中白描型的作品明显增多。以上几个方面的对照，说明商隐的白描型作品跟特定的生活与感情内容、跟某些体裁的体性、跟特定时期的心境及诗艺发展由绚返素的一般规律等密切相关。

为了进一步说明商隐以白描为主要特征的诗艺术上的特点与成就，下面再按体裁结合有代表性的作品进行一些分析。

五绝——商隐37首五绝中以白描为主要特征的有两种类型：一种是以《乐游原》为代表的直抒感慨而意境浑融的类型，另一种是以《悼伤后赴东蜀辟至散关遇雪》为代表的思致婉曲而一气浑成的类型。《乐游原》所抒发的感慨，触绪多端，内涵深广，形态浑沌，难以指实。诗人用白描手法浑沦抒慨，而举凡时世衰颓、身世沉沦、年华消逝之慨，乃至对一切美好事物消逝之惋惜怅惘，均可在"向晚意不适"的情感基因与"夕阳无限好，只是近

---

①这个对照选目中的具体诗篇未必尽当，但大体情况不差。

黄昏"的浩叹中包蕴，故管世铭谓其"消息甚大，为绝句中所未有"①。浑沦抒慨的白描手段为大容量大概括提供了成功的艺术创造凭借。《天涯》在感情的抒发与意境的创造方面与《乐游原》有相似之处。《悼伤后赴东蜀辟至散关遇雪》由"从军"转出"无衣"，又由"无衣"转到眼前的"三尺雪"，再转出梦中的"旧鸳机"。虽辗转相生，却始终不离"悼伤后"这个总背景，一气旋折而又一气浑成。《滞雨》由滞雨长安而生独对残灯的羁愁，由思归不得转生梦归故乡的痴想。但又转思值此秋霖苦雨之时，故乡恐亦为层云叠雾、凄风苦雨所笼罩，故又生"归梦不宜秋"的感慨。是则秋霖苦雨不但滞客之归，而且阻客之归梦，甚至阻归梦之想。思致之婉曲，于此为极，题中的"滞"字，也在连透数层中被写透了。但这层层曲折，在诗人笔下，却像行云流水，运转自如，毫无刻意求深求曲之迹，正如纪昀所评："运思甚曲，而出以自然，故为高唱。"②

七绝——商隐192首七绝中，咏史七绝40余首，这类七绝虽"以议论驱驾书卷，而神韵不乏"③，但因题材的关系，其基本手段是隶事用典，与白描自有明显区别。其以白描见长者，多为一般即景抒情之作。这些七绝，不事藻采，不用典故，以情韵风调取胜。历代传诵的《夜雨寄北》便是白描胜境的典型。评家虽可从"巴山夜雨"之境的虚实与时空转换中分析出此诗构思之精致，但实际上诗人在创作时或许只是在巴山夜雨之际，适逢友人来书询问归期，不禁触动绵长的羁愁，而生出"何当共剪西窗烛，却话巴山夜雨时"的期盼。诗的佳处，在诗心诗情，而非缘刻意构思所致。屈复评道："即景见情，清空微妙，玉谿集中第一流也。"④纪昀评道："作不尽语每不免有做作态，此诗含蓄不露，却只似一气说完，故为高唱。"⑤都揭示出此诗的自然本色之美。《宿骆氏亭寄怀崔雍崔衮》也有类似特点。秋阴、枯荷、夜雨，对于相思的旅人，本是难以为怀之境，但枯荷听雨的清韵，又别有一番情致，可以稍慰寂寥。这里包含了对衰飒爽凄清之美的发现与欣赏。这种诗境，并非刻意施巧而成，而是商隐审美个性与情趣的自然流露。但这种自

---

①管世铭《读雪山房唐诗序例》，《清诗话续编》下册，上海古籍出版社1983年版，第1561页。

②沈厚塽辑《李义山诗集辑评》卷下引纪昀评，清同治九年广州倅署刻本。

③施补华《岘佣说诗》，《清诗话》下册，上海古籍出版社1978年版，第998页。

④屈复《玉谿生诗意》卷六，清乾隆四年扬州芝古堂刻本。

⑤纪昀《玉谿生诗说》卷上，清光绪十三年朱记荣校刊本。

然触发又出之自然的诗境有时却不免遭到评家的误解。如《夕阳楼》：

> 花明柳暗绕天愁，上尽重城更上楼。
> 欲问孤鸿向何处，不知身世自悠悠。

纪昀评曰："借孤鸿对写，映出自己，吞吐有致，但不免有做作态，觉不十分深厚耳。"①纪氏将"欲问""不知"看成故作抑扬吞吐之致，又把"孤鸿"与诗人"身世"之间的关系看成有意的对映，自然觉得有做作态。实则三四两句抒写的是一种即景触发的人生感慨：方将同情孤鸿之孑然南征，忽悟自己的身世正复如彼，是怜人者正须被怜，而竟无人怜之。言情之凄惋入神，正在"欲问""不知"的忽然悟到与自然转换间。还是谢枋得说得好："若只道身世悠悠，与孤鸿相似，意思便浅。'欲问'、'不知'四字，无限精神。"②只说身世与孤鸿相似，是有意拉孤鸿作比，自不免呆相；而"欲问""不知"则是瞬间触发的自然联想，故显得"无限精神"。商隐许多七绝佳作，其深长的情韵每蕴含于此种情与景适然相触所构成的白描诗境中。如《代赠》：

> 楼上黄昏欲望休，玉梯横绝月如钩。
> 芭蕉不展丁香结，同向春风各自愁。

三四移情入景，那不展的芭蕉与缄结的丁香，似乎成了女主人公愁绪的外化与象征。但这种象征意味正是由于作为客观物象的"芭蕉不展丁香结"，乃是女主人公愁绪的触发物的缘故。加上对称而错落的句式，一气流走而回环的格调，使这首诗情致宛转，极具自然流畅的风调之美。《端居》的写法与此类似而更含蓄：

> 远书归梦两悠悠，只有空床敌素秋。
> 阶下青苔与红树，雨中寥落月中愁。

《离亭赋得折杨柳二首》与《暮秋独游曲江》则以直抒至深至挚之情创造白描胜境。前诗云：

> 暂凭尊酒送无憀，莫损愁眉与细腰。

---

①纪昀《玉谿生诗说》卷下，清光绪十三年朱记荣校刊本。

②《谢叠山先生评注四种合刻·叠山先生注解章泉涧泉二先生选唐诗》，光绪刘氏刻本。

人世死前惟有别，春风争拟惜长条。

含烟惹雾每依依，万绪千条拂落晖。
为报行人休尽折，半留相送半迎归。

两首为联章体，均从题内"折"字展转生发。首章先因柳之眉愁腰瘦而嘱以"莫损"。"人世"句突作转折，由"莫损"变为"争惜"，评家誉为"惊心动魄，一字千金"①，柳之不惜以身殉情的品格也因此而凸现。次者又由柳在斜日暮霭中依依飘拂的多情形象进一步生出"为报行人休尽折，半留相送半迎归"的妙想，不仅突破折柳送别的传统，而且创造出具有乐观情调的新境界。两首中的关键句，都是直接抒情的白描佳句。《暮秋独游曲江》：

荷叶生时春恨生，荷叶枯时秋恨成。
深知身在情长在，怅望江头江水声。

"深知"句直抒至情，末句复以"怅望江头江水声"的不尽语作收，遂觉此恨绵绵永无绝期。

五律——商隐五律150余首，数量仅次于他的七绝而超过了七律，其中颇多学杜之作。反映时事的《淮阳路》《哭刘司户蕡》等作既能得杜之沉着，又能得其流走，且均能创白描佳境。前诗云：

荒村倚废营，投宿旅魂惊。
断雁高仍急，寒溪晓更清。
昔年尝聚盗，此日颇分兵。
猜贰谁先致，三朝事始平。

前两联是荒村夜宿晓行的素描，描绘出淮西一带经历长期战乱后荒凉残破景象，笔致流走。后两联推原祸始，感慨深沉。纪昀评曰："气脉既大，意境亦深。沉着流走，居然老杜之遗。"②《哭刘司户蕡》前三联一气直下，"天高"句感愤激烈，感情达到高潮。尾联"去年相送地，春雪满黄陵"缓笔收转，逆挽去年黄陵雪中送别，于今昔对映中寓含无限怀想与感怆，是很富抒

601

①何焯《义门读书记·李商隐诗集笺记》，清乾隆三十一年蒋元益序刊本。
②《玉谿生诗说》卷上。

情色彩的白描佳境。

　　五律中最能体现义山个性的是抒情书慨之作，其中以白描见长的佳篇名联在义山诸体诗中最多。《落花》《晚晴》《高松》《北楼》《蝉》《杨本胜说于长安见小男阿衮》《风雨》诸作，或抒惜花伤春意绪，或写珍重晚晴之情，或抒僻处天涯之感，或写怀想中原之意，或抒系念儿女之怀，或发梗泛羁泊之慨，大都与其悲剧性身世遭遇密切相关。《落花》：

> 高阁客竟去，小园花乱飞。
> 参差连曲陌，迢递送斜晖。
> 肠断未忍扫，眼穿仍欲稀。
> 芳心向春尽，所得是沾衣。

全篇不用一个典故，没有秾艳词藻，不施细致刻画，纯用白描。首联倒跌而入，客去高阁，满目所见唯有落花乱飞，透露出心绪的迷惘纷乱。颔联写落花纷飞，势连曲径，遥送斜晖的弥漫态势，诗人惜花的心情和目送落花的黯然神伤也一齐传出。腹联侧重从人的主观感受角度写惜花心情，而落花委积、残花依枝的情状仿佛可见。尾联"芳心""沾衣"双关，将落花与具有落花般身世境遇与心境的诗人融为一体。诗中表现的"伤春"意绪，包蕴深广，诗人在表现这种意绪时，用笔也空灵超妙，毫不粘腻，正如吴乔所说，"通篇无实语"①。《蝉》诗"绝不描写用古"②，更是以白描著称的五律佳作。评家谓其"取题之神"③，正说明此诗写蝉，不重外在形状的描摹刻画，而是致力于表现人化的蝉的感情与心理。"一树"句奇想入幻，将清晨时分静寂不动的一树绿阴想象成对哀嘶欲绝的蝉冷漠无情的反应，显示出蝉对冷酷环境绝望的怨愤，这样的白描佳句，确实达到了离形得似的境界。《高松》同样以白描传神写意取胜，颔联"客散初晴后，僧来不语时"于侧面烘托中自见高松幽雅清高的气韵。《晚晴》的颔联"天意怜幽草，人间重晚晴"，境与情适然相值，于天意人情间恍若有悟，脱口道出，遂成诗情哲理与晚晴之景交融的境界。

　　写景抒情的白描佳作中，《凉思》《杨本胜说于长安见小男阿衮》在朴

---

①吴乔《围炉诗话》卷一，《清诗话续编》上册，上海古籍出版社1983年版，第543页。

②吴乔《围炉诗话》卷一，《清诗话续编》上册，上海古籍出版社1983年版，第543页。

③沈德潜《唐诗别裁集》卷一二，中华书局1981年影印本。

素平淡、清新流畅中蕴含绵邈深情。前诗云：

> 客去波平槛，蝉休露满枝。
> 永怀当此节，倚立自移时。
> 北斗兼春远，南陵寓使迟。
> 天涯占梦数，疑误有新知。

这是诗人奉使南陵、留滞思家之作。首联写客去夜深的清寥境界，从仿佛意外发现江阔波平、蝉休露盈的视听感受中透出时间的悄然流逝和凉夜的寂寞，暗逗"思"字。颔联正写思念之悠长，语淡情深，笔意空灵，似对非对，情味隽永。腹联分写怀远之情与留滞之感。出句将空间的悬隔与时间的远隔在意念中融合，用一"远"字绾结，使时间之远仿佛具有空间的形象。尾联转从对面着笔，从遥揣妻子"疑误有新知"中进一步表现自己的深切思念与深情体贴。后诗是寄幕东川期间思念娇儿衮师之作：

> 闻君来日下，见我最娇儿。
> 渐大啼应数，长贫学恐迟。
> 寄人龙种瘦，失母凤雏痴。
> 语罢休边角，青灯两鬓丝。

前三联一气直下，朴素如叙家常，尾联顿住，宕开写景，于青灯丝鬓的剪影和画角声停的旷寂中渗透无限悲凉。语淡情深，意余言外，最是白描佳境。

　　范晞文《对床夜语》云："'虹收青嶂雨，鸟没夕阳天'，'月澄新涨水，星见欲销云'，'池光不受月，野气欲沉山'，'城窄山将压，江宽地共浮'，'秋应为红叶，雨不厌苍苔'，皆商隐诗也，何以事为哉！又《落花》云'落时犹自舞，扫后更闻香'，《梅花》云'素娥惟与月，青女不饶霜'，尤妙。"[1]所举各联，除"池光"一联为五排中名联外，其他均为五律中白描佳联，说明范氏似已注意到商隐五律中颇多白描胜境。其实在商隐五律中，像这样的白描秀句还有不少。如："晚晴风过竹，深夜月当花"（《春宵自遣》），"独夜三更月，空庭一树花"（《寒食行次冷泉驿》），"江皋当落日，帆席见归风"（《访秋》），"异域东风湿，中华上象宽"（《北楼》），"虎当官路斗，猿上驿楼啼"（《昭州》），"四海秋风阔，千岩暮景迟"

---

①《对床夜语》卷三，《历代诗话续编》上册，上海古籍出版社1983年版，第438页。

（《陆发荆南始至商洛》），"石梁高泻月，樵路细侵云"（《题郑大有隐居》），"桥回行欲断，堤远意相随"（《赠柳》），"自明无月夜，强笑欲风天"（《李花》），"秋池不自冷，风叶共成喧"（《雨》），"凭栏明日意，池阔雨萧萧"（《明日》），"落叶人何在，寒云路几层"（《北青萝》）。其中"桥回"一联，纪昀评曰："空外传神，极为得髓。"①袁枚更赞"堤远"句"真写柳之魂魄"②。"秋池"一联虽未描绘雨容雨声，却传出了秋雨的凄其寒意和诗人的凄寒心境，同样是离形取神的化工之笔。

七律——商隐七律117首，在诸体中艺术成就最高，也是用典繁复、词藻丽密、色彩秾艳的篇章最多的。西昆派刻意模仿的便主要是这类典丽精工型的七律和一部分同类型的五排。由于这一类型的七律被历代各种选本反复选录评赏，对后世的影响越来越大，不但被看成商隐七律的主流类型，甚至造成商隐七律唯有此种类型的错觉。实际上，商隐七律同样存在与典丽精工型相对的另一类型，即很少用典故和华丽的词藻，多用白描和直抒，通体清空疏朗的清空流美型。下编第十二章《李商隐的七言律诗》第三节"李商隐七律的两种类型——典丽精工与清空流美"中对后一种类型作过具体论述，并对两种七律的内在联系作过初步探讨，读者可以参看，这里不再重复。

五排——商隐五排共50首，多数属于典丽精工型，这和排律一向重典实藻采，重铺排对偶的传统有密切关系，长篇五排尤其如此。但商隐五排中一些抒情短章如《戏赠张书记》《大卤平后移家到永乐县居书怀十韵》《念远》《摇落》《崇让宅东亭醉后沔然有作》《西溪》等却很少用典，词采清丽，具有清畅流动的格调和深长的情韵。《戏赠张书记》：

> 别馆君孤枕，空庭我闭关。
>
> 池光不受月，野气欲沉山。
>
> 星汉秋方会，关河梦几还。
>
> 危弦伤远道，明镜惜红颜。
>
> 古木含风久，平芜尽日闲。
>
> 心知两愁绝，不断若寻环。

结合眼前景写离思羁愁，戏张之想念妻室（张与商隐为连襟），妙不伤雅。

---

①《玉谿生诗说》卷下。

②袁枚《随园诗话》卷一，人民文学出版社1960年版。

"池光"一联，用白描手法写秋郊暮景，鲜明如画，且传出伤离者的索寞暗淡情思。"古木"一联，写秋郊萧瑟闲寂之景，寓兴在有无之间。《西溪》：

> 怅望西溪水，潺湲奈尔何。
> 不惊春物少，只觉夕阳多。
> 色染妖韶柳，光含窈窕萝。
> 人间从到海，天上莫为河。
> 凤女弹瑶瑟，龙孙撼玉珂。
> 京华它夜梦，好好寄云波。

西溪在诗中是兴起迟暮之感、隔离之悲的触媒，诗亦如潺湲流水，自然流转。清空如话，情韵深长，堪称排律中之化境。

五古——商隐五古仅12首，各体中数量最少，却包含了一系列重要作品，如堪称一代史诗的长篇政治诗《行次西郊作一百韵》，反映其生平经历与思想性格的《戏题枢言草阁三十二韵》，表现骄儿衮师天真活泼情态，抒发人生感慨的《骄儿诗》，对世事变化莫测深表感慨的《井泥》，以及《无题》（八岁偷照镜）、悼亡诗《房中曲》等。这些诗大都写得比较质朴，其中有不少堪称白描妙境的段落，如《行次西郊》开头对京郊农村荒凉残破景象的素描，《骄儿诗》中间一大段对骄儿嬉戏情况的描摹，《戏题枢言草阁三十二韵》末段的即景抒怀等。贺裳说："义山绮才艳骨，作古诗乃学少陵，如《井泥》《骄儿》《行次西郊》《戏题枢言草阁》《李肱所遗画松》，颇能质朴。然已有'镜好鸾空舞，帘疏燕误飞'、'十五泣春风，背面秋千下'诸篇，正如木兰虽兜牟裲裆，驰逐金戈铁马间，神魂固犹在铅黛间也。"[1]其实，被贺氏指为不离绮艳本色的《无题》（八岁偷照镜）恰恰是义山无题诗中少见的白描佳作。前八句用乐府民歌中常用的年龄序数法叙事，迤逦写来，意注末二句："十五泣春风，背面秋千下。"这幅少女伤春的简洁素描正是全篇寓意的点眼。

七古——商隐20首七古中，仿长吉体的占了15首。它们大都辞采华美、色泽秾艳、意象繁密、意蕴隐晦，用典也比较多。但即使是以华艳隐晦为主要特征的商隐七古，也仍有别调。被誉为大手笔的《韩碑》既有高古奇崛的

605

---

① 贺裳《载酒园诗话又编·李商隐》，《清诗话续编》上册，上海古籍出版社1983年版，第374页。

一面，又有清新明畅的一面，其中也不乏白描妙笔如"阴风惨澹天王旗"和受命撰碑、献碑的生动传神描写。短篇七古《无题四首》（其四）则颇有民歌风味，冯浩甚至极赞"东家老女嫁不售，白日当天三月半"为"神来奇句"①，说明这首诗深得乐府民歌擅长白描的神理。

第三节　以白描为主要特征的诗在义山创作中的
意义及不被重视的原因

从以上论列的义山白描佳作中可以看出，白描诗境并非义山偶然一格，而是遍布于各种体裁，有相当大数量和相当高艺术质量的一大类作品的共同特点。指出这一点，丝毫不意味着要否认或贬低商隐诗风的另一面，即那些辞采华美、色泽秾艳、用典繁复、意象密集的典丽精工型之作。在某些诗体（七古、七律、五排）中，这还是一种主导诗风。问题在于，如何看待这两种表面上相对立的诗风在同一诗人的创作中并存，它们之间有无内在联系；白描诗境在商隐诗歌创作中究竟具有什么意义。

刘熙载《艺概·诗概》中论义山诗的两段话对我们思考这一问题很有启发，他说：

> 诗有借色而无真色，虽藻缋实死灰耳。李义山却是绚中有素。敖器之谓其"绮密瑰妍，要非适用"，岂尽然哉？②

所谓"借色"，联系上下文，即所谓"藻缋""绚"，亦即敖陶孙所说的"绮密瑰妍"，指义山诗绮艳华美的外表；而与之相对的"真色"，即"绚中有素"的"素"，究竟指义山诗中的什么东西呢？从刘氏的另一段话中可以得到回答：

> 杜樊川雄姿英发，李樊南深情绵邈。③

"深情绵邈"是义山诗的内在本质。在刘氏看来，义山许多绮艳之作之所以能流传广远，关键在于其绮艳的外表下蕴含着绵邈的深情，这是义山的"真

---

①冯浩《玉谿生诗笺注》卷二，上海古籍出版社1979年版，第338页。

②刘熙载《艺概》，上海古籍出版社1978年版，第65页。

③刘熙载《艺概》，上海古籍出版社1978年版，第65页。

色"。这一点，完全可以从义山一系列绮艳中寓含真挚感情和深长感慨的咏史、咏物、无题及爱情诗中得到有力证明。刘氏虽未论及"绚中有素"之外的另一类以白描见长的诗，但他的上述评论却给我们以启示：义山一系列以白描见长的诗，其内在本质同样是"深情绵邈"。这一点，同样可以从上节论列的白描佳作中得到证实。这就是说，商隐两类表面上风格相对立的诗都具有共同的"真色"或本质——深情绵邈。这正是两类诗之间的内在联系，它们之间是对立的统一。如果说，前者是以"借色"显"真色"，那么后者就是以朴素的白描手段直露本色。从更直接地显露义山诗"深情绵邈"的真色的角度看，后者对义山诗的本质更有认识意义、指示意义。把义山诗说成是唯美的，不如把它说成是唯情的。强调这一点，并不意味着贬低义山"绚中有素"这类诗的美学价值。两类不同特征的诗各有艺术表现的难度，也各有独特的美学价值。

既然商隐这类以白描见长的诗并非偶然一格，而是数量多、质量高且又直露深情绵邈本色的一大类作品，为什么自晚唐以来，一直得不到应有的重视呢？这和商隐诗在历代被接受的情况密切相关。晚唐五代，总体上说，是绮艳诗风盛行的时代，除了前面提到的唐彦谦、韩偓、吴融等人注目于商隐诗风绮艳的一面外，韦庄、韦縠的选本中也明显体现出这种倾向。韦庄《又玄集》选李诗4首（《碧城三首》之一、《对雪》、《玉山》、《饮席代官妓赠两从事》），多为绮艳之作。韦縠《才调集》选李诗多达40首，艳情之作占半数，其他咏史、咏物、宫怨等作，风格也偏于绮艳。当时严厉批评李商隐诗文的李涪也是从"词藻奇丽""纤巧万状，光辉耀日"而"无一言经国，无纤意奖善"的角度来全盘否定的①。这些都反映了晚唐五代对商隐诗的基本看法。

宋初西昆派标榜学李商隐，更主要是从形式的整饬典丽、用事的繁密深僻等方面着眼，诚如范温所说，"盖俗学只见其皮肤，其高情远意皆不识也"②。但李商隐诗接受史上第一次大规模集中学习仿效义山诗的群体性行动无疑对后人认识、评价李诗产生了极深远的影响。后人批评西昆派，连及李商隐，也多从风格绮艳、用事深僻方面着眼。虽也有像王安石那样独具卓识的评论，但在当时并未成为共识。明代诗歌批评长期推尊盛唐，鄙弃中

---

① 李涪《刊误·释怪》，《四库全书》本。

② 胡仔《苕溪渔隐丛话》前集卷二二"李义山诗"条引。

晚，李诗往往被批评为用事深僻，气韵衰飒。义山诗真正得到较高思想艺术评价是在清代。但钱谦益的"沉博绝丽"之评实际上一直影响着对商隐诗风的认识。因此尽管对义山诗的总体评价较此前有了很大提高，但李诗的白描胜境却一直很少有人注意到。从整个李商隐诗接受史看，真正注意及此的，除了前面引述的范晞文《对床夜语》的一段议论外，只有清代吴仰贤的这段话：

> 余初学诗，从玉谿生入手，每一握管，不离词藻，童而习之至老，未能摆脱也。然义山实有白描胜境，如咏蝉云："五更疏欲断，一树碧无情。"咏柳云："桥回行欲断，堤远意相随。"《李花》云："自明无月夜，强笑欲风天。"《落花》云："高阁客竟去，小园花乱飞。"《乐游原》云："夕阳无限好，只是近黄昏。"《即日》云："重吟细把真无奈，已落犹开未放愁。"《复至裴明府所居》云："求之流辈岂易得，行矣关山方独吟。"数联皆不着一字，尽得风流。①

不仅明确指出义山诗实有白描胜境，而且结合自己的创作实践交代了对此的认识过程。说明只有全面考察，才能摆脱传统看法的束缚，注意到义山诗实有白描胜境这一面。可惜范晞文、吴仰贤两人在诗歌批评史上基本上没有什么影响，他们的评论也没有引起人们的注意。其实，对义山白描佳作中一些具体诗篇，像《夜雨寄北》《落花》《乐游原》等，不少选家评家都是交口称誉，且有精到评点的。但很少有人由此出发，对义山诗集中同一类型的作品进行一次普查，从而发现这原是义山诗中一大类型，并进而对它在义山诗歌创作中的地位、意义，它与另一"绚中有素"类型的诗的内在联系等问题作进一步思考。因此，白描胜境的佳作始终只作为孤立的特例存在，没有作为一种重要类型进入研究者的视野。这就导致传统看法成为固定的难以突破的樊篱。这种长期积累加深的传统看法影响到对一个诗人的创作做出全面客观的认识与评价的情形，在李商隐身上表现得相当典型。

---

①吴仰贤《小匏庵诗话》卷一，光绪八年俞樾序本。

第十六章　李商隐的骈文

第一节　李商隐骈文概述

李商隐为骈文大家。《旧唐书·文苑传·李商隐》云："商隐能为古文，不喜偶对。从事令狐楚幕，楚能章奏，遂以其道授商隐，自是始为今体章奏。博学强记，下笔不能自休，尤善为诔奠之辞。与太原温庭筠、南郡段成式齐名，时号'三十六'。"《新唐书·文艺传·李商隐》亦云："商隐初为文，瑰迈奇古。及在令狐楚府，楚本工章奏，因授其学。商隐俪偶长短，而繁缛过之。时温庭筠、段成式俱用是相夸，号'三十六体'。"①按两《唐书》本传此节实主要本商隐《樊南甲集序》："樊南生十六能著《才论》《圣论》，以古文出诸公间。后联为郓相国（按：即令狐楚）、华太守（按：即崔戎）所怜，居门下时，敕定奏记，始通今体。后又两为秘省房中官，恣展古集，往往咽噱于任、范、徐、庾之间。有请作文，或时得好对切事，声势物景，哀上浮壮，能感动人。"明确交代了他从最初善古文到后来成为骈文能手的过程。商隐一生十居戎幕，除最早在令狐楚郓州幕期间没有骈文表状启牒流传下来以外，从太原、华州、兖州、兴元、泾原、陈许到桂州、徐州、梓州幕，都有数量不等的骈文作品传世。此外，应亲友、地方官或他人所请，也代拟了不少骈体的公私文翰。为自己写作的骈体状启祭文等作品仅占其现存骈体文的一部分。据商隐《樊南甲集序》及《樊南乙集序》，《甲》《乙》二集四十卷共收骈文八百三十余篇（《甲集》四百三十二篇，《乙集》四百篇）。但这并非商隐骈文的全部，因为从大中元年十月编定《甲集》至

609

---

①李、温、段三人在家族中的排行均为十六，故称"三十六"。"三十六体"则是对他们骈文共同风格的称谓。

大中七年十一月编定《乙集》，六年间"所为已五六百篇"，而《乙集》仅收"其间可取者，四百而已"。再加上大中七年十一月以后所作，其骈文总数当在千篇以上。而现在流传下来的古今体文章总数（包括新辑的佚赋《虎赋》《恶马赋》）仅三百五十二篇（已除去经考证认定非义山所作的文章四篇），再将其中二十三篇古文及赋除外，则现存商隐骈文仅三百二十九篇，仅为其实际创作数量的三分之一。许多商隐诗文中已经提到的骈文，如令狐楚的墓志、奠牛僧孺的祭文、为李褒写的《紫极宫铭》、为京兆尹代拟的一系列贺表等，现均已不存。对于一个并未在朝廷担任词臣的文士来说，三十年间（从大和三年入令狐楚幕到大中十二年去世）写了上千篇骈文，数量已很可观；流传下来三百二十九篇骈文，在唐代文人中也属少见。

李商隐虽然在唐代就以骈文名家，但直到清代才对他的骈体文给以高度评价。孙梅《四六丛话·作家》云："自有四六以来，辞致纵横，风调高骞，至徐、庾极矣，笔力古劲，气韵沉雄，至燕公极矣；驱使卷轴，词华绚烂，至四杰极矣；意思精密，情文婉转，至义山极矣。"又云："徐、庾以来，声偶未备，王、杨之作，才力大肆。沿及五代，不免靡弱。宋代作者，不无疏拙。惟《樊南甲乙》，则今体之金绳，章奏之玉律也。"从骈文发展史的角度对商隐骈文的成就作了高度评价。

现存的三百二十九篇商隐骈文中，表二十七篇，状一百五十一篇，启七十六篇，牒十二篇，祝文二十七篇，祭文二十四篇，箴一篇，骈体碑铭三篇，骈体书一篇，骈体序一篇，黄箓斋文六篇。以居幕计，桂幕期间所作最多，共一百零六篇（不包括桂幕罢归途次所作）。梓州幕次之，共三十六篇。泾原幕又次之，三十二篇。兖海幕十二篇，陈许幕十二篇，兴元幕三篇，徐州幕七篇。其他则华州周墀幕、太原令狐楚幕以及为郑州刺史李褒、怀州刺史李璩所作。从这个分幕统计中可以看出，所作骈体表状启牒的多寡，主要取决于所担任的幕职，而不是时间的长短。桂幕时间仅一年，但表状启牒竟超百篇；而梓幕整四年，所作却仅三十六篇（且多数集中在大中六年），为桂幕总数的三分之一。兖海幕首尾仅两个多月（从三月末崔戎受命到六月上旬崔戎去世），但所作亦达十二篇，原因就在于桂幕期间，商隐为观察支使，当表记；兖幕时亦担任"草奏"之书；而梓幕期间，仅大中六年曾代张黯任书记之事，其他时间均任节度判官。因此，对商隐来说，其骈文的主要部分是他担任幕职，特别是幕府书记的产品。

在三百二十九篇骈文中，代人撰拟的各体文章为二百五十二篇，占骈文总数的四分之三，为自己作的仅七十七篇。这从另一角度说明商隐骈文基本上是代人撰拟的表状启牒书序等公私文翰，即应用文字。从主要方面看，这类文章是代人立言，文章的内容、观点乃至措辞都不大可能按自己的意志行事。章学诚《文史通义外编·李义山文集书后》云："观义山自序《樊南甲集》曰：'四六之名，六博、格五、四数、六甲之取，未足矜。'序《乙集》曰：'此事非平生所尊尚，应求备卒，不足以为名。'是盖有志古人，穷移其业，亦可慨也。四六之文，如《宣公奏议》《会昌一品》，俱是经纬古今，敷张治道，岂可以六博小技轻相诋诃者哉！义山佐幕，止是应求备猝，辞命之才，其中初无独立不挠、自具经纶之识，则其进于古人不为四六之时，亦是陈琳、阮瑀俦耳。欲如徐干成一家言，不亦难乎！"章氏的这番议论，应该说大体上是符合实际的。对于这类为人撰拟的表状启牒四六文，不可能也不应该用"具经纶之识""成一家之言"的标准去衡量，因为商隐的身份地位规定了这类文章的代言乃至应酬性质。但这并不等于说这类文章的内容就毫无可取之处。这里有一种情况值得注意，即某些文章所涉及的人或事本身比较重要，而商隐对其人、其事又有比较正确的看法和评价，这种看法与评价又正好体现了幕主或他人的看法，则这类文章中所表达的观点也可以视为商隐本人的观点。如商隐为王茂元代拟的《与刘稹书》《上淮南李相公状三》，为李贻孙代拟的《上李相公启》，为郑亚代拟的《会昌一品集序》，就分别代表了商隐对刘稹抗命割据事件的鲜明态度和对李德裕功业人品的一贯看法。在这些文章中，代人立言和抒写己意基本上是统一的。

下面，分文体对商隐骈文加以评述。

第二节　表

商隐现存表二十七篇，其中代崔戎拟的四篇，代令狐楚父子拟的三篇，代王茂元父子拟的七篇（泾原四、陈许一、河阳二），代周墀拟的四篇，代韦温拟的一篇，代李璟拟的一篇，代卢贞拟的一篇，代郑亚拟的六篇。徐州卢弘止幕、梓州柳仲郢幕，均无表奏存世，这是因为徐、梓二幕，商隐均不任掌书记，故谢上表及其他贺表之类均不由商隐代笔。这二十七篇表中，各种贺表就占了十篇（还不包括大中三年为京兆尹代拟的"上贺嫖姚收贼州"的已佚表章），其内容大都无甚可取。稍值得注意的有以下几类表奏：

一类是代崔戎、令狐楚、王茂元所拟的遗表、陈情表。这三人对商隐都有知遇之恩，崔戎、王茂元与商隐还有戚谊，令狐楚对商隐的恩遇更不同寻常。故商隐对他们都怀有很深的感情，对他们的去世尤感悲痛。而商隐又善于抒写悲情，因此代拟的三篇遗表，笔端都渗透了浓厚的感情。如《代安平公遗表》：

> 臣精神危促，言词爽错，行当穷尘埋骨，枯木容身，蝼蚁卜邻，乌鸢食祭。黄河两曲，长安几千。生入旧关，望绝班超之请；力封遗奏，痛深来歙之辞。

《代彭阳公遗表》：

> 臣之年亦极矣，臣之荣亦足矣。以祖以父，皆蒙褒宠；有弟有子，并列班行。全腰领以从前人，归体魄以事先帝。此不自达，诚为甚愚。但以将掩泉扃，不得重辞云陛，更陈尸谏，犹进謇言。虽叫呼而不能，岂诚明之敢忘！伏惟皇帝陛下，春秋鼎盛，华夏镜清，是修教化之初，当复理安之始。然自前年夏秋以来，贬谪者至多，诛僇者不少。伏望普加鸿造，稍霁皇威，殁者昭洗以云雷，存者沾濡以雨露。使五稼嘉熟，兆人安康。用臣将尽之苦言，慰臣永蛰之幽魄。

如果说前表还只是"鸟之将死，其鸣也哀"，那么后表则是"人之将死，其言也善"。后表的这一节触及当时政治上一个相当敏感的问题：对大和九年夏秋以来一大批被贬谪乃至被诛戮的"罪臣"的"昭洗"问题，其中不但有被李训、郑注当权时贬谪的朝臣，更有甘露之变中无辜被杀的王涯、贾𬛀、舒元舆等人，而宦官正是杀害王涯等人的罪魁祸首。开成二年十一月撰此表时，离甘露之变虽已两年，但宦官气焰仍很嚣张。《通鉴·开成三年》：正月甲子，"宰相李石入朝，中途有盗射之，微伤，左右奔散。石马惊，驰归第。又有盗邀击于坊门，断其马尾，仅而得免。上闻之大惊，命神策六军遣兵防卫，敕中外捕盗甚急，竟无所获。乙丑，百官入朝者九人而已，京城数日方安。"其实，刺李石的盗贼就是宦官头子仇士良指使的[1]。从这件事可以看

_____

[1]《通鉴》又载："中书侍郎同平章事李石，承甘露之乱，人情危惧，宦官恣横，忘身徇国，故纪纲粗立。仇士良深恶之，潜使盗杀之，不果。石惧，累表称疾辞位，上深知其故而无如之何，丙子，以石同平章事，充荆南节度使。"

出，当时以仇士良为首的宦官势力骄横凶暴、目无法纪的气焰。在这种政治气候下，提出"昭洗"甘露之变中被宦官诛戮的朝臣，无疑要遭到宦官的忌恨。令狐楚之所以在临终前才以尸谏的方式在遗表中提出这个敏感的政治问题，正是由于宦官气焰嚣张的缘故。此事在当时自然无法实行，但表明了令狐楚的政治倾向。联系商隐甘露之变后写的一系列诗文（如《有感二首》《重有感》《曲江》《故番禺侯以赃罪致不辜事觉母者他日过其门》等），可以看出表中表达的观点和商隐的思想是合拍的。《代仆射濮阳公遗表》也有一段哀感动人的抒情文字：

> 燕颔有相，曾无定远之期；马革裹尸，实负伏波之愿。而精诚靡著，素心见违。援桴之意方坚，就木之期俄及……药剂之攻击逾深，神祇之祷祠无益。固已腾名鬼篆，收气人寰，复然无望于死灰，更起难同于仆树。然臣素窥长者，曾慕达人，省知变化之端，粗识死生之理，岂其有贪富贵，敢冀长延？但以未报国恩，未诛贼党，视胄长免，对弓莫弯，思犬马以自悲，悼钟漏之先迫。志有所在，伤如之何！抚节而乏泪以流，伏骹而无血可略。

用工整华赡而又一气旋折的骈偶文字将"出师未捷身先死，长使英雄泪满襟"的情怀表达得淋漓尽致。

第二类是对朝廷上发生的大事发表看法的表章。如《为濮阳公论皇太子表》。这种表章，不仅反映出当时政治斗争的局势，也在一定程度上反映了朝廷内外的重臣大吏对政治斗争的态度。关于《论皇太子表》，上编第六章第五节已作过具体评价，此处不赘。已佚仅存残句的《为郑州天水公论甘露事表》也属于这类表章。它的内容、提法和擅权的宦官势力可以说是完全对立的，因为它实际上肯定了"改作"（实即谋诛宦官）的正义性。这篇表章在相当程度上代表了李商隐对甘露事变的态度。关于此表，上编第五章第三节一开头也有具体的评介，可以参看。

第三类是为幕主或地方长官作的谢上表。如为崔戎、王茂元、郑亚、李璟撰拟的谢上表。这种表章因为往往要比较具体地叙及当事人的宦历及到任日期，对考证其人生平仕历有较高的资料价值。

商隐现存状一百五十一篇，是骈文各种体裁中存量最多的一种。其中大部分是代幕主或他人撰拟的公私文翰，小部分是商隐呈献尊贵者或他人的私人书信。从文章的思想艺术价值看，由于后者往往较真实地叙写了自己的遭遇和情感，比起前一类来显然要高。但前一类状中也有一部分具有一定的思想艺术价值或史料价值。例如开成五年商隐代王茂元拟的三篇上李德裕的状，不但在一定程度上反映了王茂元与李德裕之间的关系，相对于与牛僧孺、李宗闵的关系，要较为密切一些，而且反映了茂元对牛、李两党首领人物的事功持有不同的评价。《为濮阳公上淮南李相公状三》论及李吉甫、李德裕父子的事功时说：

> 某窃思章武皇帝（按：即宪宗）之朝，元和六年之事：镇南建议，初召羊公；征北求人，先容谢傅。故得齐刿封豕，蔡剔长鲸。伏惟相公，清白传资，馨香袭庆……淮王堂构，既高大壮之规；汉相家声，复有急征之诏……且广陵奥壤，江都巨邦，爰在顷时，亦经芜政。风移厌劫，俗变侵凌，家多纷若之巫，户绝娈兮之女。相公必置于理，大为其防。邺中魔河伯之祠，蜀郡破水灵之庙。然后教之厚俗，喻以有行，用榛栗枣修，远父母兄弟。隐形吐火，知非鬼不祭之文；抱布贸丝，识为嫁日归之旨。

这里讲到李德裕镇淮南期间破除迷信、改变陋俗的政绩，是其镇浙西、西川等地一贯奉行的施政方针的继续，但两《唐书》对此均阙载，此节正可补史传之不足。这篇状和会昌年间写的《为李赔孙上李相公启》、大中元年写的《太尉卫公会昌一品集序》，正构成对李德裕在开成、会昌年间政绩的全面赞颂。

大中元年在桂管郑亚幕，曾撰《为荥阳公论安南行营将士月粮状》《为荥阳公奏请不叙录将士状》《为荥阳公请不叙将士上中书状》。三状反映了桂管士兵远戍安南、将士月粮运输困难、地方财政拮据等方面的情况，亦可补史书之阙载。《为荥阳公论安南行营将士月粮状》对上述情况讲得相当具体：

614

使当道先准诏发遣行安南行营将士五百人，其月粮钱米，并当道自般运供送者。右臣当道系敕额兵，数只一千五百人。内一千人散于西原防遏，三百人扭在邕管行营，入界内分捉津桥，专知镇戍，计其抽用，略无孑遗。至于坚守城池，备御仓库，供承职掌，传递文书，并是当道方圆衣粮，招收驱使。其安南行营将士，皆是敕额外人。

又当管去安南三千余里，去年五月十五日发遣，八月二十日至海门，遭恶风漂溺官健一十三人，沉失器械一千五百余事。其年十二月六日，差纲某等般送酱菜钱米，今年五月八日至乌雷，又遭飓风，打损船三只，沉失米五百余石，见钱九十贯。其月十八日至昆仑滩，又遭飓风，损船一只，沉失米一百五十石。至今姜士贽等，尚未报到安南。臣到任已来，为日虽浅，悬军在远，经费为虞。窃检寻见在行营将士等，从去年六月已后，至今年六月已前，从发赴安南，用夫船程粮及船米赏设，并每月酱菜等，一年约用钱六千二百六十余贯，米面等七千四百三十余石，大数虽破上供，余用悉资当府。不惟褊匮，且以遐遥，有搬滩过海之劳，多巨浪飓风之患，须资便信，动失程期。臣忝守戎行，不胜忧结。

伏以裴元裕既开边隙，又乏武经。抽三道之见兵，备一方之致寇。曾无戎捷，徒曜军容。昔者淮阴驱市井之人，尚能破敌；晋阳假纪纲之仆，亦不常留。苟元裕能均食散金，绝甘分少，便可收功于故校，岂资别立于新家？侧闻容、广守臣，亦欲飞章上请。臣缘乍到，未敢抗论。已牒韦廑、李玭，并牒元裕，请详物理，续具奏闻……伏乞特诏元裕，使广布仁声，远扬朝旨，无邀功以生事，勿耗国以进兵。庶令此境之人，无拥思乡之念。

状中所反映的边帅邀功生事，耗国进兵，致使邻道悬军远征，不堪沉重负担的情况，是有关当时西南边徼军事、政治、财政情况的珍贵史料。文章骈散兼行，叙述多用散体，议论则用骈体，风格朴素畅达，与其他表状多用典、重藻饰显有区别。这是因为这种向朝廷反映问题的奏状必须明晰准确。将这三篇状和《城上》"边遽稽天讨，军须竭地征"之句联系起来看，可见商隐对当时边疆地区局势的关注和对边事处置的看法。"无邀功以生事，勿耗国以进兵"的主张在大中二年作的《汉南书事》诗中也有明显体现，可见这是他的一贯思想。

商隐自己呈献显贵或其他人的状中，有一类是献给对自己有知遇之恩的显贵的，如《上令狐相公状》七篇、《上崔大夫状》、《上郑州萧给事状》《上华州周侍郎状》、《上河阳李大夫状》二篇、《上李尚书状》、《上易定李尚书状》二篇、《上许昌李尚书状》二篇、《上座主李相公状》、《上汉南卢尚书状》等，呈献的对象有令狐楚、崔戎、萧浣、周墀、李执方、李回、卢简辞等。这些显贵与商隐关系的深浅、交往时间的长短各有不同，但文中往往叙及自己困顿潦倒的境遇，表达对对方的感激或企望，情辞恳恻动人。上令狐楚的七篇状，时间跨度从大和六年春到开成二年夏，前后长达六年，其中叙及两人的交往则始自大和三年，终于开成二年，可以说记录了商隐与令狐楚的全部交往过程。不但对了解商隐的前期经历交游有重要价值，而且反映出商隐对令狐楚感情的深挚。像《上令狐相公状五》中的这一段：

> 某材非秀异，文谢清华，幸忝科名，皆由奖饰。昔马融立学，不闻荐彼门人；孔光当权，讵肯言其弟子？岂若四丈屈于公道，申以私恩，培树孤株，骞腾短羽。自卵而翼，皆出于生成；碎首糜躯，莫知其报效。

了解了商隐与令狐楚关系的始末，就不难理解状中所表达的这种感激之情的深挚程度。除令狐楚之外，商隐与之有长期交往的戚属显宦是李执方。上文所引状中，河阳李大夫、李尚书、易定李尚书、许昌李尚书均指李执方。执方为王茂元妻李氏之兄弟，商隐为其甥女婿。商隐与执方的交往，自开成年间一直贯串到会昌末年。执方对商隐也多加照拂。开成五年秋自济源移家关中时，曾得到执方的资助。比起对恩师令狐楚来，商隐对这位长辈亲戚似乎更能进行感情上的沟通交流。因此在上李执方的诸状中，往往倾诚诉说自己的性格怀抱、身世经历，有很浓的自我抒情色彩。如《上李尚书状》：

> 某始在弱龄，志惟绝俗，每北窗风至，东皋暮归，彭泽无弦，不从繁手；汉阴抱瓮，宁取机心？岩桂长寒，岭云镇在，誓将适此，实欲终焉。其后以婚嫁相萦，兄弟未立，阳货有迷邦之诮，王华生处世之心。靡顾《移文》，言从初服。幸李公之阍者，不拒孔融；读蔡氏之家书，未归王粲。粗闻六蔽，聊玩九流。行与时违，言将俗背。方朔虽强于自举，匡衡竟中于丙科。驾鼓未休，抢榆而止。然窃观古昔之事，退听上下之交，有合自一言，奖因片善，不以齿序，不以位骄，想见其人，可

与为友。近古以降，斯风顿微。处贵有隔品之严，于道绝忘形之契……自顷升名贡籍，厕足人流，未尝辄慕权豪，切求绍介，用胁肩谄笑，以竞媚取容。袁生之门，但闻有雪；墨子之突，曾是无烟。每虞三揖之轻，略以千钧自重。

这段文字中，商隐对自己从弱龄时期起就怀有的志趣性格作了充分的表述，表明自己平素向往高洁，厌恶机巧，只是因为家累而不得不求仕应试，但命运多舛，遭遇不偶。尽管如此，自应进士试以来，从未向权豪谄媚取容，求人介绍，保持自尊自重的品格。从中可以窥见商隐思想性格中反庸俗、求平等的一面，文字也很清新优美。不但对令狐楚、李执方这种长期受其恩遇的显贵在呈献给他们的状中表达了真挚的感情，即使像萧浣这样交往时间并不太长的显贵，在《上郑州萧给事状》中也抒写了恳挚深厚的感激之情：

某簪组末流，丘樊贱品。倏忽三载，遭回一名。岂于此生，望有知己。兖海大夫，时因中外，尝赐知怜；给事又曲赐褒称，便垂延纳。朱门才入，欢席几陪……生死之寄皆深，去住之诚并切。

大和五年至七年，商隐三次应进士试，均落第。在这种困顿处境中得到崔戎、萧浣的知遇，内心特别感激。"生死之寄皆深，去住之诚并切"二语，表达了对去世的崔戎和健在的萧浣的一片深情。这类呈献恩知的状，最能见商隐文深情绵邈的特点。

第四节　启

商隐现存启七十六篇，数量仅次于状而居骈文各体中的第二位。其中为人代作的启五十三篇，商隐自己上他人的启二十三篇。比起状来，启的私人信件性质较为明显，不像状那样，多为呈献上级的公文（特别是代人拟的状）。总的来说，无论是代人作的启或自己给别人的启，其内容的应酬成分相对较少，真实的思想感情也就往往可以得到较好的表达。在代人作的启当中，《为张周封上杨相公启》《为李贻孙上李相公启》《为崔从事福寄尚书彭城公启》都写得相当出色。《为张周封上杨相公启》将在下章具体论述。《为李贻孙上李相公启》用主要篇幅述赞李德裕任武宗宰相以来的三大"庙战之功"（击回鹘、平杨弁、讨泽潞），冯浩称此文是商隐"以全力赴之者"，其中讨泽潞一段写得尤富气势：

> 而潞寇不惩两竖之凶，徒恃三军之力，干我王略，据其父封。袁熙因累叶之资，卫朔拒大君之诏。人将自弃，鬼得而诛。蛙觉井宽，蚁言树大。招延轻险，曾微吴国之钱；藏匿罪亡，又乏江陵之粟，所谋者河朔遗事，所恃者岩险偷生。今则赵魏俱攻，燕齐并入，奉规于帷幄，遵命于指踪。亚夫拒吴，惊东南而备西北；韩信击魏，舣临晋而渡夏阳。百道无飞走之虞，一缕见倾危之势，计其反接，当不逾时。是则陈曲逆之六奇，翻成屑屑；葛武侯之八阵，更觉区区。

句式整齐中有错落，用典时如己出（"人将自弃"，"鬼得而诛"），甚至用当代之典（"蚁言树大"用《南柯太守传》），体现出一种创新精神。《为崔从事福寄尚书彭城公启》中一段抒情写景文字则具有优美的意境：

> 何言违阻，复积光阴。潼水千波，巴山万嶂。接漏天之雾雨，隔幡冢之烟霜，皓月圆时，树有何依之鹊；悲风起处，岩无不断之猿。

在代人拟的启中，大中二年二月郑亚被贬时写的《为荥阳公上马侍郎启》《为荥阳公与三司使大理卢卿启》《为荥阳公与前浙东杨大夫启》都直接申述了郑亚被贬的冤枉，是表现作者正义感与政治倾向的重要文章，有关章节已对此作过评述，此不复赘。作于同年二月初的《为荥阳公上宣州裴尚书启》《为荥阳公与浙东杨大夫启》则是富于诗情诗趣的骈体书启小品，另在下章讨论。

商隐自己呈献别人的启中，《献侍郎钜鹿公启》、《献相国京兆公启》（人禀五行之秀）、《上河东公启》、《谢河东公和诗启》等叙及对诗文创作的观点或自己的诗文创作，是了解其文艺思想的重要资料，已在有关章节论述。《上尚书范阳公谢辟启》、《上河东公谢辟启》、《贺相国汝南公启》、《献襄阳卢尚书启》、《献相国京兆公启》（昔师旷荐音）等，则叙述自己的沉沦困顿境遇，感谢或企望对方的恩遇援引，情辞凄恻感人。如《上河东公谢辟启》云：

> 某少而屡荼，长则艰屯。有志为文，无资就学。虽杂赋八首，或庶于马迁；而读书五车，远惭于惠子。契阔湖岭，凄凉路歧，罕遇心知，

多逢皮相。昔鲁人以仲尼为佞，淮阴以韩信为怯，圣哲且犹如此，寻常安能免乎！是以艮背却行，求心自处。罗含兰菊，仲蔚蓬蒿，见芳草则怨王孙之不归，抚高松则叹大夫之虚位。

从中不但可见商隐"契阔湖岭，凄凉路歧"的羁泊飘零生活，而且可以窥见其时人们对他品行的贬损和商隐"罕遇心知"的孤独感。《贺相国汝南公启》中也有一段与此类似的文字：

某早奉辉光，常蒙咳唾。牛心致誉，麈尾交谈。而契阔十年，流离万里。《扶风歌》则刘琨抱膝，《白头吟》则鲍昭抚膺。重至门闱，空余皮骨。方从初服，无补大钧。穿履敝衣，正同东郭；槁项黄馘，乃类曹商。

商隐的外在形象和内心感受就是靠这一类哀感缠绵的自诉在读者中不断累积，造成深刻印象的。

第五节 牒

商隐现存牒十二篇，但其中《为荥阳公桂州署防御等官牒》包括十九篇牒文，《为荥阳公桂管补逐要等官牒》包括十一篇牒文，故实际上有四十多篇牒。牒是官府公文的一种。《旧唐书·职官志》："凡京师诸司，有符、移、关、牒下诸州者，必由于都省而遣之。"商隐的这十二篇牒，全是代幕主拟的任命属下官吏的公文。按通常情况，这类文章是毫无文学价值的。但商隐所拟的这些牒中，经常有幕主与被任命者个人关系的叙述，从而使它具有比较浓的人情味。如《为濮阳公泾原署营田副使宾牒》：

犹以有感一言，来从三揖。卑栖岭表，远蹈海隅。绵历四周，往还万里。洎节旄移所，省阁将归，永怀求旧之诚，尚郁图南之势……既见君子，窃慕古人。幸当屈以求伸，无惜翔而后集。

《为濮阳公陈许补王琛衙前兵马使牒》：

我之偏裨，琛最凤旧。且思往岁，尝从孤军，衣偏裻之衣，靡求尽

619

饰；掌维娄之事，未始告劳。晚节弥坚，壮心不改。土田渐广，士卒逾多。念此老成，无令新间。

《为濮阳公补仇坦牒》：

> 昔坦绮纨，主吾笔劄，二纪相失，一朝来归。惜其平生，老在书计。今重之侯国，亦有私朝。岂无他人，不可同日。

《为荥阳公桂州署防御等官牒·段协律》云：

> 且忆菲才，尝分曩顾，梁园辱召，淮馆陪游。今者获守小藩，适经旧第。滋川之上，方顾慕于廉台；谷水之旁，亦徘徊于阮曲。

同上《吕佋》云：

> 前件官，吏道长材，故人令弟（按：吕佋之兄吕述，为郑亚之故人）。一言相托，万里爰来。未及解巾，俄悲断手（按：吕述被任命为商州刺史，到任不久卒）。牙弦载绝，徐剑宁欺？

《为荥阳公桂管补逐要等官牒·王公衡》云：

> 右件官，素乐从军，少来归我。劲勇而敢探雏虎，诚明而可涉吕梁……是焉求旧，以壮中权。

《为潼关镇使张琯补后院都知兵马使兼押衙牒》云：

> 况又秦中共事，海内相从。酬知能誓于始终，于役不辞其暴露。脂车秣马，昔尝为我以前驱；被甲执兵，今合抚予之后劲。

节度使、观察使辟署任命幕僚部属，录用故旧，固是常例，但在牒文中将求旧录故之意公开宣扬，并具体叙及幕主与僚属之间的各种老关系，来说明任用的缘由，却使这种本是公事公办的刻板文章披上了一层温情脉脉的面纱，变得亲切有味了。

第六节　祝文

商隐现存祝文二十七篇，绝大部分是在桂管幕时为郑亚代拟的祭祝城隍神和其他山川神祇的文章（二十一篇为祈雨报神而作，一篇为刚抵桂林不久祭城隍神的祝文），其他五篇分别为崔戎、李璟、李褒镇兖、刺怀、刺郑期间所作。为祈雨而作的祝文多少表现了地方官忧念民瘼的感情，如《为舍人绛郡公郑州祷雨文》：

> 伏以旱魃为虐，应龙不兴，困杲日于诗人，苦密雨于《易》象。生物斯瘁，民食攸艰。某叨此分忧，俯惭无政，爰求真侣，虔祷阴灵，减哺表勤，褰帷引咎。

在这些祝文中，写得最有气势且具有进步思想的当属《为李怀州祭太行山神文》：

> 谨按《礼经》云：诸侯祭名山大川之在其地者。今刺史乃古之诸侯，太行实介我藩部。险虽天设，灵则神依。岂可步武之间，便容孽竖；磅礴之内，久贮妖氛？今忠武全师，河桥锐卒，指贼庭而将扫，望寇垒以争先。神其辅以阴兵，资之勇气，使旌旗电耀，桴鼓雷奔。一麾开天井之关，再举复金桥之地。然后气通作限，云出降祥，长崇望日之标，永作倚天之柱。酒肴在列，蔬果惟时，敢洁虑以献诚，冀通幽而写抱。

虽是短篇，却充溢着一种横扫叛乱割据势力的雄强磅礴之气和强烈义愤。《为怀州李使君祭城隍神文》虽也有类似的内容，而气势不免稍逊。在桂幕期间作的《祭全义县伏波神文》也写得相当出色：

> 越城旧疆，汉将遗庙。一派湘水，万重楚山……鸢泊启行，蛮溪请往。铜留铸柱，革誓裹尸。男儿已立边功，壮士犹羞病死。漓、湘之浒，祠宇依然。岂独文宣之陵，不生刺草；更若武侯之垅，仍有深松。向我来思，停车展敬，一樽有荐，五马忘归。及申望岁之祈，又辱有秋之泽……属以时非行县，不获躬诣灵坛。词托烟波，意传天壤。既谢三

时之降，兼论千载之交。

不但热烈赞颂马援为国尽瘁的忠烈精神和英雄业绩，而且深情抒发了对马援的崇敬追思和千载论交的心灵共鸣，情辞并茂，堪称佳篇。

第七节　祭文

商隐现存祭文二十四篇，其中祭处士叔、裴氏姊、徐氏姊、徐姊夫、小侄女寄寄、张审礼（商隐连襟）、张氏女（商隐妻姊）、韩氏老姑等亲戚的八篇，祭王茂元的四篇（包括代人作的二篇），祭令狐楚的一篇，其他代人作的十一篇。从所祭对象看，亲戚及幕主占了一半以上。这些人中的绝大部分都是与商隐有密切关系的，商隐对他们相当熟悉。其中不少人与他的身世遭遇密切相关，或对他有抚育教养及知遇之恩，因此写来特别富于感情。史称商隐"尤善为诔奠之辞"，信然。商隐重情的气质个性和善于抒写哀情的特长，使他的祭文成为其骈文诸体中最富于情采个性的一种体式。

商隐集中现存写作时间最早的一篇祭文是开成二年写的《代李玄为崔京兆祭萧侍郎文》。这虽是一篇代人作的祭文（而且是辗转相代），但由于被祭者萧浣对商隐有过礼遇，因此商隐对萧浣有很深的感激怀念之情。《哭遂州萧侍郎二十四韵》云："早岁思东阁，为邦属故园。登舟惭郭泰，解榻愧陈蕃。分以忘年契，情犹锡类敦。公先真帝子，我系本王孙。啸傲张高盖，从容接短辕。秋吟小山桂，春醉后堂萱。自叹离通籍，何尝忘叫阍？不成穿圹入，终拟上书论。"对萧浣受党祸牵连冤贬客死的遭遇表示了强烈的义愤，说自己虽未能效田横之客穿圹相从于地下，但终拟上书极论。在这篇代李玄拟的祭文中，也自然而然地将自己的这种强烈怨愤渗透进去了，其中有这样一段：

　　不谓疏网犹漏，斯民未康。作砺为盐，正俟理平之运；依城凭社，深怀剪灭之虞。上蔽聪明，内求媟近。故鸿猷不得而协赞，睿化莫可以辅成。藐是流离，有窘阴雨。呜呼！令惟逐客，谁复上书？狱以党人，但求俱死。衔冤遽往，吞恨孤居。目断而不见长安，形留而远托异国。屈平忠而获罪，贾谊寿之不长。才易炎凉，遂分今昔。粤自东蜀，言旋上京。郭泰墓边，空多会葬；邓攸身后，不见遗孤。信阴骘之莫知，亦生人之极痛。

拿这段文字和《哭遂州萧侍郎二十四韵》对照，可以明显看出商隐是将自己的一腔义愤与感怀从哭诗中移到了代人作的祭文中。可以说是借他人之酒杯，浇自己之块垒。祭文中有些话的激烈程度令人吃惊。像"上蔽聪明，内求援近""令惟逐客，谁复上书"等句，不仅直斥郑注、李训的奸邪，而且对文宗的昏暗也进行了指责。可见他在《上崔华州书》中所声称的"直挥笔为文，不爱攘取经史，讳忌时世"并非虚语。这篇祭文的文字也挺拔清劲，挟带着强烈的感情。

开成三年六月末，商隐写了著名的《奠相国令狐公文》。因为此前已写过令狐楚的墓志铭（诗集有《撰彭阳公志文毕有感》，墓志今佚），故这篇祭文略去令狐的生平宦历，只从自己与令狐的关系，即所受的恩遇着笔。关于此文，下章另有评述。需要指出的是，从《代李玄为崔京兆祭萧侍郎文》和《奠相国令狐公文》来看，商隐在祭文写作方面，可以说一开始就显示出非凡的才能。这两篇祭文不仅感情真挚而强烈，文字表达功夫也完全臻于成熟，许多句子，虽是骈文，却几乎不见排偶之迹。

商隐吊祭幕主兼恩知岳父王茂元的祭文有两篇。作于会昌四年春的《祭外舅赠司徒公文》，详叙茂元之"世胄勋华，职官扬历"，从德宗时上书自荐，擢试秘书省校书郎，一直叙到会昌三年九月卒于讨刘稹的河阳军中，为考证茂元生平仕历提供了最翔实的第一手资料，是一篇着意经营之作。但其中叙及茂元任岭南节度使时，有意强调其为官清廉，谓其"疮痍金宝，粪土犀渠，跨马将军有双标之柱，酌泉太守无去骨之鱼。已乏断牙之笔，兼无汗简之书。江革船轻，空险西陵之渡；邢公宅湫，曾无正寝可居"，不免与史籍所载"南中多异货，茂元积聚家财巨万计。李训之败，中官利其财，掎摭其事，言茂元因王涯、郑注见用。茂元惧，罄家财以赂两军"等情事不符，其为有意掩盖相当明显。叙茂元在河阳讨刘稹，亦有意掩盖其败绩，说成是"示羸策密，诱敌谋深"。这些地方，其实完全可以避开不写，但没有必要故意美化讳饰。篇末提及自己与茂元的关系时则说：

623

某早辱徽音，夙当采异。晋霸可托，齐大宁畏？持匡衡乙科之选，杂梁竦徒劳之地。虽饷田以甚恭，念贩舂而增愧。京西昔日，辇下当时，中堂评赋，后榭言诗。品流曲借，富贵虚期。诚非国宝之倾险，终无卫玠之风姿。

对自己未能跻身通显，有负于茂元的称誉与厚望，深感愧疚。《重祭外舅司徒公文》作于会昌四年八月，由于"公之世胄勋华，职官扬历……备在前文"，故"今所以重具酒牢，载形翰墨，盖意有所未尽，痛有所难忘"。这里所说的"意有所未尽，痛有所难忘"，当即文中所抒写的"以公之平生恩知，曩昔顾盼，属纩之夕，不得闻启手之言；祖庭之时，不得在执绋之列"这种临终未在茂元身边的遗憾和恩知未报的痛疚。如果说，前一篇以典重胜，那么这一篇则具有浓郁的抒情色彩。祭文一开头就是一段从《庄子》中翻出的抒情性议论：

> 呜呼哀哉！人之生也，变而往耶？人之逝也，变而来耶？冥寞之间，杳忽之内，虚变而有气，气变而有形，形变而有生。今将还生于形，归形于气，漠然其不识，浩然其无端。则虽有忧喜悲欢，而亦勿能措于其间矣。苟或以变而之有，变而之无，若朝昏之相交，若春夏之相易，则四时见代，尚动于情，岂百生莫追，遂可无恨？倘或去此，亦孰贵于最灵哉！

《庄子·至乐》这段话的本意是人之由生而死，乃是一个如春夏秋冬四时更迭一样的自然变化的过程，不必因此而生忧喜悲欢。商隐却反其意，谓四时迭代，人尚为之动情，难道人死百生莫追，可以无恨！如果连生死都漠然置之，那还算是万物之灵吗？从这里可以看出商隐诗文惟情倾向的根源。一开头就用如此突如其来、夭矫多变的笔法抒写对生死问题的看法，正是为下文重笔抒写悲慨奠定基础。文中叙及茂元在泾原期间对自己的恩知奖誉，充满怀念感激之情。最后讲到自己与妻子清贫淡泊的生活，却颇有感慨：

> 愚方遁迹丘园，游心坟素，前耕后饷，并食易衣。不忮不求，道诚有在；自媒自炫，病或未能。虽吕范以久贫，幸冶长之无罪。昔公爱女，今愚病妻。内动肝肺，外挥血泪。

624

茂元原来对商隐期望甚高，这从祭文中"语皇王致理之文，考圣哲行藏之旨"等语可以看出。但商隐自开成四年释褐为秘书省校书郎后，到会昌二年重入秘省为正字，旋又居母丧在家闲居。如果从开成二年登第算起，到作这篇祭文时，七年的时间过去了，仍然当一个九品的秘省正字，故说"吕范久贫"。想起这些年的坎坷经历，感到自己像欠了一笔债。但这一切并不是自己的过错，故又说"幸冶长之无罪"。看来，当时包括王氏家族在内的亲友中很可能有人对商隐的久贫不显有议论，故祭文提及自己处境时，感慨良多。

会昌三至四年间因迁葬亲属而写的一组祭文，是商隐祭文中的精品。除《祭小侄女寄寄文》将在下一章另述外，其他各篇，在这里略作评述。

善于根据对象特点，突出揭示其悲剧命运，营造浓郁的悲剧气氛，是商隐这一系列祭文的突出特点。《祭徐姊夫文》在运用叠加、集中手法表现悲剧命运方面颇具代表性。文章一开头就揭示出徐某既长于文学，又长于政术，却"不即清途，不阶贵仕"的悲剧命运，接着又重笔抒写他身后的凄凉：

> 呜呼！今来古往，人谁不亡？于君之亡，其酷斯甚。藐然一女，才已数龄。乞后旁宗，又未能立。贤弟扶服东路，遇疾洛师，徘徊十旬，淹不得进。浮泛水陆，厥途四千。建旐云归，旷然无主。

身后无子，在当时社会中已是人生的大不幸。孤女年幼，过继旁宗的侄子亦未成人。连赶往浙东料理丧事的弟弟也因病滞留洛阳百日。一切不幸，仿佛都集中在徐某一个人身上。通过这重叠悲剧情事的反复渲染，将天不佑仁人、才命相妨的意蕴有力地表现出来。成功的悲剧作者往往在读者已经深感悲痛的情况下再重重地在带血的心灵伤口上划上一刀乃至数刀，使悲剧气氛达于极致。这首祭文正有这样的悲剧效果。

将祭奠对象的悲剧命运与作者自身的坎坷困顿境遇、与家庭的境况联系起来抒写，是商隐祭奠亲人的祭文营造悲剧气氛的常用手法。《祭裴氏姊文》在交代了裴氏姊遇人不淑的婚姻悲剧及"奄忽凋违"的悲剧结局后，便结合着三十余年来家庭所遭的种种变故，一层深于一层地揭示"归祔之礼，阙然未修"的原因。先是父亲客死异乡：

> 时先君子以交辟员来，南辕已辖。接旧阴于桃李，寄暂殡之松楸。此际兄弟，尚皆乳抱。空惊啼于不见，未识会于沉冤。浙水东西，半纪漂泊。某年方就傅，家难旋臻。躬奉板舆，以引丹旐。四海无可归之地，九族无可倚之亲。既祔故丘，便同逋骇。生人穷困，闻见所无。及衣裳外除，旨甘是急，乃占数东甸，佣书贩舂。

在家境如此艰困的条件下自然谈不到将裴氏姊的灵柩迁回荥阳坛山安葬的问题。等到商隐登第入仕、条件稍好时却又遇上母亲的亡故：

> 荣养之志才通，启动之期有渐。而天神降罚，艰棘再丁。弱弟幼妹，未笄未冠，胤绪犹阙，家徒屡空。载惟家长之寄，偷存晷刻之命，号天叫地，五内崩摧。

不仅家难再臻，而且又遇上战乱：

> 属刘孽叛换，逼近怀城，惧罹焚发之灾，永抱幽明之累。

动乱的时局迫使商隐不得不赶紧办理裴氏姊迁祔之事，但当他亲自到获嘉东郊去寻找裴氏姊的寓殡之地时，却因年深日久，几乎找不到葬地了：

> 遂以前月初吉，摄缞告灵。号步东郊，访诸耆旧。孤魂何托？旅榇奚依？垂兴欲堕之悲，几有将平之恨。断手解体，何痛如之！洒血荒墟，飞走同感。

通过对这迁葬过程的层层叙写和反复渲染，将悲剧气氛推向顶端，而裴氏姊的悲剧命运由于有家庭乃至国家的命运作为背景，其内涵也就更为深刻。《祭小侄女寄寄文》《祭徐氏姊文》中也有类似的叙写。前文谓：

> 时吾赴调京下，移家关中，事故纷纶，光阴迁贸，寄瘗尔骨，五年于兹。

因为移家赴调，使幼小的寄寄旅魂在异乡的荒郊古陌中孤独地漂泊了五年。每一念及，便有一种强烈的负疚感。

值得注意的是，商隐为家族亲人写的祭文中，祭奠对象有一半以上是女性（裴氏姊、徐氏姊、小侄女寄寄）。这也许是一种巧合。但为这么多女性亲属迁葬，并郑重地撰写祭文（甚至为四岁而夭的小侄女写祭文），这件事本身就表现了商隐对女性命运的关切和同情。商隐的曾祖母卢氏，在丈夫不到而立之年就世的情况下，勇敢地承担起抚育儿子的重任；不幸儿子又以疾早逝，她又继续抚视孤孙。这种在家庭极端艰困的条件下坚韧的负重精神给商隐留下了深刻印象，并对他身上那种强烈的家族责任感产生了潜移默化的影响。《祭徐氏姊文》中对徐氏姊在遭受家难的情况下抚育弟妹的品行也有深情的追怀：

> 始某兄弟，初遭家难，内无强近，外乏因依。祗奉慈颜，被蒙训勉。及除常制，方志人曹。以顽陋之姿，辱师友之义。

祭奠亲戚的祭文中，《祭张书记文》和《为外姑陇西郡君祭张氏女文》各有特色。前文突出张审礼的才而不遇和"瞭眸巨鼻，方口疏髭""论极悬河，文酬散绮"这种颇带粗豪气概的形象，后者突出家人骨肉之间的深挚感情。两文又都有天道难究的感愤。前文云：

> 陈尸重来而何望？楚魂一散而难招。呜呼！神道甚微，天理难究。桂蠹兰败，龟年鹤寿。在长短而且然，于妍丑而何有！

后文末段云：

> 呜呼！曩昔容华，平生淑婉，漠然不见，永矣何归？将籍挂诸天，遥归真路？将福兴静域，须赴上生？将为衅累所招，遂沦幽界？将是疗治不至，枉丧韶年？千惑装怀，万疑叠虑，触途气结，举目心摧。天实为之，复将何诉！

一则直抒愤郁，一则以叠问摇曳出之，而各具强烈感染力。这也是商隐吊祭之文常用的一种抒情手段。

大中元年在桂管幕，为幕主郑亚代拟的两篇祭文《祭吕商州文》《祭长安杨郎中文》也写得相当成功。吕商州即吕述，政治上属于李德裕集团。郑亚与吕述元和十五年同登进士第，后又同幕。大中元年，因党局牵连，郑亚由给事中出为桂管观察使，吕述亦出为商州刺史，卒于任。亚与述交契既深，又同命运，商隐代拟的祭文中正突出了这种同命相怜的悲感：

> 呜呼！昔也风尘投分，平生少年。雕龙竞巧，倚马争妍……终以世务纷纶，物情推斥。抚事伤年，减欢加戚。路泣杨朱，丝悲墨翟。纵风至而音来，竟月同而地隔。逮予廉部，及子颁条……虽论金而契在，终照玉而颜凋……诚知舌在，不觉魂消。

《祭长安杨郎中文》中也有精彩的抒情段落：

呜呼，平生世路，缱绻交期。孙金卢米，百赋千诗。桂林昆峤，一片一枝。终以浮沉，因兼险夷。对皋壤之摇落，成老大之伤悲。尚冀他年，或陶良夜，酒筵琴席，灯闱月榭，俱开怨别之襟，并息分歧之驾。短愿未果，良辰不借，竟郁结于深衷，倏淹沦于大化……三十年之间，难追往事；五千里之外，正恨殊乡。

长安杨郎中，指杨鲁士，系杨虞卿从兄杨汝士之弟，与郑亚分属于李宗闵、李德裕两个不同的政治集团，但这并不妨碍彼此之间的交情。所引的这一段中，从过去的交情说到现在，又从现在设想将来良夜重逢的欢愉，再跌落到双方的死别，抒情曲折有致。

　　总观商隐祭文，可以说将他工于言情、善于抒悲的长处发挥到了极致。

第八节　箴铭书序及黄篆斋文

　　商隐现存箴仅一篇，即《太仓箴》，大和七年十月撰，是他留存下来较早有确切年代可考的文章。这篇箴一开头就明确揭出主旨："险哉太仓，险若太行。"原因在于钱谷之地，乃是贪夫徇财之所，"此祸胎怨府，起自斗量，无小无大，不可不防"。文中讲到对待下人的"谀吾""夸我"，要心存警惕，指出"众人之言，有讹有真。如彼五味，有甘有辛。口自尝取，无信他人"，提出要"心为准概"，公平公正，这样才能"何忧乎不直不平"。最后归结到"身可杀道不可渝"，这个"道"指的就是"心为准概"的公平公正的直道。此箴虽为太仓而发，但实际上带有借题发挥的成分，其中渗透了作者的人生体验。文中多用比喻，有的比喻颇有新鲜感，如说太仓之险，险若太行，说"仓中役夫，千径万途，粜黜为炭，睢盱为炉"等。

　　商隐现存骈体碑铭三篇，均作于梓州幕。一为《梓州道兴观碑铭并序》，历叙道兴观兴废；一为《唐梓州慧义精舍南禅院四证堂碑铭并序》，分叙静众无相大师、保唐无住大师、洪州道一大师、西堂智藏大师的事迹及四证堂建造的形制；一为《道士胡君新井碣铭并序》，叙述道士胡宗一的事迹和治井的经过。这三篇长篇碑铭，都是精心结撰之作，是商隐在梓幕期间笃信佛道的产物。内容方面可取的东西不多，但文中提供的有关记载，对考证商隐赴东川幕的具体年代至关重要。张采田《玉谿生年谱会笺》即据《四证堂碑铭并序》"（大中）五年夏，以梁山蚁聚，充国鸥张，命马援以南征，委钟繇以西事，大张邻援，寻覆贼巢"之文，考定柳仲郢自河南尹迁镇东川在大中五年，从而纠正冯谱考商隐赴东川幕在大中六年之误。又，《道兴观碑铭并序》"谢文学之官之日，歧路东西；陆平原壮室（按：当作强仕）之年，交亲零落"之文，对考证商隐出生之年，也是一个有力的证据。三文对了解商隐在梓幕期间的生活与思想感情也有一定价值。

商隐现存骈体书一篇，即著名的《为濮阳公与刘稹书》。这封敦促刘稹束身归朝的书信写于朝廷即将发布征讨刘稹制书的前夕[1]。文章的绝大部分篇幅都是"告谕以利病祸福之宜"。先从茂元自己与刘从谏的关系说明致书"再陈祸福，用释危疑"的缘由，再从刘稹"秘丧""拒诏"之行责其不忠不孝。以下便针对刘稹的实际思想条分缕析，一一加以批驳。其一，针对刘稹"赵氏传子，魏氏袭侯"为成例，"欲以逡巡希恩，顾望谋立"的思想，指出"事殊势别"，"施之于足下，则为自立擅命之尤"。其二，针对刘稹自恃财富充足、人才众多的思想，指出其身不正而德薄，必然导致"勇者不为斗""贤者不为谋"。其三，针对刘稹"恃太行九折之险，部内数州之饶，兵士尚强，仓储且足，谓得支久"的思想，以实例指出反叛者必然是"兵众已离""下不为用"。其四，针对刘稹"今兹追改，惧有后艰"的顾虑，指出这是"左右者不明而咨询之未尽"，说明朝廷不会因"一日之稽延"而"致足下于不测"。在详尽剖析祸福利害、破除侥幸自恃心理和顾虑之后，又进一步针对刘稹仍想拖延的思想、行为发出义正辞严的警告：

> 倘尚淹归款，未整来轩，戎臣鼓勇以争先，天子赫斯而降怒。金铁一受，牙璋四驰。魏、卫压其东南，晋、赵出其西北。拔距投石者数逾万计，科头戟手者动以千群。兼驱扼虎之材官，仍率射雕之都督。感义则日月能驻，拗愤则沙石可吞。使兵用火焚，城将水灌。魏趣邢郡，赵出洺州，介二大都之间，是古平原之地。车甲尽输于此境，糇粮反聚于他人。恃河北而河北无储，倚山东而山东不守。以两州之残卒，抗百道之奇兵。比累卵而未危，寄孤根于何所！则老夫不佞，亦有志焉。愿驱敢死之徒，以从诸侯之末，下飞狐之口，入天井之关。巨浪难防，长飙易扇。此际必当惊地底之鼓角，骇楼上之梯冲。丧贝跻陵，飞走之期既绝；投戈散地，灰钉之望斯穷。自然麾下平生，尽忘旧爱；帐中亲信，

---

①关于这封书信的写作背景和具体写作时间，上编第八章已作了考证与说明。

即起他谋。辱先祖之神灵，为明时之哂笑。静言其渐，良以惊魂。

这一段气势磅礴，笔墨淋漓，虽用骈偶，却一气流转，毫不板滞，显得既雄健有力，又疏朗畅达。全篇将情与理、说理与实例、细致的分析与遒劲的笔力结合得非常好，足见作者不但对骈文的形式驾轻就熟，而且对所论析的事情有相当透彻的了解，对当时的形势有切实的认识，并非只是书生式的议论。

商隐现存骈体书序一篇，即著名的《太尉卫公会昌一品集序》。在上编第十章第三节中已对这篇序的写作背景、政治意义作过论析，这里主要从文章本身着眼作一些评述。

尽管在会昌四年夏，商隐已为李贻孙写过全面述赞李德裕"庙战之功"的书启——《为李贻孙上李相公启》，但那毕竟是为人代撰的私人书信，而且是在李德裕处于政治巅峰期间写的。而这一次却是在李德裕政治集团处于十分不利的政治形势下，由李德裕本人直接授命于郑亚，由郑亚将撰序的任务交给商隐的。因此商隐在撰序过程中那种政治上的自觉性和使命感都是相当强烈的。从序的文字中可以感受到，商隐是怀着一种崇敬的心情来写这篇序的。

和《为李贻孙上李相公启》直接以"庙战之功"结构全篇不同，由于是为《会昌一品集》作序，因此不能不结合《会昌一品集》中的文章来写，即以文集中文章的类别为纲来结构全篇。具体地说，即将文集内的文章分为几组（"宣懿祔庙之制""圣容之赞""幽州纪圣功之碑""讨北狄之诏、伐上党之制、喻回鹘之命五、慰坚昆之书四"），结合文章歌颂其相业。显而易见，无论是篇幅上或用笔上，其述赞的重点都是放在讨回鹘、平泽潞（包括平定杨弁之乱）上，因为这是李德裕会昌相业的主要方面。兹录伐泽潞一段如下：

> 及晋城赤狄，丧师归珪，有阏伯之弟兄，诞景升之儿子。将凭蜀阁，欲恃吴钱，姑务连鸡，靡思缚虎。既垂文诰，尚有群疑。公乃挺身而进曰："重耳在丧，不闻利父；卫朔受贬，祇以拒君。今天井雄藩，金桥故地，跨摇河北，胁倚山东，岂可使明皇旧宫，坐为污俗；文宗外相，行有匪人？"忠谋既陈，上意旋定。俄又埃昏晋水，雾塞唐郊，殊懿公之东徙渡河，若纪侯之大去其国。稽于时议，惮在宿兵。公又扬笏而言曰："彼地则义师，帅惟宗室。乃玄王勤商之邑，后稷造周之邦。

瓜瓞具存，堂构斯在。苟亏策划，不袭仇雠，则是奖夙沙缚主之风，长冒顿射亲之俗。昔武安君用钺，坑卒四十一万；齐桓公受胙，立功一十二国。今真将军为时而出，贤诸侯代不乏人。况其俗产代地之名驹，富管涔之良璞，有抱树辞荣之节，有漆身报德之风耶！"蹑足以谋，屈指而定。谢安之围棋尚劫，曹参之饮酒正酣。适有军书，果闻戎捷。邯午谢众，丕豹出奔；乐毅不归，邹阳已去。砥磨周钺，水淬郑刀，万里来袁尚之头颅，二冢葬蚩尤之肩髀。何其纂立大效，树建嘉绩，若是之速与！

其中特别强调李德裕在群情疑虑甚至反对的情况下建言决策之功，以突出其在伐叛的方针大计上的主导作用；对伐叛战争过程不作正面叙述，而是突出其运筹帷幄、胜券在握的政治家风貌。将进言对策也写进如此庄重的骈文，尤为一种创造。下面一段，还写进武宗的话：

　　每牙管既拔，芝泥将干，上辄曰："尔有独断，朕无疑谋，固俟沃心，不可假手。"公亦分阴可就，落笔如飞。故每有急宣，关于密画，内庭外制，皆不与闻。

这正说明李德裕《会昌一品集》中的许多有关军国大事的文章，并非一般的词臣之文，而是集"第一功"与"大手笔"于一体的反映记录大功业的宏文。这实际上也是整篇序的基本构思。这一点，实际上在文章的开头一段记述武宗的话"我将俾尔以大手笔，居第一功"中已经透露出来了。而对李德裕功业、制作、人品（亦即立功、立言、立德）的极赞，则集中体现在篇末的两句话中："成万古之良相，为一代之高士。"郑亚改本删去了这两句，主要是出于对当时政治形势的考虑，担心这种过于褒扬的文字会遭到当权者的忌恨。但就商隐本人来说，这确是由衷之言。郑亚改本除了出于政治上的考虑而改动商隐原稿中对德裕褒扬较重的地方以外，还对用词造句和段落结构作了某些改动与调整，周振甫《李商隐选集》此文的说明中，对商隐原稿与郑亚改本作了详细的对照分析（见该书第403—407页），可以参看。应该说，这是商隐现存骈文中可与《为濮阳公与刘稹书》相媲美的文章，无论从反映作者的政治倾向或文章本身的艺术水平看，都是如此。

　　最后提一下黄箓斋文。这是专为道教黄箓斋作的文章。《通鉴·唐僖宗光启三年》"邀高骈至其第建黄箓斋"胡三省注："黄箓人斋者，普召天神、地祇、人鬼而设醮焉。追忏罪根，冀开仙界，以为功德不可思议，皆诞说也。"商隐现存黄箓斋文六篇，分别为马总夫人、李回、郑亚、李尚书夫人而作。这些文章无论思想内容或艺术均无可取，纯粹是宗教迷信的产物。

第十七章　樊南文的诗情诗境

　　玉谿诗与樊南文，是李商隐倾其毕生精力与心血铸成的艺术珍品。自钱锺书先生提出"樊南四六与玉谿诗消息相通"（引自周振甫《李商隐选集·前言》）之说以来，先有周振甫先生对"商隐以骈文为诗"这一面作过精切的阐发[①]，继有董乃斌先生在其所著《李商隐的心灵世界》"浓缩的符号——典故""非诗之诗"等有关章节中对之作了进一步的发挥。周、董两位先生的阐论，大抵侧重于商隐骈文对其诗歌创作的影响。但玉谿诗与樊南文的关系，还有另一重要侧面，即玉谿诗对樊南文的渗透与影响，或可称之为"以诗为骈文"。作为一个在诗歌创作上卓有成就、极富个性特色的大家，他的骈体文不可能不受到其诗歌创作或明显或潜在的影响。这种影响，体现在樊南文中的诗语、诗情、诗境等诸多方面，而又集中表现为樊南文所特有的诗心——李商隐的诗人心灵与个性。钱先生所说的"樊南四六与玉谿诗消息相通"，当兼该"以骈文为诗"与"以诗为骈文"这两个方面。优秀的玉谿诗和富于诗情诗境的樊南文正是同一心源所生的珍奇硕果。

　　需要说明的是，本章所论，主要是樊南文中富于抒情色彩（特别是个人抒情色彩）的文艺性文章。商隐一生，辗转寄幕，为幕主或他人撰拟了大量表状书启及其他应用文。这些文章尽管在隶事用典、敷采摛藻、声切对偶等方面都达到很高的水平，堪称"今体之金绳，章奏之玉律"（孙梅《四六丛话》卷三十二），但从整体上看，仍属应用文而非文艺性文章。樊南文中，真正具有文艺性的，是哀祭诔奠之文和一部分抒情书启。这部分文章尽管只占现存樊南文的三分之一左右，却是最能代表樊南文的特色与文学成就的。由于玉谿诗对樊南文的渗透，有时一些非文艺性文章中也会出现文艺性的段

633

---

　　① 何焯《义门读书记·李商隐〈镜槛〉诗评》云："陈无己谓昌黎以文为诗，妄也。吾独谓义山是以文为诗者。观其使事，全得徐孝穆、庾子山笔法。"此实即最早提出商隐以骈文为诗之说者。

落或句子，论述中也间或旁及这类文章。

第一节　樊南文中的诗语

在中国古代各种文章体裁中，骈体文是形式上最考究的一种美文。它以隶事用典、追求华藻、讲究声律为主要特点。这些特点，与诗歌语言的精炼含蓄、富于音乐美、色彩美密切相关，有的就是在发展过程中吸收了诗歌语言的特点而形成的，特别是初唐四杰的骈文，其平仄更加谐调、属对更加精切，就与当时近体诗的发展定型有明显关系。但是，并非具有上述特点的语言就能成为诗语。作为诗语，还必须有诗歌语言特具的形象性与韵味，像王勃《秋日登洪府滕王阁饯别序》中的名句"落霞与孤鹜齐飞，秋水共长天一色"就是典型的例证。樊南文中的诗语，大体上有两种类型：

一类是在前代诗文隽语基础上熔铸而成的。如《为张周封上杨相公启》中的一段文字：

> 皋壤摇落，老大伤悲……心惊于急弦劲矢，目断于高足要津。而又永念敞庐，空余乔木。山中桂树，远愧于幽人；日暮柴车，莫追于傲吏。捋须理鬓，霜雪呈姿；吊影飏音，烟霞绝想。

这是代长期寄幕、落拓不偶的文士张周封向当朝宰相杨嗣复陈情告哀、祈求荐引的书信。节引的这一段融化了谢朓、古乐府、陆机、《古诗十九首》、《楚辞·招隐士》、江淹、陶潜、曹植等一系列清新俊逸，富于形象感、画面美而又诗味隽永的清词丽句。作者以"老大伤悲"的不遇之感为中心，将它们累累如贯珠似地串连成一个整体，不仅表现了张周封进不能仕、退不能隐的悲苦处境，而且活现出一个须鬓霜雪、形影相吊的失意沉沦之士的凄苦形象。由于这一连串诗语的巧妙组织与配合，便酿造出了非常浓郁的诗味。这种集合诗文隽语的方式，并非简单的数量叠加，而是在吸纳原诗语内涵、意味、色调的基础上，经作者的妙手点染，产生新的诗味。"心惊"一联，化用陆机诗句"年往迅劲矢，时来亮急弦"及古诗"何不策高足，先据要路津"，而分别冠以"心惊""目断"，就在强烈的对照中，更加突出了面对急弦劲矢般逝去的时光和自身仕宦无路的处境时那种既急切惊心，又无望无奈的心情。因要津之渺茫难即而益感时光流逝之迅疾，又因时光流逝、头颅老

634

大而益感仕途之无望。这种集合式的诗语，在樊南文中随处可见，如：

今春华以煦，时服初成，竹洞松冈，兰塘蕙苑，聚星卜会，望月舒吟。羊侃接宾，共其醒醉；谢安诸子，例有风流。（《上李舍人状五》）

久乘亭障，长奉鼓鼙。猿臂渐衰，燕颔相误。弊庐仍在，白首未归。（《为濮阳公与丁学士状》）

某始在弱龄，志惟绝俗。每北窗风至，东皋暮归，彭泽无弦，不从繁手；汉阴抱瓮，宁取机心？岩桂长寒，岭云镇在，誓将适此，实欲终焉。（《上李尚书状》）

有时，用一两个典故也能熔铸成情味隽永、形象鲜明的诗语，如《上河东公启》：

某悼伤以来，光阴未几。梧桐半死，才有述哀；灵光独存，且兼多病。

分用枚乘《七发》"龙门之桐，高百尺而无枝，其根半死半生"与王延寿《鲁灵光殿赋序》"西京未央建章之殿，皆见隳坏，而灵光岿然独存"。以"梧桐半死"喻丧偶，不仅形象地显示了与妻子王氏同根共体的亲密关系，而且将自己遭到这场变故后形销骨立、生意凋丧的情状描摹得鲜明如画，其内心的创痛亦不言而喻。以"灵光独存"喻己身独存，其孑然孤立、形影相吊之状固如在目前，且于言外透露出一种人世沧桑之慨。

另一种类型是不用任何典故、藻饰，自出机杼铸成的诗语。如：

清秋一雁，碧海孤峰。（《为濮阳公与度支周侍郎状》）

每水槛花朝，菊亭雪夜，篇什率征于继和，杯觞曲赐其尽欢。（《上令狐相公状一》）

万里衔诚，一身奉役。湖岭重复，骨肉支离。（《上度支卢侍郎状》）

　　白露初凝，朱门渐远。(《上河阳李大夫状一》)

　　去岁陪游，颇淹樽俎；今兹违奉，实间山川。曲水冰开，章台柳动。(《上李舍人状五》)

　　今者冰消雪薄，江丽山春。(《为荥阳公与浙东杨大夫启》)

除首例是用秋鹗、孤峰象喻对方的品格风神外，其余诸例均为抒情写景的句子。或写对前辈知遇的感念，或抒亲故零落的悲痛，或叙羁旅漂泊的苦辛，或状两地相隔的怀想，无不清词丽句，诗味浓郁。末例遥想会稽春天风物，纯用白描，而名山胜景春日的盎然生机与明丽色彩宛然在目。从上举诸例可以看出，商隐并非纯以獭祭数典取胜，而是同样擅长白描。没有典故的骈句，照样可以成为清新俊逸的诗语，关键在于其中所蕴涵的对所写人事景物的诗意感受。从另一方面说，它们之成为诗语，也并非由于其语言比较通俗，不用藻饰典故。陆贽的奏议也很少用典，语言朴质明快，但它们仍是标准的文章语而绝非诗语，关键亦在于作者对所论的内容并没有诗的感受而纯出于理性的思考与剖析。这里已涉及诗语所蕴涵的诗情问题。实际上，诗语与诗情是互为表里的，很难截然分开。

第二节　樊南文中的诗情

　　李商隐是一位主情型的诗人，其诗以"深情绵邈"著称。这一本质特点也同样体现在樊南文中，特别是抒情色彩比较浓的文章中。樊南文中的诗情，最集中地表现在两个方面：对自己身世遭遇的感怆，对亲朋故旧的感念及不幸遭际的伤悼。并以此为基点，辐射到其他人事上。

　　感伤身世，原是玉谿诗中一个贯串始终、弥漫于各种题材的基本主题。可以看出李商隐作为一个诗人，这方面的体验特别深刻，情感也特别浓挚。这种沉凝郁积的诗情，在他一系列陈情告哀或感念知己的书启中表现得最为充分，如大中三年十月他应武宁节度使卢弘止之辟后所写的《上尚书范阳公启》中这样写道：

　　时亨命屯，道泰身否。成名逾于一纪，旅宦过于十年。恩旧凋零，路歧凄怆。荐祢衡之表，空出人间；嘲扬子之书，仅盈天下。去年远从桂海，来返玉京，无文通半顷之田，乏元亮数间之屋。隘偏蜗舍，危托燕巢。春畹将游，则蕙兰绝径；秋庭欲扫，则霜露沾衣。勉调天官，获升甸壤。归惟却扫，出则卑趋。仰燕路以长怀，望梁园而结虑。

李商隐开成二年登进士第，四年释褐任秘书省校书郎，旋调补弘农尉。到大中三年，"获升甸壤"，仍然是一个畿县的县尉。其间经历了恩知令狐楚、王茂元的去世，老母的亡故，府主郑亚的被贬，以及自己辗转寄幕、南北驱驰漂泊的生活。十三年中，绕了一个大圈，最后仍然回到原来的起点。明乎此，才能感受到这段倾诉十余年来坎坷经历的文字所蕴涵的感伤身世之情的浓度，才能感受到诸如"时亨命屯，道泰身否""恩旧凋零，路歧凄怆""归惟却扫，出则卑趋"一类句子所包含的痛切的人生体验和"仰燕路以长怀，望梁园而结虑"中所流露的急切期盼和感念。将此启与《偶成转韵七十二句赠四同舍》对读，当会更明显感受到其中所凝结的诗情。与此类似的，还有《上李尚书状》、《献舍人彭城公启》、《献相国京兆公启》（"昔师旷荐音"）、《上河东公谢辟启》、《上河东公启》等。这些启状所投献的对象，与商隐的关系虽有较亲较疏之别，但作者在抒写自己流离困顿的身世时，都毫无例外地充溢着感伤的诗的情愫。在诗歌中，他往往通过咏物、咏史甚至歌咏爱情的方式寄寓身世之感，表现得比较曲折深隐，在文中则表现得相当明显直接，甚至淋漓尽致。这当然与这些书信有明显的投献目的，不如此不足以引起对方的注意同情密切相关，但也可见其身世之悲蕴积之深。《上河东公启》是大中五年到东川幕后不久，辞谢柳仲郢赠歌伎张懿仙而作，是一篇工于言情的诗体式书信。启中自述妻亡子幼一段，写得最为哀恻动人：

> 某悼伤以来，光阴未几。梧桐半死，才有述哀；灵光独存，且兼多病；眷言息胤，不暇提携。或小于叔夜之男，或幼于伯喈之女。检庾信荀娘之启，常有酸辛；咏陶潜通子之诗，每嗟漂泊。

悼伤之情方浓，又复抛下年幼的儿女，只身远幕东川。一路写来，似乎只是在渲染丧妻后自己的孤凄衰病和骨肉分离、无暇提携的痛苦歉疚，实则处处都在暗示自己既深念亡妻，更怜念子女，根本不可能移情他顾。虽未明言，对方自能从这充满哀感的自述中揣知商隐因丧妻别子衰病而风怀已淡的隐衷。虽用了一连串典故，却挟情韵以行，如同信手拈来，曲折如意，表现出

637

驾驭骈文这种形式的高超功夫。

商隐祭奠之文，写得最富诗情的是祭奠与他关系最亲密的恩旧戚属的文章。令狐楚是他正式踏入社会以后对他有指点提携之恩的第一位显宦，他的骈文章奏技巧和登进士第的荣耀，都与楚的拂拭照顾密切相关。开成三年，他在《奠相国令狐公文》文中这样写道：

> 呜呼！昔梦飞尘，从公车轮；今梦山阿，送公哀歌。古有从死，今无奈何！天平之年，大刀长戟，将军樽旁，一人衣白。十年忽然，蜩宣甲化。人誉公怜，人谮公骂……愚调京下，公病梁山，绝崖飞梁，山行一千。草奏天子，镌辞墓门。临绝丁宁，托尔而存……故山巍巍，玉谿在中。送公而归，一世蒿蓬！

从大和三年初谒令狐于洛阳，得其垂拂，到开成二年令狐临终托其代草遗表撰写墓志，前后将近十年，可叙之事本多。但这篇祭文却撇开许多具体情事，以抒情的诗笔集中写令狐的知遇。十年的交契始末，只用"昔梦"十六字高度概括，一生一死，一始一终，略去中间无数情事，亦包蕴无数情事。这种浓缩虚括的诗笔，最宜于表达浓郁深挚难以用具体情事表达的诗情。"天平"四句，似涉叙事，实为抒情，从"将军樽旁，一人衣白"正可见自己以白衣未仕之身受到令狐的特殊恩遇。包括下面的"临绝丁宁，托尔而存"，亦均从知遇之恩着笔，说明令狐直到生命终结之日，所信任倚重的仍是自己这样一个尚未正式入仕的小人物。结尾因令狐之逝而发"一世蒿蓬"的悲慨，其时义山已经登第，这种"预言"初读似有过情之嫌，但只要联系义山的身世境遇，便不难发现这实在是他的真情流露。令狐楚是他在"内无强近，外乏因依""沦贱艰虞"的处境中首先予以有力援助的知己，因此对楚的去世，不但倍感悲痛，而且有一种"一世蒿蓬"的不祥预感。而这种预感竟不幸而言中。冯浩说："楚爵高望重，义山受知最深，铺叙恐难见工，故抛弃一切，出以短章，情味乃无涯矣。是极惨淡经营之作。"（《樊南文集详注》）所言诚是。

从《奠相国令狐公文》可以看出，商隐这类吊祭恩知亲戚之文之所以哀侧动人，富于诗情，是和其中融入了身世沦贱之感密切相关的。现存商隐祭奠文中，《祭外舅赠司徒公文》《重祭外舅司徒公文》《祭裴氏姊文》《祭徐氏姊文》《祭处士房叔父文》《祭小侄女寄寄文》无不具有这一突出特点。在这些祭文中，对恩知戚属的感念哀悼和对自身遭际的伤感往往水乳交融：

> 呜呼！往在泾川，始受殊遇。绸缪之迹，岂无他人？樽空花朝，灯
> 尽夜室，忘名器于贵贱，去形迹于尊卑。语皇王致理之文，考圣哲行藏
> 之旨，每有论次，必蒙褒称。（《重祭外舅司徒公文》）

> 祷祠无冀，奄忽凋违……此际兄弟，尚皆乳抱，空惊啼于不见，未
> 识会于沉冤。浙水东西，半纪漂泊。某年方就傅，家难旋臻，躬奉板
> 舆，以引丹旐。四海无可归之地，九族无可倚之亲。既祔故丘，便同逋
> 骇。生人穷困，闻见所无。（《祭裴氏姊文》）

前者写在泾原时所受于王茂元的"殊遇"。在对当时情景充满诗情的追忆中
所流露的正是茂元以尊显之位对他这样一个出身寒素的年轻人"忘名器"
"去形迹"的厚谊。后者写仲姊死后自己随父漂泊异乡，继又因父亲去世孤
儿寡母扶柩回乡的情景，透露出商隐一家当时几乎跌落到社会下层的穷困处
境。其中所蕴涵的感情既深挚强烈，语言亦精炼而含蕴，具有诗的气质。

值得注意的是，商隐有些代人写作的这类文章，也无形中渗透了作者由
自身不幸遭遇形成的人生体验，如《为司徒濮阳公祭忠武都押衙张士隐文》：

> 举无遗算，仕匪遭时。何兹皓首，不识丹墀！剑折而空留玉匣，马
> 死而犹挂金羁……泉惊夜壑，草变寒原，荒陌是永归之里，老松无重启
> 之门。

《为荥阳公祭吕商州文》：

> 参差觏闵，萋斐成冤。汉庭毁谊，楚国谗原……书断三湘，哀闻五
> 岭。天涯地末，高秋落景。重叠忧端，纵横泪绠。

或因怀才不遇而白首不识丹墀，或因党局反覆而遭谗外贬。这种遭遇触动商
隐自身的沉沦之悲，形成共振，故笔端饱含诗情。相反，对有些生平经历并
无明显悲忧情事的祭奠对象，则笔下每较平淡。商隐胸中郁积的深沉强烈的
身世之悲，可以说是其诗文创作一个极其重要的动力源，也是其骈文诗情的
泉源。

639

第三节　樊南文中的诗境

这里所说的诗境，是指一篇文章或文中某一相对独立的段落，由诗语、诗情或诗景所构成的比较完整的具有诗的意蕴的境界。一般习惯于用意境之有无高下评诗，而较少以之衡文。但樊南文中一些出色的抒情文是具有诗的境界的，这正是它高出一般文章的地方。大中二年春，他在桂林为郑亚代拟的几封书启，就在似不经意中渲染出一片诗境。《为荥阳公与浙东杨大夫启》：

> 不审近日诸趣何如？越水稽峰，乃天下之胜概；桂林孔穴，成梦中之旧游。遐想风姿，无不畅惬。一分襟袖，三变寒暄。虽思逸少之兰亭，敢厌桓公之竹马。况去思遗爱，遐布歌谣；酒兴诗情，深留景物。庾楼吟望，谢墅游娱，方知继组之难，不止颁条之事。今者冰消雪薄，江丽山春，访古迹于暨罗，探异书于禹穴，不知两乐，何者为先？幸谢故人，勉自遵摄，未期展豁，惟望音符。其他并附乔可方口述。

这封仅一百五十字的短简，撇开一切浮文俗套，入手便问"诸趣何如"。以下便从杨汉公曾任官的桂林和现居官的越州分别落笔，写两地风物之胜与对方风姿之畅，写两地相隔的思念和汉公观察桂管留下的"去思遗爱""酒兴诗情"。于"方知"二句习作一小束后，转又写遥想中会稽的春日丽景与汉公的寻春访古之趣，回应开篇。全篇以如诗似画之笔、行云流水之势，渲染出一片由明丽自然的诗语诗景、萧散自得的诗情诗趣构成的优美诗境。作于同时的《为荥阳公上宣州裴尚书书》与此可谓异曲同工：

> 待诏汉廷，但成老大；留欢湘浦，暂复清狂。思如昨辰，又已改岁。以公美之才之望，固合早还廊庙，速泰寰区。而辜负明时，优游外地，岂是徐公多风亭月观之好？为复孟守专生天成佛之求？幸当审君子之行藏，同丈夫之忧乐，乃故人之深望也。

裴休字公美，穆宗长庆中登进士第，历五朝尚居外郡，时郑亚亦以给事中出为桂管观察使，处境堪忧，故于裴之屈居外郡，实有同命相怜之感，故云"待诏汉廷，但成老大"。但文中并不直言屈居外郡之牢骚，而是用"待诏"

二语微露消息，不满之意，寓于言外。以下转笔回忆去年"留欢湘浦"的情景，亦于"暂复"二字中略透本意。随即再转写时光流逝之迅疾，其中既寓思念，亦寓感慨。且将裴休"辜负明时，优游外地"的原因归结为"多风亭月观之好""专生天成佛之求"，语带谐谑，意含牢骚。表现上的轻松风趣与内里的不满牢愁形成对照，蕴涵了耐人寻味的诗情。这段文字，可以说是在相反相成中构成了诗的意境。

王国维说："境非独谓景物也，喜怒哀乐亦人心中之一境界，故能写真景物真感情者，谓之有境界。"（《人间词话》）此论实可移之评义山抒情文。《祭小侄女寄寄文》便是一篇写真感情而具有优美境界的文章。韩愈的《祭十二郎文》是祭文中的名作，商隐此文完全可与之方驾，而写作的难度却比《祭十二郎文》要大得多。因为韩文所祭的侄子老成，年岁与韩愈相近，自幼一起生活，有许多共同的经历，包括生活琐事作为叙事、抒情的凭借，而商隐所祭的小侄女，却是生下后就寄养于外姓，四岁方归本族，旋即夭折的幼女，跟作者接触很少，缺乏具体的生活情事作为抒写的材料。同时，骈文这种形式，比较板滞，不像散文那样可以自由舒展地叙事抒情。但文体与材料的限制却没有难住李商隐。相反还对传统的骈文多用典、重藻饰的特点进行了改造，使之成为抒写真感情的有效形式。全篇纯用白描，纯以情胜，清空如话，在回环往复的抒情中不断将感情推向高潮。文章在抒写生未尽鞠育之恩的悲伤后，紧接着是一段抒写死未能及时迁葬之痛的文字：

> 时吾赴调京下，移家关中。事故纷纶，光阴迁贸。寄瘗尔骨，五年于兹。白草枯荄，荒途古陌，朝饥谁抱，夜渴谁怜？尔之栖栖，吾有罪矣！

自寄寄夭伤到迁葬这五年中，商隐经历了移家、入幕、试判、秘省任职、丧母家居一系列事情与变故。作者化叙事为抒情，化实为虚，以"事故纷纶，光阴迁贸"八字概括许多难以尽言的人生经历与人生感慨。"白草"四句，纯用白描，将一个幼小的灵魂置身于异乡荒郊古陌的孤单凄凉渲染得十分动人，具有诗的意境与情韵。"尔之栖栖，吾有罪矣"，仿佛是过情之语，但正如商隐所说："明知过礼之文，何忍深情所属！"这篇祭文所抒写的，正是"发乎情"而不大考虑是否"过礼"的至情。下面一段，又换另一副笔墨：

> 自尔殁后，侄辈数人，竹马玉环，绣襦文袴，堂前阶下，日里风

中，弄药争花，纷吾左右，独尔精诚，不知所之。

以丽景衬哀情，以侄辈的天真嬉戏反托寄寄精诚不知所之的哀感与凄凉，同样写得极富诗情与诗境，"堂前"二句，几乎让人感觉不到这是骈文。

> 呜呼！荥水之上，坛山之侧，汝乃曾乃祖，松槚森行；伯姑仲姑，冢坟相接。汝来往于此，勿怖勿惊。华彩衣裳，甘香饮食，汝来受此，无少无多。汝伯祭汝，汝父哭汝，哀哀寄寄，汝知之邪？

写到这里，不但完全撤去了幽明的界限，而且撤去了尊卑长幼的界限，一片深挚的柔情，溢出于字里行间。骈俪之文，运用得如此纯熟自如，不假雕饰，确实令人惊叹。全篇在反复抒情中所展示的，正是由至情至性所构成的诗境，是作者的心灵世界。

第四节　樊南文的诗心

樊南文中的诗语、诗情、诗境，从根本上说，皆源于商隐特有的"诗心"。这种"诗心"，主要表现为互有关联的两个方面。

一是对人生悲剧特有的关注和深刻体验。商隐骈文中最具抒情色彩和浓郁诗意的，除个别篇章外（如前举《为荥阳公与浙东杨大夫启》）几乎都是抒悲写痛、陈情告哀之作；即使代人撰拟的书启，写得最富诗情的也多为与人生坎坷经历、悲剧遭遇有关的内容（如《为张周封上杨相公启》）。这说明商隐具有异于一般作者的感受人生悲剧的诗心与个性。张采田说："义山诗境，长于哀感，短于闲适，此亦性情境遇使然，非尽关才藻也。"（《李义山诗辨正·喜雪》评）其文境亦然。诗、文俱长于哀感之境，正缘其同出一诗心。前已论及，义山一生的悲剧身世境遇及以此为基础形成的悲剧性人生体验，乃是他诗文创作最重要的动力源。创作中只要一遇到这类题材或内容，其敏感的诗心便会引起强烈共振而发为悲吟。像《为裴懿无私祭薛郎中衮文》中的薛衮，与商隐未必有很深的交情，只因他的死带有悲剧性（其兄弟薛茂卿系泽潞叛镇大将，因此忧惧而死），故义山在代写祭文时感情投注，写出极富哀感的文字。

与此相关，是义山独具的感伤气质与个性。对于人生悲剧的关注与体

642

验，在义山心中凝成的主要不是愤激，而是深刻的感伤。由于悲剧性的身世之感、人生体验深入性灵，致使这种感伤情绪已内化为一种气质个性。发而为诗为文，则特具一种感伤的诗美。关于这一点，学界论之已详、不赘。

骈文既是典型的美文，也是最易犯雕琢伤真、堆砌窒情之病的一种文体。商隐这类以抒悲见长的骈文却以情之深挚取胜，而且具有诗的情韵意境。这说明商隐这类文章有一种极可贵的本质与底色。刘熙载《艺概·诗概》说："诗有借色而无真色，虽藻缋实死灰耳。义山却是绚中有素。"此论完全可移之评樊南抒情文。上举诸文之所以哀挚动人，具有"沁人心脾"之诗境，关键在于其中蕴涵了对人生悲剧的深刻体验，在于作者的感伤气质与个性是深入骨髓的，而不是浮浅表面甚至虚矫做作的。从这一点出发，也可看出，作者那些以白描见长的抒情文，之所以往往更加感人，根本原因也在于其中所蕴涵的感情更为真挚深厚。义山诗文的魅力，根本原因在此，他学杜甫，得其神髓者亦在此。

中国古代骈文的发展，与诗歌有密切关系。二者相互为用，是在各自发展过程中自然会产生的现象。诗之骈化与骈之诗化差不多是同步进行的。六朝和初唐骈文中，都有颇富诗意的篇章，特别是像庾信的《思旧铭》《哀江南赋序》，王绩的《答刺史杜之松书》，骆宾王的《与博昌父老书》，王勃的《滕王阁序》等，都有浓郁的诗情。但统观唐代，诗歌号称极盛，骈文却在一段相当长的时间里朝着越来越实用化的方向发展，很少出现具有诗情诗境的名文。直到李商隐，才以其特有的诗心诗才，在一部分骈文中恢复并发展了抒情和诗化的传统。由于商隐骈文的诗化，是在经历了唐诗的高度繁荣，包括作为传统五七言诗诗艺的总结者李商隐自己的创作实践基础上进行的，因此其诗化的程度较前更有所提高，艺术上也更加纯熟。这是李商隐对骈文发展的一种贡献。与此同时，他对骈文多用典、重藻饰的传统形式也作了改造的成功尝试，这就是像《祭小侄女寄寄文》那样，在抒情化、诗化的基础上使骈文语言通俗化。初唐魏徵、中唐陆贽的表疏奏议也很少用典，语言比较朴质通俗，这也是对骈文的一种改造，但这是在突出其实用性基础上的改造，改造的目的是使骈文更切实用，其结果是使骈文离文学、离抒情、离诗更远。这和商隐的骈文通俗化尝试走的是两条不同的路。尽管现存商隐骈文中，像《祭小侄女寄寄文》这种诗化、通俗化的文章数量很少，只能看作是一种未必自觉的试验。但这个成功的试验本身却说明：传统的骈文，是可以改造成既具对仗声律之美、诗情诗境之美，又无堆砌典故辞藻之弊的美

643

文的。只是由于商隐并没有将这种试验的范围扩大到形成一种明显的趋向与风格，因而后代的骈文家也未注意到这一偶发的成功尝试，以致对后代并未产生明显的影响。其间原因自然很多，但人们对骈文的传统观念（认为骈文必须大量用典铺藻）的思维定式该是一个重要原因。

第十八章　李商隐的赋和古文

　　李商隐不仅是大诗人、大骈文家，他的赋和古文也颇有艺术个性，对我们了解李商隐的全人及其创作的全貌，有很重要的意义。

　　《崇文总目》除著录商隐《樊南甲集》《乙集》各二十卷外，另著录《玉谿生赋》一卷。《新唐书·艺文志》则于《甲》《乙》集外，另著录《赋》一卷、《文》一卷。《郡斋读书志》于《甲》《乙》集外，又著录《文集》八卷。《直斋书录解题·别集类上》："《李义山集》八卷，《樊南甲乙集》四十卷。又《玉谿生集》三卷，李商隐自号，此集即前卷中赋及杂著也。"《文献通考·集》："李商隐《樊南甲集》二十卷、《乙集》二十卷，又《文集》八卷。"《宋史·艺文志七》："（李商隐）《赋》一卷，又《杂文》一卷，《文集》八卷，又《四六甲乙集》四十卷，《别集》二十卷。"诸书著录各有同异，但有一点是共同的，即商隐除《樊南甲集》《乙集》各二十卷外，另有《赋》一卷。至于文，则或著录为一卷，或著录为八卷，或单列《杂文》一卷，其间分合增减情况，今已难以详考。

第一节　李商隐的赋

　　商隐的赋现存者仅四篇。《虱赋》《蝎赋》见于《唐文粹》卷七。《虎赋》《恶马赋》见于刘克庄《后村诗话》卷二，此二赋《全唐文》《全唐文拾遗》《全唐文续拾》及《樊南文集详注》《樊南文集补编》均失收。按：《后村诗话》卷二共录载李商隐赋三篇，即《蝎赋》《虎赋》《恶马赋》，并于《恶马赋》之末注云："已上三赋见《玉谿集》。"此《玉谿集》当即陈氏《直斋书录解题》所著录之《玉谿生集》三卷，包括赋及杂著。由此可见《玉谿生集》三卷（非《玉谿生诗》三卷）乃南宋人常见之书。刘氏录载之《蝎赋》与《唐文粹》《全唐文》所载者虽有个别异文（如"尔兮何功"，

《后村诗话》作"尔今何功",似以《后村诗话》所录为优),但系全篇,故可推断《后村诗话》所录之《虎赋》《恶马赋》亦为全璧。

以上四篇赋全为咏物短赋。其中《虱赋》《蝎赋》《虎赋》各八句,平仄韵交押,四句一韵;《恶马赋》十二句,亦四句一韵,平仄韵交押。四赋均为刺世疾邪之作。《虱赋》云:

> 亦气而孕,亦卵而成。晨凫露鹄,不如其生。
> 汝职惟啮,而不善啮。回臭而多,跖香而绝。

徐树谷笺云:"义山《虱赋》,刺朝士也。《商君书》以仁义礼乐为虱,曰:'六虱成俗,兵必大败。'《御览》:庾峻曰:'今山林之士,利出一官,商君谓之六虱,韩非谓之五蠹。'故义山托以兴刺。回贤而贫,贫故臭;跖暴而富,富故香。虱惟回之啮,而不恤其贤;惟跖之避,而莫敢撄其暴,是以不善啮矣。世之虐茕独而畏高明,侮鳏寡而畏强御者,何以异于此!义山殆深知虱者。"按商隐《骄儿诗》有"爷昔好读书,恳苦自著述。憔悴欲四十,无肉畏蚤虱"之语,"蚤虱"亦有所托喻。此赋当是讽刺那些欺贫怕富、凌弱畏暴的邪恶小人,愤慨道德高尚的贫贱之士反遭小人攻击,而横暴富有的恶人则为小人所惧避。徐氏谓讽朝士,可能将讽刺对象看得太窄了一点。后陆龟蒙作《后虱赋》,有序云:"余读玉谿生《虱赋》,有就颜避跖之叹,作《后虱赋》以矫之。"赋云:

> 衣缁守白,发华守黑。不为物迁,是有恒德。
> 小人趋时,必变颜色。弃瘠逐腴,乃虱之贼。

故意与商隐唱反调,认为虱不趋时,不变色,是有恒德者。但这种故意立异的构思,由于虱的形象给人的厌恶感完全异趋,其艺术效果并不好。不过由陆龟蒙这首唱反调的《后虱赋》,倒可看出商隐这类咏物刺邪的小赋在当时是有读者、有影响的。

646　　《蝎赋》云:

> 夜风索索,缘隙凭壁。弗声弗鸣,潜此毒螫。
> 厥虎不翅,厥牛不齿。尔今何功,既角而尾?

这一篇将蝎作为阴毒小人的喻体,说它们专门在黑暗的夜间出来活动,"弗声弗鸣"，悄悄潜伏，使人在无防备、没觉察的情况下受到它的毒害。但赋的旨意不止于此，而是推进一层，责问造物者助恶为虐。老虎虽有利齿而无翅膀，牛虽有角而无利齿，而蝎却既有毒钳又有毒钩，老天爷为什么如此偏爱凶残阴毒之物呢？这与《张恶子庙》"如何铁如意，独自与姚苌"、《井泥》"猛虎与双翅，更以角副之"同一意蕴。在商隐看来，恶人之所以能行恶，是因为造物者赋予它行恶的手段。矛头所指，正是现实中赋予恶人以权柄的封建统治者，锋芒甚锐，意殊愤愤。

《虎赋》云：

> 西白而金，其兽惟虎。何彼列辰，自虎而鼠？
> 善人瘠，谗人肥。汝不食谗，畏汝之仇。

虎的职责是吃谗人。当时现实中的情况是"善人瘠，谗人肥"，可是老虎却偏偏不吃肥腴的谗人，这样下去，老虎恐怕要挨饿了。这是讽刺那些职司除谗去邪的官吏不去攻击谗邪，而是专挑善良之辈来残害。

《恶马赋》云：

> 彼骑而啮，孰为其主？彼刍而蹄，孰为其围？
> 五里之堠，十里之亭。癣燥饥渴，不择重轻。
> 亭有馋吏，暴之为腊。又毒其吏，立死于枥。

恶马乱咬骑它的主人，乱蹄喂它的马夫。因为患癣而焦燥饥渴，又咬又蹄，不管轻重。亭中的馋吏杀了它，把马肉晾干制成干肉，又毒死了吃马肉干的亭吏。这篇寓言式的赋把恶马的"恶"写得淋漓尽致，不但活着的时候连主人和喂养它的人都乱咬乱蹄，连死后也毒害人。

从这四篇赋中可以看出商隐对现实中那些凌弱畏强、邪恶阴毒、畏谗欺善、横暴凶毒的邪恶势力怀着强烈愤恨，并由此产生对造物者的愤激。这种情绪，在他的诗文中虽也有所流露，但都不像他的这四篇赋表现得如此集中强烈。它们的总主题不妨说就是"刺世疾邪"。

传为苏轼所撰的《渔樵闲话录》中引了李商隐赋三怪物的一段文字，与上述四赋同为刺世疾邪之作，但文体不像是赋，附此略述。文曰：

> 其一物曰：臣姓揖狐氏，帝名臣曰巧彰，字臣曰九尾，而官臣为佞
> □焉。佞□之状，领佩丰，手贯风轮，其能以乌为鹤，以鼠为虎，以

蚩尤为诚臣，以共工为贤王，以夏姬为廉，以祝鲍为鲁，诵节义于寒泥，赞韶曼于嫫姆。其一物曰：臣姓潜弩氏，帝名臣曰携人，字臣曰衔骨，而官臣曰谗□。谗□之状，能使亲为疏，同为殊，使父脍其子，妻羹其夫。又持一物，状若丰石，得人一恶，乃镌乃刻；又持一物，大如长箒，得人一善，扫掠盖蔽。谄啼伪泣，以就其事。其一物曰：臣姓狼贪氏，帝名臣曰欲得，字臣曰善覆，而官臣为贪□，贪□之状，顶有千眼，亦有千口，鼠牙蚕喙，通臂众手，常居于仓，亦居于囊。颊钩骨箕，环联琅珰，或时败累，囚于牢狴。拳梏屡校，丛棘死灰。侥幸得释，他日复为。

对奸猾贪婪、颠倒是非、谗邪诡伪之徒作了淋漓尽致的形容刻画和尖锐的揭露。由于篇幅较长，这种揭露较前几篇短赋更加充分，其中有不少漫画式的描绘和铺排式的渲染，虽非赋体，用的却都是赋法。

但是，商隐的赋并非只有刺世疾邪、冷嘲热讽这一格，而是有多种题材与类型。如《漫叟诗话》引玉谿生《江之嫣赋》云："岂如河畔牛星，隔岁只闻一过；不比苑中人柳，终朝剩得三眠（注云：汉苑中有柳，状如人形，一日三起三眠）。"杨伯喦《臆乘》引李义山《雪赋》云："云市飘荡，当从于月；月窟渐沥，合随于云。"史容《黄山谷外集诗注·次韵答柳通舍求田问舍之诗》"蛾眉见妒且障羞"注引李义山《美人赋》："枕有光而照泪，屏无影而障羞。"晏殊《类要》卷十二引《美人赋》："桂旗则左日右月，棠舟则鹚首燕尾。"卷十三引《小园愁思赋》："宝鞭玉勒班骓灭没以飞来，翠幰白帘青雀龙邛而遥渡。"卷二九引《杏花赋》："沈持进书读二万卷，郑康成酒饮三百杯。"卷三〇引《孝赋》："陈焦食而更思，死六日而重起；令威坑而未足（按：疑有误），法（去）千年而复归。"（按：此引作义山录《孝赋》曰，故是否义山作，当存疑）卷三四引《闲赋》："我夸力以搏虎兮，彼区区于祝侧究蚤。"以上诸赋，无论是题目或内容，均与前面引述的四篇刺世疾邪之赋不同，题材相当广泛。但今天都只能看到零星的佚句，其全貌已不可见。

第二节　李商隐的古文

商隐的古文，现存序三篇、书四篇、碑铭二篇、杂记六篇、传一篇、行状三篇，共十九篇，仅占现存义山文总数的十八分之一。但这存量不多的古文，除极个别应用之文（如《为河东公上西川相国京兆公书》）外，几乎全是有内容、见个性的作品，是能表现作者真思想、真感情、真性情的作品。从这一点来说，李商隐的古文有着不可替代的价值。以下分体作简要评介。

商隐的三篇序，都是书序。《樊南甲集序》和《樊南乙集序》虽然是为自己的骈文集写的序，却都是用散文写的，而且都讲到自己对骈文这种文体的轻视。《甲集序》说："四六之名，六博、格五、四数、六甲之取也，未足矜。"认为骈文近乎博弈、数方位甲子一类小道，根本不值得夸耀。《乙集序》也说："此事非平生所尊尚，应求备卒，不足以为名。"认为这是应他人之所请或备一时之急需的应用文，不足以为名。相反，对于古文，则是另一种态度。《甲集序》云："樊南生十六能著《才论》《圣论》，以古文出诸公间。"对自己年少能为古文颇为自负。在谈到其弟时，则云："仲弟圣仆（按：即羲叟），特善古文，居会昌中进士为第一二，常以今体规我，而未焉能休。"对羲叟的"特善古文"也持赞赏态度。这种对古文和今体文两种不同的态度，显然缘于两个方面的认识。一是认为只有古文才是传道之文。《请卢尚书撰故处士姑臧李某志文状》说其堂叔李某"注撰之暇，联为赋论歌诗，合数百首，莫不鼓吹经实，根本化源，味醇道正，词古义奥。自弱冠至于梦奠，未尝一为今体诗。"所谓"味醇道正，词古义奥"的"赋论"，当指其赋和古文。从"未尝一为今体诗"的话中也可看出"味醇道正"之文当是古文。二是认为只有古文才是能自由抒写思想感情的文体。《上崔华州书》说："以是有行道不系今古，直挥笔为文，不爱攘取经史，讳忌时世。"这里说的"直挥笔为文"之文，当亦指古文。这两篇序中对今体文的看法，似乎与他早年在《谢书》中所说的"自蒙半夜传衣后，不羡王祥得佩刀"相矛盾。实则他早年之所以重视今体文是因为写得一手好骈文乃是仕进的阶梯。等到他在仕进之路上连遭挫折，感到骈文并未使他致身通显，而仅仅藉其在幕府中操笔事人、为人作嫁时，便发出了"当时自谓宗师妙，今日惟观对属能"的感慨。实际上，对自己骈文的艺术技巧，商隐始终没有否定。相反，在提到时还相当自负，如《甲集序》云："有请作文，或时得好对切事，声势物景，哀上浮壮，能感动人。十年京师寒且饿，人或目曰：韩文、杜诗、彭阳章檄，樊南穷冻人或知之。"不仅对自己骈文的"好对切事"等颇为自赏，而且自命为彭阳章檄的传人。《乙集序》亦云："吾太尉之薨，有杜司勋之志，与子之奠文（按：今佚），二事为不朽。"可见，即使在仕途坎坷，深感骈文于己之致身通显无用的情况下，对自己的骈文技巧仍高自称许。这两篇文集自序的语言朴素简约，时有隽语，如上引"韩文、杜诗、彭阳章檄，樊南穷冻人或知之"，用自我调侃的口吻表达一种既自负又自伤的复杂感情；《樊南乙集序》"三年已来，丧失家道，平居忽忽不乐，始克意事佛，方愿打钟扫地，为清凉山行者"，写丧妻以来的生活、感情，简洁而传神。结尾云："是夕大中七年十一月十日夜，火尽灯暗，前无鬼鸟，一如大中元年十月十二日夜时（按：此为编定《樊南甲集》并作序之夜）。书罢，永明不成寐。"在对照中传达出隽永的情味。可以看出这时他的古文已达随意挥洒之境。

《容州经略使元结文集后序》通过对元结古文的赞赏，在一定程度上表现了自己的思想观点，特别是文艺思想。周振甫先生对此文有精彩的分析评论，兹摘引如下：

> 他的推崇元结古文，先要破除"次山不师孔氏为非"这种思想。他认为孔子不过提倡道德仁义，元结所提倡的三皇用真，已经超过道德仁义。这实际上是《老子》"失道而后德，失德而后仁，失仁而后义，失义而后礼"的思想。"三皇用真"即得道，"五帝用圣"即"失道而后德"，"三王用明"即"失德而后义，而后礼"。"耻察"，以察察为明为耻，即以法家用法为耻，老子这种思想，其实是不正确的，商隐推崇了元结的这种思想，它的意义不在这种思想本身，在于他敢于破除孔子思想的束缚上。
>
> 商隐这篇序从多方面来赞美元结的古文……"其绵延长大"，指出元结的文章是按照自然变化来写的，它不追求形状和色彩……"其疾怒急击"，指出元结文章的坚劲严密……"其详缓柔润"，指出元结文章的柔婉含蓄……"其正听严毅"，指出他立论的严正，判断的不可动摇……"其碎细分擘"，讲他剖析的细致……"其总旨会源"，指他文章主旨纲要，纲举目张。

从这篇序中可以看出，商隐肯定元结文章"绵远长大，以自然为祖，元气为根……太虚无状，大贲无色"的自然朴素本色之美，反对以不师孔氏为非的是非标准，具有不受儒家传统思想所囿的色彩。文末"孔氏固圣矣，次山安在其必师之邪"一语，集中表达了带有离经叛道色彩的思想。序中用了一系列比喻分别形容元结文章某一方面的特点与风格，固然是唐人论文评诗的风气，但在这篇文章中已成为其核心部分的一种基本结构和表现手段。与元结古文古朴奇奥的风格相应，这篇序的文字风格也显得既古朴又奇奥。元结的思想和文风未必全如商隐所论述，通观全文，似有借端寄慨的成分。

商隐的四篇书，除《为河东公上西川相国京兆公书》系官府公牍外，其余三篇均为商隐文中的力作。《上崔华州书》作于开成二年正月二十四日进士试放榜前。此文实为向华州刺史崔龟从行卷的书信，却高自标置，标榜自己对学道为文的独特看法：

> 始闻长老言：学道必求古，为文必有师法。常悒悒不快。退自思曰：夫所谓道，岂古所谓周公、孔子者独能邪？盖愚与周、孔俱身之耳。以是有行道不系今古，直挥笔为文，不爱攘取经史，讳忌时世。百经万书，异品殊流，又岂能意分出其下哉！

他认为"道"并非古圣人周公、孔子所独能，他自己也和周、孔一样、都在身体力行着道①。这就说明，周、孔并不是"道"的发明者、始创者或化身，"道"是独立于每个人之外，而能为每一个人所体验、所实行的。这就把自己与周、孔置于"俱身之"的平等地位。从这一点出发，他认为学道不一定要求古，为文也不一定要有所师法，而是只要亲身体验并实践道就可以。从而进一步得出"行道不系今古，直挥笔为文"的结论，即每个人都可以直接挥笔为文，抒写对道的认识与体验，不必攘取经史，引经据典，也不必讳忌时世。正因为这样，他对古往今来异品殊流的百经万书，并不顶礼膜拜，而是认为自己的文章并不比它们低。从中可以看出，商隐高自标置，是以他对行道为文的独特看法为基础的。这实质上是一种不承认有思想上的偶像和绝对权威的观点，一种在文章写作上主张尊重个人体验和追求创新、追求自由发挥独立见解的观点。因而他虽连续四次在进士试中失利，却丝毫不

651

---

①《孟子·尽心上》："尧舜，性之也；汤武，身之也；五霸，假之也。"赵岐注："身之，体之行仁。"

减自信，"必待其恐不得识其面，恐不得读其书，然后乃出"。文章写得势横力健，正因为有建立在上述思想基础上的高度自信。

《别令狐拾遗书》作于开成元年商隐尚未登进士第时。信中集中表达了他对"近世交道几丧欲尽"的愤激之情。作者用有些人标榜为他们所恶的"市道"来与"近世交道"作对比，认为这些人的交道还不如"市道"：

> 今日赤肝脑相怜，明日众相唾辱，皆自其时之与势耳。时之不在，势之移去，虽百仁义我，百忠信我，我尚不顾矣。岂不顾已，而又唾之。足下果谓市道何如哉！

又举父母与子女间的关系作对比，说明即使亲如父母，对子女的婚姻尚且把"财货"放在首位，而不管儿女的幸福，何况是"他舍外人，燕生越养"呢？他把人与人之间这种连"市道"都不如的纯以势利为转移的"交道"产生的原因归之于争权夺利的斗争和自私的欲望：

> 不幸天能恣物之生而不能与物慨然量其欲，牙齿者恨不得翅羽，角者又恨不得牙齿，此意人与物略同耳。有所趋故不能无争，有所争故不能不于同中而有各异耳。

应该说，他对"近世交道"的揭露抨击是相当深刻尖锐的。和《上崔华州书》之势横力健、充满自信不同，这篇文章充满了强烈的愤世嫉俗的情绪，篇末甚至说到"䌷而绎之，真令人不爱此世而欲狂走远飏耳"，表现出一种对现实社会深恶痛绝的愤激之情。文中对自己与令狐绹的关系虽一再赞颂，但似已有不祥预感："尔来足下仕益达，仆固不动，固不能有常合而有常离。"而这竟不幸言中了。

《与陶进士书》作于开成五年九月三日。信中以自己应举贡文、登进士第、应宏博试落选、南场试判及出尉弘农等经历遭遇为依据，对当时的社会风气、官场腐朽作了尖锐的嘲讽，为应举而向显达者贡文行卷，"出其书，乃复有置之而不暇读者；又有默而识之，不暇朗读者；又有始朗读而中有失字坏句不见本义者"，充分揭露了显达官僚们的冷漠和愚蠢无知。而受挫于博学宏辞试，原因仅仅是某中书长者的一句话"此人不堪"，抹去之。商隐在这里用反语尽情发了一通牢骚，最后甚至说："此后不能知东西左右，亦不畏矣。"后来作尉弘农，又"以活狱不合人意，辄退去"，这使商隐更加愤激，"尝自咒愿得时人曰：此物不识字，此物不知书。是吾生获'忠肃'之谥也。"社会、官场如此腐朽黑暗，读书为文又有何用！士人的命运完全取决于显贵们的一言一行和喜好憎恶。这一切遭遇使作者早年所持的信念"是非系于褒贬，不系于赏罚；礼乐系于有道，不系于有司"成为虚语。故全篇"愤懑殊深"（冯浩语），对世情和官场的讥诮也十分辛辣。和《别令狐拾遗书》之多直抒愤激不同，本篇多用反讽、自嘲的方式来表达，而愤郁更深。篇末总结"爱华山之为山而有三得：始得其卑者朝高者，复得其揭然无附著，而又得其近而能远"。这"三得"反映了他和显贵者关系的三个阶段：先是希图依托；然后是不求依附，特立独行；最后是形迹似近而实际关系疏远。这中间可能包含了他和令狐绹之间关系发展变化的过程。以上三封书信，虽然风格各异，有的劲健，有的愤激，有的辛辣，但都贯串着商隐独立的思想性格和愤世嫉俗的精神。《别令狐拾遗书》说："千百年下，生人之权不在富贵而在直笔者。"《上崔华州书》说："行道不系今古，直挥笔为文。不爱攘取经史，讳忌时世。"《与陶进士书》说："是非系于褒贬，不系于赏罚；礼乐系于有道，不系于有司。"可以明显看出其思想的一贯性。

李商隐写的《刑部尚书致仕赠尚书右仆射太原白公墓碑铭并序》也很有特色。白居易卒于会昌六年，当年十一月葬洛阳之龙门。而墓碑铭则迟至大中三年闰十一月方由李商隐撰写。可见白居易家人对此事的郑重。白居易的堂弟白敏中时任宰相，正是炙手可热之时，墓碑铭的撰写，与白敏中的旨意有直接关系。商隐《与白秀才状》云："杜秀才翱至，奉传旨意，以远追先德，思耀来昆，欲俾虚芜，用备刊勒。承命揣己，悲惶莫任。伏思大和之初，便获通刺，升堂辱顾，前席交谈。陈、蔡及门，功称文学；江、黄预会，寻列《春秋》。虽迹有合离，时多迁易，而永怀高唱，尝托余晖。遂积分阴，俄逾一纪。今弟克承堂构，允绍家声，将欲署道表阡，继志述事，必在博求雄笔，□□鸿生。岂谓爱忘，忽兹谋及！"所谓"奉传旨意"，即奉传白敏中旨意。白居易是中外驰名的前辈大作家，卒时宣宗亲自写诗吊唁，其堂弟身居宰辅，商隐早年又曾受白居易的接见礼待。按一般情理，商隐当在墓志铭中对白居易的为人及其诗文创作大加赞颂，甚至对白敏中的功业大加张扬。但这篇墓碑铭对白居易生平及创作的叙述，却用极为朴素无华的方式作尽可能低调的处理。一些原可大事张扬的事迹均用客观、朴实、简约的文字来表述，如：

（元和）元年，对宪宗诏策，语切不得为谏官，补盩厔尉……时上受襄阳、荆州入疏献物在约束外，公密诋二帅，且曰非善良。后虽与宰相，不厌祸。其后礼官竟以多杀不辜，谥于頔为厉……武相遇盗殊绝，贼弃刃天街，日比午，长安中尽知。公以次纸为疏，言元衡死状，不得报，即贬江州……受旨起田孝公代恒阳，孝公行，赠钱五百万，拒不内。

在谈到白居易诗文创作时，亦仅云：

姓名过海，流入鸡林、日南有文字国。

对白敏中，也仅在以下的叙述中顺便交代其为相事：

他日，景受尝跪曰："大人居翰林，六同列五具为相，独白氏亡有。"公笑曰："汝少以待。"其曾祖弟，今右仆射平章事敏中，果相天子，复宪宗所欲得开七关，城守四州，以集巨伐。

尤论是白居易本人的宦历政绩、文学创作成就，或白敏中的功业，都尽可能用这种客观叙述的笔调，力求简约，不事铺张渲染。同样是大诗人的墓志铭，元稹的《唐故工部员外郎杜君墓系铭》对杜甫的诗歌创作成就却作了极高的赞誉："至于子美，盖所谓上薄《风》《骚》，下该沈、宋，言夺苏、李，气吞曹、刘，掩颜、谢之孤高，杂徐、庾之流丽，尽得古今之体势，而兼昔人之所独专矣。"比较之下，商隐之刻意作低调处理便显得格外突出。联系商隐《齐鲁二生·刘叉》中刘叉讥韩愈"谀墓"之事，可以推测李商隐写一代文豪白居易的墓志铭时，极力避免有"谀墓"之嫌，力求使它成为良史直笔之文。他是在实践自己早年信奉的思想："千百年下，生人之权，不在富贵，而在直笔者。"当然，不排斥商隐对白氏文学创作可能有自己的看法，否则，不至于对白氏文学创作本身不置一词，只讲到其流传邻国海外。

写于大中八年九月一日的《剑州重阳亭铭并序》，文字古朴矫健，起尤突兀奇横：

陪臣未尝屡睹天子官阙，矧得舞殿陛下耶？然下国伏地读甲乙丙丁诏书，亦有以识天子理意，尺度尧舜，不差毫撮，于绝远人意尤在。不然者，安得用江陵令，使上水六千里，挽大小虎牙、滟滪、黄牛险，以治普安？

此文冯浩疑"碑文久漫漶，而杨用修为补全之"，实无据。

李商隐为自己亲属所撰的行状共三篇，即曾祖妣卢氏、从叔李某、裴氏姊的行状。这三篇行状除了提供其家世、亲属及自己生平的第一手信实材料，具有很高的资料价值外，本身又带有人物传记的性质，具有较高的文学价值。特别是其中有些叙述颇能见人物的品格和风采个性，如《请卢尚书撰故处士姑臧李某志文状》中有两段这样的文字：

> 自弱冠至于梦奠，未尝一为今体诗。小学通石鼓篆与钟、蔡八分，正楷散隶，咸造其妙。然与人书疏往复，未尝下笔，悉皆口占。惟曾为郊社君（按：指其父，曾为郊社令）追福，于墅南书佛经一通，勒于贞石。后摹写稍盛，且非本意，遂以鹿车一乘，载至于香谷佛寺之中，藏诸古篆众经之内。其晦迹隐德，率多此类。

> 长庆中，来由淮海，途出徐州，时有人调徐帅王侍中（按：即智兴）曰："李某，真处士也。"遂以宾礼延于逆旅，愿枉上介，与为是邦。处士谓徐帅曰："从公非难，但事人匪易。"长揖不拜，拂衣而归。

将一位不慕荣利、不屈己事人、带有复古色彩乃至晦迹之癖的"真处士"形象生动地展现出来。特别是却王智兴之辟一节，对话颇具小说意味，很见人物个性。藏碑的细节也颇见个性。比较之下，曾祖妣、裴氏姊的行状叙事中更多地渗透了抒情成分，与处士叔的行状有别。

商隐古文中真正在人物描写方面见神采个性的是列入"杂记"的几篇文字。其中尤以《齐鲁二生》写得最为出色。《程骧》一则，写其父少良，本为郓地的强盗，以"发冢抄道"致赀万数。后少良老，其妻遂预为之谋后事：

> 后少良老，前所置食有大衁连骨，以牙齿稍脱落，不能食。其妻辄起，请党中少年曰："公子与此老父椎埋剽夺十数年，竟不计天下有活人。今其尚不能食，况能在公子叔行耶？公子此去，必杀之草间，毋为铁门外老捕盗所狙快。"少良默惮之，出百余万谢其党曰："老妪真解事，致以此为诸君别。"众许之，与盟曰："事后败出，终不相引。"

少良妻用反激法使少良懂得继续盗掠必然招致的后果，迫使其不得不洗手不干，并用数百万钱买得少年盗党日后事发决不牵引少良的许诺。其老谋深算和冷静得近乎冷酷的性格，通过精心设计的场面和个性化的语言得到传神的展现，给读者留下极深刻的印象。而少良放下屠刀之后，竟能"若大君子能追悔前恶者"。接着，写其子程骧得知父亲之事后，"号泣数日，不食，乃悉散其财"，"读书日数千言……后渐通五经、历代史、诸子杂家"。并记述其不爱钱财，不受藩镇之聘，淡泊名利。父子两代的生活道路、行为品格完全相反。通过这反差极大的对照，作者的褒贬之意已自寓其中。另一则《刘叉》，则写了一位传奇式的人物。

> 任气重义，大躯，有声力，常出入市井，杀牛击犬豕，罗网鸟雀。亦或时因酒杀人，变姓名遁去，会赦得出。后流入齐鲁，始读书，能为歌诗。然恃其故时所为，辄不能俯仰贵人。穿屦破衣，从寻常人乞丐酒食为活。闻韩愈善接天下士，步行归之……后以争语不能下诸公，因持愈金数斤去，曰："此谀墓中人所得耳，不若与刘君为寿！"

虽是粗线条的寥寥几笔，却将一位集狂人、奇士、侠客、诗人为一体的人物写得栩栩如生，其行为、声口极富个性色彩。此则被《新唐书·韩愈附刘叉传》全部采入。《宜都内人》记宜都内人与武后的一段对话，谏武后勿宠男妾，其中所表露的思想颇不同于传统观念：

> 内人曰："古有女娲，亦不正是天子，佐伏羲理九州耳。后世娘姥，有越出房阁断天下事者，皆不得其正，多是辅昏主，不然抱小儿。独大家革天姓，改去钗钏，袭服冠冕，符瑞日至，大臣不敢动，真天子也……今狎弄日至，处大家夫官尊位，其势阴求阳也。阳胜而阴亦微，不可久也。大家始今日能屏去男妾，独立天下，则阳之刚亢明烈可有矣。如是过万万岁，男子益削，女子益专，妾之愿在此。"后虽不能尽用，然即日下令诛作明堂者（按：指男宠薛怀义）。

656　将封建传统观念视为篡位和"牝鸡司晨"的武则天视为"真天子"，而且希望她在屏除男妾以后"过万万岁，男子益削，女子益专"。这是对长期以来男尊女卑观念的强烈反拨，在阴阳迷信外衣包裹下宣扬的是女权主义的思想。这在封建社会中是一种石破天惊之论。而作者却用肯定的态度来叙述，从侧面反映了他的思想观念与传统思想颇不相同。

商隐的传记作品仅《李贺小传》一篇，但写得很有特色。它不像一般传记那样全面地叙述其一生的行事经历，而是用自己的诗心去体察李贺在诗歌创作方面的奇异卓特：

> 每旦日出与诸公游，未尝得题然后为诗，如他人思量牵合以及程限为意。恒从小奚奴骑距驴，背一破古锦囊，遇有所得，即书投囊中。及暮归，太夫人使婢受囊出之，见所书多，辄曰："是儿要当呕出心始已耳。"上灯与食。长吉从婢取书，研墨叠纸足成之，投他囊中。

活现出一个将诗歌创作视为生命，呕心沥血，觅诗于郊野的苦吟诗人形象。"未尝得题然后为诗，如他人思量牵合以及程限为意"的创作方式，揭示出李贺的诗歌创作完全从自己的心灵感受出发，而不去考虑任何现成的程式规范以及预先设定的题目的约束。李贺集中没有一首律诗，也没有纯粹的应酬诗，跟他的这种创作原则有密切联系。篇末又记述了李贺死前的幻觉（天帝召他去作《白玉楼记》），并就此发了一通"才而奇者"不遇不寿的感慨：

> 呜呼！天苍苍而高也，上果有帝耶？帝果有苑圃宫室观阁之玩耶？苟信然，则天之高邈，帝之尊严，亦宜有人物文彩愈此世者，何独番番于长吉而使其不寿耶？噫！又岂世所谓才而奇者，不独地上少耶，天上亦不多耶？长吉生二十四年，位不过奉礼太常，当世人亦多排摈毁斥之，又岂才而奇者，帝独重之，而人反不重耶？又岂人见会胜帝耶？

借题发挥，将自己一肚子"才命两相妨"的牢骚与愤郁，通过层层似认真似戏谑的设问、推论，淋漓尽致地表达了出来。这篇小传虽写李贺，亦借寓感慨。商隐不但诗学李贺，其遭遇命运也与李贺相似，故在写李贺的同时将自己的人生感慨也融合进去了。

商隐的两篇短论《断非圣人事》《让非贤人事》，可能是青少年时期的习作，但其中所蕴涵的不为传统思想所囿的精神却值得重视。在《断非圣人事》中，他针对"尧去子，舜亦去子，周公去弟，后世人以为能断"的传统看法，认为这是"绝不知圣人事者"。理由是："断之为义，疑而后定者也。圣人所行无疑，又安用断！"如果说这种从"断"的概念上作简单推理的论述方式还不免显得有些稚气和故意立异，那么下面一段用来证明圣人所行无疑的话却颇富民主精神：

> 害去其身，未仁也；害去其家，未仁也；害去其国，亦未仁也；害
> 去其天下，亦未仁也；害去其后世，然后仁也。宜而行之谓之义。子不
> 肖去子，弟不顺去弟，家国天下后世，皆蒙利去害矣。

虽未免将圣人绝对化、偶像化，但把"家国天下后世，皆蒙利去害"作为"仁"的最高、最根本的标准，作为考虑问题的出发点与归宿，却表明作者的仁政理想相当高远。

《让非贤人事》则是针对"世以为能让其国、能让其天下者为贤"这一传统观念而发的，认为这是"绝不知贤人事者"。在他看来，吕望、伊尹这些开国贤臣，生当需要他们出来辅佐兴王、成就兴邦立国大业的时代，理应当仁不让。这里考虑问题的出发点不是抽象的道德教条或个人的道德评价，而是时代的需要，是舍我其谁的政治责任感。这说明，作者的看法不但很大胆，而且站得比较高。

第十九章　李商隐与宋玉

——兼论中国文学史上的感伤主义传统

李商隐是善于多方面向前人学习的作家。在探讨其诗歌创作的渊源时，研究者大都注意到他对屈原、杜甫、李贺乃至徐（陵）、庾（信）的学习继承，而对他受宋玉的全面、深刻而明显的影响，却一直很少有人道及。其实，在楚骚的两大作家中，宋玉对他的影响远比屈原更为重要而直接。这一点，李商隐自己的作品便是最有力的证明。他在诗中多次提到宋玉，并处处以宋玉自况。举一些显著的例证：

《席上作》：

> 淡云轻雨拂高唐，玉殿秋来夜正长。
>
> 料得也应怜宋玉，一生惟事楚襄王。

题注云："予为桂州从事，故府郑公出家妓，令赋'高唐'诗。"这是以宋玉"一生惟事楚襄王"的身世遭际，托寓自己栖身幕府、操笔事人的境遇，言外与家妓有"同是天涯沦落人"之慨。

《有感》：

> 非关宋玉有微辞，却是襄王梦觉迟。
>
> 一自《高唐》赋成后，楚天云雨尽堪疑。

这是借宋玉之赋《高唐》自喻其诗歌创作，涉及微辞托讽与借艳寓慨的特色。

《楚吟》：

> 山上离宫宫上楼，楼前宫畔暮江流。
>
> 楚天长短黄昏雨，宋玉无愁亦自愁。

这是以多愁善感的宋玉自况，表现出对昏暗时代氛围的感受。

其他如《哭刘蕡》之以宋玉师事屈原喻自己尊刘蕡为师友，深表痛悼之情；《过郑广文旧居》之以宋玉"三楚"之游暗喻自己大中元年、二年的湘桂之游；《咏云》之以熟谙"神女"式人物的宋玉自况；《高花》之以宋玉"墙低"自况；《宋玉》之以文采才华冠绝当时、沾溉后世的宋玉式人物自许，隐寓才同遇异之慨，都是显例。

一个作家在自己的作品中一再以推尊的口吻提到前代作家的名字与篇什，这是常有的，如李白之于谢朓。但像李商隐这样，从生活经历、境遇遭际、思想感情到文学创作，都公然以宋玉式的人物自命，却属罕见。这已经超出了通常的向前代作家学习的范围，而表现为一种异代同心式的精神气质上的高度契合。

那么，李商隐和他所倾心的前辈宋玉之间，在"人"与"文"两个方面究竟有哪些基本相似点呢？这些相似点，从文学发展的传承关系方面来考察，又反映了什么样的历史现象与规律呢？对上述问题进行归纳比较、联系思考，对具体作家研究的深入和对文学传统的发展线索的探寻，都会是有益的。

第一节　李商隐与宋玉身世境遇、思想性格的相似点

作为文人，李商隐与宋玉有着明显的相似之处。

首先，他们都是生当衰世、遭遇不偶的失意文人。宋玉生平，难以详考。刘向《新序》说他"事楚襄王而不见察"，习凿齿《襄阳耆旧记》说他"求事楚友景差"，作过楚王的"小臣"。后来连这也"失职"了，尝尽羁旅的孤寂凄凉。李商隐生当唐代末叶，与宋玉之身处楚国末世相似。他"内无强近，外乏因依"（《祭徐氏姊文》），由于政局的昏暗与党争的牵累，一生落拓不偶，辗转寄幕，羁泊穷年，其不幸似更甚于宋玉。他们都是衰颓时世失意贫士的典型。

其次，他们又基本上都是专业的文人。古代文学史上不少大作家，实际上并不以文学为专业或主业。第一位伟大诗人屈原，便首先是政治家、外交家。而宋玉，"一生惟事楚襄王"，除了充当文学侍从之臣，写作辞赋以外，几乎没有从事其他活动，可以说是中国文学史上第一位专业文人。李商隐更是毕生从事文字之役，无论是"刻意伤春复伤别"的诗歌创作，还是幕府记室的专业——骈文章表书启的大量写作，都说明他是以诗文为业的。这种专业文人，往往更具灵心慧感，也更醉心于艺术上的精雕细琢，呕心沥

660

血，视文学创作为生命。

再次，他们又都是正直而不免软弱、关心国运却又常沉溺于个人命运的文人。从《九辩》中可以看出，宋玉对混浊的时世和没落的国运是怀着忧愤的，但更多的时候，是在诉说个人的穷愁落拓。《史记·屈原贾生列传》说宋玉等人"终莫敢直谏"，正揭示出其正直而不免软弱的思想性格。这一点，在李商隐身上表现得更为明显而典型。他一方面为国运的衰颓深感忧伤，另一方面却常沉溺于个人的哀愁而不能自拔；一方面对统治者的荒淫深为愤慨，但另一方面又只能出之以微婉的讽刺；一方面对令狐绹这种庸懦忌贤的显贵深感不满，另一方面却不免希图汲引，陈情告哀。封建时代知识分子的正直与软弱，在他身上矛盾地统一在一起，表现得相当突出。

最后，他们又都是多愁善感型的文人。宋玉"悲秋"，历来被视为文人多愁善感的典型表现。读《九辩》，会突出地感到作者对萧瑟的秋色秋气的感受是何等敏锐、深刻和细致，其中融会的对时代、社会、人生的凄凉感受又何等强烈！李商隐在多愁善感这一点上则又超过了他的前辈宋玉。他的许多优秀诗篇，都渗透了缠绵悱恻的哀感和不能自已的悲慨。评家说"情深于言，义山所独"（清钱良择评李商隐《七月二十九日崇让宅宴作》，冯浩《玉谿生诗笺注》引），正揭示出他的多情善感的个性，而"春蚕到死丝方尽，蜡炬成灰泪始干"，则正可视为这位主情型诗人的心灵象征。古代文人中，有超旷型的，也有缠绵型的，李商隐与宋玉，便是纯粹主情的缠绵型文人代表。

上述几个方面的相似点，使他们在创作倾向与风貌上也呈现出共同的特征。下面，就进而对他们在文学创作上的相似之点进行归纳比较，以揭示他们之间实际存在的传承关系。

第二节　贫士失职而志不平的思想主题和悲秋伤春的意蕴

宋玉的作品，《汉书·艺文志》著录为十六篇。目前为研究者所公认的，仅《九辩》一篇，此外，如与《九辩》一起收入王逸《楚辞章句》，题为宋玉作的《招魂》，以及收入《文选》的宋玉《风赋》《高唐赋》《神女赋》《登徒子好色赋》《对楚王问》等，研究者对它们的归属与真伪，尚有争议。但王逸《楚辞章句》与萧统《文选》，久已流传士林，后者更是唐代士人家弦户诵的书籍。在辨伪观念尚不发达的当时，一般人都认为两书所载的七篇均为宋玉之作。从上引李商隐以宋玉自况的诸诗中也可明显看出，他是把《招魂》《风赋》《高唐赋》《神女赋》《登徒子好色赋》等都视为宋玉所创作的。因此，我们今天探讨李商隐与宋玉的承传关系时，理当根据当时的实际情况，将上述七篇都列为宋玉之作。

现在，我们来比较李商隐与宋玉创作特征的一个主要方面。这就是他们都以"贫士失职而志不平"为作品的基本主题。

由于身世的落拓与境遇的坎壈，宋玉在他的代表作《九辩》一开头，就触景兴感，发出了"贫士失职而志不平"的悲叹。这也是整个《九辩》的主题。作者有时采取直抒的方式，但更多的是通过对深秋萧瑟景象的描绘渲染，来抒写失职的悲怨、羁旅的孤寂，表达对现实环境的凄凉感受。杜甫说："摇落深知宋玉悲。"（《咏怀古迹五首》之二）摇落之悲，亦即所谓悲秋，是贯串《九辩》的主旋律，其中蕴涵了对时代环境、政治局面、人生境遇的悲感，而其核心，则是对个人境遇的悲怨。这种以个人身世之感为核心的摇落之悲，更深深地渗透在李商隐各个时期、各种题材和体裁的作品中，成为他诗歌创作以及一部分与身世有关的骈文书启、祭文的基调。我们不但可以从他的《摇落》这种从题目、内容到语言都直接渊源于《九辩》的诗中看出二者的亲缘关系，更可以从贯串渗透在李商隐许多诗作中那股萧瑟的秋意和悲秋意蕴，看出他们之间一脉相承的关系。像下面这些最明显的例证："秋阴不散霜飞晚，留得枯荷听雨声"（《宿骆氏亭寄怀崔雍崔衮》），"秋风动地黄云暮，归去嵩阳寻旧师"（《东还》），"露如微霰下前池，风过回塘万竹悲。浮世本来多聚散，红蕖何事亦离披"（《七月二十九日崇让宅宴作》），"黄陵别后春涛隔，湓浦书来秋雨翻"（《哭刘蕡》），"四海秋风阔，千岩暮景迟"（《陆发荆南始至商洛》），"君问归期未有期，巴山夜雨涨秋池"（《夜雨寄北》），"秋霖腹疾俱难遣，万里西风夜正长"（《王十二兄与畏之员外相访见招》），"黄叶仍风雨，青楼自管弦"（《风雨》），"阶下青苔与红树，雨中寥落月中愁"（《端居》），无论是伤悼故交、怀念亲友，还是行旅羁泊、平居宴饮，几乎随时随地都会触发悲秋的意绪。可以说，这种意绪，已经深入骨髓，成为一种性情，使他习惯于用悲秋的眼光、心态去感受社会、感受人生、感受一切，因而感到无往而不含秋意，甚至连盛夏的丛芦之声在他听来也是"清声不逐行人去，一世荒城伴夜砧。"《出关宿盘豆馆对丛芦有感》）。总之，李商隐与宋玉的悲秋，都是衰颓时世失职贫士凄寒伤感心态的一种典型表现。

传为宋玉所作的《招魂》结尾有一段点明全篇主旨的感慨深长的话："朱明承夜兮，时不可淹，皋兰被径兮，斯路渐。湛湛江水兮，上有枫，目极千里兮伤春心。魂兮归来哀江南！"屈复说："顷襄忘不共戴天之仇，而犹夜猎荒游……所以极目而伤春心也。"（《楚辞新注》。按：屈复认为《招魂》系屈原所作，这里取其对这几句的理解）这是深得赋旨及"伤春"意蕴的诠解。这个结尾，集中表达了作者对国家前途的忧念感伤。李商隐对《招魂》的"伤春"特具神会，在诗中一再使用这个带有象征色彩的词语，并赋予它更为丰富的内涵，如"天荒地变心虽折，若比伤春意未多"（《曲江》），"曾苦伤春不忍听，凤城何处有花枝"（《流莺》），"年华无一事，只是自伤春"（《清河》），"我为伤春心自醉，不劳君劝石榴花"（《戏恼韩同年》），"君问伤春句，千辞不可删"（《朱槿花》）。以上诸例，"伤春"或指对国家命运的忧伤，或指遭遇不偶的悲慨，或指年华虚度的伤感，或指爱情追求的苦闷，具体内容虽不相同，但都贯串着对美的消逝的感伤。这种伤春之情，也像一条贯串的感情主线，展现在他的许多作品中，成为其诗歌创作中与悲秋相并行的又一基调——对美的哀挽，"刻意伤春复伤别，人间惟有杜司勋"（《杜司勋》），这是赞小杜，也是自道。他的《天涯》说："春日在天涯，天涯日又斜。莺啼如有泪，为湿最高花。"这流泪的啼莺正是伤春之情的绝妙象征。

贫士失职而志不平的思想主题，可以表现为强烈的怨愤与牢骚，甚至激烈的反抗，也可以表现为愤世嫉俗乃至玩世不恭。李商隐与宋玉，则以悲秋与伤春的特殊方式，表现了失职贫士的哀怨与感伤，以及他们对时代、社会、人生的悲慨。这种感情基调与诗歌意境，构成了他们创作的一个基本特征——感伤主义，也体现出他们之间明显的承传关系。

第三节　微辞托讽

微辞托讽，是李商隐与宋玉另一重要的共同创作特征，也是他们之间承传关系的另一显著体现。

宋玉《登徒子好色赋序》说："大夫登徒子侍于楚王，短宋玉曰：'玉为人体貌闲丽，口多微辞，又性好色，愿王勿与出入后宫。'"这里所谓

"微辞"，指用隐含不露的委婉言辞进行的讽喻，《史记·屈原贾生列传》说宋玉等人"终莫敢直谏"，正可与"微辞"相印证。《文选》所载宋玉诸赋，确实程度不同地具有微辞谲谏、婉而多讽的特点。像《风赋》将风分成"大王之雄风"与"庶人之雌风"，前者"乘凌高城，入于深宫……徜徉中庭，北上玉堂，跻于罗帷，经于洞房"，而后者"塕然起于穷巷之间，堀堁扬尘，勃郁烦冤，冲孔袭门，动沙堁，吹死灰，骇溷浊，扬腐余"，一贵一贱，界限分明。表面上像是颂扬"大王之雄风"，骨子里却是揭露上层统治者与下层穷民间生活境遇的悬殊，暗讽上层的富贵尊荣、奢侈淫逸。这正是微辞婉讽的典型表现。《高唐赋》等，前人也多认为有所托讽。《文选·高唐赋》题注云："此赋盖假设其事，风谏淫惑也。"对赋旨的这种理解，似为唐人所普遍接受，杜甫就说："云雨荒台岂梦思"（《咏怀古迹五首》之二），认为高唐云雨，不过借梦托讽而已。李商隐说得更明白："非关宋玉有微辞，却是襄王梦觉迟。"直接点破《高唐赋》乃是微辞讽喻之作。《文选·登徒子好色赋》题注也说："此赋假以为辞，讽于淫也。"不论这种理解是否符合赋的本旨，但至少在李商隐，是根据这种理解来继承发扬宋玉微辞谲谏、婉而多讽的传统的。

这方面的突出表现，是一系列托古讽今、以古鉴今的咏史政治讽刺诗的成功创作。从早期写的《富平少侯》《陈后宫》起，李商隐就已显露出讽刺荒淫失政的统治者的特出才能，到后期其讽刺艺术更达到炉火纯青的境界，像《齐宫词》的微物寄慨，《隋宫》（七律）的兴在象外，《贾生》的议论以唱叹出之，都臻于微辞托讽的极致。他在这方面的突出特点，是能把尖锐深刻的讽刺与含婉不露的表现方式很好地结合起来，既避免了宋玉这类作品中倾向不够鲜明的缺点，又极富含蕴，使人玩之无尽。他的一些针对当时政治现实中某种世情风习而发的讽刺诗，也具有这种婉而多讽的特点，像《宫妓》之讽玩弄机巧、终招其祸的"偃师"式人物，《宫辞》之讽得宠者志满意得而不知失宠命运近在咫尺，《梦泽》之讽饿损腰肢以邀宠者的麻木与愚蠢，都讽刺入骨而又极含蓄蕴藉，难怪学李商隐的西昆派主要作家杨亿对《宫妓》"措辞寓意"之"深妙"（杨亿《谈苑》，冯浩注引）要赞叹不已了。沈德潜在谈到李商隐的咏史诗时说："襞绩重重，长于讽喻。中多借题撷抱，遭时之变，不得不隐也。"（《说诗晬语》卷上）正道出他的这类诗讽刺深隐的特点。

第四节　抒写艳情绮思

抒写艳情绮思，是李商隐与宋玉又一共同的创作特征。在这方面，他们之间也存在明显的承传关系。

《诗经》中的风诗，颇多男女相悦之作；屈原的《九歌》，更多涉及神人、神灵间的恋爱。但那是民歌或加工提高的民歌。真正的文人独立创作的赋艳之作，应该说始于宋玉。他的《高唐赋序》记述了楚怀王游云梦之台，宿高唐之馆，梦见巫山神女自荐枕席的情事，自此"云雨高唐"便成为艳情的代称。《神女赋》并序又记述了襄王梦遇神女的情节，并对神女的"瑰姿玮态"作了出色的描绘。《登徒子好色赋》对东家女的妖姿媚态的描写同样绘形传神。这三篇赋可以说是文人艳情文学的百代之祖。后世如《美人赋》《洛神赋》等固然从此胎息，就是南朝的艳诗宫体也莫不与此一脉相承。晚唐写艳体诗的风气转炽，李商隐尤为赋艳之大宗。他的艳诗，近师李贺，中效徐（陵）、庾（信），远绍宋玉，融会各家之长而成自己独特面目。他不仅频繁地运用宋玉《高唐》诸赋的故事情节、人物形象、语言词汇，而且吸取了其华美奇幻的意境，创造出像《燕台诗四首》《圣女祠》《重过圣女祠》一类极富情采意境之美的艳诗。他笔下许多"神女"式的人物，明显从《高唐》《神女》等赋得到启发，所谓"神女生涯元是梦""一春梦雨常飘瓦""我是梦中传彩笔，欲书花片寄朝云"，说明他的诗思与联想常受到宋玉赋艳之作的影响。

《高唐》诸赋，除了传统的"假设其事，风谏淫惑"这种理解以外，是否更有隐微的托寓，难以确定。但作者虽未必然，后世的读者却不妨从它们的某些情节、人物乃至诗句中产生某些联想。如巫山神女自荐枕席于楚王的情节，就容易引发才士自献于君王方面的联想。李商隐《代元城吴令暗为答》所谓"荆王枕上原无梦，莫枉阳台一片云"，可能就包含了这方面的联想；而上引"料得也应怜宋玉，一生惟事楚襄王"的诗句，则更清楚地显示了诗人由"神女生涯"联想到自己身世的轨迹。《神女赋》中"怀贞亮之絜清兮"一段，也颇似有托而言，曹植的《洛神赋》，仿《神女赋》而作，则是明显有所托寓的。李商隐的《无题》诸篇，绝大部分写男女之情，其中有的明显自寓身世，有的寓托似有若无，有的直赋艳情。这几类《无题》都或隐或显地受到宋玉《高唐》诸赋的影响。我们从"照梁初有情，出水旧知名""神女生涯元是梦""东家老女嫁不售"这些诗句中分明可见宋玉赋中女主人公的身姿面影。作者正是通过抒写她们的离别相思、身世境遇，自觉或不自觉地表现了自己的身世之感。

第五节　李商隐与宋玉的异同

李商隐论诗，标举怨刺与绮靡二端，其《献侍郎钜鹿公启》说："我朝以来，此道尤盛，皆陷于偏巧，罕或兼材……推李、杜则怨刺居多，效沈、宋则绮靡为甚。"他既不满于诗歌只有怨刺的内容而乏文采，又反对一味追求形式文辞的华美绮艳而无怨刺的内容。他所赞美与追求的，乃是怨刺的内容与绮美的形式的统一。而宋玉，正是他理想中合怨刺与绮靡为一体的诗人。如果说，"贫士失职而志不平"是"怨"，微辞托讽是"刺"，那么，以华美的文辞抒写艳情绮思正是所谓"绮靡"了。这就无怪乎李商隐那样推尊宋玉了。

鲁迅在论及宋玉时指出："虽学屈原之文辞，终莫敢直谏。盖掇其哀愁，猎其华艳，而'九死未悔'之慨失矣……《九辩》虽驰神逞想，不如《离骚》，而凄怨之情，实为独绝。"（《汉文学史纲要》）这里不仅揭示出屈、宋的异同，也揭示了宋玉创作的几个主要特征。所谓"哀愁""凄怨"，即贫士失职的不平与感伤；"莫敢直谏"，即微辞托讽的另一种表述。以上两方面，亦即"怨刺"。所谓"华艳"，即以华美的文辞抒写艳情绮思，亦即"绮靡"。李商隐与宋玉之间的承传关系，不也正可借用"掇其哀愁""猎其华艳"来概括吗？

当然，两位相隔千余载的作家，处于不同的时代社会条件，有着不同的具体生活经历，他们之间在创作特征上的共同点，毕竟只是某种类似，而且在类似之中仍然包含着重要的差异与区别。例如宋玉的哀愁感伤，主要是感慨个人境遇的困顿和由此引起的对昏暗政局的怨愤，内容比较单纯具体；而在李商隐的作品中，其哀愁感伤已在具体的经历遭际的基础上，扩展深化为一种包蕴着对整个现实人生的带哲理性的思索与感喟，内涵更为虚泛抽象，试比较以下两例：

白日晼晚其将入兮，明月销铄而减毁。

岁忽忽而道尽兮，老冉冉而愈驰。

——宋玉《九辩》

向晚意不适，驱车登古原。

夕阳无限好，只是近黄昏。

——李商隐《乐游原》

同是因日落而兴感，在宋玉那里便只是叹老嗟卑的哀感，内容比较单纯；而在李商隐心中，则"迟暮之感，沉沦之痛，触绪纷来，悲凉无限"，"百感茫茫，一时交集，谓之伤时世可，谓之悲身世亦可"（《李义山诗集辑评》录杨守智、纪昀评语）。这种包蕴深广的感伤，在李商隐诗中成为一种常调，而在宋玉的作品中却是未曾出现过的。李诗中深刻的感伤，不但与晚唐衰颓的国运密切关联，而且和整个封建社会越过繁荣昌盛的顶峰，逐步向后期转变所呈现的时代氛围有着内在联系。由于本章的重点不在揭示李商隐与宋玉的同中之异，而是指出他们的承传关系与共同的创作特点，因此对前一方面便不多涉及了。

第六节　中国文学史上的感伤主义传统

由宋玉所开创，而为李商隐所突出地加以继承发展的，是中国文学史上一个源远流长的传统——感伤主义传统。

在考察文学史上不同时代作家作品间的传承关系和某种文学流派的形成发展时，人们往往习惯于把目光专注在少数文学巨擘身上，而对一些看来比较次要，实际上对后世文学起过不容低估的影响的作家往往有所忽略。例如，屈、宋并称，其来有自。但文学史家在谈到楚骚对后世的影响时，往往只强调屈原的精神与作品衣被后世而忽视宋玉。尽管宋玉的人格、思想与文学成就远不能与屈原比肩，在文学上也受到屈原的明显影响，但宋玉其人其文，却代表了中国古代文人中一种具有相当广泛性的类型，一种在文学史上悠长的传统。屈原与宋玉，是两种不同类型的人物。屈原有理想、有操守、有伟大的人格，但后代文人中真正具有他那种理想与品格的并不多。许多虽比较正直却不免软弱、出身寒微而遭遇不偶的文人往往与宋玉的精神气质更为合拍。宋玉的"悲秋""伤春",他的"风流儒雅"与"多情"的气质(分见杜甫《咏怀古迹五首》之二、韦庄《天仙子》词),也往往更易引起他们的共鸣,并引为同调。

宋玉作品的上述几个特征对后世都有深远影响,但其中最主要的、影响最大的是感伤主义。他的《九辩》,是文人诗中感伤主义的最早源头和集中表现。屈原作品中,虽也有缠绵悱恻、哀怨感伤的一面,但其主要特征,则是雄伟瑰奇、富于阳刚之美的。只有到了宋玉的《九辩》,感伤主义才成为一种贯串的基调,并形成作家独特的风格特征。从此以后,每逢适宜的时代社会土壤(一般是封建王朝的衰颓期),这种感伤主义便往往出现在一部分失意的中下层文人作品中,成为一个时期文学上的一股潮流。

东汉末年,社会动乱,中下层文士政治上失意彷徨,生活上困顿流离,颇多人生哀感,这种情绪,集中表现在无名氏的《古诗十九首》中。建安文学,固以"梗概而多气"为主要特色(《文心雕龙·时序》),但由于世积乱离,风衰俗怨,在曹丕《燕歌行》、曹植《七哀诗》等作中也流露出感伤的情绪;正始时期的阮籍,其《咏怀》每有忧生之嗟;太康时期的潘岳,其《悼亡》哀凄深挚,也各具伤感色彩。南朝文学中,像江淹的《恨赋》《别赋》,将历史上和现实中一系列饮恨伤别的典型事例联结在一起,刻意渲染,透露出失意文人在更广泛地思考历史与人生的基础上产生的深沉感伤。而由南入北的庾信,因其特殊的身世经历,在《哀江南赋》《拟咏怀》等作品中,更将对国家命运和个人身世的悲慨融为一体,上承宋玉《招魂》《九辩》,下启李商隐的感伤国运、身世之作,是感伤主义发展过程中一个承先启后的重要作家。

入唐之初,刘希夷的《代悲白头翁》感叹人生无常,充满哀伤情调;张若虚的《春江花月夜》却在美好的自然背景中展开对宇宙、人生的悠远遐想和对美好生活的深情期待。刘、张二作,正体现了由初入盛的演化,也透露出明朗乐观、充满青春气息的盛唐之音离感伤主义已经相当遥远。但安史乱起,时世维艰,中下层文人遭遇坎坷,感伤主义重新抬头。刘长卿、李益等人感时伤乱与边塞征戍之作中,已渗透了萧瑟悲凉的秋意,白居易的《琵琶行》更在"枫叶荻花秋瑟瑟"的环境中展开对琵琶女与自身天涯沦落遭际的叙写,创造了具有浓重感伤气息的叙事文学新品种。同时期的李贺,以冷艳的风格表现深刻的感伤,被杜牧称为"骚之苗裔"(《李长吉歌诗叙》),其实本质上是抒发贫士失职的孤愤。到了晚唐,由于国运的进一步衰颓和士人境遇更加艰困，感伤主义传统得到了新的发展。"伤春""伤别"成为以杜牧、温庭筠、李商隐为代表的诗歌主流派的共同倾向。而李商隐的诗歌，融时世身世之悲感于"沉博绝丽"之中（朱鹤龄《李义山诗集笺注序》引钱谦益语），贯感伤情调于咏史、咏物、无题等各种题材体制之内，将宋玉、庾信、杜甫、李贺诸家的感伤质素与文采华艳都加以融会吸收，成为感伤主义文学传统的集大成者。

李商隐以后，词这种新的文学样式已经成熟，而且一开始就奠定了一个抒写离愁别恨、伤春悲秋的传统。从此，古代文学中的感伤主义便在相当长的时期内几乎全部集中到婉约词中。在婉约词中，感伤情绪的内容变得狭小了，表现方式则更为深婉细腻。在五七言诗领域里，"言志"乃至"明道"的特征越来越突出，"缘情而绮靡"的特征越来越衰弱，感伤色彩也就显得很淡薄了。元、明、清三代，戏曲、小说取代了传统的诗、文、词在文学史上的主要地位，它们一般带有较浓的市民色彩，感伤气息并不浓重。但在封建社会行将解体的前夜，感伤主义却又大放异彩。洪昇的《长生殿》与孔尚任的《桃花扇》，在总结封建王朝兴亡的历史教训的同时，对整个封建社会的历史与封建地主阶级的统治流露了浓重的感伤情绪，充满了历史与人生的空幻悲凉感。曹雪芹的悲金悼玉的《红楼梦》，更是一曲充满感伤情绪的封建社会的挽歌。如果要找一个感伤主义文学传统的总结者，曹雪芹就是这样的历史性人物。

以上所勾画的，是感伤主义文学传统一个极为简略的发展轮廓与线索。从总体上说，它反映了封建社会中失意知识分子对自身境遇、现实人生和时代社会的伤感情绪。其中含有对现实黑暗的怨愤不满，对美好事物的伤悼流连，也含有消沉悲观、沉溺于个人哀怨等消极质素。在整个发展过程的各个不同阶段，感伤主义的具体内涵与表现形式，是有发展变化的。如果把宋玉、李商隐、曹雪芹作为三个阶段的代表，我们可以看到感伤主义从主要是伤感个人境遇到整个人生，最后发展为对整个社会的感伤的大体轨迹。与此同时，则是其表现形式越来越虚泛抽象，带有人生哲理的意味和空泛悲凉的色彩。这大体上反映了封建社会失意知识分子对现实感受的深化和由此引起的心态变化。

儒家诗教提倡"哀而不伤"（《论语·八佾》），感伤主义按说似乎是不大符合这种美学原则和审美趣味的。但感伤美作为艺术美的一种类型，却在我们民族的审美发展史上长期占有相当重要的地位，并得到人们的广泛欣赏。这可能是因为，感伤主义的作品大都是以伤感、哀挽的形式肯定生活中的美，从而引起人们对它的珍惜流连；很少表现出对生活的阴暗绝望和厌弃逃避，相反地倒往往在缠绵悱恻中透露出对生活的执著，因此能在感伤中给人以诗意的滋润。同时，这类作品中的大部分，在表达方式上也不是淋漓恣肆，而是比较含蓄蕴藉的。这也较为符合民族审美习惯与心理。从宋玉到李商隐再到曹雪芹，这个感伤主义的文学传统应当得到梳理与总结。

第二十章　李商隐诗与唐宋婉约词

　　根据现存文献材料，晚唐大诗人李义山并没有填过词，不像跟他同时齐名的杜牧，还留下一首慢词《八六子》（洞房深），更不像温庭筠之大力填词，成为花间派乃至整个婉约词风的鼻祖。因此，在很长的时间内，研究义山诗或婉约词的人，往往忽略二者之间的联系。较早从总体上明确提出义山诗与词体关系的，是缪钺先生半个多世纪前写的一篇《论李义山诗》的文章，他说："词之特质，在乎取资于精美之事物，而造成要眇之意境。义山之诗，已有极近于词者……盖中国诗发展之趋势，至晚唐之时，应产生一种细美幽约之作，故李义山以诗表现之，温庭筠则以词表现之。体裁虽异，意味相同，盖有不知其然而然者。长短句之词体，对于表达此种细美幽约之意境尤为适宜，历五代、北宋，日臻发达，此种意境遂几为词体所专有。义山诗与词体意脉相通之一点，研治中国文学史者亦不可不致意也。"（《诗词散论·论李义山诗》）这段精辟的论述指出了探讨义山诗与词体关系的重要门径，但由于它在文中属于"附论"，未能展开详论。最近几十年来，一些研究义山诗的论著虽也间或提及它对词的影响，亦多为片言数语。本章拟对这个问题进行初步探讨。一方面，从比较中说明义山诗的词化特征[①]；另一方面，论述义山诗对唐宋婉约词的影响。这是一个问题的两个方面，它们之间既有密切的因果联系，又有区别。前者主要着眼于义山诗与婉约词在诸方面的相似点，以说明义山诗在由五七言诗向词递嬗演变过程中所处的重要地位；后者主要着眼于义山诗的一些重要质素与特征对婉约词的深远影响。对这个问题的探讨，可能有助于从一个为人忽略的重要方面说明李商隐在文学史上的地位，也有助于说明由诗到词的递嬗过渡和它们之间的传承关系。

671

　　[①]这里所说的"词化特征"，特指词在艺术上成熟，并显示出自己特有的体性风格时所具有的那些特征。

第一节　中晚唐绮艳诗风与诗的词化

个别诗篇出现词化特征，早在盛唐时期就已初露端倪。像刘方平的《夜月》：

> 更深月色半人家，北斗阑干南斗斜。
> 今夜偏知春气暖，虫声新透绿窗纱。

《春怨》：

> 纱窗日落渐黄昏，金屋无人见泪痕。
> 寂寞空庭春欲晚，梨花满地不开门。

无论意象、境界、写法，都逼近后来的闺情小令。但作为一种趋向，诗的词化是跟中晚唐绮艳诗风的发展密切联系的。不过，同属绮艳诗风的诗家，他们的诗在词化程度及对词的影响上却有区别。下面提出元稹、李贺、杜牧、温庭筠等诗人与李商隐进行比较讨论。

元稹写艳诗百余首，"其哀感缠绵，不仅在唐人诗中不可多见，而影响于后来之文学者尤巨"（陈寅恪《元白诗笺证稿·艳诗及悼亡诗》）。但他的艳诗，由于多为其青年时代的情人而作，内容不免受到具体对象及情事的拘限，其诗风又特长于铺叙繁详，因此往往注重叙写事件、情节乃至细节，刻画人物装束情态，带有较强的叙事性和写实性，而不大着重感情、心理的抒写，无论长篇如《梦游春》《会真诗》，短章如《离思》《杂忆》，都具有这种特点。这跟长于抒情而短于叙事，注重隐微婉曲、多用比兴象征的婉约词，是很不相同的。因此，元稹的绮艳之作词化迹象不很显著，其影响所及，也主要是后世的叙事文学（包括讲唱文学和戏曲小说）及五七言诗领域内的风怀之作，对词的影响仅限于《调笑转踏》及赵令畤的《商调·蝶恋花》一类变体。

李贺的绮艳之作则表现出不同的特征。它以抒写内心感受与渲染氛围为主，而不注重叙事；意象密度大而富于跳跃性，喜用象征暗示和借代，意境往往比较隐晦。这些都非常接近晚唐五代的香艳词风。像《残丝曲》《湖中曲》《屏风曲》《难忘曲》《夜饮朝眠曲》《蝴蝶舞》《美人梳头歌》《将进酒》《江楼曲》等作，在内容、情调上都不同程度地具有词化倾向。花间词"自南朝之宫体"（欧阳炯《花间集序》）的渊源及特征，也不妨直接说成"自长吉之艳体"。不过，李贺的绮艳之作，有时不免流于幽冷诡异、虚荒诞幻，像《苏小小墓》甚至描摹鬼境，这跟词始终抒写现实人间的情思自有显著区别。特别是他追求感官与心理的刺激，喜欢运用浓烈的色调和酸心刺骨的硬语奇字，以造成强烈的刺激性效果，其审美类型近于阴刚型而非阴柔型，刺激型而非滋润型。这跟柔媚婉丽的婉约词风更有明显不同。因此，李贺的诗虽对词有很大影响，但在审美类型上却与婉约词异趋。

晚唐绮艳诗风更盛。杜牧是被李商隐推许为"刻意伤春复伤别"的诗人，他的伤春伤别之作中固然有不少是感伤时世身世的，也有相当一部分是像《赠别》《遣怀》一类的绮艳之作。不过，他的诗风，偏于豪宕拗峭、疏朗俊爽，与婉约词之偏于隐微含蕴、密丽柔婉者不同，即便是优美，也多表现为一种俊逸风流的男性美，而非婉约词所体现的柔腻婉媚的女性美。因此，他的诗歌意象与语言虽常为后世婉约词家所取资，"青楼""豆蔻""扬州梦"等甚至被用得熟滥，但整个来说，他的绮艳之作所表现的主要是诗境而非词境。

温庭筠是晚唐五代香艳词风、也是整个婉约词风的开拓者，又是晚唐绮艳诗风的代表人物之一。这样一位一身而二任的作家，其词风与诗风之间的联系很值得探讨。温诗中的绮艳之作绝大部分是五七言古体乐府（也有小部分近体律绝），篇幅一般较长，辞藻丽密，色泽秾艳，风格颇近其艳词。如他的《织锦词》《夜宴谣》《郭处士击瓯歌》《锦城曲》《舞衣曲》《张静婉采莲曲》《照影曲》《吴苑行》《晚归曲》《春洲曲》《钱唐曲》《春愁曲》《春晓曲》等，内容、情调与某些写法，都很接近词，举《春愁曲》为例：

> 红丝穿露珠帘冷，百尺哑哑下纤绠。
>
> 远翠愁山入卧屏，两重云屏空烘影。
>
> 凉簪坠发春眠重，玉兔煳香柳如梦。
>
> 锦叠空床委坠红，飔飔扫尾双金凤。
>
> 蜂喧蝶驻俱悠扬，柳拂赤阑纤草长。
>
> 觉后梨花委平绿，春风和雨吹池塘。

写闺中春愁，对女主人公的外貌、心理与行动均不作正面描绘刻画，完全借助于环境气氛的烘托渲染和自然景物的映衬暗示。写法细腻婉曲，俨然花间词境。其中有些诗句，使人自然联想起他的《菩萨蛮》词中的句子。如"远翠"三句之与"小山重叠金明灭，鬓云欲度香腮雪"，"玉兔"句之与"江上柳如烟，雁飞残月天"，"觉后"二句之与"雨后却斜阳，杏花零落香"，取象造境，均极神似。但他的这类作品由于刻意追摹李贺，不仅意境比较隐晦，语言也时有生硬拗涩之处，像"脉脉新蟾如瞪目""碎佩丛铃满烟雨""玉晨冷磬破昏梦""藕肠纤缕抽轻春""蝉衫麟带压愁春""水极晴摇泛滟红""绿湿红鲜水容媚"等诗句，与他的"截取可以调和的诸印象而杂置一处，听其自然融合"（俞平伯《读词偶得》）的词句相比，就显然可见生涩与圆融之别。这种生硬拗涩的字面与句法，在五七言古体中完全可以允许，但如施之于歌唱的曲词，则不但歌者拗口，听者亦难以入耳。而且他的这类长吉体绮艳之作，表现手法也稍觉繁尽，不像他的词含蓄蕴藉。倒是他的某些近体律绝，无论意境、情调和语言都更接近于词。例如《碧磵驿晓思》：

> 香灯伴残梦，楚国在天涯。
> 月落子规啼，满庭山杏花。

《瑶瑟怨》：

> 冰簟银床梦不成，碧天如水夜云轻。
> 雁声远过潇湘去，十二楼中月自明。

前诗以景结情，意境颇似"花落子规啼，绿窗残梦迷"（《菩萨蛮》之六），后诗"作词境论，亦五代冯、韦之先河也"（俞陛云《诗境浅说续编》）。从以上的对照中可以看出，温诗绮艳的内容显然更适宜于用词的形式来表现，而词的语言与表现手法也跟近体诗更为接近。同样或类似的内容，在五七言古诗中语言不免生硬拗涩，表现未免繁尽，在词里却一变而为婉丽纤秾、含蓄蕴藉，这显然由于词是一种配乐歌唱的歌词，语言的圆润乃是自然的要求。这也是温庭筠的长吉体绮艳之作未见出色，而他用李贺作诗之法填词却取得很大成功的原因。

674

从元稹、李贺到杜牧、温庭筠，可以看出，内容风格的绮艳，仅仅是诗歌趋于词化的一个条件或方面。诗的词化程度还跟其他一系列因素（诸如题材、意象、意境、语言、表现手法及审美特点等）相联系。李贺、温庭筠的绮艳之作尽管在内容、情调上已经接近词，但由于感情内质、表现手法及语言风格等诸多因素的影响，在审美类型上与婉约软媚的词仍有区别。词坛鼻祖温庭筠的绮艳诗作未必比没有填过词的李商隐的同类作品更接近于词，因为后者在上述方面具有更突出的词化特征。

第二节　李商隐诗的词化特征

李商隐的绮艳之作约占其全部诗歌的四分之一。这即使在晚唐绮艳诗风炽盛的时期，也是非常突出的。在这些作品中，词化特征比较显著的大体上有三类。一类是经过改造的"长吉体"艳情诗，如《燕台诗四首》《河内诗》等，一类是用近体律绝形式写的无题诗、准无题诗（如《重过圣女祠》《嫦娥》等）、有题的爱情诗（如《春雨》）和风格绮艳的咏物诗。还有一类是吟咏日常生活情思的小诗。后两类作品数量远比第一类多，词化特征也更为显著。以下从几个主要方面对这些作品的词化特征加以说明。

题材的细小化——从盛唐、中唐的锐意功名进取、放眼江山塞漠、关注国计民生到晚唐的醉心男女情爱，这本身便是诗歌在题材领域内趋于词化的标志。李商隐除了大量创作爱情诗和无题诗以外，还写了许多所咏对象具有细小纤柔特点的咏物诗。盛唐人意气风发，咏物诗也以马、鹰、剑等最能体现刚健的时代精神的事物为主。这种特点，即使在李贺的咏物诗中也仍然有所体现（李贺有《马诗二十三首》《春坊正字剑子歌》）。但到了李商隐，咏物诗的题材发生了显著的变化。在他百来首咏物诗中，绝大部分是柳、槿花、樱桃、燕、蝉、蜂、蝶、细雨、灯、泪、肠、袜这些细小而纤柔的事物，其中柳诗达十五首之多，蝶诗、雨诗也各有四首。这几种事物都是在婉约词中出现得很多的，对词的特殊情调、意境的形成起着重要作用。在晚唐著名诗人中，像他这样大量吟咏细小纤柔事物的，还找不到第二人。

内容的深微化——李商隐的绮艳之作，与元、白之偏于叙事与写实者不同，主要是抒写深细隐微的心灵感受和近乎抽象的精神意绪。李贺已经开始具有这种主观化的色彩，李商隐则进一步使之朝深细隐微的方向发展。像《燕台诗四首》，其中显然包含着一个悲剧性爱情故事，如果让元、白来写，极有可能写成《长恨歌》那样的叙事诗。但在李商隐手里，却以四季相思的抒情线索贯串全诗，通过抒情主人公的回忆、思念、怨叹来表现其内心深处那种热烈缠绵、执著痴顽而又迷幻历乱的幽忆怨断的情绪，叙事的成分被消

675

融到几乎不见痕迹，只是在主人公的思忆中偶尔闪现若干难以连缀的片断。这种纯粹抒情，而且着重表现深微意绪的特点在他的无题诗中表现得更为突出。"身无彩凤双飞翼，心有灵犀一点通"，不但写出心虽相通而身不能接的苦闷，而且写出间隔中的契合、苦闷中的欣喜和寂寞中的慰藉。"春蚕到死丝方尽，蜡炬成灰泪始干"，也不仅仅是抒写思之悠长、恨之难已，而且透露出一种即使追求无望也仍然要作执著追求的殉情主义精神。诗人所注意的不是爱情事件本身，而是抒写他对爱情的痛苦而深刻的体验，有时甚至只是表现一种可望而不可即的更加抽象的意绪。他的咏物诗也同样具有这种特点。《霜月》的重点，不在描绘霜、月的外在形态，而是在展示霜天月夜一片空明澄澈的自然美的同时，象征性地表现了一种"耐（宜）冷"的精神美。《落花》所着意表现的，则是一种"伤春"的意绪。这种着重抒写深细隐微的内心感受和精神意绪的特点，恰恰是婉约词的特征。

意境的朦胧化——李商隐诗歌意境的重要特征是朦胧，即用象征性的朦胧境界来表现朦胧的情思。这种特点在他的无题诗、准无题诗和一系列艳情诗中表现得尤为突出。成为千古诗谜的《锦瑟》固不待言，就是像"一春梦雨常飘瓦，尽日灵风不满旗""红楼隔雨相望冷，珠箔飘灯独自归""飒飒东南细雨来，芙蓉塘外有轻雷"等诗句，也都以意境的缥缈朦胧、隐约凄迷著称。记梦诗和梦的意象频繁出现，对朦胧意境的形成起着重要作用；即使不正面写梦，诗中也常充满朦胧色彩。像《燕台诗》通篇都是抒写一种迷幻历乱的情感，所谓"絮乱丝繁天亦迷"，正可移作这组诗感情境界的形容。推而广之，他的一些抒写日常生活中一时感受、印象或情思之作，如《细雨》《屏风》《日日》等也都具有这种特点。李贺的诗境，是隐晦而不是朦胧。他的有些诗比较难懂主要是由于思路的奇幻和修辞手法的奇特，诗的内容意蕴倒比较实在，李商隐却是把朦胧意境作为一种美的诗歌境界来刻意追求，而且他那种缥缈朦胧的情思也确实适宜用这种意境来表现。而意境和情思的朦胧，也正是婉约词的一大特点。温庭筠的"长吉体"古诗近于李贺之隐晦，而他的《菩萨蛮》诸词却具有意境朦胧隐约的特点。这除了词着重表现深细隐微的内心感受这一内容的因素外，跟词作为一种音乐文学有密切关系。在所有艺术样式中，音乐作为一种"心情的艺术"，它所表现的情感是概括、宽泛的，其形象具有很大的不确定性与朦胧性，可以使欣赏者引起广泛的联想与想象。作为配乐歌唱的词，由于受音乐在表现情感上这种特点的影响，也自然趋向于意境的朦胧隐约。而初期婉约词花间尊前娱宾遣兴的性质，也显然需要曲词本身具有一种与整个享乐氛围相谐调的梦幻式的情调气氛。

意象的纤柔化——从诗到词，意象之趋于纤柔是一个显著标志，这跟题材的细小化有联系也有区别。贺裳说："义山之诗妙于纤细。"（《载酒园诗话》）不仅指其吟咏的生活内容与感情内容趋于细小纤微，而且诗的构成部件——意象也趋于纤细轻柔。在他的绮艳之作中，迷蒙的细雨、飘忽的灵风、婀娜的柳枝、纠结的丁香、啼泪的流莺、凄断的秋蝉成为最富个性特征的意象；红楼珠箔、轻帷翠屏、阑干高阁、纱窗回廊、落花枯荷、夕阳斜照等婉约词中最常见的意象也大量出现在他的诗中，在这方面，他与李贺、温庭筠都有所不同。尤其是长吉诗，其意象每多幽峭奇幻的色彩，动态性意象更显得峭硬而富有力度。

语言的圆润化——语言和意象有密切关联，前者是后者的物质外壳和表现形式。义山的绮丽之作，在语言上跟李贺、温庭筠一样，都具有"丽"的特点，但李贺的"丽"往往跟奇诡、峭硬、生涩联系在一起，有时甚至"奇而入怪"，评家多谓长吉体生涩奇峭，"墨痕不化"（纪昀评语，见《李义山诗集辑评》），确实如此。温庭筠仿长吉体的古诗，其语言除了表现出其特有的侧艳、轻艳的个性特点外，如前所举，仍然保留了李贺式的生硬拗涩。只有他的一些近体律绝，语言比较自然流丽，但这并非他在体裁上之所长。李商隐的诗歌语言，则以精丽圆融为特点。他的某些长吉体诗，固然还残留着一些拗涩的诗句，但集中体现他诗歌主导风格的近体律绝，其语言则既典丽精工又珠圆玉润，一点没有不和谐、不调匀的痕迹。他的《无题》《锦瑟》诸诗，意境虽朦胧隐约，语言却极清丽圆融，他如《夜雨寄北》、《端居》、《代赠》（楼上黄昏）、《离亭赋得折杨柳二首》等作，无不具有"水精如意玉连环"式的风格。这种珠圆玉润的诗歌语言与象征暗示的表现手法融合起来，造成了一种充分词化的语言风格。

以上所提到的这五个方面，归结到一点，就是李商隐的绮艳之作在审美类型上较李贺、温庭筠的同类作品更接近于词。无论是晚唐五代以温庭筠为代表的香艳词风，还是整个唐宋婉约词，从审美类型上看，都属于婉丽纤柔、温润妩媚的优美型、阴柔型，甚至可以说是一种最具女性美的类型。从读者方面来说，他们从婉约词中感受到的也是一种柔美温婉的诗意滋润，而不是尖锐强烈的刺激。这是跟婉约词的内容多表现离情别绪、春愁秋恨，意象纤柔轻细，语言圆融清丽等特点分不开的，也跟词由女声歌唱密切相关，所谓"非朱唇皓齿无以发要妙之音"（王炎《双溪诗余自序》）、"唱歌须是玉人，檀口皓齿冰肤"（李廌《品令》词），都说明了这一点。李贺的绮艳之作，由于往往寄寓其"哀愤孤激之思"，又好用奇幻诡怪的想象和生硬拗涩的语言，因此给予读者的往往是一种带有强烈刺激性的美感，而不是柔美的诗意滋润。即使是那些写得非常华美浓艳的诗篇，也同样带有病态的刺激性。他的《将进酒》，写一个热烈的宴饮场面，这是后来词中常见的题材，但在他笔下，却显得极富刺激性效果。在一片以红色为基调的氛围中，透出了对生命行将消逝的深刻恐惧和极端感伤。那红色的酒、红色的杯、乱落如红雨的桃花，以及庖厨中"烹龙炮凤玉脂泣"的声音，罗帏绣幕中的阵阵香气，伴着龙笛鼍鼓的欢歌狂舞，处处都给人以感官上、心理上的强烈刺激，在目眩神迷中唤起一种及时行乐的亢奋与沉醉。这种强烈的刺激正是诗人内心深刻苦闷的一种宣泄与补偿。而色彩同样秾艳的李义山《燕台诗四首》，所表现的却是抒情主人公对悲剧性爱情的热烈追忆与深情哀挽。尽管情调非常伤感，但对已经消逝的美好人事情景却充满了向往依恋，尽管惘然，也要追忆，而在回味追思中自有一种滋润心田的悲剧性诗美在流动回旋。表面上，这仍然是长吉体，但实际上已经变李贺的刺激型美感为滋润型美感，作了脱胎换骨的改造。他的近体，则正如缪钺先生所指出的，是"用李贺古诗象征之法于律诗之中……去其奇诡而变为凄美芳悱"（《诗词散论·论李义山诗》），可以说是更成功地实现了上述转变。

总之，中晚唐诗坛上以李贺、温庭筠、李商隐为代表的绮艳一派，是五七言诗向成熟的词转化过程中的一座桥梁。如果说，李贺的绮艳诗从内容、情调及某些表现手法上成为由诗向词转化的开端，那么李商隐的绮艳诗则进一步变"长吉体"的意境晦涩为朦胧，变语言的拗涩为圆融，变刺激型美感为滋润型美感，使五七言诗向词靠近了一大步。可以说，李商隐是五七言诗词化过程中一个带终结性的人物。

第三节　李商隐诗对唐宋婉约词的影响

每一种新兴的文学体裁，在它的成长发展过程中，总是要继承在它以前的文学体裁，特别是性质相近或有亲缘关系的文学体裁的艺术经验。词，作为一种具有严格音乐形式的抒情诗，它的成熟，本来就跟汲取五七言诗，特别是李贺一派主观化特征突出、内容风格绮艳的诗歌创作的经验密切相关。词在成熟以后，仍然不断地从五七言诗中汲取营养。由于多种原因，在很长时期内，词的风格一直以婉约绮丽为主，因此，李贺、温庭筠、李商隐等中晚唐绮艳诗风的代表也一直成为婉约词的主要学习、继承对象。北宋后期著名词人贺铸说："吾笔端驱使李商隐、温庭筠常奔命不暇。"（《宋史·文苑传》）南宋著名词论家沈义父《乐府指迷》也说："要求字面，当看温飞卿、李长吉、李商隐及唐人诸家诗句中字面好而不俗者，采摘用之。"实际上，这种学习、继承远不限于采摘字面，而是涉及许多更重要的方面。在婉约词的发展过程中，作为五七言诗词化趋势的终结者，李商隐的诗歌有着特别重要的影响。在探讨这个问题时，有两点值得注意：一是后代词家向前代诗人学习时，一般都是把他的整个创作作为对象，在涵咏体味中受到潜移默化的影响，而不大可能像对待类书那样专门撷取其辞藻字面；二是这种汲取或借鉴，固然要适合词在成熟以后形成的特殊体性风格，但并不只局限于上面已经指出的那些词化特征。一个诗人的创作对词的影响，固然与其诗歌的词化特征及程度密切相关，但有时更深刻而内在的影响倒恰恰是其创作的特殊的诗的素质。从这个认识出发，可以看出义山诗对唐宋婉约词的主要影响有以下几个方面。

一、在绮艳之中融入身世时世之感与人生感慨

这是义山诗最突出的创作特征，所谓"寄托深而措辞婉"（《原诗》）、"沉博绝丽"（朱鹤龄《李义山诗集笺注序》引钱谦益语）、"意多沉至，语不纤佻"（《岘佣说诗》）等评语，都离不开这个特征。抒写身世之感与人生感慨，本来是诗的内容与素质，跟功能上单纯为了娱宾遣兴、内容上单纯表现艳情绮思的晚唐五代文人词是有显著区别的。因此，义山这种绮艳中寓慨的诗风对花间词的影响并不明显。只有韦庄的某些词篇（如《菩萨蛮》五首）"似直而纡，似达而郁"（《白雨斋词话》），颇寓乱离时代的人生感慨，但由于韦词清疏的作风与义山诗之沉博绝丽迥然有别，人们一般不大注意到他们在抒情寓慨方面的相似点。南唐词是词由"伶工之词"向"士大夫之词"、由单纯娱宾遣兴向个人抒情寓慨转变的时期，也是义山诗于绮艳中寓慨的特征对词产生较明显影响的时期。冯延巳和李璟，处于风雨飘摇之危境，其词作虽仍抒写离情别绪，但其中已自然渗透对时世人生的悲凉感受。冯延巳的"河畔青芜堤上柳，为问新愁，何事年年有"，便包蕴着一种由时代氛围所酿成的说不清、排不开的愁绪，而"楼上春山寒四面，过尽征鸿，

暮景烟深浅"的景象，更使人联想起义山《夕阳楼》诗的意境。冯煦说冯延巳"俯仰身世，所怀万端……周师南侵，国势岌岌……危苦烦乱之中，郁郁不自达者，一于词发之"（《四印斋刻〈阳春集〉序》），虽或过当，但他有些词中流露出时世之感，则是事实。李璟的"菡萏香销翠叶残，西风愁起绿波间"之句，被王国维称为"大有'众芳芜秽，美人迟暮'之感"（《人间词话》），而另一首《摊破浣溪沙》（手卷珠帘上玉钩）则在"春恨"中寄寓着落花无主的身世家国之感，其造语取象明显受到义山《无题》（相见时难）、《落花》、《代赠》（楼上黄昏）诸作的影响。李煜后期词，"眼界始大，感慨遂深，遂变伶工之词为士大夫之词"（《人间词话》），从"无限江山，别时容易见时难""自是人生长恨水长东""流水落花春去也，天上人间"的深沉感慨中，仿佛可以听到李商隐"相见时难别亦难""深知身在情长在""人世死前惟有别""天荒地变心虽折，若比伤春意未多"的声音在回响。从表面看，义山诗与李煜词，一婉曲，一直抒；一彩绘，一白描；一密丽，一清疏；一朦胧，一明朗，风貌似乎迥异。但就感情的真挚与感慨的深沉而言，却有着本质的一致。他们的创作正分别代表了诗、词领域内抒写人生感慨的最高成就。词里本来没有抒写人生感慨的传统，李煜在这方面的成就，决定的因素当然是生活，但也是词在扩大抒情功能的过程中向诗歌学习、继承的结果。而且李煜在抒写人生感慨时，也并没有脱离"雕阑玉砌"、花月春风的绮艳生活和繁华旧梦，这与义山诗于绮艳中寓慨的特征也是一致的。北宋前期承平日久，上层社会享乐之风甚盛，但词风却主要继承南唐的抒情遗风。刘熙载说："冯延巳词，晏同叔得其俊，欧阳永叔得其深"。（《艺概·词曲概》）晏殊的诗歌，深受李商隐的影响，他的《无题》（油壁香车）风格清丽，极近词境；他的词也每于流连光景、伤感时序中寓有轻淡的人生感喟。"无可奈何花落去，似曾相识燕归来""昨夜西风凋碧树，独上高楼，望断天涯路"，或因其含蕴的丰厚，或因其境界的高远，每能给人以哲理的启迪与人生境界的联想。欧词亦每于时序风物的怅触中融入人生感慨，"人生自是有情痴，此恨不关风与月"，更由眼前的离别扩展到对整个人生的悲慨。晏几道的落拓身世与缠绵感情都类似义山，其词每抒写其旧梦前尘、如幻如电之感。在吟咏歌伎境遇的词篇中，亦常寓有天涯沦落、同命相怜的身世之慨。在北宋前期的词家中，柳永特长铺叙，词风发露，但他那些最有代表性的羁旅行役之作，同样在凄清景色的描绘中渗透身世之悲。北宋后期的秦观，年少丧父，仕途抑塞，于新旧党迭为消长之际，一再受到排抑，身世

680

遭遇颇似义山，前人说他的词"将身世之感，打并入艳情"（周济《宋四家词选》）、"寄慨身世……一往而深"（冯煦《宋六十一家词选例言》）。贺铸词用义山诗语最多，其词亦秾密深隐，有类义山。《踏莎行》（杨柳回塘）隐然将荷花比作幽洁贞静、身世飘零的女子，借以寄寓骚人迟暮的感慨，设色秾丽，意蕴多重，与义山寓托身世的咏物诗一脉相承。李商隐"借托物寄兴的手法披露政治上受打击和仕途不得意的心曲……直接影响了周邦彦的词作风格"（沈家庄《清真词风格论》）。叶嘉莹女士还详细分析论证了其《渡江云乡（晴岚低楚甸）于绮丽春光的描绘中"分明漏泄了其中政治托喻之消息"（《论周邦彦词》）。陈廷焯也说："美成词极其感慨，而无处不郁。"（《白雨斋词话》）此外，如李清照后期词融身世、家国之慨为一体，姜夔咏物词"寄意题外，包蕴无穷"（周济《介存斋论词杂著》），吴文英于秾丽中时见沉郁之思，都或隐或显地可以看出义山诗绮艳中寓慨特征的影响。《四库提要》甚至说："词家之有吴文英，犹诗家之有李商隐。"从相提并论中正可见他们间的承传关系。

比兴寄托，是中国古代诗歌的老传统。但李商隐诗歌的寄托，却与传统的托物寓志有着明显的区别。一是它所寄托的不是偏于理性的"志"，而是融和着生命血肉的"情"，是对悲剧性身世和人生的深沉悲慨。二是它并非从理念出发，为了表达某种概念化的"志"去刻意寻找一个托志之物，使物成为概念的图解，而是往往因事、因物甚至因情而起情，自然联及人生际遇，融入人生感慨。从创作过程来说，这种寓托往往是一种触着式的联想，而不是"志"与"物"的明确比附。正因为这样，李商隐诗的寄托往往带有不自觉的性质和寄兴深微的特点，他的一部分托寓似有若无的无题诗，以及《嫦娥》《霜月》《重过圣女祠》《落花》《梦泽》《楚吟》诸篇，都具有这种"令人知其意而不敢指其事以实之"（《玉谿生诗笺注》卷五《楚吟》笺语）的共同点。而这种自然触发、自然流露的纯感性的寄托，对词的影响比传统的托物寓志方式要大得多。况周颐《蕙风词话》论词之寄托说：

> 词贵有寄托。所贵者流露于不自知，触发于弗克自已。身世之感，通于性灵，即性灵，即寄托，非二物相比附也。横亘一寄托于搦管之先，此物此志，千首一律，则是门面语耳，略无变化之陈言耳。

况氏所斥的"此物此志，千首一律"的寄托，实即托物寓志之末流，也就是那种根据教条化的理论、程式化的手法、类型化的喻物、公式化的语言所拼凑出来的主题先行的寄托。而"身世之感，通于性灵"的寄托，则无疑是一种更重视艺术创作规律和诗歌感发力量的更高级的寄托。义山诗的深层意蕴多因触事（物、情）而兴慨，表现得比较隐微，词中成功的寄托也多是这种类型的。从这里可以看出义山诗的寄托与词的寄托一脉相承的关系，也可以窥见由诗到词的演变中，寄托由志到情、由显到隐、由有意向无意转化的趋势。词的这种流露于不自知的寄托，跟词的自我抒情化的自然进程是一致的。尽管词在相当长的时间内，其创作的直接目的是娱宾遣兴，但一些优秀的词人在创作过程中总是"触发于弗克自已"，在表现春愁秋恨、离情别绪时不同程度地融入个人的身世与人生感慨，在发展着个人抒情倾向的同时，也发展着这种无寄托的寄托。

二、表现感伤情调和感伤美

这是义山诗贯串一切的审美特征，既纵贯其整个创作历程，又横贯其一切题材、体裁的诗歌。他虽以"刻意伤春复伤别"推许杜牧，实际上在晚唐主流派诗人中，最能体现"伤春伤别"特征的正是他自己。小杜生性豪迈俊爽，诗中每逸出一股豪宕奇峭之气，多少冲淡了因时代与身世而引起的感伤；有时他又以旷达来淡化伤感，像"尘世难逢开口笑，菊花须插满头归。但将酩酊酬佳节，不用登临恨落晖"（《九日齐山登高》）就是显例。而温庭筠的诗，却很少流露伤春悲秋意绪，相反倒往往充溢着一种春天的色彩与情调。像"裂管萦弦共繁曲，芳尊细浪倾春酥"（《夜宴谣》）、"晴碧烟滋重叠山，罗屏半掩桃花月"（《郭处士击瓯歌》）、"珂马珰珰度春陌，掌中无力舞衣轻"（《张静婉采莲曲》）、"参差绿蒲短，摇艳云塘满。红潋荡融融，鹦翁鹨鹈暖"（《黄昙子歌》）、"桥上衣多抱彩云，金鲜不动春塘满"（《照影曲》）、"锦雉双飞梅结子，平春远绿窗中起"（《吴苑行》），以浓墨重彩描绘春色之美、游冶之盛，与义山诗之充满伤春悲秋意绪显然异趣，前人多谓温诗侧艳，当与这类描写之多有关。温词与整个花间词，虽也有伤离的情绪，但基本上也是这种秾艳的风格。因此，义山诗的感伤情调对花间词的影响并不显著，它的影响主要是在南唐词及以后，与上一方面的影响基本同步。南唐词即使写到春天，也常常充满深刻的伤春情绪，像"绿树青苔半夕阳""砌下落花风起，罗衣特地春寒""青鸟不传云外信，丁香空结雨中愁""林花谢了春红，太匆匆""帘外雨潺潺，春意阑珊"等句，都与以秾艳色调渲染春色春意的花间作风迥异，更不用说"菡萏香销翠叶残，西风愁起绿波间""昨夜风兼雨，帘帏飒飒秋声"等充满悲秋意绪的词句了。可以说词的成熟虽在晚唐，但词的典型审美音调的形成却是在南唐。从此以后，伤春悲秋，不但成为婉约词的基本主题，也成为它的主调，一直贯串到南宋。柳永词在内容、体制、手法、语言等方面，对传统词风都有明显革新，但他词中所着意表现的悲秋意绪和羁旅凄凉况味，却是遥承宋玉，近挑玉谿，一脉相传。晏殊是所谓太平宰相，以善写富贵景象著称，但在安恬旷达的外表下仍然时露时序流逝的伤感与惆怅；欧阳修词风比较清疏明快，而《蝶恋花》（庭院深深深几许）、《玉楼春》（尊前拟把归期说）等阕，同样表现了深刻的伤春伤别之情。晏几道与秦观，被词论家称为"古之伤心人"（冯煦《宋六十一家词选例言》），他们的词也最具感伤主义特征。夏敬观说："叔原以贵人暮子，落拓一生，华室山丘，身亲经历，哀丝豪竹，寓其微痛纤悲。"（夏评《小山词》跋尾）秦观词亦特擅言愁，善于描绘凄惋的境界。贺铸词颇秾丽，且有壮词，但真正使他获得声誉的却是"江南断肠句"，而这首秾丽中含有幽凄情绪的《青玉案》，无论遣词还是造境，都明显受到义山诗的影响。李清照也是工于言愁的作家，其词虽多白描与直抒，近李煜，但无论前期的《醉花阴》（薄雾浓云愁永昼），还是后期的《声声慢》《永遇乐》《武陵春》，其感伤情绪之深刻都超过前人，《声声慢》直是一篇悲秋赋。姜夔以健笔抒柔情，与香艳软媚的传统词风固然异趣，但其感伤的内质却无二致。《扬州慢》感时伤世，于清峭中寓无限感怆；《鹧鸪天》（肥水东流无尽期）感念旧情，于"人间别久不成悲"的淡语中含深沉的悲慨。逮及南宋末期，因国运日颓，王沂孙、周密、张炎等人的词作中，更充满了以秋蝉、斜阳、啼鹃等凄凉意象组成的秋声秋境。"病翼惊秋，枯形阅世，消得斜阳几度？余音更苦"，正是这一时期的典型音调。

文学作品中表现感伤情调源远流长，从宋玉《九辩》以来，历代诗赋中一直不绝如缕地在发展。但在李商隐之前，不但未能成为一个时代的文学主潮，也未能在一种文学体裁上成为一种主调。李商隐可以说是五七言诗领域内感伤主义的集中体现者。尤为重要的是，他把感伤情调作为一种美来自觉地加以追求。无论是"秋阴不散霜飞晚，留得枯荷听雨声"，还是"何当共剪西窗烛，却话巴山夜雨时"，都可以看出，表现感伤情绪，在他不只是感情的宣泄，更是自觉的审美追求。由于他的感伤气质和悲剧心态，他在表现感伤情调时完全是自写性灵，毫无造作，再加上绮艳的文采，遂使感伤情绪的内蕴成为一种诗美。经过他的自觉努力，这种感伤美终于在文学领域内取得了可与其他类型的诗美并驾齐驱的地位。由于这种感伤美相当典型地反映了封建社会向后期转变阶段许多失意知识分子的审美心理，因此它在词这种纯粹抒情的文学样式中，特别是在婉约词这种以抒写伤春悲秋、离愁别绪为主的作品中，便得到极大的发展。婉约词内部尽管还可以分出更细的派别（如花间、南唐、柳永、秦周、易安、白石、梦窗等体），但在情调感伤这一点上，几乎没有多少例外，只存在程度的差别和具体内涵的差异。婉约词最主要的审美特征就是内涵及情调的感伤；感伤，是婉约词最典型的审美音调。"少年不识愁滋味……为赋新词强说愁"，正说明传统婉约词的特性就是"说愁"。从这一点上看，义山诗的感伤主义特征对伤春伤别的婉约词的影响是十分深远的。

三、时空交错与跳跃的章法结构

这一特点，在李贺诗中已表现得相当突出，"忽起忽结，忽转忽断，复出傍生"（钱锺书《谈艺录》）。但长吉诗这种兔起鹘突式的结构章法是跟他的"如崇岩峭壁，万仞崛起"（《旧唐书·文苑传》）的文思体势相联系的，给人一种峭急奇险的美感。义山诗对此加以继承与改造，变峭急奇险为缥缈变幻、回环往复。他的长吉体古诗《燕台诗四首》《河阳诗》等，在抒情过程中常常凭感情意念的活动将不同时间、空间的情景交错加以映现，而略去其间的过渡联系，使人眼花缭乱，难寻端绪；就是他的近体律绝，如《锦瑟》《无题》《夜雨寄北》等，也呈现出这种特点。词的章法结构，由于韵律的多变与音乐上的分片，较五七言诗更明显地呈现出时空交错跳跃的特点，特别是长调，更多采取这种抒情手段和章法结构。其中最有代表性的莫过于周邦彦与吴文英。周词的结构，"主要是今昔的回环和彼此的往复……今昔是纵向的，彼此是横向的。今昔与彼此的交错造成一种立体感"（袁行霈《中国诗歌艺术研究·清真词的艺术特色》）。他的一系列名作如《瑞龙吟》（章台路）、《兰陵王·柳》、《玉楼春》（桃溪不作从容住）等都普遍采用这种章法结构，《兰陵王·柳》更将现境与昔境融成一片，在同一空间融合不同时间的情事，甚至把将来的情事也融入现境之中。李义山的《夜雨寄北》身在巴山夜雨之现境，而诗思飞到故国的故人西窗之下，剪烛夜话的内容又是今夕的巴山夜雨，时空跳跃，现境与将来之境交融，极富回环变化的结构之美，这种手段在周邦彦词中就常常运用。吴文英词在这方面有更进一步的发展。他之所以被称为"犹诗家之有李商隐"，之所以被讥为"七宝楼台，拆碎下来不成片段"，都跟运用这种结构手段的得失有密切关系。其实，这种手段在小令中也常有运用，晏几道的《临江仙》（梦后楼台高锁）便是典型的例证。

此外，如象征暗示的手法和朦胧隐约的诗境、清丽柔婉的语言，对婉约词都产生过相当重要的影响，由于在义山诗的词化特征中已分别提及，词在这些方面的特性又为人所习知，就不再一一展开论述了。

附　编

第一章　历代李商隐研究述略

　　李商隐是中国诗歌史上最富艺术独创性的大诗人之一，又是大骈文家。他代表晚唐，又超越晚唐。随着研究的逐步深入，他的诗文创作的特征、意义、价值及其在文学史上的地位，将越来越被人们所深刻认识。与此同时，随着改革开放与国际文化交流的进展，他的既古典而又颇具现代色彩的诗还必将进一步走向世界。

　　与中国文学史上其他一些第一流的作家作品相比，李商隐及其创作在相当长的时间内是比较受冷落的。屈原、司马迁、陶渊明、李白、杜甫、苏轼，都长期受到历代作家的推崇和研究者的关注，对他们的研究，早已成为显学。即使最晚出的曹雪芹的《红楼梦》，二百年来也一直是研究的热门。而李商隐研究，在整个唐诗学已经处于兴盛阶段的明代，尚未形成气候，显然滞后于整个唐诗研究。直到清代顺、康、雍、乾、嘉、道这二百年间，才陆续出现了一系列李商隐研究的著作，形成了李商隐研究史上的第一个高潮。而李商隐的艺术成就受到人们高度重视并获得较深认识，则是最近这几十年，随着思想解放浪潮与李商隐研究的第二个高潮到来之后才出现的。从唐末李涪对李商隐"无一言经国，无纤意奖善"（《刊误·释怪》）的恶评，到今天将他置于中国文学史上第一流大作家的行列，竟经历了十一个世纪。这个事实说明，像李商隐这样一位其文学创作的内容与艺术表现手段都非常独特的作家，不仅对其准确的把握需要一个较长的过程，而且还说明，它的被接受、被认识，需要一个充分重视文学创作本身艺术价值的学术文化环境和政治环境。

　　本章对唐末到清末的李商隐研究作一概述，重点是评介清代一些重要的李商隐研究著作。

第一节　从唐末至明末的李商隐研究概述

　　从李商隐逝世到明末这八百年，在李商隐研究史上是一个显得过长的发轫期。与杜诗、韩文的整理、注释从宋代起就成为热门不同，李商隐的诗文创作在很长的一段时间内，并没有得到足够的重视。宋代蔡絛《西清诗话》提到都人刘克曾注杜子美、李义山诗，元代袁桷《清容居士集》提到郑潜庵曾编《李商隐诗选》（袁曾为它作序，今存），明代唐觐《延州笔记》载张文亮有《义山诗注》，今皆不传。此外，八百年中竟无一部流传至今的整理研究专著。值得注意的是，较早出现的对李商隐的诗品、人品的评论多倾向于否定。唐末李涪《刊误·释怪》中谓商隐诗文“无一言经国，无纤意奖善，惟逞章句……至于君臣长幼之义，举四隅莫返其一也”，《旧唐书·文苑传·李商隐》多次提到时人对商隐“背恩”“无行”“无持操”“恃才诡激”的批评，就是突出的例证。而且这种否定倾向的评论一直有支持者，像南宋张戒《岁寒堂诗话》从“思无邪”的传统诗教出发，将商隐列入“邪思之尤者”，敖陶孙《诗评》谓李义山诗“如百宝流苏，千丝铁网，绮密瑰妍，要非适用”，范晞文《对床夜语》指责《龙池》《马嵬》《曼倩辞》《东阿王》诸诗“发乎情止乎礼义之意安在”，都是显例。大诗人陆游认为唐人《无题》“率皆杯酒狎邪之语”（《老学庵笔记》卷七），虽未必即指或专指义山《无题》，而其“温李真自郐”（《示子遹》）的贬辞则明白表示了对温李诗风的鄙夷。这种认为商隐在人品上无持操、在诗品上流于绮艳的观点，成为长期以来带有普遍性的传统看法。但另一方面，这一阶段，也出现了一些对商隐人品、诗品持肯定、赞扬态度的观点。如宋代黄彻《䂬溪诗话》对义山正直品格和“扼腕不平之气”的肯定，王安石谓“唐人知学老杜而得其藩篱者，惟义山一人而已”（《苕溪渔隐丛话》引《蔡宽夫诗话》）的高度评价，范温《潜溪诗眼》对义山诗“高情远意”的标举，都是独到而对后世有影响的见解。

　　比较起来，这一阶段数量更多的是对商隐诗风格特征的评论。虽多为直观性的片言只语，且又多仅言及其某一方面，但综合起来，却可大体窥见其整体风貌。如杨亿说义山诗“包蕴密致，演绎平畅，味有穷而炙愈出，钻弥坚而酌不竭”（《韵语阳秋》卷二引），许顗谓熟读义山诗可去“作诗浅易鄙陋之气"（《彦周诗话》），叶梦得谓其诗"精密华丽"，得杜甫之仿佛（《石林诗话》），张戒谓"义山多奇趣"（《岁寒堂诗话》），刘克庄谓义山诗"冶艳者类徐、庾"，"切近者类姚、贾"（《后村诗话》卷四），胡应麟谓其诗"精深"（《诗薮·外编》卷四），胡震亨谓其诗"深僻"（《唐音癸签》卷三十二），等等，都从不同侧面揭示出义山诗风的某种特征。与此同时，一部分评论者已开始注意到李商隐在咏史诗、咏物诗、无题诗、七律、七绝以及在艺术表现手法等方面的成就与特点（包括其优缺点），如范温、张戒对其咏史诗的评论，王直方、吕本中、刘克庄等对其咏物诗的评论，陆时雍对其七律的评论，严有翼、范晞文、胡应麟对其用事数典的评论，均各有见地。而明初杨基《无题和李义山商隐序》谓义山《无题》"虽极其秾丽，皆托于臣不忘君之意，而深惜乎才之不遇也"，则成为《无题》有政治与个人身世寄托说的滥觞。对《锦瑟》诗，从宋代的刘攽、苏轼到明代的谢榛、胡应麟、胡震亨，也一直有不同的解说与评论。朱弁《风月堂诗话》谓黄庭坚"用昆体（按：此指义山诗）工夫，而造老杜浑成之地"，以独到的眼光发现似乎相反的文学现象之间的内部联系，从深层揭示出义山诗对江西诗派的影响，许学夷《诗源辩体》从诗、词递嬗演变方面指出"商隐七言古，声调婉媚，大半入诗余矣"，均为不拘于表面形迹的深刻见解。特别是元好问的《论诗》，不仅对义山《锦瑟》别有会心，且以"精纯"概括义山诗之真精神，可谓独具只眼。这种概括已颇近今人谓义山诗为"纯诗"的说法。

不过，从总的倾向看，宋人受江西诗派刻意锻炼的影响和作诗谈艺喜欢在小结裹上做文章的习气，往往对义山诗的对仗、用典的实例表现出浓厚兴趣，而上升到理论探讨的较少，对义山诗中某些偏离传统诗教的表现，更往往持严刻态度。严羽《沧浪诗话》是唐诗学的奠基之作（陈伯海《唐诗学引论》），但由于片面强调宗法盛唐，目光几乎没有注意到李商隐。明代前后七子亦普遍存在宗盛唐、鄙中晚的倾向，因而对晚唐翘楚李商隐诗的评论，无论数量或质量都远不如他们对盛唐诗的评论。而一代学风的空疏，又导致对义山诗文的整理笺注均付阙如。胡震亨说，唐诗"有两种不可不注，如老杜用意深婉者，须发明；李贺之谲诡、李商隐之深僻……并须作注，细与笺释"，并感叹"商隐一集迄无人能下手，始知实学之难"（《唐音癸签》卷三十二），这正是有惩于一代学风之空疏而引出的反思与呼唤，预示着下一阶段的李商隐研究将出现由虚到实、由局部到整体的重大变化。从根本上说，宋、元、明三代李商隐研究之所以未形成气候，与理学盛行的大思想文化背景密切关联。义山诗不但主情，且颇有溺而不返、偏离礼教诗教的内容，在理学盛行的时代自难找到有利于认识、接受它的学术文化环境。

第二节　清代的李商隐研究

　　清代是传统学术文化的总结期。长期进展较慢的李商隐研究，到了顺、康、雍、乾、嘉、道年间，研究著作迭出，形成一个长达二百年的高峰期。这一阶段李商隐研究最主要的成就，是陆续出现了朱鹤龄、徐树谷、程梦星、姚培谦、屈复、冯浩、纪昀、钱振伦等人对玉谿诗和樊南文所撰的笺注考证评点著作，其中之优秀者，即使在朴学高峰期，也属上乘之作，而且直到现在仍然是研究李商隐非常重要的参考著作。在它们的前后左右，还出现了一大批选注、选评、选解的著作，如钱龙惕《玉谿生诗笺》，吴乔《西昆发微》，徐德泓、陆鸣皋《李义山诗疏》，陆昆曾《李义山诗解》，姜炳璋《选玉谿生诗补说》等。此外，在清人诗话、文集、选本、笔记杂著中还有大量有关李商隐的评论，特别是如何焯《义门读书记》、钱良择《唐音审体》以及吴乔、叶燮、贺裳、沈德潜、管世铭、朱庭珍、林昌彝、施补华、刘熙载等人的诗话著作中，更有许多精到的见解与评论。以上三个层次，构成了清人义山研究的洋洋大观，研究的范围与深度远非前一阶段可比。樊南文长期以来少人问津，到清代，不但陆续有徐树谷、冯浩、钱振伦等人的笺注校补问世，而且在孙梅的《四六丛话》这种大型的评论骈体文的著作中，开始将义山作为大骈文家加以评论。岑仲勉说"唐集韩、柳、杜之外，后世治之最勤者，莫如李商隐"（《玉谿生年谱会笺平质·导言》），岑氏所说的后世，主要即指清代而言。

　　清代李商隐研究之盛，除了整个学术界总结传统文化的风气大盛，特别是考据之学兴盛这个大的学术文化背景外，就李商隐这一特殊对象而言，当与明代后期以来，思想界带有初步民主主义色彩思想的兴起，对于主情型的李商隐诗文创作持宽容甚至赞赏的态度有关，也跟对明代诗论家只宗盛唐、忽略中晚的做法不满有关。像清初冯舒、冯班、吴乔等人对晚唐诗特别是对义山诗的推崇，就显然含有对明代诗学偏差进行反拨的意味。而义山诗文本身的艺术魅力、价值在全面研究过程中的被发现，又反过来激起后来一系列研究者深入探寻的浓厚兴趣。

下面简要评述清代一些重要的李商隐研究著作。

一、朱鹤龄《李义山诗集笺注》。

该书撰成于顺治十六年，系应钱谦益之命，有感于学者"类以才人浪子目义山"，以其诗为"帷房昵媟之词"，故论世知人，笺而发之。朱氏取明末释道源义山诗注（今佚），"删取其什一，补辑其什九"（《四库提要》），复采钱龙惕《玉谿生诗笺》（共笺义山诗四十余首，今传）及陈帆、潘畊诸人之笺解，撰成此书。朱注的主要贡献有两方面。

一是为义山诗提供了第一个完整的注释比较简明、释意大体稳妥的笺注本，成为以后一系列补注本、新注本的主要蓝本，开创之功不可泯没。其书"大旨在于通所可知，而阙所不知，绝不牵合新、旧《唐书》务为穿凿"（《四库提要》）。如被后来一些注家穿凿得很厉害的《无题》诸诗，朱注不作生硬比附，最多也只是说："窥帘留枕，春心之摇荡极矣。迨乎香销梦断，丝尽泪干，情焰炽然，终归灰灭。不至此，不知有情之皆幻也……不得但以艳语目之。"实际上只说它表现了一种爱情上的幻灭感。至于是否还含其他内容，则引而不发，任人自领。

二是序言汲取道源论义山诗"推原其志义，可以鼓吹少陵"（钱谦益《牧斋有学集》卷十五《李义山诗集序》引道源语）的精辟见解加以发挥，驳斥历来对商隐人品诗品的曲解、攻击，列举商隐一系列寓讽时政的诗篇，指出其"指事怀忠，郁纡激切，直可与曲江老人相视而笑，断不得以'放利偷合''诡薄无行'嗤摘之也"。并联系义山所处之时世及"厄塞当途，沉沦记室"之身世，指出其诗"楚雨含情皆有托"的特点，谓"义山之诗，乃风人之绪音，屈宋之遗响，盖得子美之深而变出之也"。这是李商隐研究史上第一篇从政治、道德、艺术诸方面对商隐其人其诗作肯定评价的论文。文中的观点可能有溢美或偏颇之处，但其拨乱反正、摧陷廓清之功是应予充分肯定的。在当时条件下，如无这样强有力的反拨，李商隐的艺术成就不可能得到更多研究者的注目与承认。从这个意义上说，朱氏这篇论文的价值不在其对义山诗歌的笺注之下。序中所引钱氏对义山诗风"沉博绝丽"之评，也对后来论义山诗有重要影响。朱氏所撰《李义山诗谱》，对义山生平及诗歌创作背景考证未精，疏舛颇多。

二、徐树谷、徐炯《李义山文集笺注》。

朱鹤龄曾辑录《文苑英华》诸书，编成《李义山文集》，而漏辑状之一体。昆山徐树谷、徐炯采撷《文苑英华》所载商隐诸状补之，又补入《重阳亭铭》，由树谷与炯分任笺、注，是现存义山文集在未发现《全唐文》所收义山佚文之前第一个完整的注本。由于徐氏对义山生平及有关人事之考证远不及后来之冯浩，故其笺常有未当而为冯氏所纠者，然其注则什有五六为冯氏《樊南文集详注》所承，而冯氏大部分未标举出之。其书除康熙四十七年徐氏花黯草堂一刻及收入《四库全书》外，迄未刊印，冯注行世后，徐氏笺注遂不甚为人所引用。

三、程梦星《重订李义山诗集笺注》。

此书系对朱注之补订，采录始于康熙五十二年，至乾隆八年始脱稿。程氏因朱注"只详征其隶事来历而句释字疏之；至于作者之精神意旨，不过间有一二发明处"，故"以意逆志，或以彼诗证此诗，或以文集参诗集，兼复博稽史传，详考时事，谓某篇为某事而发，某什系某时所抒"（汪增宁序）。故是编之注实多从朱氏，而以笺释诗之意旨为主。今天看来，其笺释既有精到之处，也有明显失误。如《曲江》一诗，朱注谓"前四句追感玄宗与贵妃临幸时事，后四句则言王涯等被祸，忧在王室而不胜天荒地变之悲也"，前后幅割裂。程氏联系时事，通观全诗，认定此诗专为文宗而发，说："盖文宗时曲江之兴罢，与甘露之事相终始。曲江之修，因郑注厌灾一言始之；曲江之罢，因李训甘露一事终之。故但题曲江，而大和间时事足以概见矣。"这个看法不仅比朱氏合理，也比后出的冯说（伤杨贤妃赐死，弃骨水中）、张说（专咏明皇贵妃）切当得多。可以说是以知人论世、以意逆志之法解诗的成功例证（其句下笺仍有穿凿附会之弊，此不赘述）。《南朝》七律，诸家均以为主意在讽陈后主，程氏则谓"南朝偏安江左，历代皆事荒淫，宋齐梁陈，如出一辙……首举宋齐则梁陈可知，末举梁陈则宋齐概见，此行文参错交互之法也"，可谓深得题意及整体构思之要。尤其值得注意的是，他把诗集中一系列题材相同或相近的诗联系起来，加以比较区别，如《柳》（动春何限叶）笺云："义山柳诗凡十余首，各有寄托，其旨不同。有托之以喻人荣枯者，如'已带斜阳又带蝉'七绝是也；有托之以悲文宗者，如'先皇玉座空'五律是也；有托之以感叹跋涉者，如《关门柳》七绝'不为清阴减路尘'是也；有托之以自叹斥外者，如《巴江柳》'好向金銮殿，移影入绮窗'是也；有托之以自写平康北里之所遇者，如五律《柳》一首、《赠柳》一首、《谑柳》一首、七绝《柳》一首、《柳下暗记》一首、《离亭赋得折杨柳二首》是也。"这种方法，体现了具体问题具体分析的原则，所笺亦大体切合实际。在诗歌系年方面，认为《赠刘司户蕡》"乃随郑亚南迁以后之作"，谓义山大中元年自桂林奉使江陵，道遇刘蕡，赠之以诗，别来逾年，遂卒于贬所，又继之以哭也。亦属创见。尽管程对此说缺乏严密论证，谓蕡贬在大中元年亦误，但对此诗的系年确比所有旧笺更为切当。从上述例证看，程笺确是一部用力且有新见之作，但其穿凿拘实、索隐猜谜之弊也相当明显，这是刻意推求、务为深解造成的，也由于对诗的比兴寄托作了过分简单狭隘的理解，更缘于对义山一部分意蕴虚泛、并不一定为某人某事而发的诗的特点缺乏理解。如《乐游原》五绝，程氏将其系于会昌四年、五年间，认为诗系"为武宗忧"，谓"武宗英敏特达，略似汉宣，其任德裕为相，克泽潞，取太原，在唐季世，可谓有为，故曰'夕阳无限好'也。而内宠王才人，外筑望仙台。封道士刘玄静为学士，用其术以致身病不复自惜，识者知其不永，故义山忧之，以为'近黄昏'也。"句句比附、落实，远不如杨守智、纪昀之笺解通达。

四、姚培谦《李义山诗集笺注》。

姚氏先有《义山七律会意》一刻，后乃拓展至笺义山全部诗歌。此书系分体笺注本，成于乾隆四年。注本朱氏而删繁就简，间有补正，以释意为主。笺解撮述各联（段）大意及全篇意旨，大体切实简要，较少穿凿臆会之弊，对诗之内蕴及艺术，亦往往能于关键处指点出之，如《无题》（八岁偷照镜）笺："迤逦写来，意注末二句。"点出"十五泣春风，背面秋千下"乃全篇寄意所在，言简意赅，富于启示性。有的看似随意发挥，却侧面微挑，揭示出诗的典型意义的某一方面，如《梦泽》笺："普天下揣摩逢世才人，读此同声一哭矣！"有的笺语，对诗的构思、手法也有一针见血的分析，如《齐宫词》笺："荆棘铜驼，妙从热闹中写出。"《隋宫》七绝笺："用意在'举国'二字，半作障泥半作帆，寸丝不挂者可胜道邪？"这些笺语，都显示出姚氏对诗的妙悟。但亦有凭一时兴会直感，对诗意的参悟显得隔靴搔痒，甚至有些故弄玄虚，如《早起》笺："毕竟是谁春？参禅人请下一转语，答曰：大家扯淡。"《细雨》笺："发彩如云，定有一茎白起头的时节，请从细雨时细参。"要之，姚笺优点是解诗谈艺，要言不烦，关键处点拨，较少拘凿之弊；缺点是有时不得要领，流于玄虚。

五、屈复《玉谿生诗意》。

书成于乾隆四年，与姚笺一样，也是分体笺解本，但以排律殿后。顾名思义，此书专解义山诗意，注则本朱氏而加以删削，较姚注更简，基本上不作补注。在解说方面，也以简要明了为特色。与姚笺不同的是，随感而发或随意发挥的成分很少，较为贴近诗的本意，显得更切实稳妥。其中不少解说，不仅能发明诗意，对艺术特色也有比较切实的分析，如《无题》（八岁偷照镜）笺："'十五'二句写聪明女郎省事太早，而幽怨随之；才士之少年不遇亦可叹也。"结合解诗的末二句，水到渠成地点出全篇寓意，显得自然贴切。《韩碑》笺："生硬中饶有古意，甚似昌黎而清新过之。"谈艺简而要，揭出此诗学韩而异于韩的艺术个性。《骄儿诗》笺针对胡震亨"惜结处迂缠不已"的看法，谓"胸中先有末一段感慨方作"，可谓一语破的，揭示出此诗的深层创作动机。《齐宫词》笺："荒淫亡国，安能一一写出，只就微物点出，令人思而得之。"亦抓住此诗构思的关键和以小寓大的艺术手段。对《无题》《锦瑟》一类诗，屈氏的观点是"凡诗无自序，后之读者，但就诗论诗而已，其寄托或在君臣朋友夫妇昆弟间，或实有其事，俱不可知……若必强牵其人其事以解之，作者固未尝语人，解者其谁曾起九原而问之哉！"反对穿凿臆会，反对牵合具体人事执实为解，态度比较实事求是。

屈笺比较注意诗的结构层次及起承呼应分合的关系，往往用简要语言点出，但多数比较程式化，类似用分析时文的方法来分析诗的章法结构，显得琐屑平浅。据屈氏自序，此书仅"两旬而毕"，故不少诗未能深入体味钻研，流于一般串释。有些争论大、疑难多的诗也用这种方法笺解，虽免穿凿，却不免平浅。屈氏另有《唐诗成法》一书，其中选解义山诗的部分，与此书相关诗的解说大同小异。

六、吴乔《西昆发微》。

吴乔是清初著名诗论家，所著《围炉诗话》《答万季埜诗问》中有不少关于义山诗的精到评论。论诗宗唐抑宋，尤嗜以李商隐为代表的晚唐诗，曾说："唐人能自辟宇宙者，唯李、杜、昌黎、义山。"（《西昆发微序》）历史已证明这一论断的深刻与正确。《西昆发微》专解义山无题诗及义山与令狐楚、令狐绹往返酬赠的诗篇，成于顺治十一年，较朱注稍早。吴氏认为：无题诗都有寄托，绝非艳情，而寄托的内容则是对令狐绹的希望、欣羡、怨思、绝望、愤怒之情，并将《无题》诸诗按上述对令狐绹感情的发展过程排成次序。另外还将《曲池》《可叹》《富平少侯》《蜀桐》一类从题面到诗面都看不出与令狐有关的诗也解成为令狐而作。此书是首创义山《无题》寓托朋友遇合说的专著，也是首开义山诗研究穿凿附会之风的著作，对后来冯浩、张采田直至今人均有深远的影响。但吴氏的看法并非毫无合理因素。因为与令狐二世的关系，确实是商隐一生经历中的大事，也是他诗歌中所抒写的种种人生体验、人生感慨的生活基础之一个方面，不能说对他的创作没有影响，问题是如何正确理解这种生活经历与其创作的关系。这是义山研究中一个值得深入探讨的问题。下面略举吴氏笺诗二例以见一斑：《无题》（昨夜星辰）笺："首联，述绚宴接之地；次联，言绚与己位地隔绝，不得同升，而已两心相照也；三联，极言情礼之欢洽；末联，结惟自恨，未怨令狐也。"《玉山》笺："当时权宠未有如绚者，此诗疑为绚作。首联，极言叹美；次联，言其炙手；三联，言君相相得；末联，即'拟荐子虚名'之意。"《玉山》之笺解，直到今天，仍为不少学者所沿用，亦可见吴解确有一定合理性。

七、何焯《义门读书记·李商隐诗集》。

此书笺解评点义山诗二百五十二题，几占义山诗二分之一。有总评、句下评，也有通篇笺解，对诗的章法结构、艺术手法的评析也常穿插其间。每首诗评点的条目，字数不等，有仅数字者，亦有长达数百字或先后下数条笺评的，可以明显看出是读书时随手记下的札记。其中颇有能发明诗旨诗艺的。如《潭州》笺："此随郑亚南迁而作。第三思武宗，第四刺宣宗。五六则悲会昌将相名臣之流落也。《楚词》以兰比令尹子兰，盖指白敏中言之。"合之商隐大中二年五月在潭州李回幕逗留的行踪，此解显然较其他诸解切当。《杜司勋》笺："高楼句，含下伤春；短翼句，含下伤别。高楼风雨，短翼差池，玉谿方自伤春伤别，乃弥有感于司勋之文也。"从诗思的触发、构思到全诗旨意都讲到了，而又要言不烦。《杜工部蜀中离席》评："一则干戈满路，一则人丽酒浓。如此结构，真老杜正嫡也。诗至此，一切起承转合之法何足以绳之。然离席起，蜀中结，仍是一丝不走也。"《二月二日》评："同一江上行也，耳目所接，万物皆春，不免引起归思；及忆归不得，则江上滩声，顿有凄其风雨之意。笔墨至此，字字化工。""其神似老杜处，在作用不在气调。"对这两首神似老杜的名诗构思上的特点确有会心。

八、陆昆曾《李义山诗解》。

此书成于雍正二年，是一个专解义山七律的疏解本。其凡例云："余解义山诗，欲使后人知作者用意并篇法字法所在耳。至于驱使故实，朱长孺先生笺行世久矣，兹不赘采。""诗自六朝以来，多工赋体，义山犹存比兴……余遇诗中比兴处，特为一一拈出。"作者态度比较矜慎，很少凿空乱道之弊，其解说多本朱注及何焯之解，故一般较平实稳妥，但亦少发明独创。间亦有较精彩者，如《赠刘司户蕡》解："此云'万里相逢'，当在潭州时遇蕡作也。江风吹浪，而山为之动，日为之昏，只十四字，而当日北司专恣，威柄陵夷，已一齐写出。"将时代背景、诗句内涵及所用比兴手法融为一体，说得既切实又精要。有的解说，对朱注亦有所纠正，如《咏史》"运去不逢青海马"，朱注联系大中年间吐蕃以原、秦等州归唐事，谓文宗崩后数年"西戎遂有款关之事，故曰'运去不逢'"，陆解指出朱氏此解"未免牵合"，"青海马，乃任重致远之材也"。并联系文宗用李训、郑注谋诛宦官，事败酿成流血事变的情事，谓"运去不逢，惜文宗不得任重致远之人以托之耳。"

九、纪昀《玉谿生诗说》。

此书成于乾隆十五年。上卷为入选之诗，下卷为不入选诗（题为"或问"）。"意主别裁，故词多吹索，亦复借以说诗"（纪氏跋语）。纪评的突出特点是艺术品鉴较为精严。他对义山不少诗艺术上的缺点多有指摘批评，有的还是写得不错的诗，如《夜半》评："此有意不肯说出，然不免有做作之态，盖意到神不到之作。夫径直非诗也，含蓄而有做作之态，亦非其至也，此辨甚微。"将此诗评与《夜雨寄北》评对照："作不尽语每不免有做作态。此诗含蓄不露。却只似一气说完，故为高唱。"更可明显看出纪氏辨析之细致入微和诗艺的高标准。从《诗说》所欣赏、所批评的作品看，他对浅露、做作、粗俗、尖新涂泽之作是很不满的，批评起来往往非常严厉。但对"尖新涂泽"之作的批评，有时不免显示出艺术上的偏见，将一些颇能体现义山艺术个性的诗排斥在好诗的行列之外，有时甚至与思想上保守、卫道的偏见结合，显得相当狭隘偏执。如他对《锦瑟》《无题》《燕台诗四首》一类诗，评价就很低，认为《锦瑟》"非真有深味可寻"，《无题二首》（昨夜星辰）"了无可取"，《无题》（相见时难）"三四太纤近鄙，不足存"，并谓"大抵《无题》是义山偶然一种，本非一生精神所注"。对《富平少侯》、《寿安公主出降》、《马嵬》、《南朝》（地险悠悠）、《华清宫》一类语涉讥刺的诗，也多以"太尖无品，格亦卑卑""太粗太直，失讳尊之体"等加以否定。但《诗说》的艺术品鉴从整体上说是品位较高的，以下略举数例：

《蝉》评：起二句意在笔先。前四句写蝉即自喻，后四句自写仍归到蝉。隐显分合，章法可玩。

《乐游原》五绝评：百感茫茫，一时交集。谓之怨身世可，谓之忧时事亦可。末二句向来所赏，妙在第一句倒装而入，此二句乃字字有根。

《宿骆氏亭寄怀崔雍崔衮》评：不言雨夜无眠，只言枯荷聒耳，意味乃深。直说则尽于言下矣。

此外，对义山长篇五七言古、长篇排律的品评，亦多见精彩。

十、钱良择《唐音审体》。

本书选唐代各体诗千余首，其中选义山各体诗五十一首，有题下总评，有句下评、解。书成于康熙四十三年之前。评语颇有可采者，如《韩碑》评：“义山诗多以好句见长，此独浑然元气，绝去雕饰，集中更无第二首。神物善变如此。”《王十二兄与畏之员外相访见招小饮》评：“平平写去，凄断欲绝，唐以后无此风格矣。”在评具体诗篇之前，有时冠以总论性质的评语，亦颇精切，如《鄠杜马上念汉书》眉批：“义山学杜，其严重者得杜之骨，其雄厚者得杜之气，其微妙者得杜之神。所稍异者，杜无所不有，义山自成一家；杜如天造地设，义山锻炼工胜。此时为之也，亦作者述者必然之势也。”

此外，冯浩之前的选评选解本，尚有徐德泓、陆鸣皋合解的《李义山诗疏》，姜炳璋的《选玉谿生诗补说》。唐诗选集中评笺义山诗较多者，有胡以梅《唐诗贯珠串释》（选义山七律七十二首）、赵臣瑗《山满楼笺注唐诗七言律》（选义山七律二十八首）等，不一一评述。

十一、冯浩《玉谿生诗笺注》。

这是清代李商隐诗集最完备精审的笺注本，也是李商隐研究史上一部里程碑式的重要著作。此书初刊于乾隆二十八年，至乾隆四十五年又加重校订正，并重新雕版刊行，其《重校发凡》云：“初恐病废，急事开雕，既而检点谬误，渐次改修，积十五六年，多不可计。既欲重镌，通为校改，大半如出两手矣。”但乾隆四十五年重刊本仍非冯注定本，真正的定本是嘉庆元年重校本，“其注释订误之处更较笺注本为详备”（冯浩《嘉庆重校本跋》）。冯注的三个前后差别很大的本子，既显示出著者精益求精的精神，也说明义山诗的不易把握与诠释。有时即使同一个诠释者对同一首诗，前后的感受与理解也会有很大差异。这是与义山诗本身内涵的宽泛性以及表现形式的隐约朦胧分不开的。

冯注的主要特点与贡献是：

其一，根据翔实的材料和严密的考证，改订年谱，按年系诗，为李商隐诗文的注释、研究提供了坚实的知人论世的基础。朱、徐、程三家之谱，舛误甚多。冯浩在商隐二百零三篇佚文尚未发现的条件下，“征之文集，参之史书”，诗、文、史互证，不但考定了商隐比较确切的生卒年与家世，而且考证出其重要仕历交游及有关的时代政治背景。这是一个了不起的成绩。因为义山诗不像杜诗那样与时事关系密切，可以史证诗，并在此基础上较为准确地加以系年，而是多数与时事疏离，难以系年。冯浩在这种困难条件下，将占义山诗总数五分之三的诗一一加以系年，剩下来的未编年诗，对其大致的写作年代或时期也有所推断，提供了进一步考证的线索。尽管有些诗的系年有误或乏据，但从总体说，是第一次为商隐生平仕历交游及诗文创作年代背景考证出了一个较为清晰的基本面貌。直到现在，李商隐的诗文系年与年谱，冯谱仍是重要的基础。

其二，汲取前此注释、评点李商隐诗的丰富成果，并在此基础上对义山诗作了较以前更为详赡精切的注释，是一部兼有集成与创新优长的著作。除以朱注为主要依据外，还选录了程笺本、姚笺本、陆解本、徐逢源未刊笺本的笺注及二冯、何焯、田兰芳、钱良择、杨守智、袁彪、赵臣瑗诸家的评笺，嘉庆重校本还选录了徐陆合解《李义山诗疏》的一些笺解。除屈复《玉谿生诗意》、纪昀《玉谿生诗说》未收外，凡是冯氏当时能见到的笺注评点成果，几乎全被搜罗到了。同时，对朱、程等注，又"存其是，补其阙，正其误"，在解词、征事、数典、释意等方面都比朱、程注进了一大步。除笺解一部分疑难诗篇的意旨时因冯氏本人的观点、方法存在问题或因诗本身的困难而未能尽当外，具体的注释可以说大部分已经解决。

冯注的主要问题：

一是过分强调李商隐与令狐绹的关系对其诗歌创作的直接影响，将包括大部分《无题》在内的一系列作品都说成为令狐绹而作，甚至解释为与令狐绹某次具体交往的本事诗，不免拘凿。如笺《无题二首》（凤尾香罗）云："将赴东川，往别令狐，留宿，而有悲歌之作。首作起二句衾帐之具。三句自惭。四句令狐乍归，尚未相见。五六喻心迹不明，欢会绝望。七八言将远行，'垂杨岸'喻柳姓，'西南'指蜀地。"几间猜谜拆字。又如《曲江》一诗，竟从中附会出"文宗崩后，杨贤妃赐死……弃骨水中"之情节，更纯属主观臆想。这种索隐猜谜之风，吴乔肇其端，冯浩张其势，至张采田而登峰造极。

二是用主观随意性很大的"参悟"之法进行生平游踪的考证，致使年谱中有关"江乡之游"与"巴蜀之游"的考证及与这两次游历有关的诗歌系年与笺释缺乏可靠证据，难以成立，并因此造成义山生平系诗考证方面长期的混乱。这两次用"参悟"之法考出的游踪，后来也被张采田变本加厉地发

700

展了。

十二、冯浩《樊南文集详注》。

冯氏在徐树谷《李义山文集笺注》的基础上，加以删补辨正改订，撰成此书。其注十之五六采自徐注，补正者仅十之四五，但均为疑难问题；笺则纠徐之失者颇多，盖因冯氏对义山行年交游之考证远较徐氏为精。如《为京兆公陕州贺南郊赦表》，徐氏以京兆公为杜悰，冯氏据《旧唐书·韦温传》正为韦温；《为荥阳公贺幽州破奚寇表》，徐氏以为"荥阳"当作"濮阳"，引会昌时破回鹘那颉啜事，冯氏正为大中元年五月张仲武破奚事，"荥阳"不误。其他徐氏缺考而冯氏考出者颇多。故冯氏详注行世后，徐注遂湮没不闻。然冯氏校勘，颇勇于改字。虽有说极精切者，亦有实无据而逞臆者。如《为怀州李中丞谢上表》"万里以遥，三时而复，副介不离于疾故，人从免叹于凋零"，冯氏擅改"人从"为"少从"，谓旧本皆非。实则此"人从"指随从，文本不误。《为李兵曹祭兄濠州刺史文》，冯氏因误考李兵曹之兄为李文举，竟在毫无依据的情况下改"竟陵山水，钟离控扼"二句中之"竟陵"为"严陵"，以证明其文举"先刺睦，继刺濠"之臆说。而"竟陵"字本不误，乃指复州，李兵曹之兄乃李从简，曾刺复州、濠州。冯氏详注系年有误者，多因其年谱有误，如谱谓大中四年十月卢弘止奏义山入徐州幕为判官，故因之误系《上尚书范阳公启三首》于大中四年十月；谱谓大中六年义山辟为东川节度书记，故因之误系《献河东公启三首》《为河东公上西川相公京兆公书》于六年，系《为河东公谢京兆公启》二首、《为柳珪谢京兆公启》三首于七年。此等张氏《会笺》已正之。

十三、钱振伦、钱振常《樊南文集补编》。

钱振伦从《全唐文》卷七七一至七八二所收义山文中辑出徐、冯注本所无的文章二百零三篇（其中三篇经考证非义山文），由振伦作笺，其弟振常作注，并用胡书农从《永乐大典》所录出义山文作校勘，于同治三年撰成《樊南文集补编》，与前此冯浩之《樊南文集详注》并行，成为商隐文笺注之双璧。钱笺颇精，根据史、文互证及义山所历幕职，改正了不少文题中的错误，并使文章得以正确系年。如《为汝南公上淮南李相公状》三篇及《为汝南公与蕲州李郎中状》，钱氏考辨"汝南"当为"濮阳"之讹；《为荥阳公上仆射崔相公状二》，钱氏考崔相公为元式，"仆射"当作"弘文"；《为荥阳公上弘文崔相公状三》，钱氏谓崔相公为崔郸，"弘文"当作"仆射"。注亦详赡。书末有振伦所撰《玉谿生年谱订误》，根据《补编》所辑商隐文提供的材料，订正了冯谱中的一些错误，如李氏实自怀迁郑，非如冯谱所云"旧居郑州，迁居怀州"；义山移家关中之时间当在开成五年，而非如冯谱所云在四年，并提出了义山生于元和六年之新说。凡此，对义山生平考证均有参考价值。但《补编》所收商隐文提供的新材料，钱氏仅利用了一部分，后来张采田的《玉谿生年谱会笺》则进一步较充分地利用了《补编》提供的材料，作出了一系列新的考证结论，但这已经属于二十世纪李商隐研究的范围，当在下章评述。

第二章　二十世纪中国大陆李商隐研究述略

二十世纪，是中国历史上发生天翻地覆变革的时代。以五四运动与新中国的建立为两大转折标志，将二十世纪自然划分成为三个不同的历史阶段。新与旧的两次交替，不仅给李商隐研究带来了具有时代色彩的新变化，也造成了过程的曲折。大体上说，从世纪之初到五四运动前夕，是继承顺、康、雍、乾以来笺注考证之学并加以发展与总结的阶段。从五四运动到新中国成立前夕，是在现代域外新思潮和新文化运动的影响下，呈现出新变的阶段。从新中国成立到现在，是在经历了一段时期的曲折以后掀起李商隐研究的第二个高潮，总结与创新并重的阶段。由于时间跨度较大，不可能详细论列每一阶段的研究状况与具体成果，只能以重点评述有代表性的成果为主，藉以体现某一阶段的特点。第三阶段的后二十余年，是李商隐研究史上一个重要的时期，也是二十世纪李商隐研究成果最丰富、集中的时期，将作为重点进行评述。

第一节　传统笺注考证成果的总结

清代是传统文化的总结期。清代的李商隐研究，其成果之丰硕，与同时期对其他古代作家的研究相比，可以说毫不逊色。其主要内容是对李商隐生平经历的考证和对李商隐诗文的系年考证、笺注、解说与评点。自朱鹤龄、徐树谷、吴乔、何焯、朱彝尊、姚培谦、程梦星、徐德泓、陆鸣皋、陆昆曾、屈复、冯浩、纪昀、钱振伦兄弟等人的诗文笺注及解说、评点著作陆续问世以来，既积累了许多极有价值的研究成果，又提出或留下了一系列需要进一步研究考证的问题，而《全唐文》中二百篇商隐佚文（钱氏兄弟据以收入《樊南文集补编》）的发现，又给进一步考证义山生平提供了极重要的资料。客观上需要对清人丰硕的研究成果进行一次清理与总结。长于史学的张采田所著的《玉谿生年谱会笺》（又有《李义山诗辨正》）便适应这一需要，对清人的笺注考证成果作了一次总结。书始创于民国元年，削稿于民国五年，正值五四运动前夕。

《会笺》以详考谱主之行年仕历及诗文之系年为主，同时又在系年诗文下对之作较具体的笺解，作为系年之依据。故此书实兼谱与笺的双重性质，有不少地方还涉及对玉谿生诗的总体评论与具体作品的艺术评价。它的主要贡献有以下几个方面。

一是对商隐所历各朝（特别是文、武、宣三朝）与其生平仕历及诗文创作有关的人事作了较冯、钱等谱更为详密的考订载录。举凡有关重要的内外官吏的除拜迁转去世、藩镇的叛服、外族的侵扰与唐廷的征讨，以及其他军政大事等，莫不条载备书，并根据各种记载参互考证，务求准确无误。不但纠正了冯、钱等谱考订上的失误，而且对史籍中相互矛盾的记载作出准确的是非正误判断。如杜悰由西川移镇淮南，系代在淮南任上去世之李珏，西川节度使则由白敏中接任。旧、新《唐书》纪、传、表所载歧异，冯谱系于大中七年。张笺据《樊川集·册赠李珏司空制书》所载年月日及商隐《为河东公复相国京兆公第二启》《新唐书·宰相表》《新唐书·白敏中传》《唐会要·祥瑞门》等所载，考定杜悰大中六年五月由西川迁镇淮南，否定了大中七年李珏卒于淮南之错误记载及冯谱之误，表现出治丝理棼的深厚功夫。其中有些条目载录，甚至已逸出与谱主仕历、创作有关的人事范围（如大和五年载录西川节度使李德裕奏收复吐蕃所陷维州、接受吐蕃守将之降，以及宰相牛僧孺沮议之事）。岑仲勉谓"唐集人事之讨究，自今以前，无有若是之详尽，岂徒爱商隐诗文者须案置一册，亦读文、武、宣三朝史者必备之参考书也"（《玉谿生年谱会笺平质·导言》），洵为确评。从文学研究角度说，由于商隐生平仕历与诗文创作涉及文、武、宣三朝一系列政治、军事大事和众多政坛重要人物的进退迁贬，因而张笺的这些载录实际上为李商隐诗文创作提供了相当具体的时代政治背景与人事环境，比起这方面记载相对较为简略的冯谱有高得多的论世知人价值。

二是对商隐一生的经历作了较冯、钱等谱更为细密准确的考证，纠正了冯谱中不少较大的错误。其中最重要的，是将商隐应柳仲郢之辟，赴东川幕的时间定在大中五年，纠正了冯谱将商隐妻王氏之卒、赴东川幕分置于大中五年、六年的错误。冯谱泥于《旧唐书·卢弘正（止）传》"镇徐四年"之文，认为卢卒于大中六年，商隐亦于是年方应仲郢之辟赴东川。张笺据

《补编·四证堂碑铭》述仲郢事有"（大中）五年夏，以梁山蚁聚，充国鸥张，命马援以南征，委钟繇以西事"之文，定仲郢除东川在大中五年夏秋间，并据义山诗文证明卢弘止卒于镇、义山离卢幕还朝、妻亡、任国子博士、赴东川幕均在大中五年，证据确凿。不仅纠正了商隐经历中一件大事的时间误载，且纠正了冯谱中与此有关的一系列诗文的系年之误。张氏的这一重大纠正，固与《补编》提供的材料有关，但先他而见此材料的钱氏却未能利用它作出新的考订结论，可见主要取决于其史家的精密考证功夫。

三是在精密考证的基础上给一系列诗文作了正确的系年。《补编》中有为河东公上杨、李、陈、郑等相公状八篇，钱氏以为河东公为柳仲郢，而仲郢镇东川期间，宰相无姓杨、李、陈者，故于上杨、李、陈七状之诸相无考，而以上郑相公状为上郑朗。张氏根据以上诸篇所提供之内证，结合开成三年在位诸相之情况，考定此八篇题内之"河东公"均为"濮阳公"之讹，状系开成三年商隐居泾原幕期间代王茂元上杨嗣复、李珏、陈夷行、郑覃诸相所作，考订精密，证据确凿。又如《补编·为濮阳公上宾客李相公》二状，为茂元出镇陈许时所上，钱氏以为李相公指德裕，然德裕两为太子宾客均在此前，故钱氏于此实有所疑，然又谓"无他人可以当之"。张氏则据《旧唐书·李宗闵传》"（开成）四年冬，迁太子宾客分司东都"之文及二状提供之内证，考定此"宾客李相公"实为李宗闵，从而使此二状得以定编于茂元出镇陈许时。诗之系年较冯谱更为准确合理者，亦所在多有。

四是对义山诗的总体特征及某些具体作品发表了一些比较精辟的见解。如说"玉谿诗境，盘郁沉着，长于哀艳，短于闲适。摹山范水，皆非所擅场。集中永乐诸诗，一无出色处，盖其时母丧未久，闲居自遣，别无感触故耳。其后屡经失意，嘉篇始多，此盖境遇使然"（《李义山诗辨正》），结合境遇论诗，既指出其所长，亦不护其所短。论《漫成五章》，谓"此五首者，不但义山一生吃紧之篇章，实亦为千载读史者之公论"，较之杨守智、程梦星、冯浩仅从"自叙其一生之踪迹""即谓之义山小传可也""实义山一生沦落之叹"着眼，所见特大，显示出治史者之特有眼光。《武侯庙古柏》诗，前人评笺均从单纯咏古着眼，张笺则结合商隐后期政治倾向，指出此诗乃"因武侯而借慨赞皇（按：即李德裕）"，并谓"叶凋湘燕雨，枝坼海鹏风"二句分指德裕之主要助手李回湖南、郑亚桂海之贬，亦为有得之见，非生硬比附者可比。

张氏《会笺》也有明显缺点。首先是在商隐生平行踪考证上进一步坐实并发展了前人提出的"江乡之游"与"巴蜀之游"说。徐逢源笺《潭州》诗，疑杨嗣复镇潭，义山曾至其幕。冯浩《玉谿生年谱》乃提出开成五年九月至会昌元年春商隐应嗣复之招南游江乡说，并谓是役兼有闲情牵引。其实本无实证，全从诗中参悟而得。张笺乃进一步张扬之，将明为早年所作之《燕台诗四首》及《代越公房妓嘲徐公主》《代贵公主》《石城》等一大批诗统系于所谓"江乡之游"中，且均附会为杨嗣复作，造成了比冯谱更大的混乱。关于巴蜀之游，冯谱以为大中二年商隐桂幕罢归抵故乡与东都后，旋又出游江汉巴蜀。张笺虽辨冯说及系诗的某些错误，但仍坚持有巴蜀之游，并谓此行系为拜谒李回、杜悰。其实许多被冯、张系于此游的诗，均为大中五年至九年商隐在东川幕期间所作。至于拜谒李回，更为荒唐。岑仲勉已指出其谬误。巴蜀之游系诗中虽尚有个别诗篇（如《过楚宫》《摇落》）尚须推究，但像张氏所主张的为李回、杜悰而进行的巴蜀之游实为向壁虚构。

从吴乔的《西昆发微》开始，在解义山《无题》及其他一些诗时，往往牵扯与令狐绹的关系，认为均系为绹而作。程梦星、冯浩的笺注均有此特点。这种生硬比附、索隐猜谜式的解诗法，至张氏《会笺》而登峰造极。除毫无实据牵扯令狐作解的一大批诗以外，还有许多同样没有任何蛛丝马迹而任意牵扯其他人事作解的情况，这些诗解多为张氏的"首创"。如《代越公房妓嘲徐公主》、《代贵公主》、《楚宫》（复壁交青琐）、《河内诗》之牵扯杨嗣复，《河阳诗》之牵扯杨嗣复、李执方，《无题二首》（昨夜星辰、闻道阊门）之牵扯李德裕，《相思》之牵扯王茂元，《杏花》、《荆门西下》、《楚宫》（湘波如泪）、《无题》（万里风波）、《岳阳楼》、《妓席暗记送独孤云之武昌》之牵扯李回，《北禽》《梓潼望长卿山至巴西复怀谯秀》之牵扯杜悰，《贾生》之牵扯牛党与李德裕，《席上作》之牵扯李党，《景阳井》之牵扯懿安太后，《景阳宫井双桐》之牵扯孝明太后与杜秋，《海上》《天涯》之牵扯卢弘止，《当句有时》之牵扯初除博士，《壬申七夕》《壬申闰秋题赠乌鹊》之牵扯杜悰与令狐，凡此等等，不一而足。义山诗解中虽向有索隐之风，但像张氏这样生硬比附、逞臆为解的却不多见。

王国维在为张氏《会笺》所作的序中引孟子说《诗》"以意逆志""知人论世"之论，以为谱所以论世、笺所以逆古人之志。张氏《会笺》之指导思想，盖亦不出此二端。今天看来，此书在论世知人方面，虽亦有如上所述在江乡之游、巴蜀之游考证上沿袭前人而变本加厉之失误，但成绩是主要的。在年谱之体所允许的范围内已将商隐其世其人论列考证得相当充分、清楚，确实做到了总结前人而又有新的发现，也为今天进一步研究其世其人提供了重要的材料与参考，显示出治史者的优长。而在"以意逆志"方面，则问题较多，在某种意义上说，不妨视为对前人索隐比附之风的恶性发展。其中一个关键性的问题是对文艺创作特征，特别是对商隐不少诗意蕴虚涵的特征缺乏认识，过分强调以史证诗，务求实解；过分狭隘地理解诗歌的比兴寄托，把它等同于影射。这方面的教训，值得后来研究商隐诗者汲取。

第二节　在新思潮和新文化运动影响下李商隐研究的新变化

从五四运动到新中国成立前这三十年中，李商隐研究的成果不多，但这一时期出现的几部论著却都明显受到新思潮和新文化运动的影响，表现出与传统研究不同的特点。

1927年出版的苏雪林的《李义山恋爱事迹考》（又名《玉谿诗谜》），是一部专门考证李义山恋爱事迹并对义山爱情诗作出本事性诠释的专著（在此之前，于1922年出版的苏氏《唐诗概论》中已有《诗谜专家李商隐》一节，初步提出其基本观点）。考证李商隐诗爱情本事，并不自苏雪林始，冯浩、张采田都作过这方面的努力，冯浩还对商隐的艳情诗作过概括性的结论："统观前后诸诗，似其艳情有二：一为柳枝而发，一为学仙玉阳时所欢而发。《谑柳》《赠柳》《石城》《莫愁》，皆咏柳枝之入郢中也；《燕台》《河阳》《河内》诸篇，多言湘江，又多引仙事，似昔学仙时所欢者今在湘潭之地，而后又不知何往也。"（《玉谿生诗笺注·河阳诗笺》）但所说的恋爱对象，仅限于像柳枝这样原为商人女后为使府后房姬妾者，以及女冠，且只涉及义山少量诗篇。而苏雪林却认为商隐的恋爱对象有宫嫔飞鸾、轻凤，有原为宫女后入道观的女道士宋华阳，且将全部无题诗都看成爱情的本事诗。写《李义山恋爱事迹考》这样一本专著本身，就反映出受"五四"以来新思潮熏染的女性在思想观念上的变化，即认为李商隐的上述不符合封建道德规范的爱情行为以及表现这种行为的诗，不但是其生活与创作的重要组成部分，而且完全可以用肯定的态度去研究与评价。这跟传统诗学以风雅比兴与美刺论诗，以是否有政治寄托来评论一个诗人的诗品，特别是以男女之情为题材的作品，是完全不同的两种文艺价值观。如果说朱鹤龄的《李义山诗笺注序》"义山之诗，乃风人之绪音，屈宋之遗响"的评价表现出将李商隐说成一位政治诗人的努力，那么苏雪林的《李义山恋爱事迹考》则力图将李商隐塑造成一位深挚纯情的爱情诗人。

苏氏所考证的商隐爱情诗具体本事，由于缺乏可靠的证据，只是就商隐无题诸诗及其他一些诗中本身就很隐约朦胧的诗句进行推衍假设，其可信程度自然是比较低的。特别是与宫嫔飞鸾、轻凤恋爱之说，更是无论从事理上、从材料依据上都让人难以置信。但苏氏提出的义山两类不同恋爱对象的诗分别用不同的典故词语，女道士用仙女、仙境、仙家事物，宫嫔则用帝王、妃后、宫廷建筑、宫廷器用以为区别，不能说毫无道理。认为商隐与某一女冠有恋情之说，也并非毫无依据。但苏氏这本书的主要价值并不在具体的考证结论和对具体诗篇本事的诠释上，而是它们显示的观念的更新、思想的解放以及由此带来的研究视角的变化对于以后研究者的启示与影响。董乃斌说"从要求把爱情诗只当作爱情诗（而不是政治诗）来读这一点看，苏雪林的观点显然是对前此种种阐释的超越，至少是这种超越的开始"（《李商隐的心灵世界》第55页），这是非常客观而中肯的评价。苏氏直到1986年第7—9期《东方杂志》上发表的长文《论一本风幡式的诗评书——〈李商隐诗研究论文集〉》中仍坚持她五十年前提出的基本观点，并作了许多新的论证，说明这确是她一贯坚持的看法，而非兴之所至的随意性放论。

发表在《武汉文哲季刊》六卷三至四期上朱偰的《李商隐诗新诠》，基本观点与苏氏相同（认为李商隐与宫娥、女道士宋华阳有恋爱关系），但据以论证的诗例及具体解释与苏氏有别。《新诠》"义山与宫女之情诗""李义山之情诗"两节之要点，周振甫先生《李商隐选集》的前言中已详加节引，此处不赘。周先生认为苏氏之义山与宫嫔飞鸾、轻凤恋爱说乃是对朱偰之义山与宫女相恋说的发展。朱氏之观点及论证虽亦与苏氏同样多属推衍假设，但其客观意义仍不容抹杀。它与苏氏之著作后先出现，更足以说明"五四"思想解放新潮流对古典文学研究的影响。尽管清代注家如吴乔、程梦星、冯浩及近人张采田等与苏、朱二氏在诠释义山诗时都有索隐穿凿的倾向，但前者是索政治之隐、君臣朋友遇合寄托之隐，后者则是索爱情本事之隐。方法虽似，观念自别。

发表在1933年安徽省立图书馆《学风》杂志上张振珮的《李义山评传》则显示出，随着马克思主义在中国的传播，一部分学者试图用唯物史观来研究李商隐诗歌创作。著者在《绪论》中说："中国现时还没有一部唯物史观的文化史或经济史，所以文学史的研究比较困难。"即透露出著者认为唯物史观应当成为文学史研究的指导。在具体分析晚唐诗风的成因时，著者试图从晚唐社会对文学的影响及文学本身发展演变的结合上来加以说明："因乱后的晚唐社会，须要强烈的刺激，他（李贺）便以冷艳奇险确立了独异的旗帜。韩、白一派的粗阔原即是盛唐的强弩之末，由粗阔而复以纤丽，自是文学演变的必然趋势"，"李贺可以算发难的戍卒，义山却是开国的元勋"。在联系时世、身世比较杜甫、李商隐诗风时指出："老杜和义山所处的环境虽然同属恶劣，但老杜身受暴风雨似的安史之祸、痛苦流离，较义山更甚。然其对于政治则尚希望其乱平后，而得治理，义山便不同了，他及身所受的痛苦虽不及老杜那样厉害，但因国家于大乱后悠久的未能治平，对政治已行绝望了。所以他们的思想内容，完全是两个不同的样式。杜是哀愁苦恼，而李则是伤感颓废；杜是抱有希望的注意他诗的思想内容，而李则是绝望的雕饰形式。"这些分析、比较虽失之简单，但确实从时代社会与诗风的联系上揭示出了义山诗的一些特点。张著对苏雪林《李义山恋爱事迹考》将无题诗说成与宫嫔恋爱的实录，也结合义山生平进行了批评。但张著本身在实证研究方面并没有新的发现。

　　真正在实证研究方面作出很大成绩，纠正了张采田《玉谿生年谱会笺》一系列失误的，是著名唐史专家岑仲勉的《玉谿生年谱会笺平质》（书稿成于1942年，发表于《历史语言所集刊》第十五本）及其《唐史余沈》中《李商隐南游江乡辨正》一文。《平质》分导言及创误、承讹、欠确、失鹄、错会、缺证六项。除导言集中讨论商隐无关党局及批评旧笺动辄牵扯令狐以解玉谿诗外，其他六项均以实证条举张氏笺证之失误。其中最重要亦最有价值者，首推对冯、张关于江乡之游、巴蜀之游考证的批评。岑氏对江乡之游的辨正，主要是从开成五年九月到会昌元年正月这段时间内，商隐正忙于移家、从调，以及正月在华州周墀幕为周墀、韦温草《贺赦表》来证明其不可能同时分身作江乡之游，辩驳极为有力。尽管还未能对冯、张真正持以为据的罗衮《请褒赠刘蒉疏》"沉沦绝世，六十余年"作出合理的解释，亦未从商隐诗本身找出内证，以证明商隐与刘蒉相遇的确切时地，因而难以彻底驳正冯、张之说，但所提出的否定理由确实动摇了开成末"南游江乡"说。对巴蜀之游的辨正，亦主要从驳论据着手，指出冯、张藉以为据的一系列诗证，或为大中二年随郑亚赴桂途次所作，或为大中五年赴东川途次及梓幕期间所作，并对大中二年商隐北归行程及系诗按时间先后作了排比论列。尽管其中有的诗（如《过楚宫》《摇落》）岑氏未曾涉及，致使此游的有无尚留下一些疑点，但其驳正冯、张大量误系诗证据确凿，可视为定论，驳正"巴蜀访杜悰"之说亦极有力。总之，在驳正这两次"游历"上，岑氏的澄清之功是很大的。此外，如对张笺李德裕入相在开成五年四月的驳正，对王茂元出为陈许节度使年月的驳正，对大中二年由桂归洛说的驳正，对《为濮阳公上陈相公第一状》作时的驳正，均证据确凿，且对考证商隐行年及诗文系年关系重大。《平质》中亦偶有小疏或难以定论的条目，但从总体看，其考证之精密确有超越冯、张之处。

由于商隐集中《过楚宫》《摇落》二诗反映他确曾有过夔峡游程，坚持有大中二年巴蜀之游者固资以为证，否定此说者亦难以说明此二诗之写作时间。陈寅恪《李德裕贬死年月及归葬传说辨证》（刊于1935年《历史语言研究所集刊》五本二分）根据大中六年商隐曾奉东川节度使柳仲郢之命至渝州迎送西川节度使杜悰移镇淮南，及商隐代柳仲郢所拟祭李德裕文残句，提出商隐可能在"大中六年夏间……承命至江陵路祭李德裕归柩"的假设，认为冯、张指为二年往返巴蜀所作之诗，大抵为此次行程所作。这一假设由于该文主题的关系，在文中并未展开论证，是否能成立亦难确定，但至少提供了另一种考证的思路，即排除了冯、张所主张的大中二年巴蜀之游外，商隐可能还有过另一次途经或短期逗留夔峡的行旅。

黄侃《李义山诗偶评》、汪辟疆《玉谿诗笺举例》也是撰于这一时期的笺评类论著。前者笺评七律四十四首（附七绝一首），后者笺评七律十六首，其中均包括七律无题。黄评时有对某一类诗的总体看法，如谓："义山《无题》，十九皆为寄意之作……必概目为艳语，其失则拘，一一求其时地，其失则凿。"虽未必概括得全面准确，但对读者仍有启发。对具体诗篇的笺解，亦时有新见（如对《临发崇让宅紫薇》《宋玉》的笺解）。汪笺对《一片》《锦瑟》《重过圣女祠》《流莺》《回中牡丹为雨所败二首》的艺术品评，亦颇精到。

这一时期单篇论文之有价值者，首推缪钺的《论李义山诗》（作于1943年5月，收入著者《诗词散论》）。此文主要阐论义山在文学史上的地位，对义山其人其诗的特征提出了一系列很有见地的观点，如谓"义山盖灵心善感，一往情深，而不能自遣者，方诸曩昔，极似屈原""义山对于自然，亦观察精细，感觉锐敏……遗其形迹，得其神理，能于写物写景之中，融入人生之意味""义山诗之成就，不在其能学李贺，而在其能取李贺作古诗之法移于作律诗，且变奇瑰为凄美，又参以杜甫之沉郁，诗境遂超出李贺"，均极惬当中肯。而文中论及义山诗与词体之关系一节，尤具卓识，为明许学夷《诗源辩体》以来所未道，而其所体现之文学史之宏远眼光，尤具启发性。

第三节　总结与创新并重的新中国成立后李商隐研究

从新中国成立到现在这半个世纪，李商隐研究经历了从大落到大起的曲折。以1978年为界，可以分为两个大的阶段。

前一阶段，包括1949—1978年这三十年，是李商隐研究相当沉寂的时期。据不完全统计，三十年中，关于李商隐的专题研究论文（不包括对单篇作品的一般性赏析）仅三十余篇，平均每年仅一篇左右，诗文选注本及专著则均付阙如。对于像李商隐这样的大家，无疑极不相称。究其原因，主要是在"左"的思想路线和理论观念长期影响下，像李商隐这样一位艺术上极富独创性，风格偏于绮艳的作家，艺术上呕心沥血的追求反倒成了惟美主义的表现，甚至连《锦瑟》这样横绝古今的杰作，也被认为用典过多，隐晦难解，具有惟美主义倾向。这种在总体上贬低甚至有时带有否定色彩的评价，成为这一阶段李商隐研究的一种倾向。

但这一阶段仍然出现了一些态度较为客观，评价比较实事求是，且有一定深度的研究论文，如陈贻焮的《关于李商隐》《谈李商隐的咏史诗和咏物诗》，马茂元的《玉谿生诗中的用典》《李商隐和他的政治诗》，何其芳的《〈李凭箜篌引〉和〈无题〉》，刘开扬的《论李商隐的爱情诗》，吴调公的《流莺巧啭意深深——论李商隐的风格特色》等。这些论文，涉及义山诗各种题材领域与艺术风格、艺术手段。特别是陈、马、何、吴诸先生侧重谈艺的论文，在当时的思想、学术氛围中，尤为难能可贵，显示了学术上的勇气。刘盼遂、聂石樵的《李义山诗札记》，对李诗的笺解也多有新见。

从1978年到二十世纪末的这二十多年，随着思想、理论上的拨乱反正和改革开放带来的新思潮、新方法，随着整个学术界思想的趋于活跃与解放，李商隐研究出现了一个新的高潮。这是对前一阶段沉寂局面的有力反拨。据不完全统计，二十多年中，光是各种李商隐研究的专著（包括李商隐诗文的笺注疏解、选本、评传和研究著作），就多达三十余种，这在中国古代大家研究中也是少见的，可以说形成了"李商隐热"。在新时期的中国古典文学研究中，李商隐研究是比较有成绩的领域。这个高潮的主要标志有以下几个方面。

一是形成了全面推进的态势。二十余年的研究成果中，既有侧重于全面清理总结以往研究成果，对李商隐全部诗歌进行疏注、集解的著作，又有侧重于运用新方法进行新的尝试与探索的论著；既有对李商隐作全面研究的著作，又有大量从某一题材、体裁或就某一问题、某一名篇进行具体深入研究的论文；既有笺注考证方面的成果，又有以"义理"即理论研究为主的著作，更有大量对具体作品的艺术品鉴，形成了义理、考据、辞章并重的局面；既有不少具有较高质量的学术研究著作，又有许多以普及为主或兼有普及与提高性质的选注、选析、选译本。过去长期未被研究者注意的樊南文，这一阶段不但出版了新的校点本，而且陆续发表了一些有分量的论文。

二是对李商隐研究中一些难点、热点问题进行了比较深入的探讨，如无题诗有无寄托及其特点的探讨，《锦瑟》诗内涵及特点的探讨，李商隐与牛李党争关系的探讨，李商隐生平游踪中两大疑案（江乡之游与巴蜀之游）的考辨，李商隐诗歌朦胧情思与意境的探讨等等。通过不同意见的讨论，有些问题逐步取得了比较一致的认识，有些问题由于不同意见的充分展开，使问题的讨论更加深入。

三是出现了一批有较高质量的学术成果，提出了一系列新的观点或新的考证结论。这是新时期李商隐研究的主要收获，也是研究高潮在"质"的方面的主要标志。关于这方面的具体成果或观点，下面将有重点地加以评介。

四是成立了全国性的专门研究组织——中国李商隐研究会，作为中国唐代文学学会下属的一个分会，有组织地开展李商隐研究工作。自1992年成立以来，已经召开了五次年会。在研究队伍中，既有专门研究机构和高校中从事教学、科研，特别是从事李商隐研究的人员，又有著名的作家和诗人。后者参加到李商隐研究队伍中来，不仅使一向比较单一的古典文学研究成员组成发生变化，而且对活跃学术空气、改变纯学院派作风，特别是在将研究与创作、古代与当代沟通方面起着重要作用。

下面，围绕若干重要方面与专题对这一阶段的李商隐研究作重点评述。

在总体研究方面，钱锺书先生提出的"樊南四六与玉溪诗消息相通"及商隐"以骈文为诗"说引人注目。它不但揭示了商隐律诗运用骈文手法这一重要特征，而且指出了樊南文与玉溪诗之间存在着某些共同特征以及它们的相互渗透与影响。周振甫先生的《李商隐选集·前言》对二者的共同特点作了精切的阐述，董乃斌的《李商隐的心灵世界》于《非诗之诗》一章中重点发挥了钱锺书的"以骈文入诗"说。其实，钱先生的"消息互通"说还可以包含另一方面，即玉谿诗对樊南文的影响，这同样是一个饶有新意的课题。

关于李商隐诗歌的创作倾向和基本特征，董乃斌在其论著《李商隐诗歌的主观化倾向》《李商隐的心灵世界》中，将主观化作为其诗歌的主导创作倾向，认为它在李诗中是渗透性、弥漫性的，深潜于其诗的肌理血脉之中，表现在对题材的选择与处理、移情与全面象征、对客观时空限隔的突破与超越等诸多方面，成为义山诗风格的基本特征，且为其诗所具其他多种特征之基础。这是从总体上探讨义山诗风格特征的一种新见解。刘学锴的《古代诗歌中的人生感慨与李商隐诗的基本特征》则侧重于从诗歌所表现的内容方面着眼，认为抒写人生感慨，是李诗的基本特征。它既纵贯其整个创作历程，又弥漫渗透于各种题材、体裁的诗歌中；并指出其诗歌所抒写的人生感慨，多为内涵虚括广泛的情绪性体验，如间阻、迟暮、孤寂、迷惘幻灭之慨等。故在表现手段上亦多取借境（或物）象征，境界亦因此呈现朦胧模糊而多义的特征。

在运用新方法进行研究方面，董乃斌的《李商隐诗的语象—符号系统分析》作了有意义的探索。著者通过对带有义山个性特色的"梦蝶""化蝶"两个语象—符号系统的示例分析，力图用客观的分析、比较、归纳手段将略可意会、难以言诠，且意会亦因人而异的象征含义揭示出来。这种破译诗人心灵世界密码的工作，是将李商隐研究工作做得比较深入透彻的一项既基础又尖端的工作。张伯伟、曹虹《李义山诗的心态》分别从取景的角度、空间的隔断、时间的迟暮、对自然的描写、自比的古人、词汇的色彩、句法结构以及"无端"二字来透视李商隐的心态，得出"义山是一个由理想主义经过幻想主义而最终归于悲观主义的人"的结论，这种从多种角度透视诗人的心态的方法，与董著可谓异曲同工。

包括《锦瑟》在内的无题诗的内涵意蕴与艺术特征，历来是李商隐研究中的难点与焦点。有关这方面的文章，占了这一阶段李商隐研究文章的一半左右。在讨论的初期，焦点集中在无题诗有无寄托及寄托什么内容上，大体上仍不出偏重于寄托与偏重于爱情两种观点。但各自的实际内容都有所变化发展，而且在相互渗透、交融、吸收的过程中呈现出你中有我、我中有你的面貌，在一定程度上显示出对立观点渐趋接近的态势。从总的趋势看，比附索隐式的寄托说越来越为研究者所摒弃，对爱情本事的考索也因缺乏足资征信的材料而渐趋减少。而对无题诸诗须"分别观之"，进行具体分析的态度与方法得到越来越多学者的赞同。在寄托的内容方面，寓意令狐说虽仍有一些学者坚持，但更多的学者比较倾向于寄托作者的身世之感、人生体验，而且认为这种寄托未必全是有意识的，有的甚至只是"身世之感，深入性灵"，"即性灵，即寄托"，是一种融会或渗透。这种看法，较之以前有些注家字比句附的寄托说，比较不拘凿，比较符合文学创作的实际。而王蒙的一系列文章则反复强调，这些诗未必专为某人某事某景某物而作，它所创造的乃是一种涵盖许多不同心境的"通境"，所抒发的乃是一种与各种不同感情相通的"通情"。这可以说是对无题诗可能包蕴爱情以外感情内涵的观点所作的一种理论上的概括，值得充分重视。因为作为一位诗人，他对诗歌创作及无题诗有一种别有会心的感受。由此出发，他又以《混沌的心灵场》为题，对无题诗的结构作了饶有新意的探索，指出可简约性、跳跃性、可重组性、非线性乃是无题诗结构的特点，它靠情感、意象、事典、形式的统一将全诗连贯统一起来。它所表现的乃是诗人混沌的心灵，而这类心灵诗的结构，则可称为心灵场。从这里可以看出，对《无题》《锦瑟》一类诗内涵意蕴的感受与理解，越到后来，越趋于虚化、泛化。王蒙的一系列文章，正是这种观点的突出代表。另一方面，认为无题诗是寓意令狐绹的周振甫先生在具体诠解时也摒弃了冯、张等人字比句附的方法，而注重从通篇所表现的缠绵悱恻、固结不解之情着眼。认为无题是表现商隐与女冠恋情的陈贻焮、葛晓音也另立新说，谓商隐所恋者系玉阳山灵都观的女冠，并分别作了详尽的考证，葛文还将这段恋情与江乡之游联系起来。《锦瑟》一诗的诠解仍众说纷纭，力主悼亡说的黄世中撰长篇专论，对宋以来的各种诠解详加爬梳整理，采取"以诗笺诗"之法，继承、扬弃、发展了清代以来的悼亡说，另出新解，认为诗中的"蝶"喻妻王氏，"珠""玉"亦似指妻与侍妾，"玉山"为妻之葬地。特别值得注意的是钱锺书先生用清人程湘衡"义山自题其诗以开集者"之说（王应奎《柳南随笔》以为系何焯说）而以己意发挥之，略谓

714

《锦瑟》系义山自题其诗，开宗明义，略同编集之自序。首二句言华年已逝，篇什犹留，毕世心力，平生欢戚，清和适怨，开卷历历。"庄生"一联言作诗之法，"沧海"一联言诗成之风格与境界。钱说发表后，周振甫复加发挥解释。此说遂骎骎然成为《锦瑟》诸解中一种颇有影响的新解。

商隐七律，为其诗歌创作中最有成就的诗体，在七律发展史上有重要

地位。程千帆、张宏生《七言律诗中的政治内涵——从杜甫到李商隐、韩偓》在论述李商隐七律对杜甫全面学习与继承的同时，着重指出义山"结合自己的创作个性去学习杜甫，秾丽之中时带沉郁，别创一境界"。陈伯海则指出以无题诗为代表的商隐七律，其创新意义"在于它最大限度扩展了诗篇的心理空间"。二文分别就其七律政治诗与无题诗揭示了商隐在这一体中所作出的贡献。

牛李党争与商隐生平遭际及创作的关系，是李商隐研究中长期争论的焦点之一。这一阶段发表的论著涉及这一问题的，有一个比较明显的趋向，即认为义山本人无意于参加党争，只是在客观上被卷入或受党争之累。傅璇琮的《李商隐研究中的一些问题》根据对大量材料的分析，认为王茂元既非李党，亦非牛党，商隐入茂元幕，根本不存在卷入党争的问题。李德裕一派在当时是要求改革、有所作为的政治集团，商隐在李党面临失败、无可挽回的情况下同情李党，表现了明确的是非观念，坚持了倾向进步、追求理想的气概与品质，因此对其政治态度应作出新的评价。这种看法，虽朱鹤龄、岑仲勉均分别有所论述，但如此明确而系统地论述的，这是第一篇。董乃斌的《李商隐悲剧初探》则从另一方面立论，认为义山悲剧的根源是晚唐时代统治阶级内部矛盾的激化和官僚制度的极端腐朽。如果仅仅停留在他与牛、李两党个别人物的关系上，势必有碍于对悲剧实质的深入探讨。傅、董二文，代表了对这一问题的两种不同见解，却都有助于对问题讨论的拓展与深入。李商隐与郑亚的关系及郑亚的生平仕历，周建国的《郑亚考》、毛水清的《李商隐与郑亚》作了详密的考证。毛文并指出郑、李"不仅是幕主与下属的关系，而且是政治上的同道，这才是桂幕期间李商隐诗文丰收的根本原因"。

李商隐与道教的关系，是李商隐研究中相对薄弱的环节。对此，吴调公的《李商隐研究》、董乃斌的《李商隐的心灵世界》两本专著的有关章节都有较集中的论述。钟来因的《唐朝道教与李商隐的爱情诗》《李商隐玉阳山恋爱诗解》对其爱情诗与道教的关系作了集中的探讨。后文指出道藏中的秘诀隐文的表达方式给义山的爱情诗打上了深刻烙印，其无题诗制题艺术，爱情诗的隐比、象征手法，都从道藏中学来，葛兆光的《道教与唐诗》则谓"李商隐在头脑极清醒状态中借用道教意象，早年为写浪漫的幻想与爱情，后来多写自己的痛苦和失望"。

李商隐文学上的渊源、影响及其在文学史上的地位，吴、董的专著均有专章或专节论述，论列了义山所受于屈原、六朝诗人、杜甫、李贺的影响及其对西昆、王安石、黄庭坚及元、明、清诗家的影响。刘学锴的论文《李商隐与宋玉——兼论中国文学史上的感伤主义传统》《李义山诗与唐宋婉约词》则分别论述了宋玉对李商隐的深刻影响和中国文学史上自宋玉经庾信、李商隐直到曹雪芹的感伤主义传统，指出李商隐在这一源远流长的传统中的地位，论述了李商隐诗对唐宋婉约词的影响，指出他是诗、词嬗变过程中一位关键性诗人。陈伯海的《宏观世界论玉谿》则在全面考察晚唐诗歌六大流派的基础上，指出李商隐为首的一派是大宗，李的成就与影响超越了温李诗派的范围，成为晚唐诗坛的典型与高峰。李商隐及其所代表的晚唐诗，实质上是古典抒情诗发展到高潮后的余波，是文学创作主流由抒情写景向叙事说理转折过渡中的一卷水涡，亦构成了联系唐诗与宋诗、宋词之间的特殊纽结点，表现出宏远的文学史眼光。这在董著中亦有明显体现（下面介绍董著时一并评述）。

关于李商隐生平游踪中的两大疑案，自岑仲勉提出有力的质疑辨正以后，多数研究者仍倾向于冯、张的考证。刘学锴的《李商隐开成末南游江乡说再辨正》一文，根据商隐赠、吊刘蕡诸诗提供的内证，特别是赠蕡诗"更惊骚客后归魂"之句，结合其他方面的分析辨正，推断刘蕡于会昌元年被远贬柳州司户后，并非在翌年即卒于江乡（冯说），或卒于贬所（张说），而是迟至宣宗即位后方随牛党旧相的内迁而自柳州放还北归，并于大中二年正月初与奉使江陵归途的商隐晤别于洞庭湖畔的黄陵，赠蕡诗即作于其时，从而否定了冯、张之说。继又据刘蕡次子刘理的墓志关于刘蕡"贬官累迁澧州司户参军"的记载，进一步撰文证实了刘蕡自柳放还北归之说，并推断蕡卒于江州。关于巴蜀之游，周建国的《李商隐桂管罢归及三峡行役诗辨说》论证了陈寅恪提出的大中六年至江陵路祭李德裕的假设，并对有关诸诗加以排比系时。他还撰文对张采田提出的李商隐晚年游江东之说提出有力的质疑。

义山骈文，这一阶段研究较少。董乃斌的《论樊南文》、吴在庆的《樊南四六刍议》是两篇专论樊南文的有分量的论文。董乃斌在《李商隐的心灵世界》《非诗之诗》一章中不仅对商隐四六文，而且对其散文也作了中肯的论述。

此外，如李商隐的政治诗、咏史诗、咏物诗、女冠诗，李商隐的七绝，这一阶段也都有较重要的有新见的论文发表，不一一缕述。

下面评介这一阶段的李集选本和专著。

商隐诗文选集，这一阶段纷纷出版，各具特色，有刘学锴、余恕诚的《李商隐诗选》，陈伯海的《李商隐诗选注》，陈永正的《李商隐诗选》，王汝弼、聂石樵的《玉谿生诗醇》，周振甫的《李商隐选集》。其中周振甫诗文兼选，其前言长达五万言，全面论述商隐生平及其诗文创作，对钱锺书提出的商隐"以骈文为诗"说作了具体阐说，注、解详赡。聂石樵"文革"前即与刘盼遂先生合作研治义山诗，多有新解，《玉谿生诗醇》的笺释也颇多作者深入探讨后得出的新见，征引详洽，评注结合，选目亦有自己特色，入选了一些开宋调的义山诗。陈永正的诗选分体编排，便于研讨义山各体诗的特色与成就，其注解文采纷披，颇能传原作之神韵意境。

叶葱奇的《李商隐诗集疏注》，是他继《李贺诗集》之后，倾多年之力完成的一部著作。此书虽以新注面目出现，而其主要价值，仍在博采与别择旧本、旧注、旧笺之长而时出己之新见。对冯注本有时逞臆轻易改字的弊病，亦每多指摘纠正，所引评语多切合中肯。总的来看，书中对许多意蕴较为具体的篇章疏解品评每多切实恰当，而对一些意蕴较虚的作品诠解有时不免流于穿凿。

刘学锴、余恕诚的《李商隐诗歌集解》是一部会校、会注、会笺、会评，带有总结性而又兼有著者考辨研究成果的著作。校勘以明汲古阁本为底本，参校明清多种抄本、刻本及唐宋元主要总集，采录诸家校改意见；广泛搜辑前人乃至近人笺注、考辨、疏解、评点成果，加以排比汇集，为研究者提供了较为全面系统的研究资料，而著者自己新的考证研究成果亦每从融通旧说或补充发挥、纠正旧说中产生。在诗歌系年考证与诗意笺解方面用力较多，时有新见。

这一阶段重要的研究专著有吴调公的《李商隐研究》、董乃斌的《李商隐的心灵世界》。吴著对李商隐的生平思想、审美观、政治诗、爱情诗、诗歌艺术特色、诗歌风格的形成与发展、诗歌渊源与影响及对李诗的评价作了全面探讨。其中如审美观、风格的形成与发展、渊源与影响都是前人未系统论述过的问题，有不少新的见解。艺术特色部分，在此书之前，也没有论述得这样充分的。由于著者长于诗论研究，故此书理论色彩较浓，对作品的感受与分析亦时见精彩。董著的主要特点是运用新的理论、方法进行尝试与探索。书中融会西方文论及相关科学成果，从理论高度将探索心灵世界作为作家研究的中心，抓住古代作家身心矛盾及其统一这个创作的动力源及外部环境折射于个人的聚焦点来进行考察。将李商隐放在中国文学发展史的纵轴和他所处时代的横断面所构成的立体坐标图系上，给以科学的定位，指出其主要贡献，在于充当了唐代诗艺乃至中国诗艺的总结者。通过横断面的剖析与横向联系比较，说明李商隐既代表晚唐，又高出晚唐，因为他更全面典型深刻地反映了时代精神面貌。书中对李诗语象—符号系统的分析、诗风演变的轨迹、李商隐文的研讨，亦饶有新意。

评传类著作，有杨柳《李商隐评传》，刘学锴、余恕诚《李商隐》，董乃斌《李商隐传》，郁贤皓、朱易安《李商隐》，钟铭均《李商隐诗传》，毕宝魁《李商隐传》，吴晶、黄世中《李商隐传》等。杨著成书最早，筚路蓝缕，功不可没。董著虽以传主的生平经历为经，却紧密结合每一时期诗人的经历遭遇、时代环境、人际关系、创作实践，揭示其思想发展变化历程与诗风演变轨迹，揭示诗人的精神风貌。同时在有关章节较为集中地论述某一题材诗歌的特色与成就，使"传"与"评"较好地结合起来。对诗人生平行事的叙写，在征实的前提下注重文学性的描写，亦使全书生色。其他几部传记，也各有特色。

第三章 李商隐诗集版本系统考略

李商隐诗集，《旧唐书·经籍志》及《文苑传·李商隐传》均阙载。《文苑传》仅载商隐有《表状集》四十卷，当即商隐于大中元年、七年先后编定之《樊南甲集》《樊南乙集》之合称。《新唐书·艺文志》于著录《樊南甲集》二十卷、《乙集》二十卷之外，又著录《玉谿生诗》三卷。此三卷本之《玉谿生诗》至宋已不传。宋代刻本商隐诗集系由北宋人陆续搜求编次刊刻而成。宋江少虞《宋朝事实类苑》卷三十四"玉谿生"条云：

> 公（按：指杨文公亿）尝言至道中偶得玉谿生诗百余篇，意甚爱之，而未得其深趣。成平、景德间，因演纶之暇，遍寻前代名公诗集，观其富于才调，兼极雅丽，包蕴密致，演绎平畅，味有穷而炙愈出，钻弥坚而酌不竭，曲尽万变之态，精索难言之要，使学者少窥其一斑，略得其余光，若涤肠而换骨矣。由是孜孜寻访，凡得五七言诗、长短韵歌行杂言共五百八十二首。唐末，浙右多得其本，故钱邓帅若水尝留意掇拾，才得四百余首。钱君举《贾谊》两句云："可怜夜半虚前席，不问苍生问鬼神。"钱云："其措意如此，后人何以企及！"余闻其所云，遂爱其诗弥笃，乃专缉缀。

据此可知，至真宗咸平、景德间（998—1007），杨亿所搜求到的商隐诗有五百八十二首，已接近现存商隐诗总数，他以翰林学士的身份，遍寻馆阁藏书自然极方便。同时之钱若水所得四百余首，其中当与杨亿所得五百八十二首有重复。去其重者，杨、钱二氏所搜求之义山诗总数当已与现存义山诗总数五百九十余首相近。故杨、钱二氏所得义山诗，实已构成宋本商隐诗集之基础。王尧臣于仁宗庆历元年十二月己丑（1042）上《崇文总目》，其中已著录"《李义山诗》三卷"，可证商隐诗集之编定乃至刊刻至迟不晚于庆历元年。参以上引杨亿咸平、景德间尚在搜求寻访商隐诗之记载，可进而推断商隐诗集之编定当在真宗景德至仁宗庆历初这一段时间内（约为1004—1042）。

除《崇文总目》著录之"《李义山诗》三卷"之外，据史志及私家书目著录，宋代流传之商隐诗集尚有下列数种名称：一为《宋史·艺文志》著录之"《李商隐诗集》三卷"；一为尤袤《遂初堂书目》著录之"《李义山集》（无卷数）"，陈振孙《直斋书录解题》诗集类著录之"《李义山集》三卷"（此二目所著录之《李义山集》是否同为一书，现尚难断定）。此外，郑樵《通志·艺文略》著录"《玉谿生诗》一卷"，与《新唐书·艺文志》著录之名称同而卷数异，然后世各种公私书目及流传之抄本、刻本商隐诗集，无称《玉谿生诗》者（冯浩《玉谿生诗笺注》系从《新唐书·艺文志》"《玉谿生诗》三卷"之旧名，非其所据本称《玉谿生诗》）。故宋代之商隐诗集实仅《李义山诗》《李商隐诗集》《李义山集》三种不同名称之版本。

由于宋代三种不同名称的商隐诗集原刻今均不存，宋人编集刊刻及后世传抄、翻刻时又未留下有关版本的刊刻年代与版本系统源流的记载，这就给今天归纳研究商隐诗集的版本系统带来很大困难。只能主要依靠对各种版本的详细比勘，结合书名及有关记载来确定。根据比勘，存世商隐诗集实为一个大系统之下四种不同的次版本系统。

第一节　《李商隐诗集》三卷本系统

此本自《宋史·艺文志》著录后，明杨士奇编《文渊阁书目》卷十、叶盛《菉竹堂书目》卷四均著录为"《李商隐诗》四册"（此四册当包括目录一册，卷上、中、下各一册）。清代尚存原刻，今存者惟清影宋抄本，国家图书馆有藏，每半页十行，行十七字，白口，左右双边。卷上、中、下首行下端有"吴兴刘氏嘉业堂藏书"长方印。此本避宋讳颇严。"敬"之嫌名"驚""警""檠"学中的"敬"字皆缺末笔，"镜"字或缺或不缺。"匡"字或改作"边"，"胤"字或改作"胄"。以下"恒""祯""贞""徵"字亦缺末笔，"贞"或改作"真"。而"曙""让"均不缺笔。可证影抄所据之原刻当为宋仁宗时之刻本。此本虽有刻误或明显的影抄之误，如目录《三月十日流杯亭》，"三"误"二"；《韩冬郎即席为诗相送一座尽惊他日余方追吟连宵侍坐徘徊久之句有老成之风因成二绝寄酬兼呈畏之员外》，"侍"误

"待"，"久"误"文"；《题道静院院在中条山故王颜中丞所置虢州刺史舍官居此今写真存焉》，"写"误"焉"；《行次昭应县道上送户部李郎中充昭义攻讨》，"讨"误"计"；卷上《题僧壁》"若信贝多真实语"，"贝"误"具"；《寄令狐郎中》"嵩云秦树久离居"，"嵩"误"蒿"等等。不备举。然无妄改痕迹。故就总体言，当属最接近北宋《李商隐诗集》三卷本原刻之善本。此本上、中、下三卷，共收诗五百六十七首（其中下卷《席上赠人》一首系上卷《席上作》之异文重出），起《锦瑟》，终《井泥》。《井泥》之后有"续新添二十六首"，起《夜思》，终《安平公诗》（其中《送从翁从东川弘农尚书幕》"昔帝回冲眷"五言长律，诸家考证多以为非商隐作）。合计收诗五百九十三首。属于《李商隐诗集》三卷本系统者，尚有清席启寓刻《唐诗百名家全集》本《李商隐诗集》三卷、钱谦益写校本《李商隐诗集》三卷（指钱氏据以改定之主要校本，非指其原写本）。席刻《唐诗百名家全集》卷首叶燮序称此集"百余家，皆系宋人原本，一一校雠而付之梓"，可见其虽据宋刻原本，但已作过校勘改正。第二十三册即《李商隐诗集》上、中、下三卷。每半页十行，行十八字，白口，左右双边。国图藏本有傅增湘据季沧苇抄本所校录之异文。席本校刻较精，改正了原刻中的一些明显错误，如卷上《归墅》"旗高杜酒香"，席本改"杜"为"社"；《咸阳》"自是当时秦帝醉，不关天地有山河"，"秦""天"二字互乙，席本加以改易；卷中《深树见一颗樱桃尚在》"惜堪充凤实"，席改"实"为"食"；《井络》"漫夸大设剑为峰"，席改"大"为"天"等等。然亦有与诸本不同而意改者，如《重有感》"安危须共主君忧"，"君"字诸本均同，席本独作"分"；《寄裴衡》"别地萧条极，如何更独来"，"更"字诸本皆同，而席本独作"笑"；《槿花》"可怜荣落在朝昏"，"在"字诸本均同，席本独作"任"。其他亦偶有刻误者，如《离席》"细草翻惊雁"，"草"字席本误作"莫"；《幽居冬暮》"急景倏云暮，颓年浸已衰"，"倏"字席本误作"岁"等等。钱谦益写校本为参校诸本而成，三卷，每半页九行，行十九字，白口，黑格，四周单边。宣统元年（1909）国光社据钱氏写校本原本影印。扉页正面题"东涧写校《李商隐诗集》三卷"，背面题"《李义山诗集》旧抄本，绛云主人手书，东涧家旧钞善本，牧翁校宋本数过"。影印本卷末有吴县蒋斧（字无柯）跋，略云："此为东涧老人手写，以朱、墨笔一再校勘。其标题初作《李义山诗》，嗣以朱笔改'诗'为'集'，又以墨笔改为《李商隐诗集》。"知此写校本之原写本（即底本）称《李义山诗》，与《崇文总目》所著录者合；朱笔校所据本称《李义山集》，与《遂初堂书目》所著录者合；最后墨笔校定所据本称《李商隐诗集》，与《宋史·艺文志》所著录者合。将此本最后校定之文字与影宋抄比勘，明显可见其主要依据《李商隐诗集》三卷本改定，从他本者甚少（《绛云楼书目》卷三唐诗类有"《李商隐诗集》三册，诗三卷"，可见钱谦益藏有此本原刻）。蒋斧称此写校本为"传世李集第一善本"，虽失之太过（因其并未很好吸取另几个系统版本之优长），然在《李商隐诗集》三卷本系统中，亦属较善之本。

第二节　《李义山集》三卷本系统

此系统之版本现存者实仅明崇祯十二年（1639）毛氏汲古阁刊《唐人八家诗》本《李义山集》三卷本一种，国图藏本有清毛扆校，另一种有介庵校。清光绪元年（1875）神州国光社有石印本。每半页十二行，行二十字，细黑口，左右双边。以此本与影宋抄《李商隐诗集》三卷对勘，其编次明显不同处有二：一为卷下《天平公座中呈令狐令公时蔡京在坐京曾为僧徒故有第五句》之后，影宋抄、席本、钱校本均为《席上赠人》（即卷上《席上作》之异文重出诗），而汲古阁本《李义山集》则为《江上忆严五广休》；《江上忆严五广休》，影宋抄等在"续新添二十六首"《城上》之后，汲古阁本《李义山集》"新添集外诗"中无《江上忆严五广休》。二为卷下《井泥四十韵》之后，影宋抄等作"续新添二十六首"，至《安平公诗》为止；汲古阁本作"新添集外诗"，在《安平公诗》后多出《赤壁》《垂柳》《清夜怨》《定子》四首，共二十九首。全编共收诗五百九十六首，较《李商隐诗集》三卷本系统之影宋抄、席本、钱校本溢出三首。其中《赤壁》《定子》，当系杜牧诗误入，《垂柳》又作唐彦谦诗。冯浩《玉谿生诗笺注》引冯班云："《赤壁》至《定子》四首，北宋本不载，南宋本始有之。"冯班所称之北宋本，殆即《李商隐诗集》三卷本，而所谓"南宋本"，以有《赤壁》至《定子》四首证之，似当即指《李义山集》三卷。然细审之，此本并非翻刻南宋本。因此本刊刻时于宋讳字悉加保留，实为翻刻北宋本。除"玄""敬""弘""殷"及其嫌名字均缺笔外，"恒"字亦缺末笔（《安平公诗》"坐视世界如恒沙"），而"祯""曙""让"字不缺笔。可证汲古阁本系翻刻北宋真宗朝之刻本。然则《李义山集》三卷之编刻年代实更早于《李商隐诗集》三卷，其具体时间当在真宗咸平、景德之后，即大中祥符至乾兴间（1008—1022）。阮阅《诗话总龟》卷十一评论曰："杜牧《赤壁》诗云（略）。《李义山集》中亦载此诗，未知果何人作也。"是阮阅所见《李义山集》即有《赤壁》诗。又姚宽《西谿丛语》卷下有"李义山《定子》诗"条目。阮、姚均南北宋之交人。据胡仔《苕溪渔隐丛话》后集卷三十六所录阮阅《诗总》（即《诗话总龟》）原序，知此书成于北宋宣和癸卯（1123），则《李义山集》洵为北宋本无疑。尤袤《遂初堂书目》已著录《李义山集》，尤亦南宋初人，其所见《李义山集》当亦北宋本。综上数证，《李义山集》三卷本之编刻于北宋真宗朝后段可大体肯定。冯班所谓"《赤壁》至《定子》四首，北宋本不载，南宋本始有之"，盖亦未审之论，不足为凭。毛氏翻刻《李义山集》，其正文明显之误字及阙文均一仍其旧，未加改、补，仅于校语中标一作某，可见其翻刻时力求保持宋代原刻面貌。故此本虽有若干他本均无之明显误字，然亦颇有他本所无之有价值的异文，具有较高校勘价值。如卷中《忆匡一师》，影宋抄、钱校本、席本、蒋本、姜本、《统签》、季抄、朱注本及《全唐诗》均误作"住"，惟此本正作"匡"。证以《北梦琐言》卷三第二十八、三十三条小注"王屋匡一上人细话之""八座事，得之王屋僧匡一"之文，当作"匡一"无疑。盖因避太祖讳缺笔作"匡"，遂讹作"住"也。又《昨日》诗"笑倚墙匡梅树花"，"匡"字影宋抄、钱校本、席本、蒋本、姜本、《统签》、季抄、朱注本、《全唐诗》均作"边"。此亦因宋刻避太祖讳改"匡"为"边"。悟抄虽误作"厓"，然亦可证商隐诗原本作"匡"不作"边"。"墙匡"唐诗常语。郑谷《再经南阳》："寥落墙匡春欲暮。"韦庄《长安旧里》："满目墙匡春草深。"皆其证。墙匡，即墙围。他如《寄罗劭兴》，"舆"字他本多误作"兴"；《过故府中武威公交城旧庄感事》"风飘大树感熊罴"，"感"他本多误作"撼"；《喜雪》"联辞虽许谢，和曲本惭巴"，"虽"字他本多误作"追"，均其例。要之，此本初刻时间最早，异文亦富校勘价值。

第三节　季沧苇抄本、朱鹤龄注本及《全唐诗》的三卷本系统

季抄原本今不存，今所见者为傅增湘于民国五年丙辰（1916）在席刻本上过录之季抄异文。通过比勘，知以上三本显为同一系统，第朱注本、《全唐诗》偶有校改。朱注本据《李义山集》补入《赤壁》至《定子》四首，

《全唐诗》又在此外再补入《木兰花》《游灵伽寺》《龙丘途中》（后二题据《统签》补）。此系统之本亦有他本均无之异文，如《赠刘司户蕡》"江风扬浪动云根"，"扬"字季抄、朱注、《全唐诗》均作"吹"；《同崔八诣药山访融禅师》"未见高僧且见猿"，"且"字季抄等作"只"；《属疾》"寒花更不香"，"更不"，季抄等作"只暂"；《西溪》"天涯长病意"，"长"字季抄等作"常"；《北禽》"为恋巴江暖"，"暖"字季抄等作"好"；《韩碑》"碑高三丈字如斗"，"斗"字他本多作"手"，而季抄等作"斗"；《令狐八拾遗绹见招送裴十四归华州》"二十中郎未足稀"，"稀"字季抄等作"希"，又"汉苑风烟催客梦"，"催"字季抄等作"吹"，等等，不细举。以上诸例，虽未必季抄等即是，然足可证其自成一系。由于季抄原本已不存，傅氏在校录时又未标其书名，故不知季氏所抄系何种版本。查《季沧苇藏书目》，延令宋版书目中有"《李商隐诗》三卷，三本"，与《绛云楼书目》所著录同，即《李商隐诗集》三卷之北宋原刻，系绛云楼旧物；另于诗集部又著录"《李商隐诗》三卷，照宋抄"或即傅氏所过录之季抄欤？然朱鹤龄注本称《李义山诗集笺注》，似其所据原本当为"《李义山诗集》"。按前述钱谦益写校本封内第二页有"《李义山诗集》，绛云主人手书，东涧家旧钞善本，牧翁校宋本数过"等语，其标题初作《李义山诗》，嗣以朱笔改"诗"为"集"，又以墨笔改为"《李商隐诗集》"，是钱氏原写本即称《李义山诗》，与《崇文总目》所称合。朱鹤龄之笺注义山诗，系应钱谦益之命而作，其笺注所用之底本即钱氏家藏之旧抄本《李义山诗》，固极自然，故其书即以《李义山诗集笺注》为名。至于清编《全唐诗》，固以季氏所编《全唐诗》为最主要依据（详参周勋初《叙〈全唐诗〉成书经过》，《文史探微》第249—277页），季氏编《全唐诗》，其商隐诗三卷，即用自己之抄本，而清编《全唐诗》商隐诗三卷，则又袭取季编《全唐诗》商隐诗三卷而稍事校补。其间线索，固较明显。至于《季沧苇书目》所著录之"《李商隐诗》三卷，照宋抄"是否即傅氏过录之季抄，则尚难确定。但根据比勘，季抄、朱注本与《全唐诗》属于同一版本系统是可以确定的。

724

第四节　明代分体刊本系统

属于这一系统的刻本，有明嘉靖二十九年（1550）毗陵蒋孝刻《中唐人集十二家》本《李义山诗集》六卷本（四部丛刊本据此影印）、明姜道生刻《唐三家集》本《李商隐诗集》七卷本、明胡震亨辑《唐音统签·戊签》李商隐诗十卷本。此三种版本虽卷数多寡不同，编次亦有异，然从文字上看，显属同一系统，其中姜本间有他本均无之异文，《统签》间有胡氏所作的校改。蒋本六卷之次序为五古、七古、五律、五排、七律、五七绝，基本上按三卷本原次第分出。惟卷四五排之次序，先依次列《赠送前刘五经映三十四韵》至《垂柳》等原在三卷本卷下后半之五排二十二首，然后再续以原卷上、卷中及卷下前半之五排《和孙朴韦蟾孔雀咏》至《喜雪》，卷末又缀以原应编入卷二之七古《河阳诗》。此则从三卷本分出时误置颠倒所致，非其所据原本次序与今见三卷本不同。在现存刻本中，此本刊刻年代最早。姜道生刊本除各体次序与蒋本有较多差异外（不能细举），其文字亦偶有与诸本绝异者，如《夜雨寄北》，"北"字姜本独作"内"；《韩碑》"入蔡缚贼献太庙"，"缚贼"姜本独作"斩馘"；《无题四首》之三"含情春婉晚"，"婉"字姜本独作"院"；《楚吟》"宋玉无愁亦自愁"，"自"字姜本独作"有"；《无愁果有愁曲北齐歌》"日暮向风牵短丝"，"牵"字姜本独作"吹"；《所居》"前贤无不谓"，"不"字姜本独作"所"；《题李上谟壁》"饱闻南烛酒"，"烛"字姜本独作"邓"。以上所举，实多为姜本字误。故此本校勘价值不大。《统签》虽同属此一系统，但胡氏据他本及唐宋其他总集作了不少校改。有的虽无版本依据，但处理颇为得当。如三卷本卷上《寄成都高苗二从事》"家近红蕖"一首，题与诗不相合，且与卷中"红莲幕下"一首题重，显有误，《统签》改为"失题"；《蝶三首》之二、之三（长眉画了；寿阳公主），内容与蝶无关，显误，《统签》改为"无题"，均其例。但亦有误字或误改者，如《华岳下题西王母庙》"莫恨名姬中夜没，君主犹自不长生"，"犹"字《统签》作"独"。《无愁果有愁曲北齐歌》"凿天不到牵牛处"，"牵"字《统签》作"牢"；《和郑愚赠汝阳王孙家筝妓二十韵》"秦人竹富家"，"家"字《统签》作"贵"；《五言述德抒情诗一首四十韵献上杜七兄仆射相公》"清啸频疏俗"，"啸"字《统签》作"瘦"。胡氏对商隐诗的校注评点都作过一些工作，在他之前，还没有人做过较多的对商隐诗的校勘工作，其成绩仍应肯定。以上三种分体本，其祖本是哪一种三卷本呢？蒋本的一行题注提供了考证的线索。蒋本在每卷卷首第一行顶格书"唐《李义山诗集》卷之×"，次行下端书"太学博士李商隐义山"。这个题款与陈振孙《直斋书录解题》正合。《直斋书录解题》卷十九著录《李义山集》三卷，下题"唐太学博士李商隐义山撰"。现存各种版本系统的商隐诗集中，《李商隐诗集》三卷本的各本、毛氏汲古阁《李义山集》、季抄、朱注本及《全唐诗》，均无此题款。惟蒋本有此，且与《直斋书录解题》所著录合，可以推断蒋本即源于《直斋书录解题》所著录的《李义山集》。但陈氏所著录的《李义山集》已不可见，必须找到三卷本商隐诗集中既有上述题款，其文字、篇目又与蒋本、姜本、《统签》同属一系统者，方能理清这一系统版本之源流。现存三卷本中的明悟言堂抄本就是属于这一系统的三卷本。悟言堂系明代著名画家文徵明堂名。文徵明（1470—1559），其卒年与蒋孝刻《中唐人集十二家》的时间相近。悟抄上、中卷每半页十行，行二十字，下卷每半页十一行，行十八九字不等，用行草书写，版心下方有"悟言堂"三字。此本误字极多，是现存商隐诗集各本中最劣者。能有力证明此本与蒋本、姜本、《统签》同属一个系统者，有以下几方面：其一，悟抄在卷首目录下有"太学博士"四字，与蒋本合。其二，悟抄与蒋本、姜本、《统签》均有《垂柳》《清夜怨》《定子》而无《赤壁》。其三，最主要的是这四种本子都有四本全同而他本绝无的异文，如：卷上《北楼》"北楼堪北望"，四本均作"此楼堪北望"；《青陵台》"莫讶韩凭为蛱蝶"，"讶"字四本均作"许"；卷中《乐游原》（春梦乱不记），四本题内均无"原"字；《献寄旧府开封公》"地里南溟阔"，"里"字四本均作"理"；卷下《河内诗二首》其二"轻身奉君畏身轻"，上"轻"字四本均作"倾"；"此曲断肠惟北声"，"北"字四本均作"此"；《河阳诗》"忆得鲛丝裁小棹"，"棹"四本均作"卓"；《戏题枢言草阁三十二韵》"徒令真珠肶"，"肶"字四本均作"胜"；《行次西郊作一百韵》"抢攘互间谍"，"互"字四本均作"牙"；《晋昌晚归马上赠》（当改作《朱槿花二首》其二）"坐来疑物外"，"来"字四本均作"忘"；《寄太原卢司空三十韵》"孙谋复太庭"，"太"字四本均作"大"。以上诸例，四本有正有误，但不论正误，这种高度的与诸本不同的一致性却证明了四本的同一系统。我们虽不能说蒋本即从悟抄分出，但至少可以说，蒋本所依据的是一个与悟抄同属一个系统而错误较少的三卷本商隐诗集，而其更早的祖本可能就是《直斋书录解题》所著录的《李义山集》三卷本。

以上分述了现存商隐诗集四种不同的版本系统，它们分别与《宋史·艺文志》所著录的《李商隐诗集》三卷、尤袤《遂初堂书目》所著录的《李义山集》（包括阮阅《诗话总龟》所称《李义山集》）、《崇文总目》所著录的《李义山诗》三卷、《直斋书录解题》所著录的《李义山集》三卷相合，也就是说现存商隐诗各种版本，都来源于四种宋本（其中两种可确定刻于真宗朝、仁宗朝）。但总的来说，这四种不同系统的版本并无太大的差别，它们实际上都属于一个大系统——三卷本系统，而且在文字上、编次上、所收篇目上差别不大。即以表面上与其他三个系统差别较大的明代分体刊本而论，它的文字其实与《李商隐诗集》三卷本比较接近。因此，这四个系统可以说是在一个大的版本系统之下的四个次系统。

第四章　分歧与融通

在中国古代诗歌史上，李商隐的一部分意蕴虚泛之作可能属于歧解最多的作品之列。《锦瑟》及《无题》诸篇自不必说，就是像《嫦娥》《乐游原》五绝一类短章，也是众说纷纭。但如将自古迄今的众多歧说细加排比研究，却可发现它们往往可以相容并存并加以融通。这种融通，既包括同一平面上对各种异说的某些合理成分的择取与综合，但更主要的是在把握义山这部分诗总体特征的基础上，从更高的层面来统摄、融合这些表面上歧异很大的解说。实际上，融通歧解的过程，往往就是对义山这部分诗创作特征的认识与把握的过程。这里拟结合在编撰《李商隐诗歌集解》的过程中所获得的对这类诗特征的认识，来说明这些歧解何以产生以及为什么能够加以融通。此处论及的这类意蕴虚泛之作，虽不能代表义山诗的全貌，却无疑是其中最富艺术独创性的。把它们的创作特征把握住了，也就在相当程度上把握了义山诗。

第一节　创作起始阶段的触绪多端百感交集

义山的一些诗，在诗思的触发上往往具有触绪纷然、百感交集，并且不主一端、浑沦书感的特点。因此它的蕴涵往往非常丰富，分歧的解说也由此而生。《乐游原》五绝在这方面表现得最为典型。诗写在"向晚意不适"的情况下登古原遥望夕阳而触发的感慨。由于诗中并未明言所感的对象与内容，注家便歧解纷纷，各执一端，或以为"忧唐之衰"，或以为"叹老"，或以为"爱惜景光"。实则无论哪一种解说都不足以说明此诗所蕴涵的深广内容。管世铭说"李义山《乐游原》诗消息甚大"，确实感觉到了这一点。关键就在触景兴感时所感者本非一端，正如杨守智所说："迟暮之感，沉沦之痛，触绪纷来。"纪昀亦云："百感茫茫，一时交集。谓之悲身世可，谓之忧时世亦可。"尽管他们所列举的"悲身世""忧时世"或"迟暮之感,沉沦之痛"亦未必能包括此诗的全部内涵,但他们所揭示的"触绪纷来""百感茫茫,一时交集"的感物发兴特征,却是非常切合义山这类诗创作实际的。这种纷至沓来的感触看似无端,实则仍有端绪可寻,纪氏已见及此:"得力处在以'向晚意不适'句倒装而入,下二句已含言下。"这"向晚意不适"既是三四句的情感背景,又是其情感基因。它是一种包蕴丰富复杂而难以指言的浑沌弥漫的"黄昏情结"。对于义山这样一位身处衰世、遭遇不偶的诗人来说,举凡国运之衰颓、身世之沉沦、岁月之蹉跎、好景之不常等平素经常萦绕于脑际、形之于歌咏的感情意绪均可成为酿造此种黄昏情结的因素。它适遇古原夕照之景,情与境会,遂使其中潜含的诸种感情纷至交集,而发为"夕阳无限好,只是近黄昏"的深沉感喟。诗人浑沦书慨,正缘所感并非一端。把握住此诗发兴前情感基因之蕴涵丰富、形态浑沌与发兴之际触绪纷来、百感交集的特征,诸家分歧之说自可在更高层面上加以融通。诗中的感慨不仅可以兼包时世、身世、人生诸多方面,而且表现出对美好而行将消逝的事物带有哲理性的沉思与浩叹。饶有意味的是,他的《晚晴》虽与《乐游原》同为触景兴感、深有寓慨之作,所触之景亦同为夕阳,但《晚晴》却几乎不存在歧解。这是因为诗中"天意怜幽草,人间重晚晴""越鸟巢干后,归飞体更轻"两联,从语言到意象都为读者的感受与联想规定了明确的指向,使人很容易由久遭霖雨、忽遇晚晴的幽草和体态轻捷的归巢越鸟联想到诗人的身世遭遇和珍重晚晴的态度、托身有所的欣喜;而原因又在于诗人于久雨逢晴之际所触发的感情仅为身世境遇这一端,与《乐游原》之触绪无端、百感交集有别。

《落花》《天涯》《楚吟》诸篇所引起的歧解虽不像《乐游原》那样纷繁,但其触绪多端的感物发兴特征与虚泛深广的蕴涵却与之神似。《落花》抒写因春残日暮花落而引起的浓重感伤。起联即透露出目接纷飞的落花时思绪之纷乱多端。面对飘洒弥漫、逐渐稀疏、与斜晖相映的落花,诗人所触发的不但有身世之飘零,更有青春年华之消逝、美好事物之陨落乃至国运之衰颓等无可奈何的哀感。解为"悼亡"(程梦星)、"身世之感"(姚培谦)、"寂寞之景"(纪昀)均未必能尽其意。诗中所抒写的乃是一种内涵极虚泛深广的"伤春"意绪。尾联"向春尽"而飘零"沾衣"的落花之"芳心",不妨说就是"刻意伤春"的诗魂。吴乔说此诗"通篇无实语",正接触到它的意蕴虚泛、难以指实的特征。《天涯》意极悲而想极奇。其意蕴固非单纯的羁泊天涯之慨或迟暮沉沦之悲，而是一种因春残日暮莺啼花阑而触发的对世间一切美好事物难以留驻的深悲。洒泪的啼莺，亦可视为对美的消逝深情哀挽的诗人之化身。屈复说："不必有所指，不必无所指，言外只觉有一种深情。"破执一端指实为解，于虚处领其神情，可谓读此类诗妙法。这本身便是对诸多实解的融通。再如《楚吟》：

> 山上离宫宫上楼，楼前宫畔暮江流。
> 楚天长短黄昏雨，宋玉无愁亦自愁。

"愁"的内涵，注家或因楚天云雨而解为男女间的离愁（程梦星），或因楚王云雨荒淫而解为贤者不得近君之愁（何焯），或谓因暮雨而增客愁（姚培谦），均不免拘执。诗人触景兴感，所感者本非一端。这是一种像暮色那样黯淡而弥漫、细雨那样纷披而迷茫、江流那样浩淼而悠长的愁绪。诗人以宋玉自况，而宋玉之愁本就是多方面的，既有"贫士失职"的凄怨、羁旅无伴的惆怅，亦有遭遇昏世的哀感。与其执于一端，何如融通虚解？冯浩说："吐词含珠，妙臻神境，令人知其意而不敢指其事以实之。"本非感于一事，自不宜指其事以实之。冯氏解诗，每伤于凿，对此诗却特具神会。

第二节　创作过程中于特定题材的歌咏中融入多方面生活感受

义山意蕴虚泛之作，往往在歌咏某一特定题材时融合渗透了更加广泛的人生体验，从而使它们具有远超出题材范围的普遍性与典型性。如《梦泽》：

> 梦泽悲风动白茅，楚王葬尽满装娇。
> 未知歌舞能多少，虚减宫厨为细腰！

诗的主意在讽慨迎合邀宠的宫女。表面上诗人之笔始终未离楚宫，实则在"未知歌舞能多少，虚减宫厨为细腰"的深长讽慨中已经融合了古往今来许多与此类似的情事。注家对此诗的诠释，看似歧解杂出，实际上往往是对熔铸了广泛人生体验、具有典型性的诗境从不同侧面感受与联想的结果。如姚培谦说："普天下揣摩逢世才人，读此同声一哭矣！"屈复说："制艺取士，何以异此！"陆鸣皋说："从饿死生情，其意为因小而害大者也。"这些联想与感触，异途同趋，正可启发我们从更高的层面融通诸说，看出此诗所讽慨的乃是为私利而盲目趋时者的悲剧这一深广的内蕴。《宫妓》《宫辞》二诗可以说是《梦泽》的姐妹篇。前篇因巧匠偃师献假倡于周穆王，假倡"瞬其目而招王之左右侍妾"，遭王之怒几乎被诛一事发抒感慨，讽慨的对象自非传说中的偃师其人，而是一切弄巧者。杨亿称叹此诗寓意"深妙"，但引而未发；唐汝询、屈复、冯浩、张采田等分别从"为仕宦者戒""小人之伎俩终至于败""讽宫禁近者不须日逞机变""为朋党辈效忠告"等方面发明其寓意。在此基础上融通众解，不难得出讽慨弄巧者机关算尽、反因弄巧而招祸的深层意旨。《宫辞》所讽慨者自亦不限于得宠的宫妃。吴乔认为诗"有警绚意"，固稍嫌拘凿，但已看出它有警世之意。徐增、姚、屈、冯诸家不拘实为解，仅言"慨荣宠之无常""被宠者自当猛省"，反而得其神情，融通众解，诗所讽慨自明。将《梦泽》《宫妓》《宫辞》联系起来考察，则可进一步看出它们所讽慨的趋时而害己者、弄巧而招祸者、恃宠而旋败者，都是缺乏独立人格与价值，将命运系于统治者好恶的悲剧人物。诗人讽世之情可谓深矣！

《嫦娥》与《重过圣女祠》则是在特定题材的歌咏中叠合了意蕴相通的多重内容。《嫦娥》表层内容虽颇显明，但注家的解说却极纷纭，有以为咏"嫦娥贪长生之福，无夫妻之乐"者（谢枋得），有以为讽女道士"不耐孤孑"者（冯、程），有以为借指作者所思之人者（唐汝询、黄生、屈复），亦有以为借嫦娥以自慨者（胡次焱、何焯、沈德潜、姚培谦、张采田）。表面上看，以上诸说似乎相距遥远，根本无法融通。实则这些歧解都可以在一个基本点上统一起来，这就是诗中着意表现的高远清寂之境和永恒的寂寞感。以为咏嫦娥贪长生之福无夫妻之乐的自悔固可，以为嫦娥借指慕道学仙而不耐孤孑之女冠，或以为此即作者所思之人，亦非无根之谈（作者曾以"月娥嫦独"喻指女冠之无侣，以"窃药"喻女冠慕仙学道）。但此诗还可能寓有更深微的感慨。诗中所描绘的既高远澄洁又孤独寂寞的境界，正透露出宅心高洁而身心孤寂的诗人在体贴同情"嫦娥"（或女冠）境遇的同时心灵的共鸣，流露出内心既自怜自赏又自伤自悔的复杂深微意绪。嫦娥、女冠、诗人，不妨说是三位而一体，境类而心通。咏嫦娥、咏女冠、咏自身境遇心情诸说也完全可以在"追求高远澄洁之境而陷于永恒的孤寂"这一基点上得到融通。《重过圣女祠》的情况与《嫦娥》类似。有以为实咏圣女神者，有以为借圣女以咏女道士者，有以为托圣女以寄慨身世者，亦有谓有所遇而托其词于圣女者。这些分歧的解说又都可以在表现"沦谪得归迟"这一主旨上得到融通。明赋圣女之谪降归迟，孤栖无托，实咏女冠之寂守道观，孤子无侣（前此《圣女祠》五排即以圣女祠喻道观，故托圣女以咏女冠之说不为无据），而诗人长期沉沦漂泊、无所依托的境遇亦藉此以传。此诗意境虽较《嫦娥》朦胧，而深层的托寓痕迹反倒明显。除首联明点"沦谪得归迟"的主意外，尾联又以掌管学仙簿箓的天官"玉郎"暗指内征为吏部侍郎（职掌铨选）的幕主柳仲郢，企盼其助己重登"仙籍"。其托圣女以自寓的意图固不难窥见。如果说，《梦泽》《宫妓》《宫辞》诸诗由此及彼的联想类似连环式，呈横向的扩展，那么《嫦娥》《重过圣女祠》的联想则近乎同心圆式，是由内向外的扩展。

咏特定题材而融合更广泛的人生体验，在义山一部分寄托似有若无的无题诗中有特殊的表现形式。这主要是指歌咏爱情的特征相当显著突出，而有寄托的痕迹则不很明显的"相见时难""来是空言""飒飒东南""凤尾香罗""紫府仙人"诸篇。不少论者认为它们只是单纯歌咏爱情之作，而另一些研究者如吴乔、徐德泓、冯浩、张采田等则认为它们寄托着诗人与令狐绹之间的关系或仕途失意之感。两派的解说相互对立，似乎不可调和。其实它们之间并无不可跨越的鸿沟。细味上述诸作一些集中抒慨的诗句，像"曾是寂寥金烬暗，断无消息石榴红""刘郎已恨蓬山远，更隔蓬山一万重""春心莫共花争发，一寸相思一寸灰""春蚕到死丝方尽，蜡炬成灰泪始干"，可以感受到其内涵并不单纯。那种寂寞中的无望期待，间隔中的沉重叹息，幻灭后的强烈悲愤和虽幻灭仍执著追求的精神，都不仅属于诗人的爱情生活领域，而是贯串渗透在他生活的各个方面。姚培谦笺"相见时难"篇云："此等诗，似寄情男女，而世间君臣朋友之间若无此意，便泛泛与陌路相似，此非粗心人可知。"已经触及此类诗的感情内涵可以旁通的特点。而况周颐《蕙风词话》论词之寄托时提出的"即性灵，即寄托"的观点更可借作这种旁通现象的理论说明：

> 词贵有寄托。所贵者流露于不自知，触发于弗克自已。身世之感，通于性灵，即性灵，即寄托，非二物相比附也。

况氏指出的这种流露于不自知的寄托，与义山这类无题诗的创作机理颇相吻合。诗人某一方面的身世境遇之感越是深刻持久，就越会自然地沉潜累积、凝聚酝酿，内化为其性格、气质、心态的有机组成部分，此即所谓"身世之感，通于性灵"。当他歌咏某一特定题材（如爱情）时，这种感于外而蕴于内的"性灵"自然流露（义山自己也明确说过"咏叹以通性灵"），其身世之感也就包蕴其中了。举例来说，义山悲剧性的身世境遇，造就了缠绵执著、带有浓厚感伤气质的"性灵"。它往往在各类题材的诗作中不由自主地流露出来。当他歌咏生死不渝的爱情时，就写出了"春蚕到死丝方尽，蜡炬成灰泪始干"这样的至情至性之句。在主观上，诗人并不一定有意在爱情歌咏中寄寓身世之感，但由于它象征性地表现了这位主情的缠绵型诗人如春蚕作茧自缚般的感情个性与极端伤感而执著的气质，就自然将他的身世之感与更广泛的人生体验也不露痕迹地融化进去了。这样的诗是爱情诗，但又超越了单纯的爱情诗，成为诗人心灵特征的展现。对这类诗的对立解说之所以能够融通，说到底是由于诗中所抒的情感本身已经融合了更广泛的人生感受与体验。在这个意义上说，融通歧说，实际上是还诗中所抒之情以本来面目。

从上举诗例可以看出，融通歧解之所以可能，是因为诗中所表现的往往不是具体情事，而是形态与内容都相当虚泛的感情境界，例如间阻感、孤寂感、幻灭感、虚缈感等等。这些感情境界的形成，本来就是熔铸了多方面人生体验的结果。以间阻感为例，义山一生各方面的追求，几乎都遇到重重间阻。政治上，是"九重黯已隔"，"凤巢西隔九重门"；友谊上，是"新知遭薄俗，旧好隔良缘"；爱情上，更是"来时西馆阻佳期，去后漳河隔梦思"，"谁言整双履，便是隔三桥"；甚至在观赏景物时也常有阻隔之感："红楼隔雨相望冷"，"隔岸澌澌雨"。这无往不在的有形或无形的阻隔，形成了他心中弥漫虚泛的间阻感。因此当他在《无题》（来是空言）中沉重地叹息"刘郎已恨蓬山远，更隔蓬山一万重"时，熟悉义山其人其诗的读者所感受到的便不单纯是爱情上的阻隔之恨，而是从这流露了深层心声的浩叹中联想到其他方面的间阻。推而论之，举凡上面提到的孤寂感、幻灭感、迷惘感等等，也都由于他在各方面有类似的痛苦经历与体验，并因此积聚、泛化为种种具有抽象形态的感情境界。它们往往因景物人事而触发，并宣泄出来，铸为诗语。表面上看，似是单纯就某种具体情事景物而抒的情，实则其内涵已远远超越具体情事的拘限。尽管诗人执笔为诗时未必明确意识到这一点，但实际上在感情倾泄之时已经动用了酝酿已久的、凝聚泛化了的人生体验的丰富贮藏。这正是义山意蕴虚泛之作无意于寄托而无所不托的原因，也是我们得以融通对它们的分歧解说的根本依据。

第三节　创作完成后接受主体对同一作品的多方面感受与认识

　　文学作品内涵意蕴的理解与把握，是一个不断发掘、丰富、深化的动态过程。对于李商隐这样一位素称"隐僻"的诗人的意蕴虚泛之作，更是如此。不同时代，不同价值取向、学术观点、审美观念的读者对同一作品的不同理解，从表面看，确实众说纷纭，莫衷一是；但从总的趋势上看，这些歧解又往往是不同时代的人们对作品内涵与特征认识不断丰富与深化的反映。一篇作品的诠释史、研究史，实际上是其内涵意蕴与特征不断被逐步深入认识的历史。我们采用"集解"的方式来整理义山诗集，就是为了在比较全面地展示前人对作品的不同理解的基础上，通过比较、分析、综合、融通，加上自己研习所得，以期达到比较全面、通达的认识。尽管由于主客观条件限制，这个工作可能做得很不理想，但真正的整理与研究必须充分吸收融会前人一切有价值的成果，则是无疑的。以千古诗谜《锦瑟》为例，自北宋迄今，解者不下百家，重要的异说也有十来种。面对这一大堆纷纭的异说，开始时固不免眼花缭乱，但细加寻绎，却发现不少异说乃是诗的丰富蕴涵和暗示在不同读者中引起的不同感受与联想。如果紧紧抓住诗人明白揭示的全诗主意——因闻瑟而追忆华年不胜惘然，便不难发现许多异说原可相容或相包，并在"思华年"而"惘然"这个基点上得到融通。历代对此诗的解说，有一个大体的发展趋向，即由单一、具体走向综合、抽象与虚泛。最早出现的如刘攽的咏令狐家青衣说，托名苏轼的咏瑟之适怨清和说，都是把它的内涵理解得比较具体单一的。这两种解说，基本上支配了宋、元、明三代。清代以来，随着对义山诗研究的深入，悼亡、自伤身世、自述诗歌创作诸说纷起，对诗的内涵的理解逐渐扩大与虚化。到当代，一个明显的趋势是从象征性境界和象征性结构的角度将诗的内涵进一步虚化，有将颔、腹一联解为梦、幻、泡、影者，解为写困惑、失落、幻化等惘然之情者，解为幻梦、寄托、失意、无为者。随着对内涵理解的由实趋虚，是各种歧说的相互渗透与吸收。这一发展轨迹反映了人们对义山这类意蕴虚泛的诗认识的全面与深化。我们正可从中得到启发，沿着上述发展趋向对分歧的异说加以融通。这当然不是简单的捏合，而是抓住"思华年"与"惘然"这一中心，将颔、腹两联所展现的迷幻、哀怨、凄寥、虚缈诸种象征性境界，既看成锦瑟所奏出的音乐境界，又看成诗人华年所历的人生境界和思华年时不胜惘然的心灵境界。从最宽泛的意义上看，自伤身世说无疑最能兼融众说，华年身世之悲、迷幻哀怨凄寥虚缈诸境，既可包含悼亡之痛乃至其他爱情悲剧体验，又可包含其诗歌创作所着重表现的心灵境界、人生感受。以自伤身世为主轴，既可涵盖悼亡说，又可旁通自述诗歌创作说，而咏瑟声说亦包含其中了。总之，含悼亡之痛的惘然自伤身世之情，因锦瑟之悲声而起，借诗歌中展示的境界以传，这也许可以作为融通《锦瑟》众多歧解的简单概括。

一般地说，由于时代的进步与观念、方法的更新，今人的认识往往要比前人更全面、深刻一些。当我们站在今天的认识高度去融通纷歧的旧说时，可能很容易发现某些有影响的旧说在观念、方法上的缺陷。例如从吴乔、冯浩到张采田，他们对义山这类意蕴虚泛之作的诠解往往牵合具体人事（如义山与令狐绚的关系）进行比附，不少说法常流于穿凿附会。但他们这些对义山的时代、生平与创作下了很大功夫的研究者为什么认定包括《无题》在内的一部分诗是咏与令狐绚的关系与交往的，却值得我们思考。这至少意味着，根据他们的艺术感觉和对义山其人其诗的了解，这类诗中所表现的不单纯是爱情；同时启示我们，在研究《无题》这一类诗时，不能忽略义山与令狐绚的关系这一生活基础。从这个意义上说，他们一些近乎穿凿的解说中仍有合理的值得融会吸收的成分。如下面这首《无题》：

> 紫府仙人号宝灯，云浆未饮结成冰。
> 如何雪月交光夜，更在瑶台十二层？

吴乔解为对令狐绚"极其叹羡"，冯浩更牵合"绚为承旨，夜对禁中，烛尽，帝以乘舆金莲华炬送还"之事以类证首句，谓"时盖元夕在绚家，候其归而饮宴，故言候之久而酒已成冰"，将极虚幻的象征性境界实解为日常生活情事，其穿凿附会固显而易见。但诗中着意描绘的可望而不可即的境界和时感对方变幻莫测、难以追攀的情绪，却不能说与诗人跟令狐绚之间的关系毫无瓜葛。这种意境极空灵虚幻之作，其生活基础可能是多方面的。义山一生政治、友谊、爱情等方面的追求向往与虚缈难即之情事，都是酿造这种艺术境界的生活基础。当诗人融合多方面人生感受铸成此种蕴涵极丰的典型性艺术境界后，当然不宜用部分生活基础去解释其丰富的内涵，但并不排斥在这蕴涵极丰的境界中包括了这方面的生活体验。只有细心辨析作品诠解史、接受史上的每一认识成果，并分别加以扬弃吸收，方能做到较为全面通达。

以上分别从创作起始阶段的触绪多端、百感交集，创作过程中在特定题材的歌咏中融入多方面的生活感受，创作完成后接受主体对同一作品的多侧面感受与认识这几个主要方面，论述了义山的意蕴虚泛之作何以有许多歧解和为什么能够将它们融通。质言之，对这类融合了多方面生活感受，主要是表现某种感情境界的意蕴虚泛之作，应该按照作品的特征，虚解之或放空了看。作者酿米成酒，由丰富的生活原料提纯升华为艺术真实、典型境界，解诗者自不宜再将蕴涵丰富的典型境界指实为某一局部的生活依据。但每一种提供了局部生活依据的解说对把握典型境界的丰富蕴涵仍有一定的参考价值。

所谓融通，在某种意义上说，是用一般来概括个别。而任何一般又不可能完全涵盖个别，因而融通只能是求大同存小异，它但求兼该众说的合理成分，却不能也不必废弃众说。《集解》的编排形式就体现了这一意图。

附：从纷歧走向融通的一个典型案例

——《锦瑟》阐释史所显示的客观趋势

在中国古典文学作品的阐释史上，对李商隐《锦瑟》纷纭多歧、层出不穷的解读无疑是最引人注目的现象之一。如果从北宋刘攽的《中山诗话》算起，对这篇诗谜式作品的解读已经延续了近千年。一篇只有八句五十六个字的作品，竟引起历代读者如此执著的关注，这种现象本身就很值得探讨。本文不打算在纷纭的歧说之外再另添新说，而是企图通过对历代纷纭歧说的梳理，发现其中所显示的总趋势。从而从阐释史的角度说明：融通各有依据、各有优长的主要歧说，可能是使《锦瑟》的解读更接近作品的实际，更能显示其丰富内涵，从而也更能为多数读者所接受的一种解读方式。

第一节　宋元明三代对《锦瑟》的阐释

据现存文献材料，最早记述对《锦瑟》的阐释，是著于熙宁、元祐间的刘攽《中山诗话》：

> 李商隐有《锦瑟》诗，人莫晓其意。或谓是令狐楚家青衣也。

义山诗集编定于真宗景德至仁宗庆历间（约1004—1042），第一首就是《锦瑟》，人们注意到它并力图解读原很自然。但《锦瑟》却一开始便显出了它的难解性。从"或谓是令狐楚家青衣也"的记述口吻看，这可能只是转述当时人对题意的一种理解，未必就是刘攽自己的看法，也未必真有事实或文献依据。实际上，锦瑟是令狐楚家青衣之说，与其说是依据某种记载或传闻，不如说是读者的一种猜想。因为诗的首联很容易让人认为"锦瑟"是人名，诗即因见五十弦之锦瑟而联想到锦瑟其人的华年而作。而"锦瑟"作为人名，又颇似女子甚至侍女之名。因此"锦瑟是令狐楚家青衣"之说就这样产生了。它既是对题目含义的说明，也是对诗的内涵意蕴的解读。从考据学的观点看，这个"或谓"很可能查无实据甚至毫无依据，但从阐释学的观点看，却自有一定的文本依据。这正是此说虽乏实据却长期流传而且日后以"悼亡说"改头换面出现的原因所在。

稍后于刘攽，北宋末年成书的黄朝英《靖康缃素杂记》则记述了从另一思路出发而同样具有合理性的阐释：

> 义山《锦瑟》诗……山谷道人读此诗，殊不晓其意，后以问东坡，东坡云："此出《古今乐志》，云：'锦瑟之为器也，其弦五十，其柱如之，其声也，适、怨、清、和。'"案李诗，"庄生晓梦迷蝴蝶"，适也；"望帝春心托杜鹃"，怨也；"沧海月明珠有泪"，清也；"蓝田日暖玉生烟"，和也。一篇之中，曲尽其意，史称其"瑰迈奇古"，信然。刘贡父《诗话》（按：即刘攽《中山诗话》）以谓锦瑟乃当时贵人爱姬之名，义山因以寓意，非也。

后世诗评家对"适怨清和"之说是否出于东坡颇有怀疑。很有可能是此论的发明者（也有可能是黄朝英本人）为了加强这一阐释的权威性而故意抬出两位当朝诗坛巨擘来撑门面。从阐释史的角度说，东坡是否发表过这一意见并不重要，重要的是它提供了一种从咏音乐的角度对《锦瑟》进行解读的新说。唐代有许多咏乐诗，其中著称者如李贺《李凭箜篌引》、韩愈《听颖师弹琴》、白居易《琵琶行》均以各种形象化的比喻描摹乐声和乐境。"适怨清和"说正是将《锦瑟》看成一首咏瑟声与瑟境的诗。如果不过分追究中间两联所展示的境界是否完全切合"适怨清和"四境，那么这一解读无论就切合诗题、首句及颔腹二联看，都有其文本依据与显然的合理性。但这一解读也有明显缺陷，即无法解释"一弦一柱思华年"和"此情可待成追忆，只是当时已惘然"。因为次句已明确显示听奏瑟而思忆人之华年，不管这人是诗人自己或他人。如果只是单纯咏瑟声瑟境，"思华年"及"追忆""惘然"都无所取义。正如胡应麟所批评的："宋人认作咏物，以适怨清和字面附会穿凿，遂令本意憭然。且至'此情可待成追忆'处，更说不通。"（《诗薮·内编》卷四）

但托名苏轼的"适怨清和"说在南宋却有很大影响。其具体表现是这一时期对《锦瑟》的阐释，几乎都离不开咏瑟声瑟境这一话题，如张邦基《墨庄漫录》将"适怨清和"说成《瑟谱》中的四曲，邵博的《邵氏闻见后录》甚至说《庄生》《望帝》皆瑟中古曲名。胡仔《苕溪渔隐丛话》虽认为《锦瑟》以景物故实状瑟声"不中的"，却反映出他也认为《锦瑟》是咏乐诗。更有将托名苏轼解《锦瑟》之法加以活学活用，反过来解读苏轼《水龙吟》咏笛之妙的[①]，可谓即以其人之道，还释其人之词。认为东坡不但用此法解读义山《锦瑟》，且用之自创咏笛词。

由于"适怨清和"说在阐释"思华年"及尾联时存在明显缺陷，因而有的诗评家企图对它加以改进。成书稍后于《靖康缃素杂记》的《许彦周诗话》说：

> 《古今乐志》云："锦瑟之为器也，其柱如其弦数，其声有适、怨、清、和。"又云："感、怨、清、和。昔令狐楚侍人能弹此四曲。诗中四句，状此四句也。章子厚曾疑此诗，而赵推官深为说如此。"

在"适怨清和"之外又添出"感怨清和"的或说，并将它和"能弹此四曲"的"令狐楚侍人"联系起来，"诗中四句，状此四曲也"。很明显，这是企图将"适怨清和"说与"咏令狐楚青衣"说融合起来。既补"适怨清和"说之脱离"思华年"与"惘然"，又补"咏令狐青衣"说之脱离中间两联，许氏的记述中未及苏、黄而是拉出了章子厚与赵推官。这正反映出此说的假托或传闻性质。许氏所引此说在《锦瑟》阐释史上的意义，主要表现在它在纷歧阐释出现后不久，即显示出融通歧说的努力与趋势。而之所以出现这种趋势，根本原因在于两种说法既各有其文本依据与合理性，又各有其缺陷，客观上需要互补。

金代元好问《论诗》三十首之十二是直接对《锦瑟》作出新阐释的：

> 望帝春心托杜鹃，佳人锦瑟怨华年。
> 诗家总爱西昆好，独恨无人作郑笺。

此诗乃是首创《锦瑟》为义山自伤身世之作的一篇诗论。"佳人锦瑟怨华年"一句实即元氏对《锦瑟》主旨的诗意阐述：李商隐这位"佳人"正是借《锦瑟》这首诗来寄托他的华年之思、身世之悲。他的一生心事，都寄寓在如杜鹃泣血般哀怨悲惋的诗作中了。由于诗写得很概括，又有"独恨无人作郑笺"之语，历代论者多以为它仅仅是慨叹义山诗寄兴深微，无人能解其意，

---

①见张侃《张氏拙轩集》"孙仲益说《水龙吟》"条。

殊不知元好问已借点化义山诗语对《锦瑟》乃至义山一大批性质类似的诗作出了笺释。元氏对义山诗的真谛深有体悟，故对《锦瑟》的阐释也独具手眼。

至此，除自叙诗歌创作说及悼亡说以外，《锦瑟》阐释史上三种主要的解读（怀人说、咏瑟说、自伤说）均已先后出现（怀人说与悼亡说只是对象有别，后者实为前者的变异）。至明代，虽有好几位著名的诗论家都谈到过《锦瑟》，但基本上是沿袭旧说，很少新的发明。如王世贞虽认为中二联"作适、怨、清、和解甚通。然不解则涉无谓，既解则意味都尽"（《艺苑卮言》），虽赞同咏瑟说，又指出了它的缺陷。胡应麟则坚持咏令狐青衣说，指出咏瑟说之不可通之处。他列举诗中一系列用语，认为《锦瑟》的性质类似无题，只不过"首句略用锦瑟引起耳"，并将咏令狐青衣说简括为"题面作青衣，诗意作追忆"（《诗薮》），但他对中间四句的具体涵义却避而不谈，而这正是令狐青衣说难以解释的要害。胡震亨则对令狐青衣说、适怨清和说均加否定，认为《锦瑟》是商隐之情诗，系借诗中两字为题者，但他对诗的具体的内涵却无任何解释（见《唐音癸签》）。周珽认为《锦瑟》是闺情诗，不泥在锦瑟，看法似与胡震亨接近。但他所引屠长卿（屠隆）之说则基本上沿袭许彦周之说，即将令狐青衣说与适怨清和说融合起来。饶有趣味的是屠氏将"锦瑟"二字分属"令狐楚之妾名锦"及"善弹（瑟）"，谓其所弹有适怨清和之妙（见《唐诗选脉会通评林》）。从而将题面与诗面完全统一起来。这算得上是对"令狐青衣"说与"适怨清和"说最巧妙的结合了。

第二节　清人对《锦瑟》的阐释

清代《锦瑟》阐释史上最引人注目的现象是悼亡说、自伤说的双峰并峙和自叙诗歌创作说的异军突起，从而改变了宋元明三代令狐楚青衣说与适怨清和说长期主宰《锦瑟》阐释的局面。

悼亡说的发明，一般都认为是清初的朱彝尊。其实，最早启示悼亡说的应是明末清初的钱龙惕。他在《玉谿生诗笺》卷上笺《锦瑟》时分别引《缃素杂记》《刘贡父诗话》及《唐诗纪事》之说，并加按语云：

义山《房中曲》有"归来已不见，锦瑟长于人"之句，此诗落句云："此情可待成追忆，只是当时已惘然。"或有所指，未可知也。唯彭阳公青衣则无所据。

钱氏引《房中曲》"归来已不见，锦瑟长于人"来类证《锦瑟》，是以义山诗证义山诗的典型例证。尽管钱氏未对《房中曲》作笺释，但《房中曲》的悼亡内容非常明显，故钱氏之笺释离悼亡说的正式提出实仅一步之遥。朱鹤龄的《李义山诗集笺注》采录钱氏笺而又有所前进：

按义山《房中曲》："归来已不见，锦瑟长于人。"此诗寓意略同。是以锦瑟起兴，非专赋锦瑟也。

指出"此诗寓意略同"于《房中曲》，悼亡说实已呼之欲出。果然，朱氏的《补注》中就明确指出："此悼亡诗也。"

但朱鹤龄只下了判断，并未对《锦瑟》作具体阐释。朱彝尊乃进一步对全诗作了解读：

此悼亡诗也。意亡者善弹此，故睹物思人，因而托物起兴也。瑟本二十五弦，一断而为五十弦矣，故曰"无端"也，取断弦之意也。"一弦一柱"而接"思华年"三字，意其人年二十五而殁也。胡蝶、杜鹃，言已化去也；珠有泪，哭之也；玉生烟，葬之也，犹言埋香瘗玉也。此情岂待今日追忆乎？只是在当时生存之日，已常忧其如此而预为之惘然，意其人必婉弱而多病，故云然也。

这是自宋以来对《锦瑟》全诗作出详细解读的第一篇。它的主要发明是将题目"锦瑟"与所悼亡妻平日"善弹此"结合起来，从而比较顺理成章地得出首联是"睹物思人，因而托物起兴"的结论。如果说许彦周、屠隆谓令狐楚侍人善弹适怨清和四曲仅仅是一种猜测，别无依据，那么朱彝尊的"亡者善弹此"却是有义山的诗作有力依据的。除钱龙惕、朱鹤龄已引的《房中曲》"归来已不见，锦瑟长于人"二句外，在桂幕期间作的《寓目》（系忆内诗）有"新知他日好，锦瑟傍朱栊"之句同样可以作为其妻善弹瑟的证明。悼亡说之所以自清初以来长期不衰，主要原因就在于义山诗中有这样两个有力的旁证。朱彝尊的其他解说，问题自然很多。如解"五十弦"为二十五弦之"断弦"，以附会悼亡，便显属臆解。商隐开成三年与王氏结婚至大中五年王氏去世，夫妇共同生活的时间首尾十四年。如果按朱氏所说王氏年二十五岁而殁推算，开成三年结婚时王氏才十二岁，这是根本不可能的。开成三年义山年二十七，王氏为其续弦，年龄可能较商隐小一些，但至少亦当在十六七岁左右。说"无端"取"断弦"之意，更属望文生义。以下六句的解说，也多有牵强支离之处（尤其是第六句与尾联）。尽管如此，朱彝尊的阐释仍值得充分重视，原因就在于他抓住王氏善弹瑟这一中心环节，将生活素材、情思触发到诗的构思、制题连成了一条线。从钱龙惕到朱鹤龄再到朱彝尊，悼亡说从萌芽到正式提出再到具体阐释的进展过程可以看得非常清晰。

悼亡说在清代前期的《锦瑟》阐释史上占据主导地位。其时除个别论者仍沿袭"令狐青衣"说（如施闰章《蠖斋诗话》）或"适怨清和"说（如冯班评《瀛奎律髓》）外，多数学者（包括对《锦瑟》持否定态度的学者）大都认为它是悼亡之作。其中较有影响的是何焯《义门读书记》：

> 此悼亡之诗也。首特借素女鼓五十弦瑟而悲，泰帝禁不可止发端。次连则悲其遽化为异物。腹连又悲其不能复起之九原也。曰"思华年"，曰"追忆"，指趣晓然，何事纷纷附会乎？钱饮光（澄之）亦以为悼亡之诗，与吾意合。"庄生"句，取义于鼓盆也。但云"生平不喜义山诗，意为词掩"，却所未喻。

何氏悼亡说与朱彝尊说不同之处有二：一是对诗的首联结合用典（五十弦）作了新的解释（悲思之情不可得而止）；二是紧扣"思华年"与"追忆"来证明此诗悼亡之"指趣晓然"，较之朱彝尊拐弯抹角解读尾联更为直捷。

此外，如陆昆曾、杨守智、姚培谦、程梦星、冯浩、许昂霄等注家均主悼亡说。其中，如陆氏解"蓝田"句，引戴叔伦"蓝田日暖，良玉生烟，可望而不可置于眉睫之间（前）"之语，姚氏解首联，谓"夫妇琴瑟之喻，经史历有陈言，以此发端，元非假借……怀人睹物，触绪兴思。'无端'者，致怨之词"，均各有所得。相反，专攻义山诗文的冯浩对此诗的笺解却时涉牵强，谓"五句美其明眸，六句美其容色"，更显得不伦不类。比较之下，许昂霄的诠释则较少穿凿拘实之弊：

> 三四庄生、望帝，皆谓生者也。往事难寻，竟同蝶梦；哀心莫寄，

唯学鹃啼。五六珠、玉，以喻亡者也。月明日暖，岂非昔人所谓美景良辰，今则泉路深沉，徒有鲛人之泪；形容缥缈，已如吴女之烟矣。（张载华、张佩兼辑《初白庵诗评》附识引许氏《笺注玉谿生诗·锦瑟诗解》）

综观清代《锦瑟》阐释史上的悼亡说，尽管它具有《房中曲》这样有力的旁证，但在具体解读中却始终存在一个误区、一个盲区。误区就是将"五十弦"解作"断弦"，从而导致王氏"年二十五而殁"这种显然不符实际的推论，且使对此诗的阐释一开始就陷于混乱。盲区就是很难将"悼亡"与中间两联所用的典故、所构成的象征境界很好地契合。尽管许多学者作出了一系列各不相同或同中有异的具体诠释，但真正切合文本的不多，即使像许昂霄的笺解，也只能较贴切地解说颔联。这说明悼亡说虽有明显的优长与有力的依据，但要想用它贯通全诗，却相当困难，尤其是腹、尾二联的解读，更往往显得有些无能为力。

　　与悼亡说双峰并峙而时间稍后的是自伤身世说。持此说较早的是《李义山诗集辑评》所录某氏朱批：

　　　　此篇乃自伤之词，骚人所谓美人迟暮也。"庄生"句言付之梦寐，"望帝"句言待之来世。"沧海""蓝田"，言埋而不得自见。"月明""日暖"，则清时而独为不遇之人，尤可悲也。

　　　　《义山集》三卷，犹是宋本相传旧次，始之以《锦瑟》，终之以《井泥》。合二诗观之，则吾谓自伤者更无可疑矣。

　　　　感年华之易逝，借锦瑟以发端。"思华年"三字，一篇之骨。三四赋"思"也；五六赋"华年"也。末仍结归"思"字。

　　　　"庄生"句，言其情历乱；"望帝"句，诉其情哀苦。"珠泪""玉烟"，以自喻其文采。

《辑评》朱批系何焯批，故学者多以为上述各条即为何氏批。但何氏《义门读书记》明言《锦瑟》为"悼亡之诗"，并作了具体解读。而此朱批却说是"自伤之词"，且谓"诸家皆以为悼亡之作"，这"诸家"中当然也包括了《义门读书记》的《锦瑟》批。二者显有矛盾。同一评家，对某首诗的解读固然常有前后不一致的现象，但朱批中并未提及先主悼亡，后改自伤之事，故朱批是否何氏批确实不能不打上问号。当然，从义山诗阐释史的角度看，朱批的作者是谁并不太重要，重要的是自伤说本身的合理性和价值。从《辑评》所录的这几条朱批看，尽管对每一句的具体解释未必尽妥，第一条与末条亦有歧异，但就整体而言，显然比悼亡说更能切合诗的文本。特别是"感年华之易逝，借锦瑟以发端，'思华年'三字，一篇之骨"数语，确实提纲挈领式地揭示了全诗的主要内容。谓"庄生"句"言付之梦寐"或"言其情历乱"，"望帝"句"言待之来世"或"诉其情哀苦"，虽有歧异，但都较符合典故原意，不像悼亡说解"庄生"句旁扯庄子鼓盆，离开典故本意。谓"珠泪""玉烟"系自喻文采，更与自叙创作说相合。故《辑评》朱批在自伤说的形成过程中带有里程碑性质。此前元好问《论诗》(其十二)"佳人锦瑟怨华年"之句，虽已喻示《锦瑟》系自伤华年不遇之作，但语焉不详，后世阐释《锦瑟》者亦未注意及此。《辑评》朱批很可能就是从元诗得到启发，演为美人自伤迟暮的具体阐释。

　　自伤说一经明确提出，因其与诗的文本较为切合，且具有较大的包容性，遂迅速流传开来，为许多注家评家所接受。王清臣、陆贻典等人的《唐诗鼓吹评注》、徐鶴的《李义山诗集笺注》(见王欣夫《唐集书录》十四种)、杜诏的《唐诗叩弹集》、汪师韩的《诗学纂闻》、薛雪的《一瓢诗话》、宋翔凤的《过庭录》、姜炳璋的《选玉谿生诗补说》等均主自伤身世说。录较有代表性的汪师韩、姜炳璋二家之说于下。汪云：

　　　　《锦瑟》乃是以古瑟自况……世所用者，二十五弦之瑟，而此乃五十弦之古制，不为时尚。成此才学，有此文章，即己亦不解其故，故曰"无端"，犹言无谓也。自顾头颅老大，一弦一柱，盖已半百之年矣。"晓梦"，喻少年时事。义山早负才名，登第入仕，都如一梦。春心者，壮心也。壮志消歇，如望帝之化杜鹃，已成隔世。珠、玉皆宝货。珠在沧海，则有遗珠之叹，唯见月照而泪；生烟者，玉之精气。玉虽不为人采，而日中之精气，自在蓝田。追忆，谓后世之人追忆也；可待者，犹云必传于后无疑也。"当时"指现在言。惘然，无所适从他。言后世之传，虽自可信，而即今沦落为可叹耳。

　　除首尾二联之解，或稍牵强，或属误解外，其他均不乏精彩。解中间四句，或结合其身世遭遇，或结合其文章才情，均能紧贴诗句本身。特别是解第五句为"珠在沧海，则有遗珠之叹，唯见月明而泪"，既发前人之所未发，又紧扣诗句，是相当精彩切当的解读。姜氏云：

　　此义山行年五十，而以锦瑟自况也。和雅中存，文章早著，故取锦瑟。瑟五十弦，一弦一柱而思华年，盖无端已五十岁矣。此五十年中，其乐也，如庄生之梦为蝴蝶，而极其乐也；其哀也，如望帝之化为杜鹃，而极其哀也。哀乐之情，发之于诗，往往以艳冶之辞，寓凄绝之意。正如珠生沧海，一珠一泪，暗投于世，谁见之者？然而光气腾上，自不可掩，又如蓝田美玉，必有发越之气，《记》所谓精神见于山川是也。则望气者亦或相赏于形声之外矣。四句一气旋折，莫可端倪。末二言诗之所见，皆吾情之所钟，不历历堪忆乎？然在当时，用情而不知情之何以如此深，作诗而不知思之何以如此苦，有惘然相忘于语言文字之外者，又岂能追忆乎？此义山之自评其诗，故以为全集之冠也。

　　同样是以锦瑟自况，姜氏之解较汪氏更为直捷。以哀乐分属颔联出句与对句，亦一新解。以蝴蝶梦为乐境，着眼点在原典中之"栩栩然""适志"，即所谓"适"，其中实已融入咏瑟说之成分。腹联从"哀乐之情，发之于诗"着眼进行阐释，则又融进自叙诗歌创作说（此说发自程湘衡，见下文）。尾联亦贴紧作诗之情解说，虽稍迂执，但其整体思路是着眼于作为诗人之义山的自况，而非一般自伤说之着眼于身世遭遇之不幸。故姜说实可视为自伤说之变体，盖其已在内核上吸收了自叙诗歌创作说，并融入了咏瑟说的成分。"哀乐之情，发之于诗"，与后来主自叙诗歌创作说的钱锺书所说的"平生欢戚……开卷历历"几乎没有多少区别。从姜说正可看出自伤说与自叙诗歌创作说原可相通与兼融。姜氏时代后于主自叙诗歌创作说的程湘衡，"此义山之自评其诗，故以为全集之冠也"之语，便明显源于程氏之说。

　　与自伤说同时产生的自叙诗歌创作说，据何焯《义门读书记》，其发明者应是程湘衡。何氏在上引"此悼亡之诗也……却所未喻"一段阐释后附述云：

　　　　亡友程湘衡谓此义山自题其诗以开集首者。次联言其作诗之旨趣，中联又自明其匠巧也。余初亦颇喜其说之新，然义山诗三卷出于后人掇拾，非自定，则程说固无据也。

但王应奎《柳南随笔》则谓：

　　　　玉溪《锦瑟》诗，从来解者纷纷，迄无定说。而何太史义门（焯）

以为此义山自题其诗以开集首者。首联（略）言平时述作，遽以成集，而一言一咏，俱足追忆生平也。次联（略）言集中诸诗，或自伤其出处，或托讽于君亲，盖作诗之旨趣尽在于此也。中联（略）言清词丽句，珠辉玉润，而语多激映，又有根柢，则又自明其匠巧也。末联（略）言诗之所陈，虽不堪追忆，庶几后之读者知其人而论其世，犹可得其大凡耳。

从情理推断，何氏既已在《义门读书记》中明确记述此系"亡友程湘衡"之说，且在作出思考后认定"程说固不足据"，则其剿袭已被自己否定的亡友之说殆无可能。王应奎当是将何氏转述程说当成何氏自己的阐释。但由于王氏的记述，使后世得以了解程氏阐说《锦瑟》的具体内容。

自题其诗以开集首之说固无据，但自叙诗歌创作说却有其明显的优长与合理性。程氏将"一弦一柱思华年"解为"一言一咏，俱足追忆生平"，将一部义山诗集视为"锦瑟"之弦弦柱柱所奏出之曲调，应该说是紧扣题目与诗句本身的。将领联解为"作诗文旨趣"，将"庄生"句解为"自伤其出处"，也较为贴切。将"望帝"句解为"或托讽于君亲"，虽稍嫌拘凿，亦自有典故方面的依据。谓腹联以清词丽句、珠辉玉润来形况义山诗之匠巧，也大体符合其创作实际。惜尾联之解泛而不切，特别是未贴紧"只是当时已惘然"来解说。但此说在总体上的合理性是显而易见的。尽管在整个清代，持此说的除程氏外仅宋翔凤（见《过庭录》卷一六）、邹弢（见《三借庐笔谈》）数家，但其阐释既贴紧题目与诗面，又较切合义山创作实际，值得充分重视。

值得注意的是，宋元明三代相当流行的"适怨清和"说在清代基本上销声匿迹。这说明，清代学者普遍认为，这首题为"锦瑟"的诗，与瑟的声音意境无关，根本不具有咏瑟诗的性质。他们或以为锦瑟为亡妻喜弹之乐器，或以为乃义山自身或者诗歌创作之象喻，故不再从瑟声瑟境上着想，因而在解读颔腹二联时不再与瑟之声与瑟之境挂钩。这可能是清代学者在《锦瑟》阐释中最大的失误，即在阐述各自的说法时将前代一项理应充分重视的阐释成果轻易抛掉了。

除以上三种主要说法外，清代还出现了一系列其他新说，如叶矫然的"自悔说"（见其《龙性堂诗话》），方文辀（见梁章钜《退庵随笔》引）、吴汝纶（见其《评点唐诗鼓吹》）的伤国祚兴衰说，屈复的"就诗论诗"

说等。其中屈氏之说颇为论者所称引，略云："此诗解者纷纷……不可悉数。凡诗无自序，后之读者，就诗论诗而已。其寄托或在君臣朋友夫妇昆弟间，或实有其事，俱不可知。自《三百篇》、汉魏三唐，男女慕悦之词，皆寄托也，若必强牵其人其事以解之，作者固未尝语人，解者其谁起九原而问之哉！"他并不否认历代男女慕悦之词有寄托，但认为如无作者自序，则只能就诗论诗，不能强牵其人其事为解。在反对无依据的任意牵合穿凿这一点上，屈氏的看法是正确的，足以矫义山诗阐释中的积弊。但他对《锦瑟》的"就诗论诗"之解却不免令人大失所望。《锦瑟》与《无题》诸诗，常被相提并论，实际上它们的性质并不相同。《无题》诸诗即使不探求其是否另有寄托，也能感受到它是深情绵邈的爱情诗，本身有独立的欣赏价值。而《锦瑟》，如果不明白它的寄托，本身就是一个只具形式美的谜团。梁启超说："义山的《锦瑟》《碧城》《圣女祠》等诗，讲的什么事，我理会不着……但我觉得它美，读起来令我精神上得一种新鲜的愉快。须知美是多方面的，美是含有神秘性的。我们若还承认美的价值，对于此种文字，便不容轻轻抹煞"（《中国韵文内所表现的情感》）。这段话亦每为论者称引。其实他所说的含有神秘性的美，既包含《锦瑟》等诗在语言文字、声律、对偶等形式方面的因素所构成的美感，也包含情思意境的朦胧缥缈所形成的美感。但这不意味着，"理会不着"就可以"不加理会"，只是这种"理会"必须是诗性的，不能"既解则意味都尽"（王世贞语），破坏了诗歌本身的美感。总之，对屈复的"就诗论诗"和梁启超的"理会不着"，应有正确的理解。

最后，要特别提出来加以评述的是徐德泓、陆鸣皋在其合著《李义山诗疏》中提出的"就瑟写情"说。徐解云：

> 此就瑟而写情也。弦多则哀乐杂出矣。中二联，分状其声，或迷离，或哀怨，或凄凉，或和畅，而俱有华年之思在内也。故结联以"此情"二字紧接。追维往昔，不禁百端交感，又不知从何而起，故曰"可待"，曰"惘然"，与"无端"两字合照，惆怅之情，流连不尽。

陆解云：

> "无端"二字，便含兴感意，而以"思华年"接之。物象人情，两意交注，首尾拍合，情境始佳。若仅谓写瑟之工，便成死煞。

徐的"就瑟而写情"，即陆的"物象人情，两意交注"；徐的"曰'可待'，曰'惘然'，与'无端'两字合照"，即陆的"首尾拍合"。简言之，徐、陆认为《锦瑟》是一首借瑟声抒写华年之思的诗，其根本特点是"物象"（指瑟声所显现的音乐境界）与"人情"两意交注。无论迷离、哀怨、凄苦、和畅之境，均有华年之思在内。他们解《锦瑟》，主要是抓住"思华年"这个中心和"无端""惘然"等关键性词语，将声象与人情融合无间地联在一起，来揭示诗的丰富内涵（百端交感）。既避免执著一端（单纯咏瑟、怀人、悼亡、自伤、自叙诗歌创作），又不排斥每一种有一定依据的具体解说。引导读者沿着"无端五十弦""思华年""惘然"这条因瑟声而兴感的主线，在物象与心象、声情与心境的交融中多方面地体味诗的丰富内涵。从而使诗的蕴涵在不同读者的参与和再创造中得到最大限度的发掘。可以说，这是自宋以来对《锦瑟》的各种解说中最不执著穿凿、最通达而少窒碍的解说，也是最富包容性而能为持各种不同看法的读者所接受的一种解说。如果不是真正把握了《锦瑟》百端交感、意蕴虚涵的特点，不可能作出如此切当而富包容性的解说。清代注家评家普遍摒弃不取的"适怨清和"说，经徐、陆的吸取与改造，使之与"思华年"的"人情"紧密结合，遂使《锦瑟》的阐释在融通众说的基础上出现一个质的飞跃。

第三节　二十世纪学者对《锦瑟》的阐释

二十世纪的前八十年，对《锦瑟》的解读基本上是沿袭前人成说而加以推衍发挥，但在有的解说中已显示出以一种说法为主，兼综诸说的趋向。间或出现某种新说，但影响不大。

张采田、汪辟疆都主自伤说。但张氏《玉谿生年谱会笺》不仅谓"一弦一柱思华年"句"隐然为一部诗集作解"，谓"望帝"句系"叹文章之空托"，明显融合了自叙诗歌创作说，且谓颔联"悼亡斥外之痛，皆于言外包之"，又糅合了悼亡说。解腹联附会李德裕之贬珠崖与令狐绚之秉钧赫赫，则融合了寓托政治的成分。汪辟疆《玉谿诗笺举例》所解较张氏更为贴切，而谓"望帝句，喻己抱一腔忠愤，既不得语，而又不甘抑郁，只可以掩饰之词出之"，谓"蓝田日暖喻抱负，然玉韫土中，不为人知，而光彩终不可掩，则文章之事也"，也明显融合了自叙诗歌创作说。

禹苍（周汝昌）的《说〈锦瑟〉篇》（《光明日报》1961年11月26日）则将此诗看成一首听瑟曲而引起对华年的追忆，抒写"春心"之苦情的诗。其融通咏瑟、自伤、自序诗歌创作说的趋向也相当明显。

二十世纪后二十年，发表了一大批专门阐释讨论《锦瑟》的文章。其中影响最大的当属钱锺书的自叙诗歌创作说与王蒙的"无端说"。

钱锺书对《锦瑟》之笺解，首见于周振甫《诗词例话》引钱氏《冯注玉谿生诠评未刊稿》，再见于其《谈艺录补订》，后者长达五千余字，洵为其晚年精心结撰之作，节引如下：

> "锦瑟"喻诗，犹"玉琴"喻诗……借此物发兴，亦正睹物触绪，偶由瑟之五十弦而感"头颅老大"，亦行将半百。"无端"者，不意相值，所谓"没来由"……首两句……言景光虽逝，篇什犹留，毕世心力，平生欢戚，"清和适怨"，开卷历历。所谓"夫君自有恨，聊借此中传"。三四句……言作诗之法也。心之所思，情之所藏，寓言假物，譬喻拟象；如庄生逸兴之见形于飞蝶，望帝沉哀之结体为杜鹃，均词出比方，无取质言。举事寄意，故曰"托"；深文隐旨，故曰"迷"。李仲蒙谓"索物以托兴"，西方旧说谓"以迹显本""以形示神"，近说谓"情思须事物当对"，即其法耳。五六句……言诗成之风格或境界，犹司空表圣之形容词品也……曰"珠有泪"，以见虽凝珠圆，仍含泪热，已成珍稀，尚带酸辛，具宝质而不失人气……"日暖玉生烟"与"月明珠有泪"，此物此志，言不同常玉之冷、常珠之凝。喻诗虽琢磨光致，而须真情流露，生气蓬勃，异于雕绘泪性灵，工巧伤气韵之作……七八句……乃与首二句呼应作结。言前尘回首，怅触万端，顾当年行乐之时，既已觉世事无常，抟沙转烛，黯然于好梦易醒，盛筵必散，登场而预为下场之感，热闹中早含萧索矣。

钱氏博通古今中外，文中详征博引，相互参证，对发源于程湘衡之自叙诗歌创作说作了最详尽而具现代性之阐释。其中最有说服力者有二：一为论述以"锦瑟"喻诗，引杜甫、刘禹锡诗为旁证，将题目与对诗意的理解统一起来，这一点是程氏之说中所无的。二是据司空图《与极浦书》引戴叔伦"诗家之景"语，谓"沧海""蓝田"一联乃言诗成后之风格或境界，亦犹司空图之以韵语形容诗品。此解有一系列唐人诗文中以形象描绘喻示诗文风格之例可证。由于有以上二"硬件"，再加以博引旁征的论证、细密的分析和对诗语的妙悟，此说遂成为二十世纪八九十年代《锦瑟》阐释史上一大显说。尤可注意者，钱氏虽主自叙诗歌创作说，但在实际阐释中已经融合吸收了"适怨清和"说与自伤说。如释首联云："言景光虽逝，篇什犹留，毕世心力，平生欢戚，'清和适怨'，开卷历历"；释"珠有泪""玉生烟"云："虽凝珠圆，仍含泪热，已成珍稀，尚带酸辛。"这些阐释中就或显或隐含有自伤及"适怨清和"说的成分。

王蒙的"无端说"则在更高的层面上显示了兼融众说的趋势。二十世纪九十年代以来，他先后撰写了一系列关于《锦瑟》及《无题》的文章。其中反复论证并一再强调的一个基本观点是：《锦瑟》的创作缘起（或动机）与内容是"无端"的。下面是论述这一基本观点的一些重要段落：

> 一种浅层次的喜怒哀乐是很好回答为什么的，是"有端"可讲的：为某人某事某景某地某时某物而愉快或不愉快，这是很容易弄清的。但是经过了丧妻之痛、漂泊之苦、仕途之艰、诗家的呕心沥血与收获的喜悦及种种别人无法知晓的个人的感情经验内心体验之后的李商隐，当他深入再深入到自己内心深处再深处之后，他的感受是混沌的、一体的、概括的、莫名的，只可意会不可言传，因而是略带神秘的。这样一种感受是惘然的与"无端"的。这种惘然之情惘然之感是多次和早就出现在他的内心生活里，如今以锦瑟之兴或因锦瑟之触动而追忆之抒写么？（《一篇〈锦瑟〉解人难》）

> 我们还可以设想，知乐者认为此是义山欣赏一曲锦瑟独奏时的感受——如醉如痴，若有若无，似烟似泪，或得或失……李商隐的《锦瑟》为读者，为古今中外后人留下了极自由的艺术空间。（同上）

> 盖此诗一切意象情感意境，无不具有一种朦胧、弥漫，干脆讲就是"无端"的特色……此诗实际题名应是"无端"。"无端的惘然"，就是这一首诗的情绪。这就是这一首诗的意蕴。（《〈锦瑟〉的野狐禅》）

> 含蓄与隐晦……其实质是对于感情的深度与弥漫的追求。爱和恨都不是无缘无故的，当然，深到一定的程度，爱和恨又都不是一缘一故那样有端的了……它们的费解不是由于诗的艰深晦涩，而是由于解人们执

著地用解常诗的办法去测判诗人的写作意图……而没有适应这些诗超常的深度与泛度。(《对李商隐及其诗作的一些理解》)

王蒙的这一系列论述，从创作缘起到诗的内容意蕴、艺术手段、篇章结构、语言表达对《锦瑟》及与之类似的诗作了极富创意的理论阐释。类似"无端"这种提法，在前人对义山诗的评论中并不是没有出现过。如杨守智评《乐游原》五绝："迟暮之感，沉沦之痛，触绪纷来。"纪昀评同诗："百感茫茫，一时交集，谓之悲身世可，谓之忧时世亦可。"所谓"触绪纷来""百感茫茫，一时交集"，即可视为对"无端"的另一种表述。但他们都没有将它扩展为对商隐某一类诗特别是对《锦瑟》创作缘起及内容意蕴特征的概括。对《锦瑟》，纪昀不仅不认为它"百感茫茫"，而且认为它内容本很简单："盖始有所欢，中有所恨，故追忆之而作。中四句迷离惝恍，所谓'惘然'也。"以为它不过是一首普通的情诗。徐德泓解《锦瑟》，虽说过"追维往昔，不禁百端交感，又不知从何而起"这样的话，但像王蒙这样从理论上深刻阐述"无端"的，却前所未见。经他阐释，遂使《锦瑟》及同类作品的创作特征得到精到简括的揭示。它表面上似乎没有对诗的内容意蕴给出一个明确的答案，实际上"无端"即涵盖了"多端"，使古往今来一切有一定文本依据的纷歧阐释在更高层面上得到统摄与融通。不但解开了《锦瑟》本身创作缘起与内容意蕴的谜团，而且为正确解读这种非常态的诗提供了新的方法与思维。就这一点说，王蒙的"无端说"具有超越解读《锦瑟》诗的意义。

自宋至今，一千余年的《锦瑟》阐释史，概括地说，就是从纷歧走向融通的历史。而纷歧与融通，又都与《锦瑟》本身的性质与特点密切相关。

歧解迭出，既由于其创作缘起、内容意蕴的不明与"无端"，也由于其表现手段的非常态。颔腹两联所展示的四幅意境朦胧缥缈、不相联属的象征性图景，为持有各种不同看法的读者提供了多种解读可能。

自宋至今，对《锦瑟》的阐释最主要的异说有令狐青衣说、适怨清和说、悼亡说、自伤说、自叙诗歌创作说。这五种异说既各有其文本依据或旁证，有其各自的优长与合理性，又各有其自身的缺陷。这就在客观上提出了互补与融通的要求。

五种主要异说虽貌似互不相干，但实际上却是一体连枝，异派同源。这个"源"和"体"就是具有悲剧身世，在政治生活、爱情生活和婚姻生活

751

上遭遇过种种不幸的感伤诗人李商隐。他的诗，就是上述种种不幸的表现与寄托。从这个意义上说，每一种异说实际上都是同一"体""源"上的"枝""派"。各种异说之产生，是由于不同的读者，站在不同的角度去感受，根据不同的内外证据去理解这首内容虚泛、表现"无端"的"惘然"之情的诗的结果。它们可以说都是对《锦瑟》这一艺术整体某一方面的真实反映与把握。因而对各种主要的异说加以融通，便有了合理的依据和基础。不妨说，纷歧的异说是分别认识其一枝一节，而融通则是将它们还原为一个有机的整体。那些牵强附会政治的异说之所以难以被融通，原因也在于它们既脱离文本，又脱离这个"体"与"源"。

融通的方式，基本上是两种。一种是以某一说为主，吸收融合它说的合理成分。这种方式比较常见，如上举许彦周之说即是以适怨清和说为主而兼融令狐青衣说，屠隆之说则是以令狐青衣说为主而兼融适怨清和说。汪师韩、姜炳璋、张采田、汪辟疆虽主自伤说，而又吸收了自叙诗歌创作说，张氏还包含了悼亡说的成分。钱锺书虽主自叙诗歌创作说，但又兼融了自伤说与适怨清和说。兼融的情况，主要视为主之说内涵的可容度。一般地说，像自伤、自叙诗歌创作说由于有较大的可容度，吸收融化异说便比较容易。适怨清和说也有较大变通余地。而悼亡说与令狐青衣说由于所指过于具体，便很难兼融其他异说。从《锦瑟》阐释史看，可容度大的阐说往往比较通达，而可容度小的则往往牢守阃域而少旁通。

另一种融通方式是在主要异说的基础上概括提升，从更高层面加以统摄。清代徐、陆的"就瑟写情"说与当代王蒙的"无端"说便属于这种方式。徐、陆之说既有适怨清和的成分，又有自伤的成分，但不是二者的简单融合，而是从更高层面兼融众说，他们所说的"情"，内涵可以很广。王蒙的"无端"说更将《锦瑟》所抒的惘然之情视为一种综合了许多情感基因的形态混沌的既深又泛的情。两种不同的融通方式实际上反映了对《锦瑟》所抒之情的性质、内容、形态的不同看法，都各有其合理性。

人们对一个复杂对象的认识往往先从某一局部、某一方面开始，然后再整合概括，形成对它的整体认识。《锦瑟》阐释史上从纷歧到融通的总趋势正反映了人们认识复杂事物的历程。

至此，我们或许可以对《锦瑟》的主要异说作这样的融通：这是一首借咏瑟声瑟境以抒因"思华年"而引起的"惘然"之情的诗。颔腹两联所写的迷离、哀怨、清寥、虚缈之境，既是锦瑟的弦弦柱柱奏出的悲声，也是诗人在听奏锦瑟时引起对华年的思忆，与瑟声共振的心声心境，自然也不妨将它视为表现华年之思的诗歌中展现的种种境界。而诗人的怀人、悼亡之情也统包于上述诸境之中了。

第五章　古典文学研究中的李商隐现象

　　在中国文学史的大作家行列中，李商隐是非常特殊的存在，这不仅是指举凡杰出作家都具有的独特艺术内容、形式、风貌与个性，而且是指超乎其上的更加特殊的东西。例如他那种不以"不师孔氏为非"的思想（《容州经略使元结文集后序》），发乎至情而不大止乎礼义、极端感伤缠绵而执著的感情，都带有明显偏离封建礼教、诗教的倾向；特别是他那种既具古典诗的精纯又颇具现代色彩的象征诗风，和朦胧迷离、如梦似幻的诗境，更明显逸出中国古典诗发展的常轨，成为前无古人、后乏来者的独特的诗国景观。这种超常的特质，导致了长期以来人们对他的诗感受、理解、把握、评价的不一致，不确定，乃至相矛盾、相对立，形成了古典文学研究中少有的"李商隐现象"。这种现象在古典文学研究史上虽属特例，但其中却蕴涵着耐人思考的东西，值得加以分析研究。

第一节　钟摆现象

　　和中国文学史上其他一些第一流的大作家相比，对李商隐及其创作的评价有一个突出的现象，即从这一端摆动到另一端，而且出现不止一次地来回摆动，不妨将之称为"钟摆现象"。

　　屈原、司马迁、陶渊明、李白、杜甫、辛弃疾等第一流的大作家，历代研究者对他们的具体评价尽管不完全一致，但在肯定他们是第一流的大作家这一根本点上却无二致。而李商隐的评价，却经历了一个从否定到肯定的很长的钟摆周期。从唐末李涪对李商隐所持的"无一言经国，无纤意奖善"（《刊误·释怪》）的恶评开始，那种认为商隐在人品上"无特操"（《旧唐书·文苑传·李商隐》），在诗品上流于绮艳的观点，便成为长时期内带有普遍性的传统看法。直到二十世纪后二十年，才比较充分地认识到他的艺术成就，将他置于第一流大作家的行列，这中间竟经历了十一个世纪。这个事实说明，像李商隐这样一位其文学创作内容与艺术表现方式都非常独特，甚至某些方面逸出常轨的作家，不仅对其准确地把握需要一个较长的历史过程，而且还说明，他的被接受、被认识，需要一个充分重视文学创作本身艺术价值的学术文化环境和政治环境，需要接受者具有比较高的艺术眼光和开放包容的接受心态。

如果把李商隐研究史上从唐末李涪的否定到今天的高度评价看作"钟摆现象"的大周期，那么在这个大周期内还包含着两个"钟摆现象"的次周期。这就是李商隐研究史上两次低潮和高潮。宋、元、明三代，可以说是李商隐研究史上长达八百年的低谷。尽管其间也有北宋前期西昆体、明代王彦泓《疑雨集》的刻意模仿，但从研究角度看，除了一些零星片断的评论外，八百年中竟无一部整理研究专著传世，不但远远比不上所谓千家注杜、五百家注韩的盛大声势，而且明显滞后于整个唐诗研究。这种状况，只是到了清代，才有了根本性的改变。从朱鹤龄撰《李义山诗集笺注》，谓"义山之诗，乃风人之绪音，屈宋之遗响，盖得子美之深而变出之"（《笺注李义山诗集序》）开始，历顺、康、雍、乾、嘉、道六朝，各种笺解、考证、评点著作迭出，形成一个长达二百年的持续高潮期。岑仲勉说："唐集韩、柳、杜外，后世治之最勤者，莫如李商隐。"（《玉谿生年谱会笺平质·导言》）岑氏所说的后世，主要即指清代而言。这种长时期的低谷和长时间的高峰期的转接交替，在整个中国古典文学研究史上是罕见的。另一个低谷、高潮的交替，则出现在二十世纪后半叶的前三十年与后二十年。前三十年（1949—1978），关于李商隐的研究论文年均仅一篇，且时有从总体上贬低甚至出现否定倾向的评价。而后二十年，则出现了"李商隐热"，形成了全面推进的研究态势，对李商隐研究中的一些难点、热点问题进行了比较集中的探讨，出现了一批有较高质量的学术论著，提出了不少新的观点或新的考证结论，而且第一次成立了全国性的专门研究组织——中国李商隐研究会。无论是在总结以往研究成果并加以融会发展或运用新的理论与方法进行尝试与探索方面都有显著成绩。这一次低潮与高潮的交替，时间虽不像上一次那样长，但"钟摆"运动的幅度却与上次相仿佛，同样是从一端摆动到另一端。

不仅对李商隐的总体研究与评价存在这种"钟摆现象"，而且对某专题的研究也出现这种从一端到另一端的摆动。例如对李商隐无题诸诗的诠释研究，在整个清代乃至民初，寄托说占有优势，但当寄托说发展到顶点成为索隐猜谜时，就出现相反方面的摆动——爱情说的勃兴。从吴乔的《西昆发微》到冯浩的《玉谿生诗笺注》，再到民初张采田的《玉谿生年谱会笺》，寄托说发展到极致。随着五四新文化运动和反封建的思想大解放浪潮的兴起，出现了苏雪林的《李义山恋爱事迹考》和朱偰的《李商隐诗新诠》。尽管苏、朱二氏所用的也是一种近似索隐猜谜的方法，但索的是爱情本事之隐而非政治之隐。再如"文革"后期，评法批儒，李商隐无题诗的寄托说被用来作为政治斗争的工具，又一次将寄托说发挥到荒谬的极致。随着"四人帮"倒台，思想解放，无题诗研究中的爱情说又重新兴起。

　　上述种种"钟摆现象"的表现，在古典文学研究史上相当独特。如对它们进行分析，便可以发现其形成原因是多种多样的。而这不同的原因后面又都蕴涵着令人深思的东西。例如对李商隐的总体评价从最初的否定到今天的肯定这个大钟摆周期，明显是由于文学观念的进步。无论是李涪的"无一言经国，无纤意奖善"的否定，《旧唐书·李商隐传》引述时人对商隐"背恩""无行""无特操""恃才诡激"的攻击，还是张戒《岁寒堂诗话》将商隐列为"邪思之尤者"，敖陶孙《诗评》谓商隐诗如"百宝流苏，千丝铁网，绮密瑰妍，要非适用"的贬辞，范晞文《对床夜语》"发乎情止乎礼义之意安在"的责难，实际上都是以政治、道德等功利的评价代替或压倒了艺术的评价。这种诗歌批评标准，在以儒家政治伦理观念及文艺思想为主导的中国古代文学批评史上，本就有悠久的传统，用来评价李商隐这种主情甚至有些惟情、惟美倾向的诗人，更显得批评起来十分严厉而得心应手。因此便形成了学者"类以才人浪子目义山"，以其诗"为帏房昵媟之词"（朱鹤龄《笺注李义山诗集序》）这种长期固定的看法，而很少有人去考虑这种批评标准是否科学，更无论那些对商隐人品、诗品的指责是否符合实际了。从根本上说，宋、元、明三代李商隐研究之所以长期处于低谷，当与力主"尊天理，窒人欲"的理学的盛行这一大思想文化背景密切关联；而清代李商隐研究之所以长期兴盛，除了整个学术界总结传统文化之风大盛，特别是考据之学兴盛这个学术文化背景外，就李商隐这一特殊对象而言，当与明代后期以来，带有初步民主主义色彩思想的兴起，对于主情型的文学创作持宽容甚至赞赏的态度有关，也跟对明代许多诗论家但宗盛唐，忽略、贬低中晚的论调不满有关。

　　新中国成立以来前三十年与后二十年低谷与高潮的交替，其原因明显为"左"的思想路线、理论观念的长期影响，与新时期以来思想路线的拨乱反正及由此带来的文学观念的变化。前三十年出现的对李商隐的贬低甚至有时带有否定的倾向，所持的乃是一种纯政治的、非艺术性的标准。正是由于批评标准的非艺术化，导致了对艺术成就很高，而思想内容方面抒写个人内心世界较为突出的李商隐诗的贬抑。而后二十年的李商隐热，则是随着文学观念的更新，对表现心灵、抒写主观世界的诗歌的艺术价值有了新的认识的结果。

这种从一端到另一端、从低谷到高峰的大幅度摆动现象，无论是大周期还是两个次周期，都可明显看出政治、道德及与之相关的文学批评观念对文学史研究的深刻、强烈、持久的影响。文学批评和文学史研究自不可能脱离时代政治、道德特别是占主导地位的政治伦理观念的影响，但如果用政治、伦理的评价代替艺术评价，则必然导致评价的失准。

专题研究的"钟摆现象"要复杂一些。无题诗研究中的寄托说与爱情说本来各有其合理的依据，它们之间实际上也并不截然对立、互不相容。但如在一个时期内某一种观点从占主导地位发展到极致，则下一个阶段在某种外在条件的作用下，必然出现反弹，使钟摆朝相反方向摆动。这启示我们在研究中要避免片面性与绝对化，不要轻易地趋时或反趋时，力求全面与实事求是。李商隐研究史上从否定到肯定的大钟摆周期，固然是历史的进步，但如果在研究热中不注意客观与科学，将某一方面强调得太过分，那么也未必不会出现再次向相反方向的摆动。

第二节　纷歧现象

在作品诠释过程中，出现某些分歧，是完全正常的。这是因为不同的研究者对作品的感受程度有深浅、角度有不同，而且有自己的审美趣味、鉴赏习惯，还往往受到特定时代风尚的影响。但我们在李商隐作品的诠释中看到的却不是一般的分歧，而是让人眼花缭乱的"纷歧"。特别是对《锦瑟》《无题》一类作品的诠释，其歧见纷出的程度，已远远超出诸如对《红楼梦》《西游记》《长恨歌》主题的不同看法。即使像《一片》（一片飞烟）、《碧城三首》、《圣女祠》三首、《燕台诗四首》这类被视为类似无题之作，乃至像《乐游原》五绝、《嫦娥》、《落花》、《梦泽》这类表面上非常易解的诗，也都众说纷纭，莫衷一是。有时同一诠释者对同一首诗，先后也有截然不同的

757

解说（如张采田在《李义山诗辨正》中将《燕台诗四首》看成言情之作，到作《玉谿生年谱会笺》时却改从冯浩之说，以为"四诗为杨嗣复作"），同一书的不同时期刊本改易得"大半如出两手"（如冯浩《玉谿生诗笺注》乾隆二十八年初刊本与四十五年重刊本，到后来嘉庆元年重校本又有不少改动）。这确实是中外文学诠释史上少见的奇特现象。可以说，李商隐一部分最富艺术独创性的诗大都具有歧解迭出的现象，而且至今乃至今后，还在或还将不断产生新解。

　　造成这种现象的原因固然是多方面的，但主要还是由于商隐这类诗本身所具的特征使然。这些诗无论从诗题、诗面都看不出具体的人、事创作背景，难以考察它究竟因何人何事而作。同时，它们的意蕴也大都非常虚泛，多数只是抒发一种情绪，一种感触，一种内心体验，有的诗即使提到了某一具体地名（如乐游原），但由于其意蕴虚泛，表现浑括，读者同样可以作出各种各样的解释。而这些诗的艺术魅力又对研究者造成了强烈的诱惑。尽管冯班谓"此等语不解亦佳，如见西施不必识姓名而后知其美"（朱彝尊评《燕台诗四首》引冯班语，见《李义山诗集辑评》），屈复则主张"凡诗无自序，后之读者，但就诗论诗而已……若必强牵其人其事以解之，作者固未尝语人，解者其谁曾起九原而问之哉"（《玉谿生诗意·锦瑟笺》）。但多数诠释者仍挡不住其诱惑，总想寻根究底，作出自认为最合理的诠释。于是歧解纷出现象的产生与持续便是必然的了。

　　问题恰恰在于这些诗所抒写的乃是一种概括而很广"通情""通境"（王蒙《通境与通情——也谈李商隐的〈无题〉七律》）。虽写相思离别而情感内涵融会了诸多相类似的人生体验；表面上写锦瑟而表现的是极虚括的人生感受、心灵境界；表面上写小园落花、夕阳黄昏、嫦娥孤月、细腰歌舞，其中却包蕴深广的人生感慨。诗人在作诗发兴时本已"百感茫茫，一时交集"（纪昀《玉谿生诗说》），解者却每每执一端而求之，自然是以有涯随无涯，难以穷其底蕴了。

　　表现这种"通情""通境"的诗，特别是像《锦瑟》这种情与境都极虚泛、浑括的诗，不仅在李商隐之前极少（陈子昂的《登幽州台歌》庶几近之，但其主意明晰，不会引起歧解），而且在他之后也罕见。这种极其独特的诗情诗境，使习惯了明白无误为某人某事而作诗、对某人某事进行美刺、以某物象征某种人事的诠释者一方面感到困惑，另一方面又情不自禁地按照习惯的解诗思路去执实、执一为解。由于这种诠释最多也只能揭示出其深广虚括情境之某一端，因而别的诠释者从另一角度去感受，又会有另一种解说。因此，歧解的纷出，从根本上说，是诠释者对这种特殊的诗情诗境缺乏认识造成的。而对这种独特的诗的创作过程、机制缺乏认真的探索，则是对它的特点缺乏认识的深层原因。

在古代诗歌批评史和诠释史上，反对对诗歌的意蕴拘执为解的言论并不少，说明人们对拘执之弊是有认识的。但不少人往往到此为止，得出的结论不是深入地去认识这类诗的特征，进而把握其深广蕴涵，而是往往消极地认为只能就诗论诗，甚至认为解者纷纷，不过徒增纷扰。纪昀评笺《锦瑟》的言论在这一点上很有代表性："前六句托为隐语猝不可解，然末二句道明本旨，意亦止是，非真有深味可寻也。""以'思华年'领起，以'此情'二字总承。盖始有所欢，中有所限，故追忆之而作。中四句迷离惝恍，所谓'惘然'也。韩致光（按：当作尧）《五更》诗云：'光景旋消惆怅在，一生赢得是凄凉。'即是此意，别无深解。"甚至认为深解者正如"风幡不动，贤者心自动也"（《玉谿生诗说》）。用貌似简单便捷的方法来诠解包蕴深广的诗，虽免于凿，却不免乎浅。

第三节　索隐现象

诗歌诠释中的索隐比附，起源甚早。汉儒解《诗》，主美刺兴比，其中有许多指实为颂美、讽刺某一具体君主、后妃、臣僚者，往往任意比附，并无实据，其所使用的解诗法，即为索隐。由于倡比兴作诗，又以此解诗，故索隐之风在诗歌诠释史上源远流长。李善、五臣注《文选》，往往附会政治，穿凿为解，求索深义，其支离牵强的程度，令人吃惊。晚唐五代的诗格如齐己《风骚旨格》、虚中《流类手鉴》、徐衍《风骚要式》等亦多将诗中景物比附政教。可见有唐一代，诗歌批评与诠释中这种索隐比附之风始终存在。但在李商隐诗歌的诠释中，索隐之风却发展到登峰造极的程度。这种索隐，有两个主要方面：一是索诗歌意旨之隐，二是索诗歌本事之隐。由于商隐诗中确有相当数量的诗，特别是咏物诗，明显有比兴寄托，无题诗中也有一部分，托寓痕迹比较明显，这就使解读者连类而及，将那些不一定有寄托甚至明显无寄托的诗也视为有寄托，从而努力地探寻其言外之旨。同时又由于商隐诗中有一部分意蕴极虚极活，意境极为迷离朦胧，解读者不仅可以对它作种种猜测，而且越是难以索解，越激起索隐的浓厚兴趣。再加上商隐许多抒情诗，或通篇纯粹抒情，毫不及事；或偶露鳞爪，不见身首（如《燕台诗四首·秋》偶然提到"湘川相识处"这种隐约的情事），这就更增强了解读者探索其隐藏的本事的兴趣。以上种种原因的叠加，使商隐诗诠释中的索隐之风愈演愈烈。从清初吴乔在其《西昆发微》中首倡《无题》"托为男女怨慕之辞，而无一言直陈本意"，以为均属寓意令狐之作以来（明初杨基虽最早倡《无题》皆寓臣不忘君之意说，然无具体诠释），中经程梦星、冯浩，至民初张采田《玉谿生年谱会笺》，索隐比附之风达于极致（详见本编第一章、第二章）。而且直到今天，诠释者对商隐这类难解的诗意旨与本事的索隐仍在继续。

由于人类天性中本就存在对客观事物、内心世界寻幽探隐的好奇心（这是人类认识世界的内驱力），商隐诗中又确实存在许多饶有兴趣的隐情隐事隐旨，因此索隐之风的绵延不绝，本身自有其客观的必然性与合理性一面。特别是对商隐诗的索隐，在方法上虽未必科学，其结论也不见得可信，但其中又或多或少含有合理的可资借鉴吸取的成分。如吴乔的《无题》寓意令狐说，单看其对具体诗篇意旨、句意的诠释，显然会觉得过于牵强附会（如说"'闻道阊门'，幸绹之不念旧隙也；'白道萦回'，讽绹舍我而擢人也"之类），但从总体看，寄意令狐说未必全无道理。因为商隐和令狐楚、令狐绹两代的恩怨，确是他一生经历中的大事，是他诗歌中所抒写的种种人生体验、人生感慨的生活基础之一个方面。因此在扬弃其穿凿附会的具体诠释之后，对此说的合理成分仍可加以吸取。

索隐式的解读，由于其方法的不科学，违背艺术创作规律和鉴赏规律，更由于其主观臆测的随意性与缺乏实证，往往造成对作品的误读。义山许多意蕴虚泛、境界朦胧的诗，误读现象是相当多的，即使有些并不难懂的诗，也常有被误读得非常离奇的情形。但有两种性质不同的误读：一种是除了留作解读失败的教训之外毫无存在价值的误读，一种则是有意义的误读。例如有一种对《锦瑟》的新解认为此诗中间两联不是要追忆的具体事实，而是构造象征性结构。四句诗按其抽象意义可以概括为幻梦、寄托、失意、无为四个象征性符号，很多人生现象均可纳入此结构来解释。如可以是四种精神素质：幻想、意志、情感、无欲；可以是四种行为方式：梦想、追求、哀思、无为；可以是人生各个阶段：少年、青年、中年、老年；可以是艺术的四种境界：奇幻、热情、凄清、中和。如果将这一系列解释与中间四句一一对照，显然可以看出它们之间很难在形象及所透露的情感上吻合，如将"望帝"句释为四种精神素质中的"意志"，四种艺术境界中的"热情"，等等。但把中间四句视为四个象征性符号，认为由于符号的抽象性，产生了读者联想的丰富性，接受过程中体验的多面性，从而产生了诗的多义性这一总的论断却是非常切合实际而启人心智的。如果我们撇开具体解释中的误读不论，那么这一阐释是颇有创造性的。

对诗歌本事的索隐，由于多数并无可靠的证据，只是就诗中偶露的一鳞半爪加以串联编织，其中想象的成分很大，可信的程度较低，误读的现象更是大量存在。这种误读从考据学的角度看，可能价值不大但从阐释学的角度看，未必毫无参考价值。例如冯浩解《无题》（紫府仙人）一首，引《新唐书·令狐绹传》"帝以乘舆金莲华炬送还"之事以解首句，从考索本事的角度说，可谓全属臆测，但从阐释学角度看，其中所包含的商隐对令狐显贵地位可望不可即之感，却可能触及这首诗意蕴的某一方面。吴乔所谓"极其叹羡"，姚培谦所谓"所思之无路自通"，屈复所谓"远而更远"，纪昀所谓"求之不得"，均大体相近。相比之下，程梦星把这首诗解为与王氏合卺时的却扇诗，"起句比之如仙，次句待之合卺，三句叙其时景，四句欲引而近之矣"，却不免是大杀风景、毫无意义的误读了。

以上论列的三种李商隐研究中的突出现象——钟摆现象、纷歧现象、索隐现象，有一个共同的根源。这就是对李商隐的象征诗风缺乏深入的探讨和科学的评价。而这，又和整个古典文学研究界对文学创作中的象征方式的研究一向比较忽视、薄弱有关。钟摆现象一端的低谷期，固然与该时期的思想文化乃至政治背景密切相关，但对李商隐创作的大量政治诗、咏史诗，绝大多数论者仍是持肯定态度的。对他的贬低、否定或责难，除了人品方面外，从作品方面看，主要是对他那些表现心灵世界、幽隐情绪，极富象征暗示色彩的诗，从思想内容到艺术表现的成就、价值缺乏认识与应有的评价引起的。因为这部分作品，恰恰是李商隐最富艺术独创性的诗作，对它们的贬低或否定，自然影响到对李商隐的整体评价。像清代评家中最具艺术眼光的纪昀，对商隐的《锦瑟》《无题》便颇有贬词，对《春雨》虽肯定其"宛转有味"，却认为"格未高"。而钟摆现象另一端，则与该时期对文学中的比兴象征比较重视有关。如清代学者对李商隐诗总的评价之所以比较高，就是因为他们不但看到了其政治诗、咏史诗的创作"指事怀忠，郁纡激切，直可与曲江老人相视而笑"的思想艺术成就，而且特别注意到了其无题诗等"楚雨含情皆有托"的特点（朱鹤龄《笺注李义山诗集序》）。最近二十年，整个文学界，包括创作与批评，对文学的象征都比以前任何时期更加注意，因而对运用象征方式表现内心深隐情绪与体验的李商隐诗也形成研究的热潮。至于诠释中的纷歧现象，更明显是由于象征喻象与喻义联系的不确定性，以及商隐诗多个人独创的象征喻象所引起的。而象征寓意的朦胧性、抽象性则又导致象征作品的难以索解，从而激发了人们对其诗进行无穷无尽的"索隐"。诠释乃至索隐过程中的种种误读，则又由于违背了象征作品解读的一系列原则，特别是喻象与喻义之间相似性的原则，把象征的解读变成了随意的想象与联系。商隐直接反映时事的作品中也有写得相当隐晦的（如《有感二首》《故番禺侯因赃罪致不辜事觉母者他日过其门》），但由于它们不是采取象征方式而是通过用典来暗示，因此只要弄清典故与时事之间的联系，阐释中就不会或很少产生误读。但如果将这种解读方式移之于《锦瑟》、《无题》（紫府仙人）这类象征色彩很浓的作品，就极易产生将它本事化的误读。

由于民族、地理、文化传统等多方面原因，中国文学史上写实的传统远远超过象征的传统，象征文学并不发达，对象征的研究也一直比较薄弱。"六义"中的比、兴虽很早就被提出并一直用来论诗评诗，但由于汉儒将比兴与美刺直接联系，历代诗论家往往更多从比兴的政治、道德功用着眼，而较少从艺术本身着眼。即使从诗艺方面着眼，也往往停留在一般的表现手法乃至修辞手段的范围，很少提高到艺术形象的基本创造方式这一层面来探讨。再加上比与兴本有区别，"比"更多作为一种表现手法或修辞手段，而"兴"则包含有象征的内容，笼统言比兴，极易掩盖"兴"所包含的象征实质与特征。由于上述原因，李商隐那些极富象征色彩的诗的特征、意义与价值之不被人们所认识与重视，就是十分自然的了。再加上产生在九世纪中国文化土壤和文学传统中的李商隐的象征诗风，与主要产生在近现代西方社会的象征文学，其特征本有区别。由于东西方民族、社会、传统文化不同的特点，在西方象征派作家的作品中，象征形象所暗示的往往是抽象的思想乃至某种哲理，而在李商隐的一系列象征色彩很浓的作品中，象征形象所表现的往往是一种朦胧的情思、意绪，其中感情的成分往往超过思想的成分。这就更增加了解读的困难与歧解的纷出。从这一点看，不但要加强对象征的研究，而且要结合中国文学的特点，加强对中国特色的象征的探讨。

古典文学研究中的"李商隐现象"虽然是带有研究对象独特性的一种现象，但它又多少具有一定的共性。"钟摆现象"中所反映出来的文学研究中的非文学标准，或者说用政治、道德的评价代替艺术评价，就不仅存在于李商隐研究中，而且是在一定时期中带有共同性的一种倾向；它所具有的两极摇摆的极端性，则更值得注意，并加以避免。作品诠释中的纷歧现象、索隐现象，也经常发生在其他一些著名文学作品的解读中，同样需要正确对待、科学分析。而引起这些现象的共同原因——对文学象征探讨之不足，则尤其值得治文学史者注意。像《红楼梦》这样的巨著，如果没有注意到它在整体构思上的象征结构和象征寓意，而只是看到某些局部的象征甚至影射，那就很难说真正读懂了这部小说。可惜在《红楼梦》研究中，对局部的索隐（不管是正确还是误读）远远超出对其整体象征的探讨。

第六章　一部国内失传多年的李商隐诗选评本

——徐、陆合解《李义山诗疏》评介

　　清雍正二年甲辰（1724），杭州士人徐德泓（字武源，号清猷）、陆鸣皋（字士湄，号鹤亭）合著的《李义山诗疏》完稿付梓。这是李商隐诗一个较早的选解选评本。在它之前，顺治十六年己亥（1659），朱鹤龄的《李义山诗集笺注》问世，商隐诗有了第一个完整的注本。但朱注主要是注释典故名物和词语出处，对诗意很少疏解，更少品鉴评点，稍早于朱注的钱龙惕《玉谿生诗笺》（顺治五年戊子写就）仅选取商隐有关时事及所交往人物者47首笺释之，数量仅及存世商隐诗的十三分之一，吴乔的《西昆发微》则仅取无题诗、与令狐父子及同时往还者之作加以解说，数量也很少。与《李义山诗疏》同年完稿的陆昆曾《李义山诗解》则是一个专解七律的疏解本。选取商隐各体诗加以疏解、评点而且选诗数量超过存世商隐诗总数一半以上的，《李义山诗疏》是较早而且是惟一的一部（何焯的《义门读书记·李义山诗集笺记》选评义山诗252题，但主要是评点，基本上无疏解）。

　　但这部书问世以后，流传却不广。乾隆年间问世的几部重要的义山诗笺解本，如姚培谦《李义山诗集笺注》、屈复《玉谿生诗意》、程梦星《重订李义山诗集笺注》都没有提到此书。广泛吸取前人及同时人研究成果的冯浩《玉谿生诗笺注》乾隆二十八年初刊本、乾隆四十五年重校本，也都未提及此书，直到嘉庆重校本《发凡补》中，才提到"西泠徐德泓武源、陆鸣皋士湄（又号鹤亭）选李义山诗二百五十六首而疏之，名曰《徐陆合解》，雍正初年刊。虽非尽善之本，其中有先得我心及可互通者，今特补采，以资印证"，并在书中摘引了十六条。但冯注以后有关义山诗文的整理研究论著（包括像张采田的《玉谿生年谱会笺》这样重要的论著）中却再也没有人引用过此书；连冯注以后的公私书目中，亦未见著录。1980年出版的万曼《唐集叙录·李义山集》中，只是照录冯注嘉庆重校本《发凡补》的原文，此外未置一词，实际上并未见过此书。直到新近出版的《全国古籍善本书目》中仍未见著录。笔者在整理、研究李商隐诗文的二十余年时间里，曾多次寻访此书。传辽宁省图书馆藏有此书，托人查询，亦云无有。看来，此书在大陆失传已久。但日本怀德堂文库（今归大阪大学图书馆管理）却藏有徐、陆合解的《李义山诗疏》。承日本近畿大学森冈缘博士帮助，得到此书的复印件，方得睹其全貌。征得大阪大学图书馆的同意，已将此书的疏解及序跋全部收入笔者与余恕诚先生合编的《李商隐资料汇编》一书中，由中华书局出版。

此书框高17.8厘米，宽13.3厘米，每半页10行，行21字。版心上方题"义山诗选"，下方题"徐陆合解"。看来，《义山诗选》亦即《李义山诗疏》的别名，而"徐陆合解"仅标明此书著者系徐、陆二人，并非书名。书分上下二卷。卷上开端有徐、陆二氏识语（相当于序），交待了撰著此书的缘起，兹逐录于下：

> 尝考义山生平，历次、文、武、宣之朝。时多变故，且党祸倾轧，仕途委顿，宾主僚友间，亦多不偶。抑郁之志，发为诗歌，而又不可庄语，故托之于艳词，闺闼神仙，犹楚《骚》之香草美人，皆寓言耳。《无题》诸作，大半不离此意。若通以他解，便不相联属矣。其思深，其词婉，愤而不仇，讥而不露，怨而不流，确是风人遗旨，非《玉台》《香奁》偶也。故以为帷房昵媟者固非，又有强作解事，而以为好色不淫者，仍属梦语。同年友陆子鹤亭，老于诗者也。因李迄今千载，尚无定解，志在校雠，偶出所见，与余恰合，乃共为成之。元遗山有曰："诗家总爱西昆好，只恨无人作郑笺。"今亦未知有当作者意否也。清歈徐德泓识。

> 余少有诗好，自晋、魏以迄元、明，简编略备。其间有不尽注者，亦能通解。惟李义山《无题》等制，按之茫然。闻昔有刘、张两注（按：指宋刘锴、明张文亮注义山诗），早无传矣。今坊刻所笺，又仅载典故。时家间有别解，然只一二语可通，仍难首尾贯彻。夫李名重一时，流传脍炙，岂专以淫亵见称？王荆公谓唐人得老杜之藩篱者，惟义山一人。欲学少陵，当从此入，又岂指寸联片语言者？千年疑窦，意未释然。尝清夜徘徊，苦思力索，恍有微悟，曰：是殆屈、宋之音乎？清歈所见，不谋而合。因欣然出向时选本而增损之，录其词义之尤精者，

相与论定疏释，始觉荆公之语非泛云也。其间眉目较然者，亦无事乎臆凿。而事实，惟删剪坊笺之丛杂者，以归于明简云。雍正甲辰五月鹤亭陆鸣皋书。

卷下之末，徐、陆又各有一段对义山诗的总论：

> 李诗之体制，则规摹子美，俊逸则仿佛太白，幽奥则出入长吉，艳丽则凌铄飞卿，荟萃诸家之胜而有之。而其离合转换处，实又胚胎于《楚辞》。观其咏宋玉句云："可怜庾信寻荒径，犹得三朝托后车。"又云："可怜留着临江宅，异代应教庾信居。"长言不足，是隐然以子山自谓，而明所从来也。前寄令狐楚诗（按：此指《献寄旧府开封公》诗，系寄旧日幕主郑亚者，徐氏沿朱注之误，故有此语）有"续《骚》"之语，《转韵》篇内复云"《高唐》""屈宋"，则又显然言之。介甫谓得老杜藩篱，亦但指其流而未及其源耳。心领神会者自能得之。而世或悦其香泽，或訾其导淫，群驱而纳诸巾帼之中，冤矣。巫云虚诞，既假代答以为词；云雨荒唐，复以是篇明其托（按：指《代元城吴令暗为答》《梓州罢吟寄同舍》。前首有句云："襄王枕上元无梦，莫枉阳台一片云。"后首有句云："楚雨含情俱有托。"），分系上下卷之末，以明所以注李之意云尔。（徐德泓）

> 备观全集，其求仙之讽，不止《瑶池》《海上》也；好色之规，不止《华清》《北齐》也；穷兵之戒，不止《隋师》《汉南》也；直道之悲，不止《将军》《司户》也；忧王室而愤奸恶，又别有《明神》《有感》诸什；感恩义而笃伉俪，又别有《安平》《河阳》等篇，间有亵狎者，则题带"戏"字。读其诗，可想见其人，《传》谓其"诡激"而"无特操"，似亦未可尽信。即人不可知，而就诗言诗，则固已无遗议矣。（陆鸣皋）

766　　综合徐、陆的这些论述，可以看出他们对商隐诗的基本看法，大体不出朱鹤龄《笺注李义山诗集序》的范围，即认为商隐诗既多讽慨时政、警戒奢淫之作，又多比兴寄托，借艳寓慨之什，上承屈宋，近师杜甫，思深词婉，非《玉台》《香奁》之偶。但在继承传统的问题上，徐、陆均特别强调《楚辞》的香草美人比兴寄托对商隐的影响，于屈、宋中又突出宋玉，以及后来庾信的影响，认为王安石"得老杜藩篱"之论"亦但指其流而未及其源"，这和朱氏"风人之绪音，屈宋之遗响，盖得子美之深而变化出之"的说法，其侧重点显然有别。这从此书上下卷分别以《代元城吴令暗为答》《梓州罢吟寄同舍》殿后，可以明显看出其强调的重点在屈宋之音，比兴寄托之意这一方面，徐、陆撰此书的初衷即是有感于《无题》等作，尚无定解，故欲发明其托寓之意。今天看来，此书在《无题》等诗的疏解上，并没有比前人（如吴乔）增添更有说服力的依据与分析，但仍有它的特色与价值。下面，分别从选、笺、评三个方面对这部书的优长作一些评介，以便读者对它的特色与价值有一个初步的了解。

先说选。《李义山诗疏》从现存590多首义山诗中选了各体诗235题255首（冯浩谓256首，实误），占存诗总数一半以上，历代传诵的名篇均已包括在内。其中，七律85首，七绝76首，五律56首，这三体占选诗总数的85%，正反映了义山诗歌创作用力的重点及主要成就所在。这对一个选诗数量占存诗一半以上的选本，也许不是难事。这个选本的好处主要表现在编选者以其独到的眼光选入了一些一般评家选家不大注意但实际上很有特色的篇章，如五古中选入《戏题枢言草阁三十二韵》《房中曲》，七古中选入《七月二十八日夜与王郑二秀才听雨后梦作》《偶成转韵七十句赠四同舍》，五言排律中选入《西溪》《戏赠张书记》《念远》《摇落》等篇，都是显例。《戏题枢言草阁三十二韵》在商隐诗中虽是别调，但"音节古雅，情景潇洒，神味绵渺"（冯浩评语），是五古中的上乘之作，且能反映义山学习继承汉魏古诗传统方面的成绩。七古长篇《偶成转韵七十二句赠四同舍》是义山的诗体自叙传，不仅对了解其生平交游、思想性格有重要价值，而且显示了义山诗风的一个重要侧面，但此前选家注意及此的很少，徐、陆选入此篇，是有眼力的。陆氏评曰："俊快绝伦，不惟变尽艳体本色，且与《韩碑》各开生面，是足以见其才之未易量矣。"正可发明他们选此诗的用意。五言排律中的长篇，多为义山用力之作，后来的评家如纪昀等也都盛赞这类长律，而对短篇排律则每加忽略，实际上这些短篇五排往往写得清空如话，一气流走而又情韵悠长，是很见义山"情深于言"本色的佳作。徐、陆选入多篇这类五排，表现了其艺术鉴别力之精。此外，值得一提的是，在这个选评本中，还选入了一部分开宋调的作品。义山诗的主导风格是典丽精工，富于象征暗示色彩，但也有一部分清空疏放，开启宋人门径的，如七律中的《春日寄怀》《子初郊墅》《赠郑谠处士》《复至裴明府所居》等。这些诗虽不代表商隐的主要成就，却是不可忽视的一种风格。徐、陆二氏不但选入这些作品，且在评语中指出它们对宋人的影响。如《春日寄怀》徐评："清空如话，已为宋元人启径。"《复至裴明府所居》徐评："此种格调，已踞宋元首座。"五律《雨》（摵摵度瓜园）陆评："刻画居工，开宋人多人门径。"以上所举各例说明，徐、陆二氏在选诗时顾及诗人风格的各个方面，而且能从诗歌的承继递嬗着眼，这是比较难得的。总的来看，徐、陆对商隐诗的选录，标准较为通达，取径较为宽泛，不拘一格而又能突出主导风格，不像某些诗论家那样倡导某种风格而排斥另外的风格，也不像后来的纪昀那样，因受封建礼教、诗教影响，一味排斥所谓"尖新涂泽"之作，甚至连《锦瑟》《无题》诸诗亦多有贬词（尽管纪氏的艺术鉴赏力很高）。但由于选诗较多，徐、陆此书中也选入了一部分艺术上比较平庸的作品，如《行至金牛驿寄兴元渤海尚书》、《一片》（一片琼英）、《和韦潘前辈七月十二日夜泊池州城下先寄上李使君》等。五古中像《行次西郊作一百韵》这种史诗性的杰构未入选，也不免有遗珠之憾。

再说疏。此书一个突出的特点是对许多诗的意蕴把握得比较准确，因此疏解时每能要言不烦，切中肯綮，比较到位。尤其是对一些容易产生歧解甚至经常遭到误解的作品，其疏解更能显示出著者的艺术解悟与把握的水准。如《海上谣》诗，朱彝尊谓其与《射鱼曲》《燕台诗四首》《河阳诗》等长吉体诗"多不可解。疑是唐人习尚，故为隐语，当时之人自能知之，传之既久，遂莫晓所谓耳"（《李义山诗集辑评》引）。后来注家如冯浩附会时事，以为此诗"盖叹李卫公贬而郑亚渐危疑"，张采田又谓"此在桂管自伤一生遇合得失而作"，治丝愈棼。徐德泓疏云："此言入海求仙之虚诞也。水寒月冷，海景凄凉甚矣。所谓香桃，仙果也，已枯如瘦骨而不可食矣。紫鸾，仙驭也，亦遍身寒窘而不能飞矣。且并不见仙，但栖止于荒凉鳞族之区，以晓沐而已。夫汉武焚香而金母至，自谓见之矣，乃此身旋故，至于子孙亦皆物化，而所传秘笈神符，不过等于蚕书故纸已耳。见之尚无所益，况茫茫之海，更不可见耶！"紧扣题目、诗面、诗中用典，将朱氏认为"莫晓所谓"的诗疏解得如此明白晓畅、切实妥帖，令人信服。翻觉此后种种牵强附会的解说徒滋淆乱。《泪》诗陆疏云："此寒士之悲也。前六句备极哀惨，而总未抵寒士之送高轩，贵贱相形，自伤穷困为尤感焉。"三言两语就把一首连用了一系列有关泪的典故，仿佛埋藏着许多意思的诗说清楚了，比起后来冯浩牵扯李德裕被贬作解，远为直捷明快而又合理。《杜工部蜀中离席》

诗，诸家常因不明题首"杜工部"乃"效杜工部体"之意而生出许多牵强附会的解释，陆鸣皋疏则单刀直入："此总言聚散不常。远使未归，禁军尚驻，皆离群意也。五六句正写合聚无常之态。所以境不可执，当随遇而安。风物佳处，即可娱老耳。"紧扣全诗主句"离群"二字，将诗疏解得妥帖明顺，一意贯通。而最典型的例证莫过于他们对众说纷纭的《锦瑟》一诗的疏解：

> 陆疏："无端"二字，即含兴感意，而以"思华年"接之。物象、人情，两意交注，首尾拍合，情境始佳。若仅谓写瑟之工，便成死煞。
> 徐疏：此就瑟而写情也。弦多则哀乐杂出矣。中二联，分状其声，或迷离，或哀怨，或凄凉，或和畅，而俱有华年之思在内也。故结联以"此情"二字紧接。追维往昔，不禁百端交感，又不知从何而起，故曰"可待"，曰"惘然"，与"无端"两字合照，惆怅之情，流连不尽。

综合徐、陆的笺解，可以看出他们解《锦瑟》，主要是抓住"思华年"这条主线，和"无端""惘然"等关键性词语，将声象、物象和人情融合在一起，来揭示诗的丰富蕴涵。既避免像许多注家那样泥定于一端（单纯咏瑟，单纯悼亡，单纯写身世经历，单纯序诗歌创作，如此等等），又不排斥每一种有一定依据的具体解说。引导读者沿着"无端""思华年""惘然"这条主线，在心象与物象、声象与心境的融通中多方面地体味诗的丰富内蕴，从而使这首诗的蕴涵在不同读者的多方面积极参与和再创造中得到最大限度的发掘。可以说，这是自宋代以来数十种对《锦瑟》的解说中最不执著穿凿、最通达而少窒碍的解说，也是最富于包容性而能为持各种不同看法的读者接受的一种解说。如果不是真正把握了《锦瑟》诗百端交感、意蕴虚涵的特点，不可能作出如此切当而富于包容性的解说。

徐、陆对商隐不少诗往往别有会心，发人之所未发。如《和友人戏赠二首》徐笺："此二首似赠置姬别室者……结谓局闭宜深，消息不可外露，归到'戏'意。"联系第一首结联"殷勤莫使清香透，牢合金鱼锁桂丛"，此解可谓一语中的，比其他各家的疏解都更直捷明快。《碧瓦》诗冯浩、张采田附会令狐绹，疏解多支离穿凿，程梦星谓"似为宫女流落而作"，解亦牵强。徐氏曰："此赋歌妓也。纯是虚拟之词。"人物身份完全切合诗的实际叙写，"纯是虚拟"四字更为解此诗提供了一把锁钥。特别是著名的《燕台诗四首》，自周延、何焯、朱彝尊以来，大都认为其"寄托深远""寻味不出""终难了然"，冯班则云："此等语不解亦佳"。后来冯浩、姜炳璋、张采田等又附会杨嗣复或李德裕被贬之事以解之，离其本来面目更远。徐德泓别创新解，谓："按其《柳枝诗序》，谓能为幽忆怨断之音，爱慕《燕台》之作。将无此四首，亦分幽、忆、怨、断乎？春之困近于幽，夏之泄近于忆，秋之悲邻于怨，冬之闭邻于断，题意或于此而分也。玩其词义，亦颇近似，虽其间字样，亦有彼此参杂者，而大旨不离乎是矣。"以幽忆怨断分属《燕台诗》之春、夏、秋、冬四首，虽未必即义山原意，但用"幽忆怨断之音"来概括全诗的悲剧情调和意境，却是非常吻合的。徐氏解诗的思路既很新颖独特，他对这组诗整体意境的把握也是相当准确的。有些脍炙人口的短章，徐、陆别有会心的妙悟往往更显示出其灵心慧感。如《宿骆氏亭寄怀崔雍崔衮》，一般评家往往因诗中"秋阴不散霜飞晚，留得枯荷听雨声"二句所描绘的萧瑟秋景，而强调此诗所表现的永夜不寐的怀人愁绪，甚至说"秋霜未降，荷叶先枯，多少身世之感"（姚培谦评）。但陆鸣皋却注意到了这两句诗所表现的另一面："枯荷听雨，正是怀人清致，不专言愁也。"在清寥的秋夜枯荷听雨，怀想友人，本身就是一种美的情致与境界。这里正包含着对这种美的意外发现与欣赏，"不专言愁也"。《为有》诗陆评："'无端'二字，带喜带恨，描写入神。"一般评者多半只注意到"无端嫁得金龟婿，辜负香衾事早朝"二句中所透露的怨悔之情，陆氏却从中品味出了"带喜带恨"的复杂感情。以上两例，可以说是深入到了诗人或诗中主人公深微的心灵世界。而有的诗，看似浅显直遂，徐、陆二氏却体味出其中的深意。如《华清宫》（华清恩幸）陆笺："此言色荒未有不亡，杨妃尚有愧处，翻意发前人所未发。'褒女'句即从'古无伦''不胜人'字内引出，非忽然云者。"《咸阳》徐笺："按其词气，'醉'字乃一着力吃紧字，是取醉意而翻用之。言天帝醉不知事，故秦得以兼并也。词旨始合，诗境亦深。"这种抓住诗中关键字揭示全诗意蕴的方法，在这部诗疏中运用得相当广泛而成功，如《旧将军》陆笺："一'故'字增无限感慨。"《龙池》徐笺："只一'醒'字，蕴涵无际。"

最后说评。可以从两个主要方面来说。一是徐、陆对义山诗的整体风貌意境特征往往有独到的发现与把握，这大都通过对具体作品的评点体现出来。如《离亭赋得折杨柳二首》徐评："写得透心刺骨，而风致仍自嫣然。杨柳词中，此为绝唱。"对照诗中"人世死前惟有别，春风争拟惜长条"之句，当深感此评之一语中的。又《与同年李定言曲水闲话戏作》结联云："莫惊五胜埋香骨，地下伤春亦白头。"陆评："结句呕血追魂。此种尽头语，唯此君独擅。"商隐对人生的诸方面有深刻的悲剧性体悟，故诗中每有深至独到的"尽头语"，但在表达时却每用轻婉流丽乃至绮艳之语，故虽极悲而"风致仍自嫣然"，具有一种追魂夺魂的悲剧性诗美，联系他的《燕台诗四首》和一系列著名诗句，如"春蚕到死丝方尽，蜡炬成灰泪始干"，"天荒地变心虽折，若比伤春意未多"，"深知身在情长在，怅望江头江水声"，"浮世本来多聚散，红蕖何事亦离披"，"壶中若是有天地，又向壶中伤别离"等句，便可看出"透心刺骨，而风致仍自嫣然"确实抓住了义山诗一个重要的抒情特征。

义山诗的风格素称绮艳，却艳而有骨。对此，徐德泓在评《韩碑》时借端生发了一段很有见地的议论："其转掖佶屈生劲处，亦规仿韩体而为者，才力与之悉敌。具是气骨，作艳体始工。观此知其风格本自坚凝，即发为绮语，亦非'裙拖湘水，髻挽巫云'之类所可同日论也。"作艳体是否一定要"气骨本自坚凝"方工，固可别论，但徐氏指出商隐诗艳而有骨却是独到之见。一般评家评《韩碑》往往就诗论诗，单纯称赞此诗之雄健，或只看到它与绮艳风格的对立，但徐氏却由此联系其艳体诗的创作，看到绮艳与气骨的统一，揭示出义山诗艳而有骨的特征。徐氏此论，为从总体上把握义山诗的特征提供了很有启发性的见解。

《李义山诗疏》对具体作品的意蕴、风貌、艺术构思亦每多独到体悟，如《滞雨》诗云："滞雨长安夜，残灯独客愁。故乡云水地，归梦不宜秋。"此诗当是诗人早年未登第时羁客长安所作，意蕴与李贺《崇义里滞雨》相近，语则浑融含蓄，客游失意之情全寓言外。陆氏从"归梦不宜秋"悟入，评曰："有羞见江东之意，非仅悲秋语也。"可谓善体诗心。又如《日射》陆评："花、鸟相对间，有伤情人在内。"从"碧鹦鹉对红蔷薇"的艳丽景物中体味出女主人公寂锁深院的哀伤，亦表现出其艺术的妙悟。而《风》和《春雨》二诗的评语，更显示出其艺术体悟的造微。《风》诗云："回拂来鸿急，斜催别燕高。已寒休惨淡，更远尚呼号。楚色分西塞，夷音接下牢。归舟天外有，一为戒波涛。"徐评："此江风也，首二句言势，第三句言色，四句言声。五六句不说风，而中有风象，移不到雨雪境界，正诗家写神处也。"初读"楚色"二句，似与风无涉，但细味则此自远而近的萧瑟楚地秋色和隐约传来的夷音中确寓有江上秋风之象。诗家写神处，评家亦体味入神。《春雨》徐评："此即景而感怀也。首联先叙当春寥落之况。第三句始点入雨字，后俱有雨意在内，最得远神。"此诗虽只"红楼隔雨相望冷"一句正面写到雨，但自首至尾都笼罩在春雨所构成的迷蒙、怅惘、寂寥、凄清的氛围中。"珠箔飘灯"的描写中固有雨帘——珠帘——灯影的追思，"万里云罗"的描写中更有重阴笼罩的雨意，其他各句，无论怅卧、寻访、独归、思念中都离不开春雨飘萧的总背景，谓其"俱有雨意""最得远神"，可谓深得此诗意境之神味。《七月二十八日夜与王郑二秀才听雨后梦作》是评家较少关注的诗，不少注家的疏解过于坐实，全失诗趣，陆氏却能抓住其记梦的特点，几句话就点出了此诗的艺术风貌特征："写得迷离恍忽，宛然梦境。一气嘘成，随手起灭，太白得意笔也。"不仅准确揭示出此诗记梦似梦之"迷离恍忽""随手起灭"的特点，而且指出商隐继承李白浪漫主义诗风这一很少为人注意的侧面。李白诗"一气嘘成，随手起灭"的特点，不仅体现在其记梦诗（如《梦游天姥吟留别》）中，而且体现在他的一系列长篇乐府歌行中。沈德潜评其七言古"想落天外，局自变生。大江无风，波浪自涌。白云从空，随风变灭"（《重订唐诗别裁集》卷六），赵翼谓其诗"飘然而来，忽然而去"（《瓯北诗话》卷一），与商隐此诗"一气嘘成，随手起灭"的特征正一脉相通。评家一般只注意于义山学杜而得其神，而对其学李的飘逸变幻则多未留意，实际上义山诗中有不少篇章都具有这一特点，如《燕台诗四首》《河阳诗》就被冯浩评为"幽咽迷离，或彼或此，忽断忽续"。陆氏揭出商隐有"太白得意笔"，徐氏谓其"俊逸则仿佛太白"，说明他们都看到了李商隐对李白诗风的继承，这是很有启发性的独到之见。

此书对义山诗的艺术构思和结构章法亦时有精到之论。《蝉》诗徐德泓评："前写物，而曰高曰恨曰欲断、无情，不离乎人；后写人，而曰枝曰芜曰清，不离乎物。正诗家针法精密处。"试比较常被研究者征引的纪昀对此诗的评点"前半写蝉，即自喻；后半自写，仍归到蝉。隐显分合，章法可玩"（《玉谿生诗说》卷上），可以明显看出徐评早已探骊得珠。《江上》陆评："第七句因上有'归途'句，故下一'更'字，两意一串矣。'烟水'二字仍带江景，正法之紧密处。"虽评点一句诗，而牵动全篇。《柳》诗："柳映江潭底有情，望中频遣客心惊，巴雷隐隐千山外，更作章台走马声。"陆评："此江岸之柳，从雷声写合，思入神奇。"这是对此诗"神奇"构思的精到点评。钱锺书《谈艺录补订》云："《无题》云'车走雷声'，此篇则云'雷转车声'。巴山羁客，怅念长安游冶，故闻雷而触类兴怀，听作章台作马。"可以帮助我们进一步加深对此诗"从雷声写合，思入神奇"的理解。

义山诗每用曲折翻进的手法表现其深沉刻至的情思，《李义山诗疏》对此常加评论。如《过伊仆射旧宅》徐评："结语（何能更涉泷江去，独立寒流吊楚宫）更进一层，又增无限感慨。诗家秘妙，无穷尽也。"《月》（过水穿楼）陆评："又一翻新（按：指三四句'未必明时胜蚌蛤，一生长与月亏盈'），愈翻愈隽。"《望喜驿别嘉陵江水二绝》（其一）："嘉陵江水此东流，望喜楼中忆阆州。若到阆州还赴海，阆州应更有高楼。"徐评："一曲一折，一折一深，窅然不尽，总是诗中进一层法。"后来姜炳璋的《选玉谿生诗补说》对此亦多有所论。徐、陆是较早揭出这一点的评家，此外，对义山诗中虚字运用之妙，亦每多论及，如《隋宫》七律、《为有》、《辛未七夕》等均为其显例。

徐、陆在把握义山具体诗篇的意蕴及艺术特征时，相当自觉地运用了比较方法，特别是对题材相近的诗，更多连类比并，揭示其不同特点。如同属讽刺皇帝迷信神仙、妄求长生的七绝咏史诗《华山题王母祠》《瑶池》，徐氏评曰："右二首，同题而各意。前首讥不恤民瘼，黄竹桑田，带引微妙；此首言求仙无益，神味轻圆。"同为讽刺玄宗荒淫的《华清宫》（华清恩幸）、《龙池》，徐氏评曰："此与上章，一深警，一微婉。"又如《少年》《公子》《富平少侯》徐评："（《少年》）次联言骄，三联言乐，四联言佚游。与《富平少侯》作异者，彼偏在豪也；与《公子》作异者，彼偏在粗也。"七律《深宫》与《促漏》，题材从表面看非常相似，徐氏通过比较，得出结论："前《促漏》题的系宫词，此则虽写宫怨，而托意又在遇合间也。"《隋宫》七律、七绝均咏炀帝奢淫，徐评曰："前律伤其衰废，言中著慨；此则形其侈乐，句外传神，并臻妙境。"这些比较，都要言不烦，相当精彩。亦有从比较中见其同者，如《无题》（来是空言）陆评："来无踪影，有春从天上之意，与'昨夜星辰'等篇同法。"其实不单"昨夜星辰昨夜风"一首，像《马嵬》七律、《杜工部蜀中离席》的起句也均用此法。从以上诸例，可见徐、陆运用比较方法的纯熟。

从选、解、评几个方面看，徐、陆的选家眼光和对艺术作品的理解、鉴赏力还是有相当水准的。但当涉及对《无题》《碧城三首》一类诗的意蕴的理解时，他们的眼光与能力却大失水准，穿凿附会、索隐猜谜之弊相当突出，特别是对《碧城三首》《药转》《当句有对》《明日》《蝶三首》等比较隐晦的诗的疏解，其穿凿的程度更令人吃惊，与前面所举的对许多作品的妙悟判若出于两手。这一矛盾现象说明，当徐、陆以平常心去阅读、鉴赏商隐诗时，凭藉其固有的眼光和鉴赏力，可以有不少新鲜独特的感受与发现，尽管他们并不是对李商隐有很深研究的专家。但当他们为传统的比兴寄托说（特别是那种忽视艺术创作特征，比较狭隘机械的比兴寄托说）所拘限，把艳词都看成香草美人式的寓言时，便会障目塞聪，失去敏锐新鲜的艺术鉴赏力、识别力，变得迂执冬烘。这一经验教训，值得我们记取。

主要参考文献及引用书目

《旧唐书》，（五代）刘昫等撰，中华书局点校本，1975年。

《新唐书》，（宋）欧阳修、宋祁撰，中华书局点校本，1975年。

《资治通鉴》，（宋）司马光撰，中华书局点校本，1956年。

《唐会要》，（宋）王溥撰，中华书局重印国学基本丛书本，1955年。

《通典》，（唐）杜佑撰，中华书局点校本，1989年。

《唐大诏令集》，（宋）宋敏求编，商务印书馆排印本，1959年。

《文苑英华》，（宋）李昉等编，中华书局影印本，1990年。

《册府元龟》，（宋）王钦若等编，中华书局影印本，1960年。

《太平广记》，（宋）李昉等编，中华书局排印本，1961年。

《唐文粹》，（宋）姚铉编，四部丛刊本。

《唐代墓志汇编》，周绍良主编，上海古籍出版社排印本，1992年。

《隋唐五代墓志汇编》，天津古籍出版社影印本，1992年。

《全唐诗》，（清）曹寅等编，中华书局排印本，1979年。

《全唐诗补编》，陈尚君辑校，中华书局，1992年。

《全唐文》，（清）董诰等编，上海古籍出版社影印本，1990年。

《类要》，（宋）晏殊编，四库存目丛书影印本。

《国史补》，（唐）李肇撰，上海古籍出版社点校本，1978年。

《云谿友议》，（唐）范摅撰，中华书局上海编辑所排印本，1959年。

《杜阳杂编》，（唐）苏鹗撰，中华书局上海编辑所排印本，1958年。

《酉阳杂俎》，（唐）段成式撰，中华书局点校本，1981年。

《东观奏记》，（唐）裴庭裕撰，中华书局点校本，1994年。

《唐阙史》，（唐）高彦休撰，丛书集成初编本。

《唐摭言》，（五代）王定保撰，上海古籍出版社，1978年。

《北梦琐言》，（五代）孙光宪撰，上海古籍出版社点校本，1981年。

《玉泉子》，（唐）无名氏撰，上海古籍出版社，1988年。

《唐语林》，（宋）王谠撰，中华书局校证本，1987年。

《唐人佚事汇编》，周勋初主编，上海古籍出版社，1995年。

《西溪丛语》，（宋）姚宽撰，丛书集成初编本。

《邵氏闻见后录》，（宋）邵博撰，丛书集成初编本。

《老学庵笔记》，（宋）陆游撰，中华书局点校本，1979年。

《避暑录话》，（宋）叶梦得撰，丛书集成初编本。

《鹤林玉露》，（宋）罗大经撰，丛书集成初编本。

《云麓漫钞》，（宋）赵彦卫撰，中华书局点校本，1996年。

《宋朝事实类苑》，（宋）江少虞撰，上海古籍出版社，1981年。

《四友斋丛说》，（明）何良俊撰，中华书局排印本，1959年。

《延州笔记》，（明）唐觐撰，古今说部本。

《本事诗》，（唐）孟棨撰，古典文学出版社，1957年。

《诗话总龟》，（宋）阮阅编，人民文学出版社点校本，1987年。

《苕溪渔隐丛话》，（宋）胡仔编撰，人民文学出版社点校本，1981年。

《诗人玉屑》，（宋）魏庆之编，上海古籍出版社点校本，1982年。

《唐诗纪事》，（宋）计有功撰，上海古籍出版社点校本，1986年。

《宋诗话辑佚》，郭绍虞辑，中华书局，1980年。

《历代诗话》，（清）何文焕编，中华书局点校本，1982年。

《历代诗话续编》，丁福保编，中华书局点校本，1983年。

《后村诗话》，（宋）刘克庄撰，中华书局点校本，1983年。

《风月堂诗话》，（宋）朱弁撰，宝颜堂秘笈本。

《元好问论诗三十首小笺》，（金）元好问撰，郭绍虞笺释，人民文学出版社，1978年。

《诗薮》，（明）胡应麟撰，古典文学出版社排印本，1958年。

《唐音癸签》，（明）胡震亨撰，古典文学出版社排印本，1958年。

《诗源辩体》，（明）许学夷撰，人民文学出版社点校本，1987年。

《清诗话》，丁福保编，上海古籍出版社，1978年。

《清诗话续编》，郭绍虞编，上海古籍出版社，1983年。

《蕙风词话，人间词话》，况周颐、王国维撰，人民文学出版社，1984年。

《金石录》，（宋）赵明诚撰，四库全书本。

《清容居士集》，（元）袁桷撰，四部备要本。

《眉菴集》，（明）杨基撰，四库全书本。

《又玄集》，（唐）韦庄编，陕西人民教育出版社《唐人选唐诗新编》，1996年。

《才调集》，（五代）韦縠编，陕西人民教育出版社《唐人选唐诗新编》，1996年。

《会稽掇英总集》，（宋）孔延之编，四库全书本。

《古今岁时杂咏》，（宋）蒲积中编，辽宁教育出版社点校本，1998年。

《万首唐人绝句》，（宋）洪迈编，文学古籍刊行社影印本，1955年。

《注解章泉涧泉二先生选唐诗》，（宋）赵蕃、韩淲编，谢枋得注解，宛委别藏本。

《瀛奎律髓汇评》，（元）方回撰，李庆甲汇评，上海古籍出版社，1986年。

《唐诗鼓吹评注》，（金）元好问撰，郝天挺注（清）王清臣、陆贻典等评注，上海文明书局石印本，1919年。

《唐诗品汇》，（明）高棅撰，上海古籍出版社影印本，1982年。

《唐诗选脉会通评林》，（明）周敬编，周珽撰，明崇祯八年刻本。

《唐音审体》，（清）钱良择撰，清光绪癸未知不足斋刻本。

《唐诗贯珠串释》，（清）胡以梅编撰，清康熙乙未素心堂版。

《山满楼笺注唐诗七言律》，（清）赵臣瑗选笺，清康熙间山满楼刻本。

《唐诗别裁集》，（清）沈德潜撰，中华书局影印本，1981年。

《谈艺录》，钱锺书撰，中华书局，1984年。

《管锥编》，钱锺书撰，中华书局，1979年。

《四六丛话》，（清）孙梅撰，清嘉庆三年刊本。

《宋史·艺文志》，（元）脱脱等撰，中华书局点校本，1977年。

《崇文总目》，（宋）张观、王尧臣等撰，丛书集成初编本。

《遂初堂书目》，（宋）尤袤撰，丛书集成初编本。

《通志·艺文略》，（宋）郑樵撰，四部丛刊本。

《郡斋读书志》，（宋）晁公武撰，上海古籍出版社校证本，1990年。

《直斋书录解题》，（宋）陈振孙撰，上海古籍出版社点校本，1987年。

《文渊阁书目》，（明）杨士奇撰，丛书集成初编本。

《菉竹堂书目》，（明）叶盛撰，丛书集成初编本。

《四库全书总目》，（清）永瑢等撰，中华书局影印本，1981年。

《唐诗书录》，陈伯海、朱易安编，齐鲁书社，1988年。

《元和郡县图志》，（唐）李吉甫撰，中华书局点校本，1983年。

《嘉泰吴兴志》，（宋）谈钥撰，中华书局影印宋元方志丛刊，1990年。

《嘉泰会稽志》，（宋）施宿等撰，中华书局影印宋元方志丛刊，1990年。

《重修承旨学士壁记》，（唐）丁居晦撰，知不足斋丛书《翰苑群书》。

《登科记考》，（清）徐松撰，中华书局点校本，1984年。

《唐尚书省郎官石柱题名考》，（清）劳格、赵钺撰，中华书局点校本，1992年。

《唐才子传校笺》，（元）辛文房撰，傅璇琮等校笺，中华书局，1987—1995年。

《全唐诗人名考证》，陶敏撰，陕西人民教育出版社，1996年。

《中国文学家大辞典·隋唐五代卷》，周祖譔主编，中华书局，1992年。

《唐方镇年表》，吴廷燮撰，中华书局，1980年。

《唐刺史考全编》，郁贤皓撰，安徽大学出版社，2000年。

《李义山诗集六卷》，四部丛刊影印明嘉靖二十九年蒋氏刻中唐人集十二家本。

《李商隐诗集七卷》，明姜道生刻唐三家集本，国图藏本。

《李商隐诗集三卷》，明悟言堂抄本，国图藏本。

《李商隐诗集十卷》，明胡震亨《唐音统签·戊签》，清康熙二十四年刊。

《李商隐诗集三卷》，清席启寓刊唐诗百名家全集本，清康熙四十一年刊，国图藏本。

《李义山集三卷》，明汲古阁刊唐人八家诗本，国图藏本，明崇祯十二年刻。

《李商隐诗集三卷》，清影宋抄本，国图藏本。

《李商隐诗集三卷》，（清）钱谦益（东涧老人）写校本，清宣统元年国光社影印本。

《玉谿生诗笺》，（明）钱龙惕撰，日本静嘉堂文库藏本。

《李义山诗集笺注》，（清）朱鹤龄笺注，清怀德堂刻本。

《李义山诗集补注》，（清）朱鹤龄补注，上海师范大学藏本。

《西昆发微》，（清）吴乔撰，丛书集成初编本。

《李义山诗解》，（清）陆昆曾撰，上海书店影印清雍正刻本。

《李义山诗疏》，（清）徐德泓、陆鸣皋合解，清雍正二年刻本，日本怀德堂文库藏本。

《李义山诗集十六卷》，（清）姚培谦笺，清乾隆四年松桂读书堂刻本。

《重订李义山诗集笺注三卷》，（清）程梦星删补，清乾隆八年今有堂刻本。

《玉谿生诗意》，（清）屈复撰，清乾隆四年扬州芝古堂刻本。

《玉谿生诗笺注》，（清）冯浩撰，四部备要本（据清嘉庆元年增刻本排印）。

《义门读书记》，（清）何焯撰，清乾隆三十一年蒋元益序刻本。

《选玉谿生诗补说》，（清）姜炳璋撰，郝世峰辑，南开大学出版社，1985年。

《李义山诗集辑评》，（清）沈厚塽辑，清同治九年广州倅署刻本。

《玉谿生诗说》，（清）纪昀撰，清光绪十四年朱记荣校刻本。

《李义山文集笺注》，（清）徐树谷笺，徐炯注，四库全书本。

《樊南文集详注》，（清）冯浩笺注，四部备要本。

《樊南文集补编》，（清）钱振伦笺，钱振常注，四部备要本。

《玉谿生年谱会笺》，张采田撰，上海古籍出版社，1983年。

《李义山诗辨正》，张采田撰，上海古籍出版社，1983年（附于《玉谿生年谱会笺》后）。

《李义山恋爱事迹考》，苏雪林撰，上海北新书店铅印本，1927年。

《李商隐诗新诠》，朱偰撰，武汉文哲季刊六卷三至四号。

《李商隐评传》，张振珮撰，安徽省立图书馆学风杂志，1933年。

《李义山诗偶评》，黄侃撰，中华文史论丛1981年第三辑。

《玉谿诗笺举例》，汪辟疆撰，中华文史论丛第四辑，1963年。

《李义山诗说》，刘盼遂、聂石樵撰，光明日报《文学遗产》1962年10月7日；1962年10月14日。

《李商隐研究论集（1949—1997）》，王蒙、刘学锴主编，广西师范大学出版社，1998年。

《李商隐诗选》，刘学锴、余恕诚选注，人民文学出版社，1978年初版，1986年增订再版。

《李商隐诗选》，陈永正选注，三联书店香港分店，1980年。

《李商隐诗选注》，陈伯海选注，上海古籍出版社，1982年。

《李商隐诗集疏注》，叶葱奇疏注，人民文学出版社，1985年。

《李商隐选集》，周振甫选注，上海古籍出版社，1986年。

《玉谿生诗醇》，王汝弼、聂石樵选注，齐鲁书社，1987年。

《李商隐诗歌集解》，刘学锴、余恕诚撰，中华书局，1988年初版，2004年增订重排本。

《李商隐资料汇编》，刘学锴、余恕诚编，中华书局，2001年。

《李商隐文编年校注》，刘学锴、余恕诚撰，中华书局，2002年。

《汇评本李商隐诗》，刘学锴撰，上海社会科学院出版社，2002年。

《李商隐》，刘学锴、余恕诚撰，中华书局，1980年。

《李商隐评传》，杨柳撰，江苏人民出版社，1981年。

《李商隐研究》，吴调公撰，上海古籍出版社，1982年初版，1986年增订再版。

《李商隐传》，董乃斌撰，陕西人民出版社，1985年。

《李商隐》，郁贤皓、朱易安撰，上海古籍出版社，1985年。

《李商隐无题诗校注笺评》，黄世中撰，江西人民出版社，1987年。

《李商隐的心灵世界》，董乃斌撰，上海古籍出版社，1992年。

《李商隐诗歌赏析集》，周振甫主编，巴蜀书社，1993年。

《李商隐诗歌研究》，刘学锴撰，安徽大学出版社，1998年。

《李商隐传》，毕宝魁撰，辽海出版社，1998年。

《李商隐传》，吴晶、黄世中撰，东方出版社，2000年。

《李商隐爱情诗解》，钟来茵撰，学林出版社，1997年。

《李商隐绝句》，杜定国撰，百花文艺出版社，1997年。

《双飞翼》，王蒙撰，三联书店，1996年。

《杂纂七种》，（唐）李商隐等撰，曲彦斌校注，上海古籍出版社，1988年。

《玉谿生年谱会笺平质》，岑仲勉撰，历史语言研究所集刊第十五本。

《隋唐史》，岑仲勉撰，高等教育出版社，1957年。

《唐史余沈》，岑仲勉撰，上海古籍出版社，1979年。

《中国通史简编》（第三编第一至二册），范文澜撰，人民出版社，1965年。

《唐代政治史述论稿》，陈寅恪撰，上海古籍出版社，1980年。

《元白诗笺证稿》，陈寅恪撰，上海古籍出版社，1978年。

《李德裕贬死年月及归葬传说辨证》，陈寅恪撰，历史语言研究所集刊五本二分。

《论李义山诗》，缪钺撰，收入著者的《诗词散论》，上海古籍出版社，1982年。

《唐代科举与文学》，傅璇琮撰，陕西人民出版社，1995年。

《李德裕年谱》，傅璇琮撰，齐鲁书社，1984年初版；河北教育出版社，2001年再版。

《唐五代文学编年史》，傅璇琮主编，辽海出版社，1998年。

《唐诗综论》，林庚撰，人民文学出版社，1987年。

《中国诗歌艺术研究》，袁行霈撰，北京大学出版社，1987年。

《隋唐五代文学思想史》，罗宗强撰，上海古籍出版社，1986年。

《唐诗学引论》，陈伯海撰，知识出版社，1988年。

《唐诗风貌》，余恕诚撰，安徽大学出版社，1997年。

《唐方镇文职僚佐考》，戴伟华撰，天津古籍出版社，1994年。

《唐代使府与文学研究》，戴伟华撰，广西师范大学出版社，1998年。

《中唐政治与文学》，胡可先撰，安徽大学出版社，2000年。

《隋唐五代文学批评史》，王运熙、杨明撰，上海古籍出版社，1994年。